KB149698

소설의 정치사

섹슈얼리티, 젠더, 소설

Desire and Domestic Fiction: A Political History of the Novel
by Nancy Armstrong

소설의 정치사: 섹슈얼리티, 젠더, 소설

초판1쇄 펴냄 2020년 05월 08일
초판2쇄 펴냄 2022년 11월 30일

지은이 낸시 암스트롱
옮긴이 오봉희, 이명호
펴낸이 유재건
펴낸곳 (주)그린비출판사
주소 서울시 마포구 와우산로 180, 4층
대표전화 02-702-2717 | **팩스** 02-703-0272
홈페이지 www.greenbee.co.kr
원고투고 및 문의 editor@greenbee.co.kr

편집 이진희, 구세주, 송예진 | **디자인** 권희원, 이은솔
마케팅 육소연 | **물류유통** 유재영 | **경영관리** 유수진

책값은 뒤표지에 있습니다. 잘못 만들어진 책은 구입처에서 바꿔 드립니다.
ISBN 978-89-7682-615-2 93330

이 저서는 2017년 대한민국 교육부와 한국연구재단의 지원을 받아 수행된 연구임(NRF-2017S1A5B8057457)

소설의 정치사

섹슈얼리티,
젠더,
소설

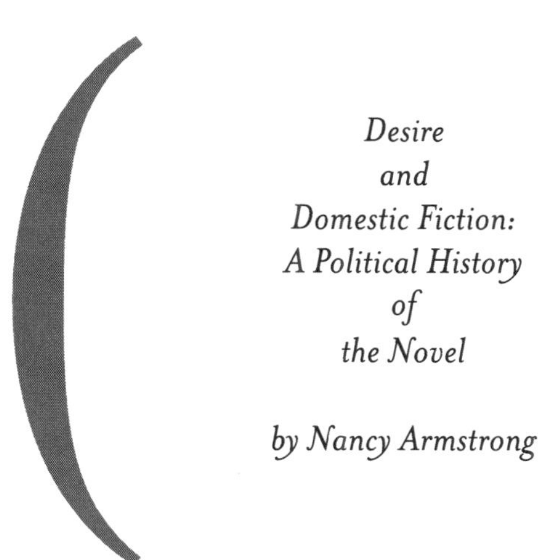

Desire
and
Domestic Fiction:
A Political History
of
the Novel

by Nancy Armstrong

낸시 암스트롱 지음

오봉희, 이명호 옮김

그린비

For L. T.

감사의 말

이 책의 저술 작업은 미국의 여러 학회 평의원회, 미국 대학여성협회, 웨인주립대학교 조세핀 네빈스 킬 연구기금의 지원을 받았다. 이 책의 2장과 3장에서 기술한 여성용 교육문건들을 볼 수 있게 해준 포셋 박물관의 부관장인 데이비드 도건에게 감사드린다. 1장의 일부는 「소설에서 여성적 권위의 등장」이라는 제목으로 『소설』 15권 2호(1982, pp. 127~145)에 발표되었다. 이 저널의 편집자 마크 스필카가 내 작업에 보여 준 친절한 관심에 감사드리고 싶다. 이 책은 옥스퍼드대학 출판부 윌리엄 시슬러와 매리언 오스먼으로부터 큰 도움을 받았다. 이들의 전문성과 뛰어난 유머감각은 교열작업이 진행되는 동안 계속되었다.

호머 오비드 브라운, 제롬 J. 맥건, 마저리 펄로프, 토머스 A. 세복, 웬디 스타이너, 제인 P. 톰킨스가 수년에 걸쳐 개인적으로 용기를 북돋아 주고 전문적으로 지원해 주지 않았더라면 이 책은 결코 쓰여지지 못했을 것이다. 나는 또한 이 책을 집필하는 여러 단계에서 초고를 읽어 주고 내가 표현하고자 하는 바를 제대로 표현할 수 있도록 도와준 사람들, 수전 커크패트릭, 존 쿠시치, 바실리스 람브로폴로스, 클리퍼드 시스킨에게 아주 많은 것들을 빚지고 있다. 풍부한 지식으로 완성된 초고 전체를 읽어 준 마이클 데이비드슨, 줄리엣 맥캐널, 존 메이너드, 윌리엄 테이에게 특히 감사를 표하고 싶다. 내가 이 책에서 전개하고 있는 주장은 매 단계마다 버펄로 소재 뉴욕주립대학교(1984년 봄학기)와 샌디에이고 소재 캘리포니아대학교(1984년 가을)에서 열린 세미나에서 격렬하게 논의되고 수정되었다. 책을 집필하는 작업이 애초에 기대했던 것보다 더 복잡하고 즐거운 과정이 될 수 있게 해준 세미나 참여 학생들에게 감사를 표하고 싶다. 앨런 화이트는 옥스퍼드대학 출판부에 보낸 초고 전체를 읽어 주었는데, 그의 전문적인 조언을 통해 책의 수정 방향을 잡을 수 있었다.

이 책의 상당 부분은 중산계급 가족을 이론화하는 것이었던 만큼 나의 가족들이 저술 과정에 기여한 바에 대해서 고마움을 표시하지 않을 수 없다. 학술적 커리어를 추구하는 것보다 더 힘든 가정성의 모범을 보여 준 나의 어머니 진 보위스에게 감사드리고 싶다. 가족생활의 어느 순간을 아이러니로 회복시켜 준 오빠 존 보위스, 내가 책을 쓰느라 가정적 규범의 많은 부분에서 떨어져 나왔음에도 기쁨을 찾아낸 나의 세 아들 스콧, 마크, 존 암스트롱에게도 고맙다는 말을 하고 싶다. 마지막으로, 가정소설의 역사를 추적하면서 나는 렌 테넨하우스, 캐시 애슐리, 호머 브라운, 돈 웨인에게 아주 많이 빚지고 있다, 나의 오랜 친구인 이들이 이 책을 쓰는 결정적 대목에서 보여 준 믿음은 나 자신의 믿음과 다르지 않은 것 같았으며, 이들의 생각은 내가 가장 크게 만족했던 논의의 지점들을 형성해 주었다.

캘리포니아 솔라나 비치에서
1986년 7월
낸시 암스트롱

차례

소설의 정치사

섹슈얼리티, 젠더, 소설

| 일러두기 |

1 이 책은 Nancy Armstrong, *Desire And Domestic Fiction: A Political History of the Novel*, Oxford University Press, 1987을 완역한 것이다.

2 본문 중 옮긴이가 추가한 부분은 대괄호([ ])로 표기했다.

3 외국어 고유명사는 2002년에 국립국어원에서 펴낸 외래어표기법을 따라 표기하되, 관례가 굳어서 쓰이는 것들은 그것을 따랐다.

서론
가정화하는 문화의 정치성, 그때와 지금

> 18세기 말 무렵 어떤 변화가 일어났다. 만일 내가 역사를 다시 쓴다면 십자군전쟁이나 장미전쟁보다 이 변화를 더 충실하게 기술하고 더 중요하게 생각할 것이다. 그 변화란 중산층 여성들이 글을 쓰기 시작했다는 사실이다.—버지니아 울프, 『자기만의 방』

처음부터 가정소설은 정치 언어에서 성관계(sexual relation)의 언어를 적극적으로 분리하려고 했으며, 그렇게 함으로써 새로운 형태의 정치권력을 도입하려고 했다. 이 새로운 권력은 가정여성이 부상하면서 출현했으며, 여성들이 사생활과 관련되는 모든 대상이나 관행들을 주도하면서 영국문화에 영향을 미쳤다. 가사와 여가시간, 구혼절차, 친족관계를 관장한 것은 여성들이었으며, 인간 정체성을 형성하는 기본 자질을 키우는 것 또한 여성들의 주도하에 이루어졌다.

가정여성의 부상을 정치사의 중대 사건으로 보는 것은 용어상의 모순을 드러내는 것이 아니라 근대문화를 형성시킨 역설을 확인하는 일이다. 그것은 또한 근대 특유의 욕망의 역사를 추적하는 일이기도 하다. 이 근대적 형태의 욕망은 18세기 초 여성들에게 가장 중요한 것이 무엇인가를 결정하는 기준을 변화시켰다. 이런 욕망 형태는 수많은 여성용 교육책자와 소설에서 새로운 유형의 여성과 함께 등장했다. 이런 이상은 이 새로운 여성들이 등장하는 삶을 매력적일 뿐 아니라 사실상 모든 사람들에게 실현 가능한 것으로 그림으로써 결국 지역, 당파, 종교적 분파의 신념을 넘어 엄청난 권력을 소유한 것도 아주 가난한 것도 아닌 집단의 이해(利害)를 통합하게 되었다. 18세기 동안 점점 더 많은 영국 작가들은 사회적 경험을 이해하는 관습적 방식이 실제로는 인간의 가치를 잘못 재현한다는 점을 알게 되었다. 작가들은 개인의 가치를 영국적 사고를 오랫동안 지배해 왔던 정교한 지위시스템으로 재현하지 않고, 개별 남성의 입장에서, 보다 더 자주는 개별 여성의 입장에서 본질적인 심성의 자질로 재현하기 시작했다. 그러므로 가정여성을 형성하는 데 바쳐진 문학은 남성들이 경영하는 정치세계를 무시하는 것처럼 보였다. 여성에 관한 한 이 문학은 출신도, 작위나 지위 같은 신분의 표지도 개인을 정확히 표현할 수 없으며, 오직 더 미묘한 행동의 차이를 통해서만 개인의 진정한 가치를 가늠할 수 있다고 말하는 것 같다. 이런 식으로 여성들을 위해 여성들에 대해 쓴 글들은 사회관계를 말해 주는 완전히 새로운 어휘, 특정한 심성의 자질에 정확히 도덕적 가치를 부여하는 새로운 어휘들을 도입했다.

처음에는 오직 여성들만이 감정적 성격에 의해 규정되었다. 남성들은 여성적 주체성의 자질들을 발전시키고 주체성을 여성적 영역으로 만든 글쓰기에서 정치적 정체성을 대체로 유지했다. 필딩(Henry

Fielding)의 조지프 앤드루스(Joseph Andrews)처럼 스턴(Laurence Sterne)의 남자 주인공들이 [남성은 정치적이고 여성은 감정적이라는] 이런 프레임을 뒤집었을 때 자신들이 예외적 변칙임을 분명히 선언했고, 남자로서의 삶을 감정적 반응을 불러일으키는 일련의 연속적 사건으로 경험하고 있었다고 말하는 것은 틀리지 않다. 이런 점에서 이들은 남성의 경험보다는 여성의 경험을 재현하는 데 더 적합한 것으로 보이는 형식을 통해 독자들에게 다가왔다. 하지만 19세기 소설에서 남자들은 더 이상 정치적 존재가 아니라 욕망의 산물이자 가정생활의 생산자가 되었다. 물론 여전히 남성은 남성이고 여성은 여성이었지만, 젠더가 한 개인을 가르는 가장 중요한 차이들을 표시하게 됨에 따라 남성과 여성의 차이는 남녀 각각이 지니고 있는 심성의 자질을 통해 이해되었다. 심리적 차이가 남성을 정치적으로 만들고 여성을 가정적으로 만들었던 것이지 그 반대방향으로 사태가 전개되었던 것은 아니다. 그러므로 남성과 여성 모두 과거에는 여성적 성격만을 규정했던 개인적 자질에 기초해서 정체성을 얻게 되었다. 예를 들어, 『워더링 하이츠』(*Wuthering Heights*; 『폭풍의 언덕』)가 진행되는 과정에서 우리는 히스클리프(Heathcliff)가 세기 전환기 리버풀에서 습득한 집시의 면모를 벗어던지고 자신의 모든 행동을 성적 욕망 탓으로 돌리는 존재의 변화를 경험하고 있다는 것을 알 수 있다. 이와 비슷한 과정을 통해 『제인 에어』(*Jane Eyer*)의 마지막 대목에서 로체스터(Rochester)는 귀족적 풍모를 잃어버리고 한 여성이 감독하는 순전히 감정적인 관계의 망 안에서 자신의 역할을 취한다. 이 소설들은 모든 사회적 차이를 젠더에 기초한 차이에 종속시키는 것을 통해서만 사회관계에 질서를 가져온다. 이 모든 사실을 인정한다면 우리는 중산계급의 힘은 이 계급의 사랑의 힘과 온전히 관련되어 있다고 결론지을 수 있을 것이다. 또 이 주장이 옳다면 우리는 중산계급의 권위는 대부분 소설이 여성들에게 부여하고 이를 통해 특별히 여성적이라고 규정해 온 권위에 기대고 있다는 사실에 동의해야 할 것이다.

나는 소설의 발생이 여성을 매력적인 존재로 만드는 것이 무엇인지 말하는 투쟁에 달려 있다는 점을 증명하면서, 훨씬 더 많은 것들이 이 문제에 걸려 있다고 주장할 것이다. 나는 이처럼 욕망을 재정의하는 작업이, 심지어 오늘날에도 도처에 편재해 있는 중산계급의 권력을 보증해 주고 있는 조밀하게 얽힌 상식과 감수성의 직조물을 형성하는 과정에서 결정적 단계였다는 점을 살펴볼 것이다. 내가 주장하고자 하는 바는, 구혼과 결혼 문제에만 연관되어 있는 것처럼 보이는 서사물들이 실제로는 여성적인 것이 무엇인지 말해 줄 권위를 쥐고 있었고, 또 그 서사물들이 이런 권위를 행사했던 것은 권력과 특권의 대부분을 특정 가계에 귀속시키는 친족관계의 통념에 맞서기 위해서였다는 점이다. 성을 재현하려는 이런 투쟁은 집단체제가 존재하면 그곳이 어디든 개인화하고, 서로 경쟁하는 집단들이 명시적으로 드러냈던 정치적 행동들에 심리적 동기를 부여하며, 가정여성들을 귀족여성들보다 더 높이 고양시키는 일련의 도덕적 규범에 따라 이 동기를 평가하는 방식을 취했다. 내가 말하고자 하는 바는 서로 경합하는 이데올로기 투쟁의 결과가 기댔던 인물이 다름 아닌 여성이었다는 사실이다.

바로 이런 이유 때문에 새뮤얼 리처드슨(Samuel Richardson)의 소설 『파멜라』(*Pamela*)는 주인이 그렇지 않았다면 눈에 띄지도 않았을 하찮은 하녀를 겁탈하는 일을 하녀의 세계뿐 아니라 우리의 세계를 위협하는 것으로 그리고 있다. 리처드슨은 B씨의 비굴한 가정부가 밝힌 당대의 지배적인 성 관념에 맞서고 그것을 극복하는 과정을 통해서만 파멜라가 겁탈에 저항하게 만들 수 있었다. 가정부는 "여자의 정조를 빼앗는 것은 목을 자르는 것보다 나쁘다"는 파멜라의 주장을 비웃는다. 그녀는 B씨의 겁탈을 당연하게 여기며 이렇게 말한다. "너는 참으로 이상한 말을 지껄이는구나! 남자와 여자는 서로를 위해 만들어진 것이 아니더냐? 신사가 어여쁜 여자를 사랑하는 건 당연하지 않느냐? 만일 신사가 욕정을 만족시키는 경우에, 그게 과연 여자의 목을 베는 것만큼 나쁜 짓이라 할 수 있느냐?"[1] 이런 주장에도 불구하고 파멜라는 소수자의 입장을 명확히 대변하면서 주인이 가정부의 조력으로 그녀의 침대로 슬며시 기어들어 와 그녀의 나체를 깔아 눕히는, 소설에서 가장 참혹한 장면을 겪으면서도 끝내 승리를 거둔다. 이 장면은 심지어 순간적인 만족조차 낳지 못한 채 문학의 역사에서 남녀가 침대에서 가장 에로틱하지 않게 만난 장면 가운데 하나이다.

> 그는 공포를 자아낼 만큼 격정적으로 그의 입술을 내 입술에 갖다 댔다. 곧이어 그의 목소리가 천둥처럼 나를 덮쳤다. "파멜라." 그가 내 이름을 불렀다. 이제 그가 나를 덮칠 끔찍한 시간이라서 나는 그에게 위협을 가하려고 했다. 나는 지금껏 아무도 들어 본 적 없는 괴성을 질렀

1 Samuel Richardson, *Pamela, or Virtue Rewarded*, New York: W. W. Norton, 1958, p. 111. 이 책의 인용은 이 판본을 따랐으며, 본문에 간략히 페이지만 표기했다.

다. 그러나 나를 도와줄 사람은 아무도 없었다. 내가 말을 했을 때 내 두 손은 이미 붙잡혀 버렸다. 나처럼 이런 고난에 처한 가련한 존재는 없을 것이다. 비열한 인간 같으니! 나는 말했다. 오, 하느님, 오, 하느님, 이 번만, 이번 한 번만 저를 이 고통에서 구해 주세요. 그러지 않으시려거든 지금 당장 저를 쳐 죽이세요! (213)

파멜라는 침묵(그녀는 기절한다)과 언어(그녀는 항거한다)의 존재가 되면서 자신의 덕성을 지키고 위험에서 빠져나온다. 하녀의 육체를 겁탈하려는 B씨의 시도는 신비롭게도 그 육체를 언어와 감정의 몸으로, 근대적 사랑의 절차를 고수하려는 그녀의 동의와 그의 자발적 의지를 통해서만 얻을 수 있는 형이상학적 대상으로 변모시킨다. B씨가 욕망하는 파멜라가 바로 이런 존재라는 사실은 가정부의 상식이 기초해 있던 통념적 성 관념에 의문을 제기한다.

이 책의 논제를 시작하면서 나는 어떻게 이런 변모가 거대한 기반 위에 일어났으며, 그것이 사회적 삶의 전 국면을 어떻게 바꾸었는지 제안할 수 있을 따름이다. 이 변모가 미친 역사적 영향력의 성격과 수위는 정말 에로틱해 보이는, 『파멜라』의 앞서 그 한 장면에 함축되어 있다. 이 장면에서 우리는 에로틱한 욕망이 파멜라의 몸에서 그녀의 말로 옮겨 가는 것을 목격한다. 작가 리처드슨이 마침내 B씨가 그녀를 마음대로 갖도록 했을 때 에로틱한 욕망은 소설에서 잠깐 다시 등장한다. 그런데, 그것은 결혼식 날 밤이 아니라 이들의 구애가 절정에 이른 순간이다. 그 순간 B씨는 파멜라의 편지를 강제로 손에 쥐게 된다.

그는 말했다. 교활한 계집 같으니! 내 질문에 이것이 무엇이더냐?—그것들[파멜라의 편지들]은 너에 관한 것이 아니더냐?—만일 제가 그 편지들을 벽판 뒤 몰래 숨겨 놓은 곳에서 끄집어내야 한다면, 당신은 저를 보지 않을 건가요? 라고 나는 말했다—점점 더 교활해지는구나! 라고 그는 말했다—이것이 내 질문에 대한 너의 대답이냐?—나는 그 편지들을 찾으려고, 위층과 네 벽장까지 샅샅이 뒤졌지만, 찾을 수 없구나. 무슨 수를 써서라도 그것들이 있는 곳을 알아 낼 것이다. 자, 그 편지들은 너에 대한 것이라는 게 내 생각이다. 지금까지 나는 단 한 번도 여자의 옷을 발가벗겨 본 적은 없지만 이제 나의 아름다운 파멜라의 옷을 벗길 것이다. (245)

B씨가 더 소중한 몇 마디 말을 찾기 위해 그녀의 양말대님을 더 듬을 때 파멜라는 그에게 굴복한다. 이제 그녀는 눈물을 쏟아 내며 그가 욕망하는 것을 내준다. 전통적으로 매력적인 여성을 '씌어진' 여성으로 변화시키면서 리처드슨은 이 새로운 육체에 에로틱한 매력을 불어넣는다. 이제 파멜라가 주는 쾌락은 그녀의 육체를 정복하는 것에서 얻을 수 있는 쾌락이 아니라 텍스트의 쾌락이다.

이렇게 쾌락의 성격이 바뀌는 과정이 오늘날 우리의 눈에는 아무리 부적절해 보인다 해도 독자들은 여성의 덕성만이 성적 공격을 극복하고 남성의 욕망을 근대 가족의 구성요소라 할 수 있는 중산계급의 사랑으로 변화시킨 서사에 완전히 매료된다. 소설문화의 상속자로서 우리는 이런 기획 전체에 의문을 품지 않을 것이다. 오히려 우리는, 성적 욕망을 이성애적 일부일처제의 규범에 순응하도록 구슬려 넣기 위해 지속적으로 벌여 왔던 압박이 성공을 거두었던 것은 소설의 결말을 마무리할 멋진 방안을 제시하고 텍스트가 성취할 흡족한 목표를 제시해 준다고 느낄 것이다. 소설은 성적 욕망을 가정화할 전략이 마련되기 전에 성적 욕망이 먼저 존재했던 것은 아닌지 독자들이 의심하도록 권장하지 않는다. 또한 소설은 성적 욕망이 가정화되지 않으면 사회에 최대의 위험이 될 뿐 아니라 다른 모든 위협의 근거가 될 것이라는 전제에 물음을 던지도록 만들지도 않는다. 나는, 성적 욕망은 재현이 일어나기 전에 일정한 형태로 이미 존재해 있으며, 우리가 복원하거나 해방시켜야 할 어떤 것으로 거기 남아 있다는 관념에 굴복하지 않은 주요 소설비평을 알지 못한다. 나는 이런 지배적 욕망이론이야말로 가정소설에 권위를 부여하면서 가정소설이 근대 역사에서 수행해 온 역할을 은폐하고 있다고 믿는다. 나의 논점을 보다 분명히 말하자면, 이 지배적 욕망이론은 ―― 그것은 심리적이면서 문학적이기도 한데 ―― 욕망의 역사적 차원을 무시함으로써 왜 근대문화의 초창기에 영국에서 식자층들이 갑자기 여성들을 위해 여성들에 대해 여성들이 쓴 글쓰기를 향해 전례 없는 취향을 발전시켜 왔는지 설명하지 못한다.

나는 왜 여성들이 18세기 말에 괜찮은 소설을 쓰기 시작했고, 19세기 동안 뛰어난 소설가가 되었으며, 그 기반 위에서 근대 시기 동안 예술가의 위상을 획득하게 되었는가를 설명해 주는 영국소설사를 알지 못한다. 하지만 여성들이 갑자기 소설을 쓰기 시작했고 여성작가로 인정받게 되었다는 것은 소설의 역사에 발생한 중대 사건이다. 이언 와트(Ian Watt)의 고전적 연구서인 『소설의 발생』(*The Rise of the Novel*)은 디포(Daniel Defoe)와 리처드슨 같은 작가들의 인기를 이들이 상당수 새로운 독서대중과 공유했던 경제적 개인주의 및 청교도 윤리와 연관짓고 있다. 하지만 와트의 역사적 설명은 '왜 다수의 18세기 소설을 쓴 것은 여성인가?'라는 물음에 답하지 못한다. 제인 오스틴(Jane Austen)을 설명해야 할 대목에 이르면, 와트는 역사적 설명을 회피하고 상식적 주장으로 돌아간다. "여성적 감수성은 어떤 면에서 미묘한 개인적 관계를 드러내는 데 더 뛰어나며, 그런 까닭에 소설의 영역에서 진짜로 유리하다."[2] 최근 들어 소설의 역사를 설명하는 이런 시도가 실패했다는 것은 분명해 보인다. 왜냐하면 남성들에게 역사는 남성적 제도의 역사로 표현되기 때문이다. 여성작가들과 연관될 때 이런 역사 이해는 진정으로 흥미로운 많은 질문들, 이를테면 왜 "여성적 감수성"인가? 어떻게 "더 뛰어난가"? 어떤 "미묘함"인가? 누구의 "개인적 관계"인가? 왜 "소설의 영역에서 유리"한가? 마지막으로 이 모든 것들이 어떻게 상식이 되었는가? 등등의 질문은 하지 않는다.

이런 질문에 답하기라도 하듯, 샌드라 길버트(Sandra Gilbert)와 수전 구바(Susan Gubar)가 공동으로 저술한 『다락방의 미친 여자』(*The Madwoman in the Attic*)는 적어도 여성작가의 전통을 설명하고자 한다. 와트가 소설이 독서대중의 변화하는 이해관계에 조응해 온 과정에 관심을 두고 있다면, 길버트와 구바는 작가 자신과 그들이 글을 쓴 시대의 사회적 조건에 집중한다. 이들은 여성작가들이 남성작가들과 달리 가부장적 기준을 전복하면서 동시에 그에 순응하는 힘든 과제를 용케 수행해 왔다고 주장한다.[3] 하지만 젠더화된 준거틀로 이해

2 Ian Watt, *The Rise of the Novel*, Berkeley: University of California Press, 1957, p. 57.

할 경우 여성들이 글을 쓴 사회적 조건은 역사를 통틀어 별로 변한 것이 없는 것 같다. 문제의 작가들은 여성이고 여성의 글쓰기 조건은 대개 남성들에 의해 정해지기 때문이다. 그러므로 이언 와트처럼 길버트와 구바도 사실상 여성들이 작가로서 대면해 왔던 구체적인 역사적 조건을 무시했고, 그렇게 함으로써 역사에서 여성들의 글쓰기가 차지하는 위상을 무시해 왔다. 길버트와 구바에게도 역사는 여성들이 주도권을 행사해 왔던 문화영역 안에서, 이 영역을 통해서 일어나는 것이 아니라 남성들이 지배하는 제도 안에서 일어난다. 이 두 탁월한 소설사는 젠더의 기준에 따라 사회적 세계가 분리되었다고 전제하기 때문에 어떻게 이런 분리된 세계가 존재하게 되었으며 소설이 그런 세계를 형성하는 데 어떤 역할을 해 왔는가에 관해서는 사유하지 못한다. 하지만 왜 여성들이 19세기 동안 영국에서 주요 소설작가가 되었는가를 설명하려면 이런 문제들을 반드시 고려해야 한다. 젠더가 역사를 초월해 있다고 전제하면 여성들이 현재 우리가 살고 있는 세계를 형성하는 데 기여한 역할을 — 좋은 쪽이든 나쁜 쪽이든 간에 — 이해하려는 희망을 품을 수 없다.

가정소설의 역사를 기술하기 위해 나는 몇 가지 논점을 곧바로 주장할 것이다. 내 논점은 다음과 같다. 첫째, 성은 문화적 구성물이며 그 자체 역사를 가지고 있다. 둘째, 글쓰기를 통한 자아의 재현은 근대적 개인을 경제적·심리적 리얼리티로 만들었다. 셋째, 근대 개인은 무엇

3 Sandra M. Gilbert and Susan Gubar, *The Madwoman in the Attic: The Woman Writer and the Nineteenth Century Literary Imagination*, New Haven: Yale University Press, 1979. 특히 pp. 45~92를 볼 것.

보다 여성이다. 나의 주장은 18세기와 19세기에 등장한 가정소설뿐 아니라 여성용 품행지침서와 교육용 논설들에서 — 이 모든 것들을 쓴 것은 종종 여성들이다 — 이루어져 온 특수한 여성적 이상의 발전과정을 추적할 것이다. 나는 새로운 여성적 이상의 형성이 영국에서 소설의 발생이나 새로운 중산계급의 등장, 그 어느 것과도 분리될 수 없다고 주장한다. 우선 나는 가정여성에 대한 글들이 여성의 매력을 재산이나 가문에 대한 요구에 의거해서 이해하는 지배적인 성 관념에 도전할 계기를 마련해 주었다고 주장할 것이다. 하지만 19세기 초반까지 중산계급 작가들과 지식인들은 가정여성들이 구현하고 있는 덕성을 수용한 후 이를 노동계급 문화와 대립시키고 있는 것 같다. 산업화 과정이 노동계급의 저항을 넘어서려면 무엇보다 먼저 낡은 가정 관념을 혁파하는 것이 필요했다. 시간이 흐르면서 소설의 선례를 쫓아 새로운 종류의 글쓰기들(자연사와 새로운 정치경제 이론들뿐 아니라 공장과 도시에 대한 사회학적 연구들)이 근대 가정을 잔혹한 경제적 세계의 시련에서 벗어날 유일한 피난처로 만들었다. 1840년경에 이르면, 이미 가정여성에게 새겨진 규범들이 그 이전 시대의 가부장적 사회관계 모델을 유지해 왔던 지위 범주를 절단해 갔다.[4] 외견상 전체 사회경험은 현존하는 사회적 지식의 장을 남성적 영역과 여성적 영역으로 대립시켜 표현하는 글쓰기들을 — 그 중에서 으뜸은 단연 소설이다 — 반영하

4 "가부장적 모델"이라는 말은 특히 가족 구성원에 대한 아버지의 정치적 권위를 왕의 정치적 권위와 서로 인정해 주는 관계에서 연결시키는 역사적 현상을 가리킨다. 이 점을 보려면, Gordon J. Schochet, *Patriarchalism in Political Thought*, New York: Basic Books, 1975와 Lawrence Stone, *The Family, Sex, and Marriage in England 1500-1800*, New York: Harper and Row, 1977, pp. 239~240을 참조할 것.

게 되었다.[5]

영국소설사를 여성적 이상의 확산을 통해 중산계급의 힘이 커지는 과정과 연결시키는 이 책은 필연적으로 기존 소설사에 도전한다. 한 가지만 지적하자면, 이 책은 소설의 역사가 성의 역사와 분리될 수 없다고 주장한다. 나의 연구는 오늘날 우리가 문학이라고 생각하는 텍스트와 품행지침서 같은 비문학적 텍스트를 나누는 경계를 해소하는 데 있어서 문학적인 것과 비문학적인 것의 구분이란 근대 문학제도가 여러 이질적인 허구적 작품들에 사후적으로 부여한 것이라는 점을 보여 줄 것이다. 이 책은 또한 가정소설이 그것이 재현하는 삶의 방식보다 시기적으로 빠르며 반드시 그에 앞서 존재했다는 점을 보여 줄 것이다. 가정소설은, 이미 하나의 실체로 현존해 있었으며 소설의 관습에 따라 관계를 형성해 왔던 개인들을 가리키기보다는, 18세기와 19세기의 지배적 이야기 형식과 자신을 구분하는 일에 더 힘을 쏟았다. 지

5 나는 여기서 데이비드 무슬화이트(David Musselwhite)의 주장을 살펴보고자 한다. 무슬화이트는 미하일 바흐친이 『대화적 상상력: 네 편의 글』(*The Dialogic Imagination: Four Essays*, trans. Michael Holquist, Austin: University of Texas Press, 1981)에서 제시한 것 같은 소설정치학에 암묵적으로 도전한다. 무슬화이트는 소설을 카니발같이 헤게모니에 저항하는 것으로 보지 않는다. 그는 소설이 저항의 형식이 될 수도 있었을 상징적 관행들을 도용해 왔다고 주장한다. 한편으로 나는, 소설의 정치성은 대안적 문해력을 억압하고 공손한 표준영어라고 알려진 동질화하는 담론을 만들어 내는 소설장르의 특성을 통해 규정된다고 주장할 것이다. 다른 한편으로 나는 이 주장을 더 밀고 나가 소설의 정치성은 우리가 오늘날 소설장르를 어떻게 활용하는가에 달려 있다고 제안하겠다. 이 책을 쓰면서 나는 소설을 이런 작용이 일어나는 역사로 읽어 냄으로써 헤게모니의 작동방식을 드러내고자 한다. 이 주장이 옳다면, 우리는 심리화하는 소설의 전략을 쓰면서 정치의식을 억압하는 저 위대한 19세기적 프로젝트를 지속하고 있을 뿐이다. David Musselwhite, "The Novel as Narcotic", *1848: The Sociology of Literature*, Colchster, England: University of Essex, 1978, pp. 208~209.

역, 분파, 당파에 따라 정체성을 표현하는 다수 이야기들은 특정형태의 욕망이 보편성을 지니고 있다는 점을 제대로 확인해 줄 수 없었다. 이와 달리, 가정소설은 인간 욕망이 정치사와는 독립적으로 작용하는 것처럼 전개시킨다. 바로 이 점이 욕망은 전적으로 주관적이며 정치적으로 코드화될 수 있는 행동들과는 근본적으로 다르다는 환상을 만들어 내는 데 일조했다. 물론 욕망은 정치적으로 코드화된 이런 행동을 발생시킨다.

이와 동시에, 그리고 이와 동일한 이론적 근거에서, 나의 소설 연구는 정치적 사건의 역사와 문화적 사건의 역사를 따로 분리해서 쓰는 관행에 문제를 제기함으로써 전통적인 19세기 영국사에 도전한다. 여성들에 대해, 여성들을 위해 쓴 글쓰기들을 읽어 내는 나의 해석방식은 새로운 중산계급의 부상을, 문화에 대한 이들 계급의 지배력을 공고히 해준 경제적 변화를 기준으로 바라보기보다는, 근대 정치국가의 형성이 —— 적어도 영국에서는 —— 많은 경우 문화적 헤게모니를 통해 이루어졌다는 점을 보여 줄 것이다. 새로운 재현 전략들은 한 개인의 정체성을 이해하는 방식을 수정했을 뿐 아니라, 자아에서 오직 자연스러운 것만을 찾아내려고 함으로써 주관적 경험과 성적 실천을 역사에서 분리시켰다. 근대의식을 인간 경험의 항수(恒數)로 전제하고 근대사를 경제적 용어로 이해하도록 가르칠 때, 우리의 교육도 이와 크게 다르지 않은 일을 한다. 하지만 역사 자체는 적어도 19세기 초까지는 경제적 용어로 이해되지 않았다. 우리는 정치 세계를 두 영역으로 나누고 여성의 영역에 속하는 관행들을 시장을 지배하는 관행들과 분리하도록 배웠다. 이런 방식으로 우리는 개인의 사적 영역을 사회적 역사와 동떨어진 외부에 두는 상징행위를 강박적으로 반복한다.

하지만 실제로 다양한 집단들로 하여금 사회적 경험을 이런 상호배타적인 지식의 세계로 이해하도록 만든 변화는 근대 개인의 역사에서 주요 사건을 구성한다. 그러므로 우리는 이로부터 다음과 같은 사실을 도출해 낼 수 있다. 즉 분리된 영역 —남성적인 것과 여성적인 것, 정치적인 것과 가정적인 것, 사회적인 것과 문화적인 것의 분리 —이 형성되는 과정을 설명해 주는 역사만이 이런 기호행위가 새로운 중산계급의 경제적 승리와 어떻게 연관되는지 보여 줄 수 있다. 나는 정치적 사건이 여성의 역사, 여성문학의 역사, 가정의 재현에 일어난 변화와 동떨어져서는 이해될 수 없다고 주장한다. 소설의 역사도 그것이 성의 역사를 설명할 수 없다면 역사적일 수 없다. 왜냐하면 이런 소설사는 본질적으로 무엇보다 중산계급의 권력을 북돋아 주었던 기호적 행위를 재연(再演)하는 범주에 갇혀 있기 때문이다.

우리는 소설의 발생과 하나의 일관된 중산계급의 에토스의 출현을 고도로 정교한 여성적 형식의 형성과 동일하다고 간주하는 연구를 요구할 수 있다. 그러나 이런 요구를 하는 것과 자신의 생산과 역사적 적절성을 해명하려는 문학이론에 지속적으로 저항해 온 여성적 글쓰기 현상(여성들이 여성들을 위해 여성들에 대해 쓴 글쓰기 현상)을 설명하는 것은 완전히 다른 문제이다. 나는 문학에서 성을 다루고 있는 몇몇 예외적 논의가 거의 대부분 빠져드는 핵심적 문제를 확인하기 위해 미셸 푸코(Michel Foucault)의 저작을 활용했다. 그의 저술 중에서 『감시와 처벌』(*Discipline and Punish*)뿐 아니라 특히 『성의 역사』(*The History of Sexuality*) 제1권을 참조했다. 푸코적 관점의 역사는 내가 성이라 부르는 문화의 특정 영역이 역사적 연구에 둔감할 때 봉사하게 되는 정치적 이해관계뿐 아니라, 근대 문화사에서 언어, 그 가운데서도 특히 글쓰기가 갖는 위치에 우리의 관심을 집중시키기 위해 전통적인 역사적 인과성 양식을 파괴했다. 나는 성적인 것과 정치적인 것의 연관성을 강조하고 싶다. 나는 이 연관관계에서 몇 가지 주요한 역사적 변화를 분리해 내고 싶다. 왜냐하면 이언 와트와 길버트/구바의 연구가 특히 잘 보여 주고 있듯이, 여성의 글쓰기가 기여했던 정치적 이해관계를 드러내지 않고도 여성의 글쓰기를 역사 속에 자리매김하는 것은 가능하기 때문이다. 이는 그런 정치적 이해관계가 시간이 흐르면서 어떻게 급속히 변모했는지 드러내지 않고도 여성들의 글쓰기가 갖는 정치성을 보여 주는 게 가능한 것과 마찬가지이다. 이런 논의와 달리, 우리는 푸코를 통해 성관계를 젠더와 세대 사이의 변모하는 권력관계뿐 아니라 계급과 문화 사이의 변모하는 권력관계가 작동했던 장소로 사유할 수 있다.

푸코는 이중적인 개념 운동을 통해 와트와 길버트/구바의 연구를 괴롭힌 문제, 다시 말해 성을 역사화하지 못하는 문제에서 벗어날 길을 제시한다. 푸코의 『성의 역사』 제1권은 섹스(sex)를 성(sexuality)의 기능으로 만들며 성을 순수한 기호적 과정으로 간주한다. 성은 섹스 그 자체처럼 보이는, 섹스에 관한 모든 재현들(이를테면 근대 문화에서 젠더화된 육체)뿐 아니라 섹스와 연관된 수많은 의미 있는 재현들(우리의 대상세계를 물들이는 온갖 다양한 남성적 특성들과 여성적 특성들)을 포함한다. 다시 말해 성은 섹스의 문화적 차원이다. 그런데 내 생각에 이 문화적 차원은 우리가 '자연 그 자체'라 여기는 재현형태들을 자신의 가장 본질적이며 강력한 구성요소로 포함한다.[6] 그러므로 우리는 젠더를 역사를 지닌 성의 한 기능으로 간주할 수 있다. 나의 소설 연구는 근대적 제도문화의 형성과 함께 젠더 차이가 근대 이전의 문화를 조직했던, 세대와 가계(家系)의 기능을 압도하게 되었다는 것을 증명해 보일 것이다. 물론 젠더 차이는 성이 수행하는 여러 기능 가운데 하나에 지나지 않는다.

대부분의 영국소설 연구는 의식적으로는 섹스와 성, 지시대상(referent)과 재현(representation)의 구분을 어느 정도 인정한다. 소설비평은 두 범주를 어떤 결합도 거의 찾을 수 없을 만큼 완벽하게 구별

6 이 점에서 나는 성 논의의 근거를 자연에서 찾는 비평가들에게 이의를 제기한다. 예를 들어, 푸코의 시각에 반대하면서 제프리 윅스(Jeffery Weeks)는 "담론은 현실과 만나는 유일한 접촉지대가 아니다"라고 주장한다. Weeks, *Sex, Politics, and Society: The Regulation of Sexuality since 1800*, London: Longman, 1981, pp. 10~11. 하지만 푸코를 반박하기 위해 윅스는 푸코가 성담론을 구성한다고 언급한 바로 그 전략에 기대고 있다. 그럼에도 불구하고 윅스는 성에 대한 푸코적 이해가 제시하는 난제를 해결하려고 한다. "로버트 패드곡(Robert Padgog)은 최근 '생물학적 성은 인간 성의 필수불가결한 조건'이라고 썼다. '하지만 생물학적 성은 인간 현실에 의해 매개되지 않은 것이 결코 아닌 일련의 잠재성이자 전제조건일 뿐이다.' 이것이 이 책의 기본 전제를 요약해 준다."(p. 11, 강조는 인용자) 윅스는 패드곡을 위시한 여러 논자들과 더불어 성의 생물학적 기초를 불러들이는데, 여기서 성은 비록 "인간 현실에 매개되지 않은 것은 결코 아니지만" 범문화적이고 역사 바깥에 놓여 있다. 나는 푸코의 시각을 견지하면서 자연과 문화의 차이는 항상 문화의 기능이라고 주장할 것이다. 자연의 구성은 자신에게 권위를 부여하는 문화의 관습화된 비유 가운데 하나이기 때문이다. 그리고 나는 젠더화된 육체가 문화를 넘어서는 자연에 속한다면 — 윅스는 이 점을 전제하고 있는 것 같다 — 왜 상대적으로 최근에 이르러서야 남성과 여성의 차이가 생물학적 몸의 재현을 지배하게 되었는지 묻고 싶다. 예를 들어 17세기 부인과 의학에 대해 쓰면서 오드리 에클스(Audrey Eccles)는 "해부학적으로는 양성 사이에 사실상 아무 차이도 없다고 생각한다. 남성의 음경과 고환은 여성의 자궁과 난소와 정확히 일치한다." Eccles, *Obstetrics and Gynaecology in Tudor and Stuart England*, London: Croom Helm, 1982, p. 26. 섹스의 정치적 차원을 억압하면서 섹스를 신비화하는 문화에서 특히 자연적 섹스라는 관념은 용어상의 모순을 드러내는 것 같다. 그런데 이런 용어상의 모순이야말로 의심할 여지 없이 가장 순수한 형태의 이데올로기이다.

해 냈지만 결국 근대적 진리를 지시대상에 새겨 넣었다. 나는 글쓰기와 욕망의 대립을 상정하지 않는 단 하나의 소설 연구도 찾기 어렵다는 점을 알게 되었다. 욕망과 글쓰기의 대립구도에서 욕망이 글로 쓰여질 때 욕망의 개별성, 진리, 순수성, 권력은 다소간 상실된다. 이런 상실이 일어남에도 불구하고 욕망은 이미 존재해 있는 어떤 것으로 상정된다. 비평가들은 그것을 다시 복원할 따름이다. 하지만 이런 생각과 달리 푸코는 글쓰기와 욕망의 대립을 받아들이지 않는다. 푸코는 근대 욕망이 언어, 그 중에서도 특히 글쓰기에 기대고 있다는 점을 사유하도록 만든다. 이런 근거에서 푸코의 『성의 역사』는 근대적 성이 문자적 재현에 논리적으로 선행한다고 생각하는 전통을 공격한다. 나는 소설에 대한 길버트와 구바의 접근법이 특정한 성을 자연스러운 것으로, 다시 말해 섹스로 간주한다는 점에서 와트의 접근법과 닮았다는 점을 부연하고자 한다. 이 두 소설 연구는 모두 재현에 선행하는 본질적인 성을 작가가 나중에 이야기에 바르게 재현하거나 틀리게 재현한다고 — 양자는 결국 같다 — 전제한다. 이는 소설의 생산에 관한 이들의 상반되는 설명방식이, 글쓰기가 자연을 억압하는 문화의 편에서 작동하는가 아니면 우리를 자연의 진리로 데려가는가라는, 상대적으로 사소한 문제에 동의하지 않는다는 점에 관해서는 동의하는 것과 같다. 어느 쪽 입장을 취하든 섹스는 역사적으로 성에 앞서 존재하는 것으로 간주된다. 하지만 푸코에 따르면 섹스는 성이 특정한 방식으로 다루도록 성에 선행하여 존재한 적이 없었고 지금도 없다. 오히려 성의 재현이 우리가 섹스라고 알고 있는 것, 섹스가 특정 시기에 다른 시기와 대립하여 취하는 특정한 형태들, 이런 다양한 섹스의 형태들이 봉사하는 정치적 이해관계를 결정한다.

푸코의 주장에 따르면, 섹스가 지금까지 오해되어 왔기 때문에 제대로 알아야 할 어떤 것으로, 억압되어 왔기 때문에 해방되어야 할 어떤 것으로 재현하는 것은 그 자체로 성의 한 요소로 작용한다. 무엇보다 섹스에 대한 이런 재현들은 근대적 성에 특정한 정치적 의미를 부여한다. 그런데 이는 특정한 형태의 성을 억압하는 것이 아니라 생산한다. 푸코가 말했듯이, 18세기와 19세기 동안 욕망이 개인의 내면에 숨겨져 있다는 것을 발견한 것은 그때까지 육체의 표면에 놓여 있던 에로티시즘을 효과적으로 대체하는 광범한 언어화 과정을 촉발시켰다. 성담론은 이런 유형의 쾌락을 더 근원적이고 자연적이지만 여전히 환상적인 욕망의 대체물로 보았다. 억압된 성을 발견하는 일은 그것이 일어나는 곳이 어디든 성행위를 읽고 해석하는 작업에 정당성을 부여했다. 그런데 이런 해석 행위는 언제나 진리를 발견하고 자유를 생산하려는 계몽주의적 동기를 갖고 있었지만, 결과적으로 섹스를 개인의 주체성 안에 가두는 전혀 다른 효과를 낳았다.

푸코는 "억압된 섹스라는 관념은 순전히 이론적인 문제만은 아니다"라고 주장한다.

> 위선적이고 부산하게 활동하며 책임감 있는 부르주아의 시대는 철저하게 성을 종속시켰다. 그런데 부르주아의 시대보다 더 철저하게 성의 종속을 긍정하는 담론은 섹스의 진리를 드러내고, 섹스의 경제를 현실에 맞게 변형하고, 섹스를 지배하는 법을 전복하고, 섹스의 미래를 바꾸겠다고 호언장담하는 담론과 짝을 이루고 있다.[7]

푸코가 근대적 성이 이처럼 명백히 모순적으로 작용한다고 기술하는 것은 중산계급의 위선에 손가락질을 하기 위함이 아니다. 오히려 그는 욕망과 언어적 재현을 대립시키는 근대적 속성이 억압된 성의 비유를 반복한다는 점을 보여 주고자 한다. 억압되어 왔다고 가정되는 성의 형태를 언어화하려는 시도는, 인간의 본질적 본성과 문화에 의해 부여된 개별 정체성을 구별하는 행위를 반복한다. 하지만 이런 구별을 통해서는 문화와 자연을 상호 의존적 구성물로 다룰 수 없다. 이 상호 의존적 구성물은 문화가 수행하는 정치적 기능이다. 푸코만이 성의 연구를 욕망의 본성에서 욕망의 정치적 효용성으로 이동시켰다. 그는 근대 욕망이 글쓰기에 기대고 있다는 점을 주장하기 위해 욕망과 글쓰기의 대립을 거부한다. 푸코의 설명에 의하면, "내가 제기하고 싶은 질문은",

> '왜 우리가 억압되었는가' 하는 것이 아니라 '왜 우리는 우리의 가까운 과거와 현재, 그리고 우리 자신에 대해 그토록 엄청난 열정과 반감을 품고서 우리가 억압되었다고 말하는가' 하는 점이다. 어떤 회로를 통해 우리는 섹스가 부정된다는 점을 긍정하게 되었는가? 어떻게 해서 우리는 섹스를 우리가 숨겨야 할 어떤 것으로 보란 듯이 드러내고, 우리가 말하지 못하게 침묵시키는 어떤 것으로 말하게 되었는가? (8~9)

7 Michel Foucault, *The History of Sexuality*, Vol. 1, An Introduction, trans. Robert Hurley, New York: Pantheon, 1978, p. 8. 이 책의 인용은 이 판본을 따랐으며, 본문에 간략히 페이지만 표기했다.

다시 말해, 푸코는 억압을 수사적 비유일 뿐 아니라 욕망의 생산수단으로 이해할 것을 요구한다.

이와 동일한 사유방식을 통해 글쓰기는 성을 서사형식으로 전환함으로써 성의 역사를 적극적으로 은폐한다. 이렇게 만들어진 역사가 진보적 계몽주의의 신화를 이룬다. 하지만 푸코의 가설에 따르면, 우리가 이런 환상에 빠져들 때 우리의 사유는 중산계급의 성 안에 완벽하게 각인된다. 성에 대한 억압가설은 우리가 억압을 통해 자유를 상상하지만 금기를 걷어 낸 다음 우리 존재의 진실성과 필연성에 대해서는 묻지 않는다는 점을 확인해 주기 때문이다. 이와 달리 지식이 재현의 외부에 재현에 앞서 존재하는 자연의 영역에 있다고 보는 관행을 포기하면 억압 관념에 내재한 동어반복을 피할 수 있다. 욕망은 언어로 표현되면 그것의 개별성, 진리, 순수성, 권력을 일정 정도 잃어버리게 된다고 전제하지 않으면, 욕망의 진리를 발견해야 한다는 이상한 압박도 더 이상 느끼지 않을 것이다. 이럴 경우 우리는 욕망을 재현과 분리되지 않는 것으로 이해할 것이며, 욕망의 재현을 정치사의 일부로 이해할 것이다. 중산계급 문화의 승리를 설명하는 푸코의 이론에서 성적 억압의 발견은 개인들 사이의 관계를 이해하는 완전히 새로운 근거를 제시한다. 푸코의 선례를 쫓아, 우리는 근대의 성(이를테면 매력적인 여성성은 '여성다움'이라는 중산계급의 관념)이 섹스에 대한 새로운 이해(처음엔 다윈에 의해 그 다음엔 프로이트에 의해 정의된 여성에 대한 관념)를 만들어 냈다고 말할 수 있을 것이다. 우리는 또한 개인을 가장 본질적 의미에서 성적 주체로 재현했던 것이, 영국사를 자본주의의 서사적 전개과정으로 재현하게 만든 경제적 변화보다 먼저 일어났다고 말할 수 있을 것이다. 그러므로 개인을 자연과 문화, 자아와 사회, 섹스와 성의 양극 안에 위치시키는 글쓰기에서 시작했던 것이 나중에 심리적 실재가 된 것이지 그 반대방향으로 사태가 전개되었던 것은 아니다. 푸코는 근대 개인주의를 만든 '장치'(apparatus) 전체를 '성담론'이라고 부르며, 욕망의 형태와 그것을 재현하는 글쓰기 사이의 일반적 관계가 역전되는 이런 현상에 우리가 관심을 갖도록 했다.

하지만 나는 영국에서 성담론이 형성되어 온 과정과 그 양태를 기술하기 위해 젠더 문제를 포괄함으로써 푸코의 생산적 전제를 보다 정교하게 발전시켜야 한다고 믿는다. 모든 형태의 인간 행동을 설명할 수 있는 기호학은 무엇보다 근대적 젠더 구분의 형성에 달려 있다. 그런데 이런 젠더 구분이 형성된 것은 엄밀한 의미에서 여성적 지식의 영역이 발달하면서 이루어진 것인데, 소설이 문화적 권위를 지니려면 바로 이 영역에 입지를 마련해야 한다. 이제 시와 연관될 때에도 여성은 더 이상 작가의 뮤즈를 표상하지 않게 되었다. 낭만주의자들과 함께 여성은 의미의 정신적 원천에 비유적 언어를 제공하는 상상력의 기능이 되었다. 만일 어떤 문화거울이 있어 '빅토리아주의'에서 '빅토리아적인 것'을 찾아낼 수 있고, 지주와 자본가를 구별하고 이 두 계급을 노동자계급과 구별하는 새로운 계급제도가 확고하게 자리 잡게 된 역사적 순간을 찾아낼 수 있다면, 그것은 열정적 마음에서 솟아 나오는 권위가 글쓰기에 권위를 부여했다는 주장일 것이다. 따라서 젠더를 구분하는 전략은 푸코의 글에서는 별 역할을 하지 못하지만 영국소설사를 성의 역사로 바라보는 연구에서는 가장 중요하게 다루어져야 한다.

내가 주장하려는 논점은 근대문화의 특징이라 할 수 있는 여성적 영역과 남성적 영역을 만들어 내기 위해 언어의 해체가 일어났다는 점, 다시 말해 한때 친족관계에 의거해 국가의 역사뿐 아니라 개인의 역사도 재현했던 언어의 해체가 일어났다는 점이다. 나는, 젠더화된 근대 주체성은 19세기 시와 심리이론에 기호학을 제공해 주기에 앞서 먼저 여성용 글쓰기에서 여성적 담론으로 전개되었다는 점을 보여주고 싶다. 성담론이 사람들의 상식 속으로 들어가 사람들이 자기 자신과 자신들이 타인에게서 욕망하는 바를 이해하도록 만든 것은 18세기의 인식론적 논쟁이 아니라 젠더화된 담론이었다. 인간의 정체성을 젠더화하는 작업은 근대문화의 형이상학적 대들보이자 근대문화의 지배적 신화를 제공했다. 주체성과 감수성을 바라보는 대중들의 생각은 존 로크(John Locke)의 생각과 흡사하다. 로크에 따르면, 인간의 오성은 개인의 마음과 대상세계가 교환하면서 발전한다. 이 교환은 언어를 매개로 이루어진다. 그러나 근대의 대중들은 대체로 젠더에 의거해서 '본질적 자아'를 이해했다. 그들이 젠더를 통해 이해한 것은 로크적 의미의 '영혼'(soul, 자아의 발전과정이 시작되기 전에 존재하는 실체를 가리키는 로크의 용어)이 아니었다.[8] 리처드슨의 전통을 따르는 소설뿐 아니라 여성용 품행지침서들도 로크와 같은 사유틀 속에서 움직였다. 소설과 품행지침서들은 로크의 영혼보다 더 구체적이면서 덜 물질적인 주체성을 구성했고, 이 주체성을 여성적인 것으로 간주했다. 로크적 주체는 백지상태에서 출발하는데, 대상은 백지에 그려진 공간적 관계의 집합체로 이해될 수 있다. 반면, 여성들을 위한 교육용 서적들은 특유하게 여성적 형태의 주체성을 구성해 낼 수 있는 지식영역을 그려냈다. 이 지식영역을 젠더화하려면 먼저 그 내부 대상들을 젠더화해야 했다. 남성적 대상들은 상대적으로 경제적·정치적 자질로 이해되었고 여성적 대상들은 감정적 자질로 이해되었다. 이런 젠더화된 지식영역은 가족과 가정생활, 그리고 여성적인 것이라고 신성화된 것들이 존재했던 모든 곳에서 당대의 지배적 정치질서와 경합했다. 당시 지배적인 정치질서는 여성을 무엇보다도 경제적이고 정치적인 대상으로 재현하고 있었다.

이렇게 푸코의 시각을 변형시키면 우리는 성이 영국의 정치사와 결코 분리될 수 없는 역사를 지니고 있다는 점을 알게 된다. 예를 들어, 1801년에 출판되어 엄청난 영향력을 미친 자신들의 저서 『실용 교육』(*Practical Education*)을 소개하면서, 마리아 에지워스(Maria Edgeworth)와 그녀의 아버지 로버트 에지워스(Robert Edgeworth)는 전통적인 정치적 차이를 확대시키는 교육과정에서 벗어나겠다고 선언했다. "우리는 종교와 정치에 대해서는 침묵을 유지해 왔다. 우리

8 '영혼'이라는 용어를 사용하면서 로크는 과거 신 중심 문화의 형이상학을 불러들인다. 하지만 로크가 이렇게 한 것은 신 중심 형이상학을 탈중심화하고 개별 의식의 물질적 기초를 제공하기 위해서이다. 로크는 다음과 같이 주장한다. "나는 감각이 영혼에 사유할 관념을 제공해 주기 전에 영혼이 사유한다고 믿을 만한 어떤 근거도 알지 못한다. 감각이 증가하고 유지되면서 영혼 역시 훈련을 통해 자기 안의 몇몇 영역에서 사유의 능력을 발달시키게 된다. 영혼은 자기가 어떻게 작용하는지 성찰하면서 기억, 상상, 추론을 비롯한 다른 사유양식을 수행할 설비뿐 아니라 자신의 재고(在庫) 수준을 늘린다." John Locke, *An Essay Concerning Human Understanding*, vol. I, New York: Dover, 1959, p. 139. 로크는 전 시대의 형이상학에서 쓰던 용어를 그대로 쓰고 있긴 하지만, 이 용어들을 사용하여 주체성을 사유재산의 발달에 정확히 상응하는 생산양식의 일종으로 기술하고 있다. 더욱이 주체성이라는 관념은 로크의 무젠더적 재현 속에 있을 때 못지않게 '영혼'이 개인의 발달의 원천이자 감독자로서의 '젠더'로 대체될 때에도 여전히 형이상학적이라고 말해도 틀리지 않다. 인간 정체성의 형이상학적 기초 — 그리고 자아의 구성에서 언어의 역할 — 는 그렇게 분명하지 않다.

는 지지자들을 얻거나 개종자를 만들겠다는 야심도 없고 특정 분파나 정파에 말을 걸려고 하지도 않는다."[9] 이들은 이 문장에서 표명된 것과 유사한 기조를 유지하면서 독자를 안심시킨다. "보통 마음의 교육이라고 불리는 것과 관련해서 우리는 유용하면서도 상냥한 습관, 적절히 통제된 동정심과 자비로운 감정을 불러일으키기에 가장 쉬운 길을 제시하기 위해 애써 왔다."(viii) 이들의 제안은 사회정치적 정체성을 가리키던 용어들을 감정과 행동의 용어로 바꾼다. 에지워스의 프로그램은 정체성을 과거에는 여성용 교육 프로그램에만 나타났던 주관적 자질들에 정초시킴으로써 인간 행동을 규제함에 있어 교회와 궁정보다는 교실과 거실에 우선권을 부여한다. 이를 통해 이들의 교육 프로그램은 정체성을 나타내는 정치적 기호를 억누르겠다고 약속한다. 하지만 개인을 호명하고 지위를 매기는 전통적 교육방식을 하찮게 여기는 것 자체가 아주 강력한 정치적 입장이다. 교육을 통해 정치적 힘을 행사할 수 있다는 사실을 잘 알고 있었기 때문에, 에지워스 부녀는 마음을 개발하려는 자신들의 프로그램이 보다 새롭고 효과적인 규제(policing) 방법을 제시해 준다는 정치적 근거를 들어 정당화한다. 다시 말해, "교육의 임무는 범죄를 예방하거나 범죄행위로 이어질 수밖에 없는 습관적 성향을 방지하는 것이다"(354).

자신들의 야심찬 정치적 목표를 달성하기 위해 에지워스 부녀는 17세기 후반 소설이 출현했을 당시부터 얽혀 들었던 쾌락의 경제를

9 Maria Edgeworth and Robert L. Edgeworth, *Practical Education*, vol. II, London, 1801, p. ix. 이 책의 인용은 이 판본을 따랐으며, 본문에 간략히 페이지만 표기했다.

불러들인다. 이 쾌락의 경제는 소설과 분리해서는, 혹은 새로운 소설과 함께 성장해 온 비평과 분리해서는 이해할 수 없다. 비평은 소설을 검열하면서 동시에 발전시켰다. 에지워스 부녀는 이야기가 전복적이면서 여성의 욕망을 호도하고 있다는 생각을 수용하는데, 이런 생각들은 18세기 영국에서 지배적이었다.

> 감상적 이야기나 단순 오락용 서적들은 아주 조금씩만 활용해야 한다. 소녀들을 교육시킬 때에는 특히 그렇다. 이런 종류의 독서는 마음이라 불리는 것을 미숙하게 개발하고 마음의 격조를 떨어뜨린다. 또 그 자체로는 보잘것없다 해도 지금까지 사람들의 일상적 행복의 많은 부분을 차지했던 소박한 쾌락과 활동에 무덤덤하게 만든다. (105)

그러나 이런 생각을 표명했던 이들 부녀는 또한 올바른 목적에 이용될 경우 쾌락이 지닌 실용적 가치를 인정한다. 문학이 독자들에게 주는 즐거움은 달콤한 과자에 길들여지는 아이들의 입맛과 흡사하다는 확신을 갖고서 에지워스 부녀는 개혁적 성향의 교육자들과 함께 소설 읽기를 지지했다. 소설을 읽는 것은 사회에 순응하는 것이 꼭 바람직하지는 않더라도 필요한 것처럼 보이게 만들기 때문이다. 에지워스 부녀는 『로빈슨 크루소』(*Robinson Crusoe*)를 미숙한 영혼들이 길을 잃게 만들 수 있는 작품이라고 말하면서, 이 작품의 실용적 가치 또한 인정했다. 흥미롭게도 이들 부녀가 이 책의 가치를 인정한 독자층은 소설 읽기를 통해 가장 위험에 빠지기 쉬운 층이었다. "이런 종류의 독서가 갖는 위험은 소녀들에겐 소년들만큼 크지 않을 것이다. 소녀들은 모험을 찾아 세계를 떠돌 가능성이 거의 없다는 사실을 곧 알게 될 것이기 때문이다."(111) 이 문장은 사회화 과정이 젠더에 고정되어 있다는 점을 보여 주는 진술에 속한다. 이 문장은 여성들이 소설에서 크루소가 시도한 경제적 모험을 감행할 수 있을 거라는 상상은 불가능에 가깝다는 이유를 들어, 『로빈슨 크루소』가 교육적 가치를 지닌다고 생각한다. 초기 교육 이론가들이 디포의 다른 작품들에 비해 『로빈슨 크루소』를 추천한 것은 이 작품을 통해 여성들이 크루소가 욕망했던 바, 즉 돈이 정말로 중요하지 않은 완전히 고립되고 기능화된 영역을 욕망하는 법을 배울 거라는 생각이 아주 컸기 때문이다. 초기 교육자들이 크루소의 이야기를 감수성이 예민한 연령대의 소년들보다는 소녀들에게 더 적합한 책으로 생각했던 것은 19세기의 젠더 이해방식을 따를 경우 확실히 크루소가 록사나(Roxana)나 몰(Mall)보다 더 여성적으로 보였기 때문이다.

욕망이 특정 대상을 추구하도록 만드는 데 소설의 역할이 필수적이었다면, 이는 『로빈슨 크루소』 같은 소설이 교훈이라는 특별히 유용한 효과를 발휘했기 때문은 아니다. 오히려 나는 19세기 영국에서 도덕적 헤게모니는 강요보다는 동의를 통해 이루어졌을 가능성을 제기하고 싶다. 지배계급과 가난한 노동계급의 정치적 투쟁에서 『로빈슨 크루소』 같은 작품이 중요했던 것은, 주로 여가시간에 이 작품들이 읽혔기 때문이다. 토머스 월터 라쿼(Thomas Walter Laqueur)가 19세기 동안 주일학교가 노동자계급 문화에 미친 영향력을 연구한 저서에서 주장한 바에 따르면, 영국의 주일학교가 산업화에 맞서 격렬한 저항이 일어날 것이라고 예상되었던 지역에서 노동자계급의 순응을 이끌어 냈던 것은 특정 행동규범을 노골적으로 주입해서가 아니라 문해력(literacy)과 책에 대한 갈증을 불어넣는 방식을 통해 이루어졌다.[10] 그러나 이런 새로운 형태의 문해력은 양날의 칼을 휘두르며 문화적 무대에 개입했던 것 같다. 산업화되고 있는 세계에서 새로이 빈곤층으로 떨어진 노동자들에게 교육이 언제나 안전을 보장해 주었던 것은 아니다. 사실 교육은 노동자들을 극히 위험한 상태로 몰아넣었다. 교육이 온순한 노동자계급을 만드는 데 기여했다면 노동자계급의 급진성의 토대 역시 문해력, 이를테면 정치 팸플릿, 대안적 교육프로그램, 고용주가 아니라 노동자계급 자신의 욕구와 욕망을 말해 주는 문학에 놓여 있었다. 라쿼는 문해력이 가난한 사람들을 산업화된 세계에 적응시키는 가치와 관행을 주입했던 것만은 아니라고 결론짓고 있다. 보다 중요하게, 가난한 사람들이 전통적인 집단활동에 썼던 시간을 통째로 빼앗았던 것은 노동자계급의 문해력이 지녔을 잠재적 전복성을 무장 해제시키는 데 결정적 역할을 했다. 주일학교가 효과적인 사회화 수단이 되었던 것은 자기희생과 권위를 존중해야 한다고 가르쳤기 때문이 아니라 여가활동 프로그램을 제공했기 때문이다. 여가활동 프로그램은 사람들이 습관적으로 모여 정치적 기획을 도모했을 수도 있었던 여유 시간을 독차지해 버렸다.

나는 이와 동일한 원리가 소설 읽기에도 적용될 수 있다고 믿는다. 교육이 사회 통제의 수단으로 선호됨에 따라 이야기는 주일학교가 장

10 Thomas W. Laqueur, *Religion and Respectability: Sunday Schools and Working Class Culture 1780-1850*, New Haven: Yale University Press, 1976.

려한 다양한 여가활동들과 동일한 목표를 이룰 수 있었다. 1750년 이후 아이들의 자유 시간, 보다 넓혀서 보자면 부모들의 자유 시간을 통제하려는 새로운 시도가 일어났다. 확실히 소설 읽기의 오명을 벗기려는 작업은 주일학교가 자아, 가족, 쾌락에 대한 과거의 관념과 경합을 벌이면서 독려했던 활동들과 공모했다. 통제되지 않은 시간과 쾌락은 정치질서를 전복할 수 있는 것으로 규정되었다. 관련 시민들의 말을 빌리면, 이는 마치 오직 나태만이 "지상에 악을 가득 채우고, 재산을 불안정하게 만들고, 감옥을 중범죄자로 들끓게 하며, 가난과 실의와 파멸을 가정 속으로 끌어들이는 것과 같다".[11] 음주, 격한 운동, 방종은 새로운 부류의 교육자들이 범죄행위로 만들어 억누르려고 했던 주요 표적이었다. 개혁주의 정책은 불만에 가득 찬 노동자들을 통제하는 데에 특히 효과적이었다. 왜냐하면 순전히 도덕적 관점에서 볼 때 구원을 바라는 노동자들의 소망을 가장 위협하는 노동자계급 문화는 정치적 저항을 조장하는 것이기도 했기 때문이다.[12]

앨런 화이트(Allon White)의 설득력 있는 주장에 따르면, 카니발적 민중문화를 사회적 삶의 주변부로 추방시키는 작업이 성공했던 것

11 Laqueur, *Religion and Respectability*, p. 229.

12 술집을 규제하는 법안의 성장과 여가시간을 규제하려는 시도를 설명하면서 피터 클라크(Peter Clark)는 다음과 같이 쓰고 있다. "1776년 존 디즈니는 대중적 소요가 확산되는 것은 술집에서 '불필요하고 잘못된 시간에 열리는' 회합 때문이라고 비난했다. 같은 해 옥스퍼드셔의 지주들은 부랑자들과 무질서한 맥주집을 금지할 엄격한 조처를 요구했으며, 에섹스의 털링의 한 교구목사는 '맥주집이 게으르고 산만한 사람들이 가장 자주 가는 곳'이라고 주장하며, 마을의 단독점포에 아주 엄격한 통제를 실시하라고 주장했다." Peter Clark, *The English Alehouse: A Social History 1200-1830*, London: Longman, 1983, p. 254.

은 부르주아 특유의 관행과 언어가 성공적으로 출현했던 것과 밀접하게 연관되어 있다. 이 부르주아적 관행과 언어는 개인의 사회화 정도를 나타내는 프레임 속으로 다시 굴절되어 들어갔다. 바로 이 과정에 소설이 얽혀 들어갔다.[13] 고유한 여성용 교육과정을 만드는 것이 영국 문화사에서 중요한 일이었다면 여성적 교육과정에 소설을 포함시키는 것 역시 중요한 일이었다. 18세기에 접어들 때까지 소설 읽기는 유혹과 흡사한 것으로 여겨졌다. 하지만 18세기의 마지막 무렵에 이르면, 특정 부류에 속하는 소설들은 여성, 아동, 하녀들이 한가한 시간을 보내기에 적합하다고 생각되었다. 이 지점에서 소설은 오랫동안 유지되어 온 상징적 관행들, 특히 집단 정체성을 유지했던 게임, 유흥, 기타 신체적 관행들을 억누르거나 대체할 방안을 제공했다. 특히 일부 소설은 소설 속에 포함된 것들을 모두 젠더화된 세계의 소재로 바꾸었다. 일단 소설들이 정치적 정체성의 기호를 이렇게 바꾸고 나면, 이 기호들은 젠더를 구별하는 사회적 규범에 도전하는 욕망 형태를 포괄해 들일 수 있었다. 이는 브론테 자매의 소설에 등장하는 광기 어린 여성들을 통해 잘 드러난다. 이런 소설들을 읽는 것은 여전히 특정한 형태의 정치적 무의식을 유도하는 바람직한 효과를 줄 수 있었다.[14]

13 Allon White, "Hysteria and the End of Carnival: Festivity and Bourgeois Neurosis", *Semiotica*, 54, 1985, pp. 97~111.

14 프레드릭 제임슨(Fredric Jameson)은 비평이 "문화적 대상을 사회적 상징행위로 폭로하는 다양한 통로를 조사하기 위해", "순수하게 개인적이거나, 혹은 단순히 정신분석학적인 구원의 기획"을 포기하는 것이 필요하다고 주장한다. Jameson, *The Political Unconscious: Narrative as a Socially Symbolic Act*, Ithaca: Cornell University Press, 1981, p. 20. 나는 종종 제임슨의 개념을 불러들이기 위해, 정치적 무의식이 다른 문화 현상 못지않게 역사적이라는 점을 강조할 것이다. 나의 연구는 소설의 발생을 한편

에지워스 부녀와 동료들은 소설이 극히 주변적 역할만 담당하는 대중교육이론을 구상하면서 앞선 개혁가들이 구(舊)귀족주의를 폭력적이며 타락했다고 비난하기 위해 사용했던 수사를 다시 끌어들였다. 이들은 정치적 권위의 근거를 도덕적 우월성에 두어야 한다고 주장하는 급진적 프로테스탄트 이단(異端)의 오랜 전통을 따랐다. 자크 동즐로(Jacques Donzelot)에 의하면, 성관계의 재현에서 관건은 "가족의 정부에서 가족을 통한 정부로 이행했다"는 점이다.[15] 성관계는 너무도 자주 논쟁적 언어를 제공했기 때문에 가정에 대한 어떤 재현도 정치적으로 중립적일 수 없었다. 결혼과 가정관리를 바라보는 청교도적 시각의 책자들은 상속권력에 의존했던 통념적 국가관에 도전하기 위해 가족을 국가가 개입할 수 없는 밀폐된 사회적 단위로 표상했다. 이런 글들은 가정성을 계보(genealogy)에 반하는 것으로 설정했다.[16] 하지만

으로 친족관계, 다른 한편으로 여성에 대한 재현의 본질적으로 정치적인 성격을 억압하는 특수한 형태의 정치적 무의식의 생산에 연루시킬 것이다. 계몽주의 이전의 작가들은 구혼과 가족관계의 정치성에 대해 명확하게 인식하고 있었던 것 같다. 이런 문화 영역들을 정치성의 영역에서 없애 버리는 것은 18세기와 19세기 소설이 지닌 자의식적 특성이었다. 하지만 이러한 기호학적 과정의 역사는 문학에 대한 근대적 정의가 체계적으로 지워 버리는 것이다. 이번 연구를 위해 나는 가정소설이 자신의 정치적 작동방식을 숨길 때 어떻게 성의 정치학을 억압하는 데 도움을 주었는지, 그렇게 함으로써 어떻게 가정소설이 문학적 지위를 얻기 위해 다른 소설로부터 자신을 구분해 냈는지에 대해 특히 관심이 많다.

15 Jacques Donzelot, *The Policing of Families*, trans. Robert Hurley, New York: Phanteon, 1979, p. 92.

16 19세기 청교도 글쓰기의 가부장주의와 대립되어 나타난 부성주의(paternalism)에 대한 논의를 보려면 Leonard Tennenhouse, *Power on Display: The Politics of Shakespeare's Genres*, New York: Metheun, 1986을 볼 것. 특히 "가족 제의"라는 제목의 장을 볼 것. 17세기 말과 18세기 초 귀족 가문에서 일어난 가부장제에 대한 대안을 기술하면서 랜돌프 트럼바흐(Randolph Trumbach)는 가부장제를 근대가정을 가리키

남편	아내
재화 구하기	재화를 모아서 저축하기
여행과 생계 찾기	가계 꾸리기
돈과 식량 구하기	돈을 헛되이 쓰지 않기
많은 사람들과 상대하기	소수의 사람들과 대화하기
"오락을 즐기기"	사람들에게 떨어져 혼자 지내기
대화에 능숙하기	침묵을 자랑하기
남에게 주는 사람 되기	저축하는 사람 되기
자신을 능력껏 치장하기	자신에게 어울리게 치장하기
만사를 집밖에서 처리하기	집안에서 감독하고 지시 내리기

이 책자들이 가족에 대한 아버지의 주권적 권한을 주장할 때 새로운 형태의 정치조직을 제안하지는 않았다. 캐슬린 M. 데이비스(Kathleen M. Davis)에 따르면, 청교도적 평등원칙은 여성이 남성에게 종속되어야 한다는 젠더 역할의 차이를 주장했던 것이지 여성의 평등을 주장하지는 않았다. 데이비스의 설명에 의하면, 이런 동반자 관계는 상호보완적인 의무와 성격을 정의하는 결과로 나타났다. 젠더는 너무도 명확하게 상호대립적 용어로 이해되었기 때문에 위와 같은 도식으로 표현할 수 있다.[17]

청교도적 시각의 글들은 가족을 상호보완적인 젠더 대립으로 표상하면서 가정의 단위를 밀폐시켰다. 만일 이 글들이 가정적 단위

는 가정성과 대립시킨다. 가정성이라는 사회조직형태는 군주와 신민, 혹은 신과 인간의 외부적 권력관계와의 유추보다는 젠더와 세대라는 내적 관계에 의해 권위를 부여받는다. Randolph Trumbach, *The Rise of the Egalitarian Family*, New York: Academic Press, 1978, pp.119~163.

를 국가의 계보에서 끊어 낸 다음 하나의 독립된 자기 발생적(self-generated) 힘의 원천으로서 가정에 권위를 부여하기 위해 그것을 활용하고자 했다면, 아직 때는 무르익지 않았다. 이 모델의 헤게모니적 잠재력은 당시에는 아직 실현되지 않았다. 왜냐하면 청교도 가정은 남성과 여성으로 구성되어 있는데, 이들은 구조적으로 동일한 존재, 다시 말해 남성과 여성은 동일한 속성을 상반되는 형태(긍정적·부정적 형태)로 취하고 있는 존재일 뿐이다. 이런 입장은 여성이 남성과 경쟁할 수 있는 정치적 사유를 제시할 수 없다.

청교도 저술가들과 달리, 19세기 교육개혁가들은 이런 정치적 대안에 권위를 부여해 주는 방식으로 가정여성을 표현했던 수많은 저술들을 반추할 수 있었다. 가정은 그렇지 않았더라면 어떤 관계도 맺지 못하고 오직 경쟁구도 속에서만 자신을 바라보았을 개인들에게 공통의 이상을 마련해 주었다. 하지만 그에 앞서 가정은 무엇보다 여성적 형태의 권력에 의해 다스려져야 했다. 여성적 권력이란 본질적으로 남성적 권력과 다르며 그 자체로 긍정적 힘을 갖고 있다. 확실히 가정여성들도 정치적 힘에 복속되어 있긴 했다. 그러나 이들은 어떤 정치적 권력도 없는 것처럼 보이는 권력을 행사했다. 왜냐하면 이런 권력은 사람들이 그것을 욕망할 경우에만 힘을 갖는 것으로 보이기 때문이다. 그것은 가정적 감시의 권력이다. 위에 열거한 기준을 충족시켰던 남편

17 Kathleen M. Davis, "The Sacred Condition of Equality—How Original Were Puritan Doctrines of Marriage?", *Social History*, 5, 1977, p. 570. 데이비스는 이 목록을 John Dod and Robert Cleaver, *A Godly Forme of Householde Gouernment*, London, 1614에서 인용했다.

들은 귀족계층의 남성들이 영국의 정치의식을 더 이상 지배하지 못하게 되기 훨씬 이전에 망각 속으로 사라졌지만, 가정여성들은 정반대의 길을 걸었다. 청교도 혁명이 일어난 이후부터 현재에 이르기까지 가정여성들은 서로 경쟁하는 이해집단 전체에 영향력을 미치는 가치를 담보했다. 가정여성을 통해 이 집단들은 가정적 관계와 개인적 삶에 권위를 얻게 되었다. 더욱이 이런 방식을 통해 가정여성들은 근대 제도의 토대가 되는 감시형태의 필요성을 창출했다.

확실히 17세기 마지막 이십 년 동안에는 상승하는 사회집단의 딸들의 교육을 장려하는 글쓰기가 폭발적으로 증가했다.[18] 새로운 교육과정은 이 여성들을 더 높은 지위의 남자들에게 매력적으로 보이게 만들어 주겠다고 약속했는데, 이 약속은 실제로 지위와 재산을 빼고 나면 내세울 것이라고는 아무것도 없는 여성들(귀족여성들)보다 더 매력적으로 보이게 만들어 준다는 것이었다. 이런 교육과정은 전통적인 지위의 기호보다는 주로 여성다움에 자신의 가치를 두는 여성들, 표면적인 육체적 매력보다는 내면의 깊이를 지닌 여성, 남성과 구분되는 뛰어난 정신적 자질을 지닌 여성을 만들어 내는 데 목적이 있었다. 여성다움이 이런 방식으로 재규정되면서 귀족적 문화전통이 상찬했던 여성들은 더 이상 매력적으로 보이지 않게 되었다. 귀족여성들은 이런 새로운 성적 가치의 뒷전으로 물러남에 따라 심층보다는 표층을 표상했고, 도덕적 가치보다는 물질적 가치를 구현했으며, 타인의 행복에

18 예를 들어 다음을 볼 것. Patricia Cleaver, "Women's Published Writing 1600-1700", *Women in English Society 1500-1800*, ed. Mary Prior, London: Metheun, 1985, pp. 211~281.

경각심과 지칠 줄 모르는 관심을 보이기보다는 나태하고 관능적인 존재로 비쳤다. 이런 여성들은 진정한 의미에서 여성적이지 않았다.

하지만 젠더화된 주체성의 기획이 현재까지 행사하고 있는 막강한 정치적 영향력은 19세기 중반에 획득되기 시작했다.[19] 성담론은 1830년대 무렵에 들어서면서 새로 조직된 노동자계급을 도덕개혁의 직접적 표적으로 삼으면서 귀족계급을 향한 비판에는 더 이상 관심을 보이지 않는다. 돌연 저자들은 이전에는 하찮게 생각했던 사회집단에 주목하기 시작했다. 사회 개혁가들과 문필가들은 중산계급의 개인들에게 존재하는 동기가 정치적으로 과격한 장인들과 도시 노동자들에게는 결여되었다는 점을 알게 되었다. 수많은 서적의 저자들은 빈곤과 문맹과 인구변화의 발생 원인을 사회집단 전체의 빈곤을 초래하고 그들의 가족을 갈갈이 찢어 놓은 경제환경의 급속한 변화에서 찾지 않고 충분히 젠더화되지 못한 난잡한 개인들에게서 찾았다. 이들은 노동자계급의 상태를 분석하면서 노동자계급 여성들은 대체로 남성적 존재로, 노동자계급 남성들은 여성화된 아동처럼 묘사했다. 중산계급 지식인들은 노동자계급을 사적 결함을 지닌 존재로 그리면서 급속한 산업화에서 초래된 정치적 문제를 노동자 개개인들의 자기 계발과 자기 억제력의 부족에서 발생한 성적 불명예로 바꾸어 버렸다. 여기서 한 걸음 더 나아가 개혁가들은 점점 커지고 있는 정치적 저항의 해결책으로 그들 자신과 그들이 갖고 있는 기술·감독방식·교육제도·사회복지제

19 Brian Simon, *Studies in the History of Education, 1780-1870*, London: Lawrence and Wishart, 1960, pp. 1~62.

도를 제안했다.

푸코가 지적하듯이, 공정하게 말해서 중산계급은 자신들이 당사자로서 먼저 시험해 보지 않고 타인에게 제도적 구속을 강요한 적은 별로 없다. 국가 교과과정을 만들 때 담당 정부 관료와 교육자들은, 에지워스 부녀와 그 주변 지식인 집단이 중점적으로 발전시켜 온 교육 이론이 모태가 된 교육과정을 채택했다. 그런데 이 지식인 그룹은 이단적 전통의 계승자로 여겨졌던 집단이다.[20] 국가의 교육과정은 18세기 선동가들과 개혁가들이 딸들을 좋은 신붓감으로 길러 내는 최선의 방법이라고 제안했던 것과 대체로 동일하다. 하나만 언급하자면, 새로운 교육과정의 근간을 이루는 여성적 모델은 여성들이 영국문학에 익숙해지라고 요구했다. 18세기 말쯤이면 에지워스 부녀는 가정여성을 길러 내기 위한 교육 프로그램이 비단 소녀들뿐 아니라 소년들에게도 적용될 만한 사회통제 방식을 제공한다고 생각했던 사람들과 한 부류를 이루고 있었다. 19세기 중반에 이르면 정부는 이와 대동소이한 프

20 단두대 장면을 상술하면서, 푸코는 『감시와 처벌』(*Discipline and Punish: The Birth of the Prison*, trans. Alan Sheridan, New York: Vintage, 1979) 첫 두 장에서 수형자의 훼손된 신체에 대해 면밀히 연구한다. 하지만 푸코가 근대로 들어오자마자 물질적 신체는 사라지고, 권력은 신체에 영향을 미치기보다는 주관성으로서 주체에 침투하여 각인시키는 것을 통해 작동한다. 단두대 위의 신체는 푸코의 담론에서 마치 또 다른 몸, 즉 지식의 몸, 그리고 완전히 상이한 질서의 주체의 몸, 즉 병원의 환자의 몸인 것처럼 존속된다. 하지만 라커가 보여 주듯이, 물질적인 신체의 역사는 여기서 끝나지 않는다. 18세기 과학이 해부학 실습을 위해 필요로 했고, 근대 문화가 사유재산을 위해 공동묘지를 사칭함으로써 시장에 내놓은 가난한 빈민들의 신체가 이제 단두대 위의 수형자의 위치를 차지하게 된다. Foucault, *The Birth of the Clinic: An Archaeology of Medical Perception*, trans. A. M. Sheridan Smith, New York: Vintage, 1973과 Thomas Laqueur, "Bodies, Death, and Pauper Feunerals", *Representations*, 1, 1983, pp. 109~131을 보라.

로그램을 대중적 기반 위에서 시행할 방안을 찾고 있었다. 젠더화된 자아 개념은 국가 교육과정의 개념적 토대를 형성하는 데 상식이 되었다. 젠더화된 정체성이 사람들이 타인과 자기 자신을 생각하는 데 점점 더 큰 영향력을 미치면서, 이제 젠더화된 자아는 지배적 사회현실이 되었다.

내가 위에서 간략히 서술한 역사가 영국의 표준적인 교육과정의 제도화를 중단시켰던 격렬한 논쟁을 온당하게 평가하는 것일 수는 없다. 다만 나는 정치사가 특정 형태의 개인을 창출함에 있어 소설의 역사뿐 아니라 성의 역사와 만나는 몇몇 지점들을 적시하고 싶었을 뿐이다. 나는 정치사, 소설사, 성의 역사를 상호 분리된 서사로 재현하는 것이 갖는 정치적 함의를 말하고 싶다. 개혁의 수사는 정치적 · 종교적 편향을 부인하고 도덕적 · 심리적 진리를 제안하면서 명백히 귀족적 과거와 연결된 끈을 끊어 버리고 역사에서 새로운 역할을 취했다. 개혁의 수사는 더 이상 저항의 형식을 취하지 않았으며, 비정치적 진리를 말할 수 있는 전문화된 문화영역을 확립하기 위해 정치 이슈로부터 단절했다. 소설의 문화적 위상은 바로 여기에 놓여 있다. 소설은 의미를 얻기 위해 정치적 근거를 부인하고 그 대신 자아라는 사적 영역이나 예술이라는 전문화된 세계를 지시하긴 했지만, 문화에서 이런 기본적 구분을 만들어 냈고 그 구분을 계속 유지하고 있는 언어를 지시하지는 않았다. 대중들이 가장 선호하는 소설유형은 정치적 지식을 성담론으로 바꾸는 소설, 분리와 자기봉쇄를 가장 잘 수행하는 소설이었다. 이 작품들은 소설을 존경할 만한 것으로 만들었다. 이 소설들이 흔히 파멜라, 에블리나, 제인 에어 같은 여주인공의 이름을 작품 제목으로 달았다는 것은 중요한 의미가 있다. 이런 식으로 문화적 지식이 변모하면서 정치적 문해력에 대해 광범한 의혹이 일어났고, 그와 함께 말해야 할 성의 역사가 존재한다는 것을 잊어버리는 거대한 망각이 일어났다.

이런 식으로 노골적인 정치기호를 통해 사회적 정체성을 제시하는 오랜 전통에 맞서서 그것을 압도하는 젠더체계가 출현하여 지배력을 확보한 것은 새로운 형태의 국가권력을 도입하는 데 기여했다. 이 새로운 국가권력 — 재현이 재현되는 대상에 행사하는 권력 — 은 정부가 물리력을 동원하여 타락한 개인들을 복속시키기보다는 도덕적 훈육을 통해 사회에 복귀시켜야 한다고 주장하면서 구(舊)귀족들로부터 권위를 빼앗아 왔다. 1819년 피털루 대학살[1819년 8월 16일 영국 맨체스터의 세인트피터스필드에서 열린 급진적 집회를 기병대가 잔인하게 해산한 사건] 이후 국가의 폭력적 능력이 곤혹스러운 문제가 된 것은 분명하다. 물리적 힘을 노골적으로 행사하는 것은 국가전복세력들뿐 아니라 합법적인 정부 당국에도 불리하게 작용했다. 공공연한 반란행위를 막기 위한 것이라는 이유로 정부가 과거에는 대처할 필요가 없던 사회영역에 개입하는 것이 정당화되었다면, 정부의 물리력 사용은 국가의 폭력적 억압을 비판하는 노동자들의 입장을 뒷받침하는 근거로 작용했다. 바로 이 지점에서 감시권력은 국가가 물리력을 사용했던 기존방식을 대체하며 지배력을 얻게 되었다. 잘 질서 잡힌 가정을 유지하는 감시형태처럼, 감시권력은 평등을 창출하기보다는 차이의 물질적 기호를 하찮은 것으로 만들었다. 감시권력은 차이의 기호를 사적 욕망의 질·강도·방향·자기통제 능력의 차이로 전환시킴으로써 이 작업을 수행할 수 있었다.

이 역사가 문학과 문해력을 정치사 속으로 끌어들이지 않았다면 그것은 '그저 그런' 또 하나의 이야기에 지나지 않을 것이다. '담론'의 권력에 대한 푸코의 관심은 그의 서술방식을 맑스 및 프로이트의 서술방식과 구별시키지만, 푸코의 반(反)규율전략이 향하는 진짜 과녁은 헤게모니를 무시하는 전통적 역사가들이다. 근대문학은 이런 헤게모니의 한 가지 기능일 뿐이다. 물론 푸코가 '역사', '권력', '담론', '성' 같은 담론들을 붕괴시키는 방식에 대해 이의를 제기할 수는 있다. 푸코가 자신의 논의에 정확히 부합하는 주제를 언급하지 못하는 것이 문제라고 느끼는 것 역시 옳다. 이를테면, 푸코는 성의 문제에 있어서 한 젠더가 다른 젠더를 지배하게 만드는 젠더 구별양식을 사실상 무시한다. 또한 우리는 규율권력에 대한 푸코의 방대한 연구에서 규율권력에 저항하는 이데올로기나 집단활동을 언급하는 부분은 어디 있느냐고 물어야 한다. 아무리 푸코가 지식을 통해 권력이 행사되는 제도의 형성을 설명하거나 혹은 글쓰기의 정치적 힘을 드러냄으로써 이 제도에 의문을 제기하는 조치를 취한다 해도, 그가 말하는 역사는 여전히 부분적이다.

어떤 제도사도 — 그것이 푸코가 기술한 감옥, 병원, 교실의 역사이든 아니면 보다 관습적인 역사가들이 선호하는 법원, 의회, 시장의 역사이든 — 규율권력의 정치적 활동을 피할 수는 없다. 왜냐하면 이 역사는 주체를 지배하는 힘에 권위를 부여하는 데 있어 주체의 역할을 약화시키기 때문이다. 게다가 이런 역사는 저항형태 자체가 얼마만큼 지배전략을 결정하는지 무시하는 경향이 있다. 그러므로 우리는 푸코의 『감시와 처벌』에서 근대 형법제도가 대두하면서 단두대 장면의 반

이상을 차지하는 절단된 신체가 사라진다는 것을 알 수 있다. 우리는 병원의 탄생에 관한 푸코의 설명에서 역병에 희생된 사람들의 신체에 대해서도 마찬가지로 말할 수 있다.[21] 주체의 물리적 신체를 지배하는 역사는 국가가 물리적 폭력수단을 사용하지 않고 담론적 전략을 통해 개인들을 통제하면서 사라지는 듯하다. 하지만 물리적 신체가 지배의 역사에 더 이상 중요하지 않다고 해서 다른 문화구성체가 사라진다는 의미는 아니다. 권력을 가리키는 푸코의 가장 완벽한 비유인 '파놉티콘'(Panopticon)은 문화의 모델로는 불완전하다. 그것은 '카니발' 질서(규율제도의 성장과 함께 문화영역에서 완전히 사라진 모든 관행들을 가리키는 미하일 바흐친의 비유)에서 보완책을 찾을 필요가 있다.[22]

21 서로 쌍을 이루는 그로테스크한 몸과 대중의 몸이라는 두 비유는 우리 자신의 것과는 다른 대안적인 사회구성체를 상상하는 방식을 제시한다. 이 비유들은 권력에 적대적인 시각, 즉 국가의 역사보다 주체의 역사를 우선시하는 시각에서 정치사를 연구하는 데 관심이 있는 사람들에게 특히 호소력이 있다. 왜냐하면 바흐친 자신이 기쁨이란 전혀 없고 끔찍한 전체주의적 정부의 상황(바흐친은 이런 상황하에서 글을 썼다)에 저항하는 형태들을 과거에서 보고 싶어 했기 때문이다. 그는 궁정 로맨스를 조직하는 배타적인 정치체에 저항한 모든 상징적 행위들을 이상화하는 카니발의 비유를 구성하기 위해 라블레(François Rabelais)를 이용했다. Mikhail Bakhtin, *Rabelais and his World*, trans. Hélène Iswolsky, Cambridge: MIT Press, 1965. 앨런 화이트(Allon White)와 피터 스탤리브래스(Peter Stallybrass)는 *The Body Enclosed*(Ithaca: Cornell University Press, 1986)에서 저항의 역사를 근대 시기로까지 추적하기 위해 카니발의 비유를 활용한다. 나는 아직 원고상태에 있던 저서의 일부를 볼 수 있게 허락해 준 저자들에게 감사드린다.

22 『기나긴 혁명』(*The Long Revolution*, London: Chatto and Windus, 1961)에서 레이먼드 윌리엄스(Raymond Williams)는 이 과정을 기술하고 있다(특히 독서대중과 대중언론의 성장에 대한 그의 논의를 보라, pp. 156~213). 나는 문화혁명의 형식을 취하는 그의 정치혁명 개념을 이 책의 개념적 중추로 사용해 왔다. 그러나 윌리엄스와 달리, 나는 문화적 통제와 지식의 유포에 기초한 권력형태가 승리를 거두는 것에 핵심적이었던 젠더화 과정에 초점을 맞추었다. 나의 작업은 특히 여성들을 위해 여성들에 대해 쓴 글쓰기가 "기나긴 혁명"에 의해 생산된 이런 지식유형에 영향을 미쳤는가에 관심이 있을 뿐 아니라, 어떻게 이런 글쓰기가 그런 지식이 겨냥한 목표를 확인해 주는지에 관심이 있다.

나는 우리가 저항을 말할 수 있는 다른 형식을 고안해 낼 필요가 있다고 생각한다. 문학비평은 너무 쉽게 카니발(카니발 구조에서 허용되는 신체에 대한 모든 물질적 관행들)을 단순히 규범의 부재나 규범의 역전으로 해석해 왔다. 만일 우리가 그런 이질성을 허용할 수 있다면, 다시 말해 동일한 시대에 현실을 바라보는 서로 경합하는 관점이 중첩될 수 있다는 것을 허용한다면, 과거는 발전적 서사라는 선조적 패턴에서 벗어날 수 있을 것이다. 내가 제안하는 모델에서 문화는 여러 정치 분파들이 가장 가치 있는 기호와 상징을 얻기 위해 벌이는 투쟁 같아 보인다.[23] 어떤 주어진 상황을 지배하는 현실은 바로 그것, 즉 지배하는 현실 같아 보인다. 특정 텍스트의 물질적 구성은 텍스트 자체의 내적 구성보다는 해당 텍스트가 극복한 재현 형식과 더 많이 연관될 것이다. 가정소설은 처음엔 귀족적 글쓰기 전통에 도전했고 이후엔 노동자계급 문화를 거부했다. 나는 이런 사유를 더 밀고 나가 특정 텍스

23 같은 문제를 지적하며, 코라 카플란(Cora Kaplan)은 다음과 같이 쓰고 있다. "남성성과 여성성은 정신적 삶에서 그러하듯이 문화적 담론에서도 순전히 형식으로만 나타나지 않는다. 남성성과 여성성은 다른 사회문화적 용어, 다른 차이의 범주들을 통해 이미 언제나 배열되었다가 부서진다. 우리가 성적 규제에 복종하는 것 못지않게, 성적 위반의 판타지는 이런 위계화하는 구조를 통해 표현된다. 계급과 인종 이데올로기는 반대로 성적 구분의 언어에 침윤되어 있고 또 이 언어를 통해 말해진다. 계급과 인종의 의미는 성적인 것의 비유가 아니며, 그 역도 마찬가지이다. 계급과 인종의 의미를 서사적 환기를 통해 상호 구성하는 것, 의미의 연쇄에서 일련의 연상적(associative) 용어의 집합으로 보는 것은 정확하진 않지만 괜찮다. 젠더와 계급 — 두 범주만을 취한다면 — 이 어떻게 서로 접합되는지를 이해하는 것은 각각에 대한 우리의 분석을 완전히 변화시킨다." Kaplan, "Pandora's Box: Subjectivity, Class and Sexuality in Socialist Feminist Criticism", ms. p. 3 [ed. Gayle Greene & Coppélia Kahn, *Making a Difference*, London, New York: Methuen, 1985, pp. 146~176]. 이 원고를 참조할 수 있게 해준 저자에게 감사드린다.

트의 내적 구성은 텍스트가 기호를 통제할 권한을 얻기 위해 상반되는 재현 형식들과 벌이는 투쟁의 역사에 다름 아니라고 말하겠다. 이런 점에서 텍스트의 외부와 대립되는 텍스트의 내부는 없으며, 텍스트와 콘텍스트의 구분도 없다. 물론 판권법이나 전통적 문학 분석을 위해 이런 구분을 사용해야 할 때가 있을 수는 있다.

이어지는 장에서 나는 가정여성의 역사를 구성하면서 이 점을 입증할 것이다. 가정여성의 역사를 기술하면서 나는 위대한 가정소설에 나타난 가정여성들뿐 아니라 그런 문학적 가장을 걸치지 않은 작품에 나타난 가정여성들도 포괄하려고 한다. 내가 주장하고자 하는 바가 분명한 정치적 목표를 갖고 있긴 하지만 이런 자료들을 읽을 때 나의 목표는 억압적 형식을 발견하는 것도 아니고 해방적 행위를 하는 것도 아니다. 나는 생산적 가설을 신봉한다. 나는 어떻게 성의 역사가 소설의 형성에 개입했는지 보여 주고 싶다. 또한 어떻게 가정소설이 소설을 구성했던 심리적 언어를 통해 자신을 이해하는 주체의 생산에 기여했는지 보여 주고 싶다. 다시 말해 나는 소설을 문화사의 자료이자 행위자(agency)로 간주한다. 나는 소설이 오늘날 우리가 가정이라고 알고 있는, 질서 잡힌 공간의 형성에 기여했을 뿐 아니라, 이 공간이 완벽히 작동하도록 만들고 이 공간을 인간의 정상적 행동을 표현해 줄 콘텍스트로 활용했다고 믿는다. 이를 통해 소설은 인간관계를 표현하는 대안적 근거와 경쟁하여 그것을 압도했다. 이 사실을 인식하면서 나는 소설이 방대한 문화영역을 일탈과 소음의 수준으로 격하시키기 위해 상당한 노력을 기울였다는 점을 간과해서는 안 된다고 생각한다. 이런 여성 영역의 역사가 서술되면 그것은 중산계급 문화의 우월성의 근거로 작용하는 확실한 문화적 행동을 대범하게 그릴 것이다. 여성적 영역의 역사는 글쓰기가 사적 삶을 사회적 삶과 분리하고 성을 정치사에서 떼어 내는 전략을 통해 가정을 공략하고, 수정하고, 억압했던 순간들을 재연해 보일 것이다. 중산계급이 지배력을 얻기 위해 더 많이 투쟁했던 곳은 법정이나 시장이 아니라 가정이라는 전선이었고, 승리를 거둔 곳도 그곳이었다.

남성에 대한 여성의 종속을 당연한 것으로 만드는 수사전략을 따로 분리해 낸 논자들은 일부 있었지만, 성욕망의 비밀에 따라 양성을 구별하면서 동시에 연결하는 이런 문화논리의 비유와 그 전환을 철저하게 검토해 본 사람은 없었다. 젠더 구별을 인간 정체성의 뿌리로만 전제한다면 우리는 이 비유가 행사하는 전체화하는 힘을 이해하지 못할 뿐 아니라 이 힘이 어쩔 수 없이 봉사하는 진정한 이해관계도 이해하지 못한다. "남성" "여성"이라는 말은 근대적 삶의 기호의 토대를 이루고 있기 때문에 어느 정도 물화하는 태도를 취하지 않고서는 이 말을 쓸 수가 없다. 우리는 이 말들이 물화되는 방식을 이해하고 싶고, 물화의 힘을 역사화하고 싶다. 우리의 정치적 운명을 이분법적 젠더 형성 속으로 던져 넣을 때마다 우리는 고전적인 이중구속 상태, 즉 진정으로 대안이 될 수 없는 대안에 갇히는 역설적 상태에 처한다. 기본적으로 성적 정체성에 기초해 있는 모든 정치적 입장은 결과적으로 이런 이분법적 모델이 제시하는 한정된 선택지를 추인하게 된다. 일단 이런 이분법적 구조 안에서 사유하면, 성관계는 모든 권력관계의 범형 같아 보인다. 이는 여성을 다른 모든 종속된 존재의 대표자로 간주하고 여성의 주체성을 저항의 형식처럼 활용할 수 있게 해 준다. 그러나 사회

갈등을 가정의 지형 안에 새겨 넣음으로써 우리는 한 개인이 끌려들어 갈 수밖에 없는, 상충되는 그 모든 다양한 정치적 동맹들을 시야에서 놓친다. 성이 희생자의 목소리를 취할 수 있는 힘은 이분법적 성 모델의 내적 구조를 철저하게 고수하는 행위만이 아니라 그것을 전복하는 행위에도 작용한다. 중산계급 지식인들이 성범죄와 성도착을 가리키는 수많은 용어들을 최초로 만들었던 것은 이런 성적 위반 형태가 규범적 구조를 긍정했기 때문이다.

이 책은 내가 종종 비판하는 것처럼 보이는 학계의 페미니즘에 빚진 것이 있다. 여성의 텍스트를 여성의 텍스트로 읽는 것이 학문적으로 득이 되지 않았다면, 여성적 문화 영역의 역사를 쓰라는 부름도 없었을 것이다. 그러나 여성작가들이 표준 영문학 개괄서의 일부로 혹은 여성작가 선집의 형태로 『노튼 선집』(*Norton Anthology*)에 이미 포함되었다는 사실을 생각해 볼 때, 또 오늘날 시류에 편승하는 남성 페미니스트들이 존재한다는 사실을 생각해 볼 때, 이제 상황을 재검토할 때가 되었다. 왜 문학제도가 정전과 그 정전이 요구하는 해석 절차를 비판하면서 출발했던 (페미니즘) 비평에 그토록 편안함을 느끼는지 생각해 볼 때가 된 것이다. 이에 대해 내가 내릴 수 있는 결론은 문학비평이 여성들을 그리는 여성작가들의 글쓰기에만 관심을 보이면서 성에 대한 지배적 형이상학을 충분히 흔들지 못했다는 것이다. 확실히 문학비평은 성과 관련된 수많은 용어들을 만들어 냄으로써 지배적인 성의 형이상학을 지탱하는 담론을 활성화시켰다. 하지만 나는 젠더의 형성사를 고려하지 않고서는 영국소설사를 말할 수 없다고 확신한다. 내 연구의 목적은 젠더 주제가 물화되는 과정을 검토하는 것이지만 결국

엔 나 역시 젠더를 물화하게 될 것이라는 것을 안다. 나도 마찬가지로 섹스를 섹슈얼리티로 바꿀 것이다. 그러나 이 사실을 인정하면서 소설이 중대한 역사적 국면에서 어떻게 정치적 저항을 전용하기 위해 젠더 주제를 이용했는지 보여 주겠다면, 나는 이론을 훼손시키고, 푸코의 이론 같은 방법론을 통해 우리가 간혹 누리는 문화에 대한 올림푸스적 시각을 무너뜨릴 위험을 무릅쓸 만하다고 생각한다. 자신이 사유하는 장으로부터 자기 자신을 분리하기란 불가능에 가깝다. 이런 방식으로는 우리가 다른 쾌락경제와 진정으로 전복적인 목적을 상상하기 위해 젠더문화의 성적 관습을 어떻게 활용하는지를 제대로 보여 주지 못한다.

만약 나의 소설연구가 한 가지 문제만 해명해야 한다면, 나는 근대문화가 주체성을 구성하기 위해 언어 —특히 인쇄된 언어 —를 통해 작용하는 권력에 얼마나 깊이 의존해 있었는지 논증하는 것이 되기를 바란다. 이 전제에 의하면, 우리는 특수한 문해력의 조달자로서 내가 기술했던 문화적 헤게모니를 여전히 유지하고 있다. 우리가 이런 역할을 하고 있다는 것은 특히 소설을 문학텍스트로 만들 때 그렇다. 문학텍스트에서는 성 심리적(psycho-sexual) 주제들이 그렇지 않았더라면 반대되는 정치적 관점을 표현했을 수도 있었을 문화적 지식의 의미를 지배한다. 성 심리적 주제가 문화적 의미를 지배할 때 우리의 해석 절차는 소설이 근대적 주체성을 재생산하는 과정을 숨길 뿐만 아니라, 우리가 과거의 문화 혹은 우리와 다른 문화를 이해하기 위해서 얼마만큼 소설적으로 읽고 쓰고 있는가 하는 사실도 숨긴다. 성을 재현에 선행하여 존재하는 것으로 재현할 때마다 우리는 우리가 행사하는 정치권력을 알지 못하는 존재로 우리 자신을 재현한다. 성은 우리가 앞으로 더 폭넓게 인지해야 할 형이상학적 토대 위에서 고도로 정교한 전략 네트워크를 통해 작용한다. 바로 이 정교한 전략 네트워크를 통해 인문학과 사회과학은 진리라는 암반 위에 구축된다. 바로 이런 방식을 통해 성은 글 쓰는 주체의 정치성을 지속적으로 은폐한다.

스스로에게 권위를 부여하는 여성적 전략을 피하기 위해 나는 부상했던 한 계급의 행동을 그 계급을 통해 힘을 얻었던 사후 역사적 관점에서 서술할 것이다. 이 관점은 중산계급 안에 있고 중산계급이 지지했던 관점이다. 내가 이런 말을 하는 것은 여성적 형태의 권력의 역사를 구성하면서 내가 저항의 형식을 참칭하려는 것이 아니라, (내가 속해 있다고 규정되는) 중산계급의 성이 작동하는 방식을 드러내고자 한다는 점을 밝히기 위해서다. 도식화의 위험을 무릅쓰면서까지 이따금 나는 나의 입장을 강하게 주장했으며, 그렇게 함으로써 나의 활동 분야에서 가장 자유주의적인 입장이 지지하는 다원주의적 이데올로기를 위반했다. 나는 여성들은 권력이 없다고 주장하는 사람들을 반박하고 ―확실히 우리 여성들은 여성 특유의 방식으로 권력이 없는 것으로 그려지기도 한다― 여성 특유의 방식으로 작용하기 때문에 권력 같아 보이지 않는 중산계급의 권력을 비판적 사유의 대상으로 적시하기 위해 이런 방식을 취한다. 나는 우리가 너무도 자연스럽게 여성적인 것이라 생각하며 여성들을 통해 구현하는 문화적 기능들(예를 들면, 어머니, 간호사, 교사, 사회복지사, 서비스 기관의 총감독 등등)이, 우리가 너무도 자연스럽게 남성적인 것이라 생각하는 경제발전과 획기적인 정치발전만큼이나 새로운 중산계급이 권력을 얻고 지배력을 유지하는 데 순기능적으로 작용했다고 주장할 것이다. 다시 말해 나는 억압당하고 침묵당한 소수자의 관점에서 여성의 역사를 보지 않는다. 이런 관점은 나의 활동과 나의 존재를 부정한다. 근대 여성사를 구성함에 있어 나는 정치적 저항의 형식을 자유주의 담론 안에 가두기 위해 어떻게 젠더가 계급과 공모했는지 사유하고 싶다. 지배계급 여성이자 중산계급 출신 지식인으로서 나는 내가 가진 권력을 이용하여 권력의 한 형태로서 내가 행사하는 권력에 합당한 이름을 부여하는 것이지 내가 타자로서 권력이 없는 것처럼 가장하고 싶지는 않다.

따라서 가정소설사를 제대로 쓰려면 문학사가들이 문학만이 아니라 역사에 관해 말한 것들을 영구히 수정해야 할 것 같다. 정치권력을 국가의 공식제도 속에 자리매김할 때, 이런 문학사가와 비평가들은 고급문학의 가치를 인정하는 것이 자신들의 임무라고 생각하는 문학사가들뿐 아니라 다른 역사가들과도 타협한다. 이렇게 함으로써 그들은 우리 문화가 여성들에게 권위를 부여하는 모든 영역들(여가시간의 활용, 일상적인 육체의 배려, 구혼 관행, 욕망의 작용, 쾌락의 형태, 성차, 가족관계)의 정치사는 존재하지 않는 듯 생각한다. 문화적 과거의 공식 해석자로서 우리는 글쓰기가 여성적 영역에 부여한 권력을 어떻게 은폐해왔는가를 부정하도록 배웠던 것 같다. 우리가 그 많은 언어를 동원하여 우리의 정치제도가 가정과 교실이 수행한 사회화 관행에 얼마만큼 의존했는가를 설명하려고 할 때, 우리 자신은 어떤 권력도 갖고 있지 않은 듯 보이는 것은 우리 각자가 이런 역설 속에 살고 있기 때문이다. 그러나 나는 보급형 판본을 통해 이 과정을 그린 역사 기록물을 쉽게 구할 수 있다고 주장한다. 이 보급형 서적은 '허구'(fiction)라 불린다.

이런 점을 염두에 두고, 나는 여성들의 감정에 일어난 미묘한 뉘앙스의 변화와 대개 남성들이 경영하는 자본주의적 경제 변화 사이의 관계를 바라보는 것을 그토록 어렵게 만든 담론의 분리를 낯설게 만들기 위해 노력했다. 나의 연구는 이 둘(여성의 세계와 남성의 세계) 가운데 어느 하나라도 빠질 경우 제대로 이해될 수 없는 문화사의 지점들을 찾아낼 것이다. 하지만 이런 나의 노력이 역사적 탐구에 새로운 문화 영역을 열어 주고, 내가 서술할 헤게모니의 산물이자 행위자로서 우리 자신을 새롭게 이해하기 위해 애쓰는 사람들을 위한 것이 아니라면, 박학다식한 문학적 지식을 과시하는 것에 지나지 않을 것이다. 나는 여러 비평 전략들을 받아들일 때 특정 이론에 충실하려고 하지 않았다. 내 생각에, 특정 이론을 고수하는 학계의 구분방식은 지적 연대를 형성할 진정한 토대를 쌓지 못할 뿐 아니라 우리 자신의 역사와 관련된 주장을 제기할 수 있는 견고한 근거를 마련해 주지도 못한다. 나는 이론을 해석과 구별하고 페미니즘을 맑스주의, 해체론, 형식주의 등과 구별하려고 하지 않을 것이다. 나는 17세기와 18세기의 텍스트들에서 현재 역사의 흔적을 찾아내고, 한 개인이 새로운 정치적 문해력을 창출하는 작업을 떠맡고 있는 영역에서 현재 진행 중에 있는 광범한 기획의 일부로 나 자신의 통찰을 이해하도록 도와준 학자와 비평가들에게 주된 관심을 기울이고자 한다.

1장

소설에서 여성적 권위의 등장

> 올랜도는 포도주를 홀짝거렸고, 대공은 무릎을 꿇고 그녀의 손에 입을 맞추었다. 간단히 말해, 이들은 십 분 동안 열정적으로 남자와 여자의 역할을 한 후 자연스럽게 담소에 빠져들었다. ―버지니아 울프, 『올랜도』

이 장은 가정소설을 특정 형식의 글쓰기에 젠더를 부여한 문화적 변화의 행위자이자 그 산물로 생각할 것이다. 여성적 글쓰기 ― 여성에게 적합하고 여성이 쓸 수 있는 글쓰기 ― 는 사실 스스로를 '여성답다'(feminine)고 가리켜 왔는데, 이는 다른 글쓰기가 암암리에 남성적인 것으로 이해되었음을 의미한다. 여성적 글쓰기는 담론을 젠더화했다는 책임뿐 아니라 성관계를 정치에서 완벽하게 분리된 어떤 것으로 재현했던 것에도 책임을 져야 한다. 사실 젠더는 인간 정체성의 진정한 토대를 제공했다. 디포나 리처드슨 같은 작가들은 여성의 목소리를 취하면서 월터 옹(Walter Ong)이 "남성들끼리 소통하기 위해 사용하는 성적으로 특수한 언어"[1]라고 기술한 언어를 의도적으로 거부했다. 옹의 지적에 의하면, 19세기가 한참 진행될 때까지 라틴어를 배우는 것은 사춘기의 의식, 이행, 입문식의 성격을 띠고 있었다. 이 의식에는 가족으로부터의 분리, 오로지 남성들로만 구성된 집단에서 형성되는 정체성(사회성)의 획득, 외부인들은 접근할 수 없는 상대적으로 추상적인 일군의 부족적 지식의 습득이 포함된다. 이런 특별한 언어를 갖지 못한 남성들은 글을 쓸 때마다 자동적으로 자신들을 지배계급 바깥에 놓았다. 하지만 여성의 가장(假裝)을 취함으로써 이 남성들은 노골적으로 자신의 위치를 왕당파나 비국교도로 드러내는 것을 피할 수 있었다. 여성의 시각은 귀족남성의 시각과 다르고 지배적 시각에 비판적이었던 것도 아닌 것 같다. 필딩의 조야한 남성 주인공들은 자신들의 교육과 그들을 창조한 도회지 작가 사이에 존재하는 간극 때문에 정치적으로 순진하다는 느낌을 주는 것 같다. 하지만 『파멜라』, 『에블리나』(*Evelina*), 『우돌포의 신비』(*The Mysteries of Udolpho*)에 등장하는 여성 화자들은 더 효과적으로 정치적 비판을 개시한다. 이들의 젠더가 이들을 정치권력에 어떤 권리도 갖지 않는 존재로 만들어 주었기 때문이다.

게다가 여성인물들은 사회적 경험을 일련의 성적 만남으로 이해한다. 이런 성적 반응은 순진해 보이지만 결코 단순하지 않다. 확실히 이런 성적 반응은 섬세하고 복잡한 감각, 감정적 어조, 도덕적 판단을

1 Irene Tayler and Gina Luria, "Gender and Genre: Women in British Romantic Literature", *What Manner of Women*, ed. Marlene Springer, New York: New York University Press, 1977, p. 100에서 재인용.

구성한다. 소설가들은 여성이 특정 행동을 정치적이거나 경제적인 동기가 아니라 성적 동기에 따라 해석한다면 여성의 반응을 자신들이 원하는 대로 돋보이게 할 수도 신랄하게 만들 수도 있다. 가정소설은 일반적인 사회행동에 여성의 감정적 가치를 부여하면서 새로운 담론 영역을 그려 냈다. 따라서 구애와 결혼 이야기는 결국 합법적 일부일처제와 남성에 대한 여성의 종속을 보증해 주는 가정의 틀 안에서 일어났기 때문에 큰 무리 없이 수용될 수 있었던 정치권력에 대한 환상에 빠져들게 했다. 이런 식으로 가정소설은 자신이 역사적으로 주어진 것으로 그려 냈던 권력의 분배에 도전하는 것처럼 비치지 않으면서 대안적 형태의 정치권력을 재현할 수 있었다.

바로 이것이 『로빈슨 크루소』와 『파멜라』의 차이다. 심지어 디포 본인조차 자기 소설의 성공적 후편을 쓸 수가 없었다. 다른 작가들이 디포의 남성적 영웅주의를 모방할 수 없었다면 우리는 크루소가 우리가 익히 알고 있는 소설전통을 개시했다고 말할 수 없을 것이다. 대조를 통해 냉혹한 성적 추구와 여성적 덕성의 승리를 보여 주는 리처드슨의 이야기는 무한히 모방될 수 있다는 것이 밝혀졌다. 크루소가 고립된 환경에서 만든 정치질서와 무엇보다 그를 섬으로 몰고 갔던 정치권력의 차이는 작가 디포의 정치적 신념을 둘러싸고 끊이지 않는 논쟁을 불러일으켰다. 그러나 파멜라의 경우는 달랐다. 파멜라가 집을 떠나는 방식과 외부세계의 차이는 이 소설이 쓰였던 당대에는 너무도 분명했다. 리처드슨이 사회현실을 아무렇게나 다루었다고 비판한 사람이 필딩만 있었던 것은 아니다. 필딩은 리처드슨이 독자의 지성을 모욕한다고 생각했다. 하녀가 B씨 같은 사회적 지위에 있는 사람을 설득하여 그의 생각을 포기시킬 수 있다는 믿음을 독자에게 주는 것 자체가 독자에 대한 모독이라고 보았던 것이다. 필딩이 보기에, 그런 지위에 있는 남자가 특별히 훌륭한 가문 출신도 아닌 여자의 처녀성을 그토록 과대평가한다는 것이야말로 우스꽝스럽다. 그러나 필딩은 여성을 한 개인으로서 재현하는 리처드슨의 소설에 자극을 받아 그것을 반박하기 위해 두 편의 소설을 더 썼다. 하지만 지금까지 문학비평은 파멜라를 향한 B씨의 과도한 욕망과 작가 리처드슨이 살았던 당대 사회의 행동양식을 지배했던 원리 사이의 괴리에 함축된 정치적 의미를 차분히 들여다보는 것이 타당하다고 생각하지 않았다.

19세기부터 비평가들은 『파멜라』를 개인에 대한 이런 새로운 관념의 형성에 기여한 글쓰기 형식이라기보다는 고립되고 젠더화된 자아를 재현한다고 보는 입장을 선호했다. 비평가들은 모든 문화적인 것들 중에서 젠더화된 자아만이 역사적 변화에 종속되지 않는 양 파멜라의 성적 만남을 정치적 사건이 아니라 심리적 사건으로 해석하는 경향을 보였다. 그러므로 비평가들은 텍스트를 형성하는 이념적 갈등을 높은 지위에 있는 사람과 낮은 지위에 있는 사람의 차이가 아니라 남성과 여성의 차이로 무시할 수 있었다. 글쓰기는 정치적 차이를 젠더에 토대를 둔 차이로 변모시키면서 권위를 획득했다. 여성 특유의 글쓰기 형식의 발전은 이처럼 글쓰기의 정치성을 숨기면서 만들어진 권위에서 생겨났다. 감상적이라는 비난을 받기도 했고, 필딩의 경우처럼 소설을 남성적 문학전통 안에 위치시키려는 실패한 시도도 있었지만, 소설은 발생 초기부터 여성들에게 특화된 언어라는 변별적 특성을 취했다.[2] 소설은 자기 언어의 출처가 여성이라고 주장하고, 여성의 경험에 집중하고, 여성의 이름을 제목으로 달고, 젊은 귀부인들로 구성된 독자들에게 말을 걸며, 심지어 여성비평가들의 비판을 받기도 했다. 젠더적 시각에서 젠더를 재현한 소설들은 주로 구애와 결혼의 진행 과정에, 그 점에 있어서는 허구적 구애와 결혼에 주로 관심을 보였지만 일정한 정치적 권위를 행사했다.

사회계약의 논리

가정소설은 특정 집단이나 파당에 속하는 당파성에 비해 개인의 심성의 특정 자질에 힘을 부여해 주는 사회계약의 관념에 따라 성관계를 재현했다. 17세기부터 사회계약은 권력에 대한 여러 주장들을 정당화하는 전략으로 활용되었다. 하지만 계몽 담론에서 사회계약은 새로운 위상을 획득했다. 계약은 개인의 성장과 발달의 서사를 조직하는 계몽의 비유를 제공했다. 소설이 역사에서 어떤 역할을 수행했는가를 보려면 우리는 먼저 계몽의 비유가 갖는 수사적 힘을 이해해야 한다. 18세기가 진행되는 동안 사회계약이 정치관계의 모델로서 신뢰를 잃은 것

2 『그들만의 문학』(*A Literature of Their Own*, Princeton: Princeton University Press, 1977)에서 일레인 쇼월터(Elaine Showalter)는 어떻게 1860년쯤이면, 이를테면 디킨스와 새커리(William Thackeray)가 잡지 『하우스홀드 워즈』(*Household Words*)와 『콘힐』(*The Cornhill Magazine*)에서 차지했던 편집위원 자리처럼 영향력과 권력을 행사할 수 있는 수많은 기회가 제공되는 편집위원의 위치로까지 올라갔는지 설명한다(p. 156). 비평가-서평가의 역할은 18세기 동안에도 여성들에게 완전히 낯선 영역은 아니었다. 예를 들어 엘리자베스 몬터규(Elizabeth Montagu)의 『죽은 자의 대화』(*Dialogues of the Dead*, 1760)와 『버라이어티』(*Variety*, 1787-88)에 실린 애나 시워드(Anna Seward)의 비평문(Ioan Williams, *Novel and Romance: 1700-1800, A Documentary Record*, New York: Barnes and Noble, 1970, pp. 222~229, 357~366에 수록)을 보라.

처럼 보인다면, 그것은 계몽의 비유와 사회계약 자체의 순전히 수사적 성격에 내재된 논리적 모순을 파악하는 것이 비교적 용이했기 때문이다.[3] 그러나 사회계약이 정치이론이 아닌 가정소설의 형식을 취했을 때는 전혀 다른 길을 걷게 된다. 이론에 내재하는 모순은 사람들이 성관계를 이해하는 방식을 변화시켰다. 사회계약은 심지어 오늘날에도 여전히 성적 계약으로서 살아 있다고 말할 수 있다. 어떻게 소설이 성적 계약을 끌어들임으로써 이전에 정치이론이 수행했던 임무를 떠맡게 되었는가를 보여 주기 위해, 나는 잠시 루소(Jean-Jacques Rousseau)의 『사회계약론』(*Du contrat social*, 1762)으로 돌아가 루소가 계약의 교환이라는 논리를 통해 이룬 수사적 변화를 설명해 보고자 한다.

사회계약은 상호 호혜적 교환을 이루기 위해 서로 다른 두 상대의 존재를 요구한다. 두 상대는 서로 다를 수 있지만 꼭 적수일 필요는 없다. 왜냐하면 이럴 경우 양자의 관계를 규제할 제3의 외부적 권위가 필요하기 때문이다. 이런 상황——이렇게 되면 힘에 토대를 둔 사회를 만들게 될 것이다——을 피하기 위해 루소는 허구를 만들어 낸다. 디포와 마찬가지로 루소도 정치사의 바깥에서 일어나는 세계를 만들어 낸다. 또다시 디포처럼 루소는 특정 정치집단이 형성되기 이전에 먼저

3 계약이론은 확실히 정치경제학 이론과 두갈드 스튜어트(Dugald Stewart) 같은 스코틀랜드 철학자들의 영향력 있는 글쓰기가 등장하면서 정부의 모델로서 거의 사라졌다. 이 점에 대해서는 Maxine Berg, *The Machinery Question and the Making of Political Economy 1815-1848*, Cambridge: Cambridge University Press, 1980, pp. 32~42와 Stefan Collini, Donald Winch, and John Burrow, *That Noble Science of Politics: A Study in Nineteenth-Century Intellectual History*, Cambridge: Cambridge University Press, 1983, p. 38을 보라.

존재하는 개인을 창조함으로써 그렇게 할 수 있었다. 그러나 바로 여기에 패러독스가 있다. 다시 말해 이상적 사회는 개인이 이미 개인화되었을 경우에만 발전할 수 있다. 실제 존재하는 현실세계와 달리 이 표본적 사회에는 당파적 이해관계가 존재할 수 없다. 루이 알튀세르(Louis Althusser)는 이런 허구적 사회에서 루소가 살았던 프랑스혁명 이전 사회를 괴롭혔던 문제가 재연되는 것을 피하려는 수사적 전략에 대해 논한 바 있다. 알튀세르에 의하면, 계약의 힘은 교환의 논리에 의존했던 것이 아니라 계약이 규제하고자 하는 바로 그 상대들을 구성하는 계약의 비유적 힘에 의존했다.[4] 계약의 논리에 따르면, 두 상대 각각은 교환이 일어나기 전에 먼저 존재해야 한다. 그러나 하나의 비유로서 계약은 교환관계 속으로 들어간다고 상정되는 두 존재를 창조한다. 루소는 사회관계와 독립적으로 존재하는 개인을 창조하기 위해 원초적 계약이라는 허구를 활용한다. 국가의 기원에 관한 이야기를 전개하면서 루소는 자발적 복종을 통해 최초의 인간(사회화되지 않은 개인)을 제2의 인간(사회체)으로 만든다. 이런 특별한 환경일 경우에만 인간이 사회에 들어가면서 복종하는 권위가 다른 누구도 아닌 자기 자신이 된다. 이 경우 "국가는 국가를 구성하는 개인으로 구성되기 때문에 개인에 반하는 어떤 이해도 갖고 있지 않으며, 가질 수도 없다".[5]

4 Louis Althusser, *Politics and History: Montesquieu, Rousseau, Hegel, and Marx*, trans. Ben Brewster, London: NLB, 1972, p. 129. 이 책의 인용은 이 판본을 따른다.

5 Jean-Jacques Rousseau, *The Social Contract*, in *The Social Contract and the Discourse on the Origin of Inequality*, ed. Lester G. Crocker, trans. Lester G. Crocker and Henry J. Tozer, New York: Washington Square Press, 1967, p. 21. 이 책의 인용은 이 판본을 따랐으며, 본문에 간략히 페이지만 표기했다.

이제 사회계약의 논리적 필수조건과 그것이 일으키는 수사적 변형으로 돌아가 보자. 계약이 서로에게 힘이 되는 관계에서 두 상대를 하나로 결속시키기 전에 먼저 양자가 본질적으로 동일하다는 것이 필수적이라면, 양자가 교환을 통해 구별되는 것 역시 필수적이다. 루소의 개인이 국가와의 관계 속으로 들어갈 때 그 개인은 자신의 재산을 안전하게 보호하고 타인과 평화롭게 살기 위해 소유의 충동을 자발적으로 억제함으로써 변모한다. 이런 변모는 개인의 개인성을 억압하는 것이 아니라 개인성을 확장하고 완성시킨다. "비록 이 상태에서 개인은 자연에서 얻을 수 있는 많은 이점(利點)을 잃지만 또한 그 보상으로 많은 것을 얻는다. 즉, 개인의 능력은 함양·발전하고, 사상은 신장되고, 감정은 고상해지며, 영혼 전체는 고양된다."(22) 자기완성은 애초에 루소의 표본적 개인이 국가와 계약관계 속으로 들어가도록 고무시켰던 물질적 필요를 완전히 추방시키면서, 신비롭게도 그 자체 목적이 된다. 개인의 성숙과 발전이 그 개인이 성장하고 발전하도록 추동한다. 이제 개인의 욕망은 개인의 틀 속으로 다시 굴절되어 들어가 오직 심리적 힘이 된다.

다른 어떤 정치적 소속관계도 개인과 국가를 매개하지 못한다는 점은 루소 사상의 전체 기획에 핵심적이다. 개인의 동기를 재산의 이익을 기준으로 그려 낼 때마다 루소의 서사는 사회화가 자기완성이 아니라 억압을 통해 일어나는 상황으로 돌아갈 위험에 처한다. 권력이 부의 불평등한 분배에 기초하면 이상적 국가는 불가피하게 루소가 그의 초기 저작인 『인간 불평등 기원론』(*Discours sur l'origine de l'inégalité*)에서 그려 낸 비참한 상태와 구별되는 근원적 차이를 잃어

버린다. 이런 조건에서는 정치적 파벌이 창궐한다. 결국 소수가 개인 주체의 본질적 자질을 억압하는 대가로 다수를 지배한다. 『인간 불평등 기원론』에서 루소는 이렇게 말한다. "주체는 사회화되면서 타인의 노예가 되는 정도에 비례하여 심약해지고 공포에 떨면서 비열해진다. 또한 부드럽고 여성화된 생활방식은 주체의 힘과 용기의 완전한 쇠락으로 이어진다."(184)

『사회계약론』에서 루소는 자발적 동의의 체제가 실현되려면 교육에 의존해야 한다는 점을 인정한다. 알튀세르에 의하면, "루소는 어느 한 메커니즘이 제 기능을 적절히 수행하려면 '사람들이 적절한 지식을 갖고 있어야 한다'는 조건, 즉 '계몽이 있어야 한다'는 조건"을 덧붙여야 했다(150). 따라서 루소는 공중(the public)에 대해 이렇게 말한다. "(공중은) 사물을 그 자체로 볼 뿐 아니라 때로는 보여져야 하는 대로 보아야 한다." 욕망은 올바른 방향으로 대상을 향해 있어야 한다. 욕망은 공중에게 "추구해야 할 바람직한 길"을 보여 주어야 하며, 공중을 "사적 이익의 유혹에서 보호해야 한다"(41). 매우 흥미롭게도 이런 조건을 충족시키려면 루소의 계몽된 공중은 시민들과 어떤 소통도 하지 말아야 한다. 하지만 루소는 여전히 계약의 논리를 따르면서 정보의 무제한적 유통이 "부분적 결사체(association)"를 만들 것이며, "결사체의 의지는 성원들과의 관계에서는 일반적이고 국가와의 관계에서는 특수한 것이 될 것"이라고 추론했다(31). 대상을 특수한 이해에 따라 재현하는 것이 용인된다면 개인들은 정치적 정체성으로 돌아갈 것이다. 이제 개인들은 자신을 파당으로 이해할 것이다.

사회계약이 물리적 힘에 정초한 정부의 진정한 대안이 되도록 하기 위해 루소는 정부의 권력을 각각의 개인들이 가진 권력의 확장으로 그려야 했다. 그러려면 무엇보다 개인은 자신을 규제하는 사회에 앞서 개인으로 존재해야 한다. 그러나 다른 한편으로 루소는 계약의 두 번째 당사자를 공동의 이익을 원하는 계몽된 개인들로 구성된 국가로 상상하기 위해 개인에 선행하여 존재하는 사회적 힘을 창조해야 했다. 개개인의 욕망을 개인화하고 그 욕망이 공공의 이익을 향하도록 하는 뭔가가 처음부터 있어야 했던 것이다. 루소는 계약의 논리적 요구에 따라 이런 결론에 도달하자 상호호혜적 교환을 통해 존재하게 될 권위 형태를 상상한다. 그 권위는 개인에게서 나오는 것도 국가로부터 나오는 것도 아니다. 그것은 보이지 않는 힘, 즉 교육의 힘이나 언어의 힘에서 나온다. 이 힘은 자연스러운 욕망 같아 보인다. 그러나 사실상 이 힘은 욕망이 자연에 정초해 있다는 허구를 창조한다. 루소는 이런 욕망의 조정을 물리적 힘에 토대를 둔 국가의 대안이자 해독제로 상상했다. 루소는 자신의 욕망의 확장인 동시에 그 구속이기도 한 법을 만듦으로써 자신의 역사적 상황을 바꿀 수 있는 개인을 창조했다. 이런 계약의 비유가 작동하는 방식이 보여 주듯이, 권력을 이렇게 재현하는 것은 사람들을 개인화하여 그들의 욕망이 공통의 목표를 향하게 하는 힘을 갖는다. 결국 이런 힘이 루소가 글을 쓴 역사적 조건을 변화시켰다고 말하는 것은 전적으로 옳다. 하지만 이렇게 말한다고 해서 루소가 1789년 사건[프랑스혁명]에 일정 정도 책임을 져야 한다는 터무니없는 가정을 내가 옹호한다는 뜻은 아니다. 이와 정반대로 나는 루소가 당시 영국과 유럽 대륙의 많은 작가, 지식인들과 함께 물리적 힘이 아니라 담론의 힘, 정치혁명이 아니라 문화적 헤게모니의 지배를 받는 시대로 들어섰다고 주장할 것이다.

우리는 사회계약이 계몽담론에 핵심적 비유를 제공했다고 주장할 수 있을 것이다. 계몽담론은 자신이 조직하는 것처럼 보이는 것을 창조하고, 자신이 통합하겠다고 주장하는 것을 개인화한다. 루소가 사회계약론에서 오류를 범했다면 그것은 자신의 논리에 내재된 정치적 동기를 너무 확연히 드러냈기 때문이다. 『사회계약론』이 출간되기 십여 년 전에 이미 영국철학자들은 자발적 동의에 기초한 국가라는 생각을 믿지 않았다. 「원초적 계약에 관하여」("Of the Original Contract", 1748)라는 글에서 데이비드 흄(David Hume)은 고전 시대에 출판된 모든 문건들 중에서 "정부에 대한 의무가 약속에서 생긴다고 생각하는" 문건은 하나밖에 찾지 못했다고 주장한다. 그 문건은 "플라톤의 『크리토』(*Crito*)이다. 이 책에서 소크라테스는 법을 지키겠다는 묵시적 약속을 했기 때문에 감옥에서 도망가는 것을 거부한다".[6] 흄에 따르면 권력은 국민의 동의에서 나오는 것이 아니라 어쨌건 그런 약속이 일어났다는 허구적 믿음에서 나온다. 다시 말해, 동의의 권력은 원초적 계약의 허구에서 생기는 것이지 약속의 이행에서 생기는 것이 아니다. 사람들은 이런 허구적 믿음에 기초한 전통의 순수한 힘에 의해서만 법을 지킨다. 이런 논의에 기초하여 흄은 국가 권위의 정당한 원천을 둘러싸고 전개된 이전의 정치 논의가 제안한 두 가지 대안을 모두 거부한다. 흄에 따르면 군주가 신의 신성한 의지의 표현이라거나 개인

6 David Hume, "Of the Original Contract", *Essays Moral, Political, and Literary*, eds. T. H. Green and T. H. Grose, Darmstadt, West Germany: Scientia Verlag Aalen, 1964 (rpt. London, 1882), p. 460.

의 자발적 동의의 표현이라는 주장은 모두 잘못되었다. 정치적 권위의 진정한 본질은 우월한 힘에 있는 것이 아니라 법에 있으며, 동의에 있는 것이 아니라 의견(opinion)에 있다. "법과 특정 정부의 힘은 매우 크고, 이 법과 정부가 사람들의 성격과 기질에 기대는 힘은 매우 작기 때문에 우리는 수학에서 끌어낼 수 있는 것만큼 명징하고 확실한 결과를 이로부터 추론할 수 있다."[7] 흄은 루소의 이론을 완전히 거부하는 것처럼 보인다. 그러나 실상 흄은 원초적 계약이라는 관념에는 반대하지만 루소와 동일한 논리를 따르고 있다. 흄은 계약의 허구적 성격을 폭로할 때에도 국가가 특정 전통에 권위를 부여하는 권력 형태에 정초해 있다고 상상한다. 이 권력은 역사에 대한 이와 유사한 허구를 통해 유지되는 권력이다. 흄은 "전통"을 허구와 구분하면서도 양자를 거의 같은 것처럼 보이게 한다. 간단히 말해, 흄에게 역사란 사람들이 오랫동안 진리로 생각해 온 허구이다.

나는 소설이 새로운 중산계급에게 권력을 가져다준 더 광범한 역사적 과정에 연루되었다는 점을 입증하기 위해 루소와 흄의 이론을 끌어들여 이들이 어떻게 엘리트 정치집단의 주장보다는 개인의 주장을 옹호함으로써 이전 귀족문화의 주제를 변모시켰는지 보여 주었다. 루소와 흄의 저작은 또한 이런 역사적 변모—사회가 집단이 아니라 개인으로 구성되었다고 재현하는 변모—가 그 자체로 모종의 정치적 권위형태를 취했다고 제시한다. 그러나 우리가 사회계약의 힘이 어떻

7 Hume, "That Politics May Be Reduced to a Science", *Essays Moral, Political, and Literary*, p. 99.

게 해서 다른 무엇보다 허구의 힘이 되었는가를 설명하려면 제러미 벤담(Jeremy Bentham)의 『허구의 이론』(*The Theory of Fictions*)을 가져와야 한다. 『허구의 이론』은 벤담이 그의 생애 마지막에 집필한 저작으로서 오랫동안 벤담의 노망기가 발동한 작품으로 여겨졌다. 이 책에서 이 원조 공리주의자는 자신이 초기 저술에서 제시한 국가의 인식론적 기초에 의문을 제기한다. 『허구의 이론』은 1812년 책의 일부가 출판되었지만 1829년에서 1832년에 이르기까지 전작이 출판되지는 않았다. 이 책에서 벤담은 우리가 권리, 의무, 진리, 정의에 관한 허구에 따라 물질생활의 대부분을 이해한다고 주장한다. 벤담의 주장에 따르면, "이런 순전히 허구적인 실체들은 이론에서는 공리로 가정되었고 현실생활에서는 규칙으로 준수되었다".[8] 이런 주장을 펴면서 벤담은 권력의 실제 배분이 우리가 그 권력을 재현하기 위해 동의하는 용어들에 대체로 의존하고 있다고 주장한다. 어떤 사회질서도 언어라는 비가시적 요소가 없다면 존재할 수 없다. 벤담의 관점에서 보자면, 언어는 그것이 재현하는 대상에 비해 현실성은 떨어지지만 대상에 속하지 않기 때문에 대상보다 훨씬 강력하다. 국가는 주로 언어로 구성된 것으로서 이전의 정부에서 했던 방식대로 대상세계를 규제하지 않는다. 벤담이 상상하는 국가는 사물에 말의 힘을 행사하는 국가이다. 벤담은 말의 힘을 누구보다 잘 이해하고 있었다. 벤담은 「원초적 계약의 허구」("The Fiction of an Original Contract")라는 제목의 장에서 이렇게 주

8 Jeremy Bentham, *Bentham's Theory of Fictions*, ed. C. K. Ogden, New York: Harcourt, Brace and Company, 1932, p. 123. 이 책의 인용은 이 판본을 따랐으며, 본문에 간략히 페이지만 표기했다.

장한다. "이제 허구의 시절은 끝났다. 예전에 허구라는 이름하에 허용되고 용인되었을지 모르는 것들이 지금 시도된다면 침해 혹은 사기라는 더 가혹한 이름으로 비난받고 오명을 뒤집어쓰게 될 지경에 이르렀다."(122) 지식이 권력이 되려면 권력처럼 보여선 안 된다. 무엇보다 지식은 특정 정치집단의 이해에 따라 움직이는 것처럼 보여선 안 된다. 모든 사람의 이해를 따르는 것처럼 보이는 지식은 사물 자체에 내재해 있는 것같이 보이는 지식이다. 이 경우 지식은 특정한 정치적 위치를 갖고 있지 않다. 지식은 도처에 편재한다. 지식은 대상에 가치를 빌려주고 대상을 정의하면서 대상을 규제한다.

어떻게 소설이 새로운 형태의 정치권력을 창출하기 위해 소설과 아주 다른 글쓰기 형식과 조응하는 방식으로 발전해 왔는가를 보여 주기 위해 나는 잠시 비문학적 영토로 들어갔다. 계약의 수사적 작용이 확실해질 때마다 개인의 발전이라는 허구를 통해 행사할 수 있는 권력 역시 분명해졌다. 이런 점은 흄의 저술에서 어느 정도 그랬고 벤담의 『허구의 이론』에서는 더욱 그랬다. 루소의 계약론이 허구가 개인이 자기 자신을 특정한 유형의 자아로 생각하는 데 필수적이라는 함의를 담고 있다면, 원초적 계약에 가하는 흄의 비판은 허구란 다양한 개인들이 동일한 형태의 정치적 권위와 맺는 관계 속에서 자신을 사유하도록 보증해 준다는 함의를 담고 있다. 벤담은 허구 자체가 사람들로 하여금 한 유형의 국가에 복종하도록 만들고, 다른 유형의 국가는 지배하도록 해 주는 유일한 요소라고 주장했을 뿐이다. 허구에 대한 정교한 이론이 소설과 나란히 발전해 왔다는 것을 인정한다면, 또 소설은 특징적으로 자신을 허구로 여기면서 이전의 허구보다 삶에 더 충실하다고 생각했다는 것을 인정한다면, 우리는 소설의 역사가 어떻게 사람들이 자기 자신을 개인으로 이해하고 또 사람들이 자유롭고 행복하다는 것의 의미가 무엇이라고 생각하는지 결정하도록 도와주는 권력의 기록을 제공해 준다고 기대할 수 있을 것이다. 다시 말해, 허구가 문화사에서 이런 역할을 수행했다면, 우리는 소설의 역사가 '감독'과 '지식의 통제'라는 두 권력에 토대를 둔 세계 — 우리가 사는 세계 — 에 사는 것이 적합하다고 밝혀진 개인을 형성해 왔다고 해석할 수 있어야 한다. 그러나 실상 소설에 대한 역사적 이해는 그렇지 못했다. 왜냐하면 허구가 행사하는 힘은 개인의 발전이라는, 허구의 정치적 목적을 부인하는 것에 전적으로 의존했기 때문이다. 근대적 개인의 창조는 다른 무엇보다 특정 형태의 정치적 무의식을 요구했다.

루소의 생애에서는 억압의 수사가 먼저 등장했다. 『인간 불평등 기원론』의 억압된 개인은 특정한 형식의 자유를, 즉 정치적 정체성의 소멸과 함께 발생하는 자기만족의 형식을 요구했다. 따라서 우리는 억압의 관념을 계몽의 필수불가결한 "다른" 측면으로 생각할 수 있을 것이다. 억압 관념은 인간 정체성의 가능성을 정치적 종속과 비정치적 주체성 두 가지로 제한한다. 국가와 개인의 관계를 이런 식으로 사유하는 것은 특정 집단의 이해가 다른 집단의 이해를 희생하는 대가로 추구된다는 점을 전제한다. 그러므로 유일하게 좋은 정치적 동기는 방어적 동기, 즉 억압당하는 집단을 위한 동기이다. 억압적으로 되지 않으면서 이 상황을 타개할 수 있는 유일한 길은 억압된 집단의 개인들을 구제하는 것이다. 이런 논리에 따라 형성된 사회계약은 본질적으로 정치적 문제에 사적 해결책을 제시하는 경향이 있다. 이런 방식을 통해 사회계약은 특정 정파의 정치적 정체성과 그 정파를 위한 요구를 모호하게 흐리지 않을 수 없었다.

사회계약론이 근대 자유주의 담론을 낳았을 때 모순을 일으켰고, 소설의 발생은 이 모순에 기대고 있었다. 소설은 정치적 지식을 몇 개의 인지 가능한 심리적 조건 가운데 하나로 바꾸는 정교한 전략을 발전시켰다. 이런 전략을 발전시킬 때 소설은 거시적 차원에서 이 변화를 이루어 내면서 담론 자체의 권력을 숨기는 방식을 취했다. 루소는 사회계약이 기본적으로 의미를 통제하는 투쟁에서 본질적 사안을 은폐하는 언어계약이라는 점을 인정하는 듯, 정치이론이나 『에밀』(*Émile*) 같은 교육우화를 쓰려는 시도를 포기했다. 루소는 1762년 이후 망명 상태에서 낯선 자전적 이야기 ―『고백론』(*Les Confessions*)만이 아니라 『대화』(*Rousseau juge de Jean-Jacques*), 『고독한 산책자의 몽상』(*Rêveries du promeneur solitaire*) ― 를 쓰는 쪽으로 방향을 바꾸었다. 이 자전적 저술들에서 사유는 역사의 방해를 받지 않고 일어나며, 글쓰기는 정치세계와는 독립된 개인의 내면의 원천에서 흘러나오는 것처럼 보인다.

성적 계약의 논리

나는 사회계약론은 그것이 표명하는 주장에도 불구하고 얼마만큼 허구적 구성물인가 하는 점을 강조했다. 이 점은 당대에는 인정되고 있었던 것처럼 보인다. 만일 국가가 이미 사람들이 서로 다른 계급과 신분으로 태어나는 곳이며, 또 사회계약이 성공하기 위해 필수적이라고 주장하는 선택의 기회가 부인되는 곳이라면, 이런 곳에서 자유로운 개인들이 자발적으로 다른 개인들과 계약관계로 들어간다는 생각을 현실화할 수는 없을 것이다. 하지만 나의 주된 관심분야는 사회계약이 영국의 가정소설 속으로 들어올 때 나타나는 수사적 작용이다. 내가 인간 경험을 물들였던 지식의 원천이 철학 전통이 아니라 대중문화라고 제안하는 것은 아니다. 물론 이는 사실로 보인다. 내가 루소의 이론과 다소 덜 고귀한 허구를 구별하긴 하지만 나의 관심은 두 영역이 공유하는 수사적 행위에 놓여 있다. 이런 근거에서 나는 일부 허구적 소설이 계몽철학과 이념적 입장을 공유했다고 주장할 것이다. 나는 푸코의 가설에 따라 여러 유형의 글쓰기들이 상호 협력하여 근대적 제도절차에 권위를 부여하는 모의(謀議)에 암묵적으로 가담했다고 주장할 것이다. 허구적 소설에서 사회계약은 당시 부상하던 자본주의의 목적에 극히 유용한 사회관계의 언어를 창조했다. 이 언어는 고착된 사회적 신분을 이념적으로 혁파하는 것을 정당화해 주는 길을 마련했다. 이런 방식으로 다양한 개인들의 집단적 정체성을 해방시키는 것은 임노동의 생산에 기능적으로 작용했을 것이다. 사회계약은 당대에는 소수자의 의견을 대변했지만 나중에는 결국 부상하는 계급에 힘을 실어 주는 자기권위화의 전략(self-authorizing strategy)을 취했다.

소설에 대한 역사적 연구는 초기 소설과 로맨스를 다소 비도덕적으로 그린다. 사실 소설은 20세기에 이를 때까지 문학작품이 되지 못했다고 생각할 만한 소지가 다분하다. 그러나 18세기 후반에 이르면 버니(Frances Burney = Fanny Burney)와 여타 귀부인 소설가들이 쓴 소설들은 확실히 예의 바르다고 생각되었다.[9] 이 시기는 사람들이 사회관계를 근대 계급사회의 관점에서 바라보기 시작한 시기였다. 다시 말해 이 시기는 정치적 제휴형태가 경제적 의존관계의 사다리에서 위아래에 놓여 있는 사람들에게 보이는 충성심으로 이해되었던 것이 아니라, 노동, 토지, 용역, 자본 등에서 비슷한 원천으로부터 경제적 생계를 가져오는 사람들과 맺는 관계로 이해되었던 시기이다. 이 시기는

9 아이언 윌리엄스(Ioan Williams)는 18세기 말까지 영국에서 소설은 고상한 독서로 간주되지 않았다고 설명한다. *The Idea of the Novel in Europe 1600-1800*, New York: New York University Press, 1979, p. 137. 레너드 데이비스(Lennard Davis)의 『사실적 허구』(*Factual Fictions: The Origins of the English Novel*, New York: Columbia University Press, 1983)는 실상 소설이 위험한 것으로 여겨졌다는 점을 보여 준다. 왜냐하면 "소설의 바로 그 이론적, 구조적인 전제가 어떤 면에서 범죄적 성격을 띠고 있었으며, 이 범죄적 성격 중 일부는 특히 하층계급의 폭력성 및 사회적 불안과 함께 하는 것이었다"(pp. 123~124). 소설을 도덕적 수준으로 끌어올리려는 리처드슨의 시도에 반대하여, 『조지프 앤드루스』(*Joseph Andrews*)에 붙인 필딩의 유명한 서문은 소설을 문학적으로 만들려고 한다. 그는 소설가들이 모방할 수 있는 다수의 고전적 모델들을 제안한다. 하지만 소설이 범죄적 기원을 털어 냈을 때, 소설은 필딩이 조언한 것처럼 귀족 문학전통을 따르는 것을 통해서가 아니라 리처드슨이 소설에 도입한 도덕화하는 전략을 채택함으로써 존중받을 만한 것이 되었다. 존중받을 만한 양식이 된 후 19세기 동안에도 소설은 여전히 문학으로 여겨지지 않았다. 이는 프레더릭 로턴(Frederic Rowton)이 『영국의 여성 시인』(*Female Poets of Great Britain*, Philadelphia, 1853; rpt. 1981)의 서문에서 제시한 합당한 이유이다. "저자는 자신이 독자에게 제공하는 작품이 자신이 취해 온 입장을 정당화시켜 줄 것이며, 시적 능력(the Poetical Faculty)이 양성 중 어느 한 성에게만 국한되지 않는다는 점을 입증해 줄 거라고 확신한다."(p. xxxviii) 로턴은 여성이 '시적 능력'을 지니고 있기 때문에 문학을 쓸 수 있다고 주장한다. 그러나 1871년 후반 찰스 다윈은 여성들이 주목할 만한 문학작품을 쓰지 못하는 생물학적 근거가 있다고 주장한다. "양성의 지적 능력에 나타나는 주요 차이는 모든 분야에서 — 그것이 심오한 사유, 이성, 상상력이든 아니면 단순한 감각과 손의 사용이든 — 남성이 여성보다 더 뛰어나게 된다는 사실을 통해 밝혀진다. 만약 시, 그림, 조각, 음악, … 역사, 과학, 철학 각각의 주제 아래 6명의 이름이 들어가는 최고의 남성과 여성 목록을 만든다면, 이 두 목록은 비교대상이 되지 못할 것이다." Charles Darwin, *The Descent of Man, and Selection in Relation to Sex*, vol. II, eds. John Tyler Bonner and Robert M. May, Princeton: Princeton University Press, 1981(rpt. 1871), p. 327(강조는 인용자). 이러한 증거로부터 소설이 여성에 의해 쓰여졌다는 오직 그 이유로 19세기가 한참 진행될 때까지 문학은 시와 연관되었지 소설과 연관되지 못했다고 결론지을 수 있을 것이다.

성적 행위가 사회의 전 영역에서 개인을 찾아내어 평가하는 공통의 기준으로 부상했을 뿐 아니라 소설 전통이 확립되었던 때이기도 하다. 1809년과 1810년 사이 월터 스콧(Walter Scott)은 『대니얼 디포의 소설들』(*The Novels of Daniel Defoe*)이라는 제목의 선집을 최초로 출판했는데, 여기엔 『록사나』(*Roxana*)와 『몰 플랜더스』(*Mall Flanders*)가 빠져 있다. 같은 해인 1810년 바볼드 부인(Mrs. Barbauld)의 『영국 소설가』(*The British Novelists: with an Essay, and Prefaces Biographical and Critical*)가 50권 분량으로 출간되었고, 다음에는 머드퍼드(William Mudford)의 『영국 소설가』(*British Novelists*, 1810-17)가 나왔다. 1821년과 1824년 사이 월터 스콧은 이 모든 선집들 중에서 가장 영향력 있는 『밸런타인의 소설가 서재』(*Ballantyne's Novelist's Library*)를 출간했다.[10] 소설사는 그 시작부터 18세기 소설에 대한 지극히 편협한 선정에 기초하여 과거로 거슬러 올라가면서 발전되었다.

『영국소설의 제도』(*Institutions of the English Novel*)라는 통찰력 있는 한 논문에서 호머 오비드 브라운(Homer Obed Brown)은, 어떻게 해서 19세기 소설이 그 이전 소설들 가운데 특정 작품들이 소설의 전통을 구성하도록 결정했는지 설명한다. 여기서 19세기 소설이란 스콧과 바볼드를 위시한 일군의 사람들이 정의한 19세기 소설을 말한다. 대다수 소설사에 나타나는 근본적으로 몰역사적인(ahistorical) 방법

10 나는 소설에 대한 발생론적 정의와 관련된, 이를 비롯한 여타 귀중한 정보를 현재 집필 중인 호머 브라운의 *Institutions of the English Novel in the Eighteenth Century*에서 수집했다[H. Brown, *Institutions of the English Novel: From Defoe to Scott*, Philadelphia: University of Pennsylvania Press, 1997 출간]. 원고를 읽을 수 있게 허락해 준 저자에게 감사드린다.

을 설명하기 위해 브라운은 이렇게 쓰고 있다.

> 거칠게 말해, 나는 영국소설이 18세기 초가 아니라 19세기 초에 발명되었거나 제도화되었으며, 오늘날 디포와 함께 시작되었다고 널리 수용되는 소설의 '발생'의 역사는 20세기 중반이 될 때까지 제도화되지 않았다고 주장할 것이다. 여기에 충격적이거나 놀랄 만한 구석은 없다. 모든 역사는 필연적으로 재구성이다. 또 제도의 기원의 역사는 역사가 재구성이라는 사실을 망각하도록 요구한다는 점에서 이 자명한 진리가 드러나는 특수한 형태이다. 이 특수성은 사실 제도라는 말 속에 담겨 있다. 제도는 그 자체 흥미로운 역사를 지니고 있다. 제도라는 말은 물적 존재 — 조직 혹은 일련의 관행들 — 를 가리킬 뿐 아니라 물질, 조직, 관행들을 정초(定礎)하거나 그 시발이 되는 특정 순간의 행위를 동시에 가리키기 때문이다. 더욱이 제도는 동사 혹은 동사형으로서 계획, 목적, 기획을 갖고 시작한 행위, 즉 의도적 행위를 가리킨다. 우리가 문학 장르를 제도로 생각할 때 — 소설도 이런 제도로 이해되어 왔다 — 제도화 행위가 재구성이라는 사실을 억압하려는 충동은 권력 안에서 더 커진다.[11]

브라운의 논지를 인정한다면, 우리는 리처드슨 — 우리가 리처드슨 자신의 설명을 믿는다면 — 뿐 아니라 디포와 필딩도 소설을 쓰면

11 Brown, "The Institutions of the English Novel", *Institutions of the English Novel in the Eighteenth Century*, ms. p. 1.

서 자신들이 충족시켜 줘야 할 일련의 기대에 직면했다고 말할 수 없다.[12] 이들 18세기 작가들과 달리 오스틴과 브론테 자매가 소설을 쓰기 시작했을 때 그들은 자신들이 소설을 쓰고 있다는 사실을 분명히 인식하고 있었을 뿐 아니라 소설이 무엇인지도 알고 있었다. 이들은 다른 사람들이 허구를 썼던 곳에서 자신들은 진리를 말하고 있다고 선언함으로써 소설가라는 이름에 값하는 최고의 작가가 되려면 자신의 작품이 다른 작가의 작품과 구분되어야 한다는 것도 알고 있었다.

이 무렵이면 소설은 정치사를 개인사로 다시 쓰는 것이라는 점이 이미 확립되어 있었다. 개인사는 행복한 가정사를 보장해 주는 구애의 절차를 정교하게 가다듬는 형태를 취했다. 궁극적으로 소설이 정치성을 벗어던지는 것처럼 보이는 것은 오스틴과 리처드슨의 가정소설뿐 아니라 필딩과 스콧 같은 남성적 소설에도 해당된다. 하지만 소설은 농촌의 장인(artisan) 문화의 요소들을 젠더 차이로 고쳐 쓰고 이를 가

12 리처드슨은 그 자신의 표현대로 "새로운 종의 글쓰기"(a new species of writing)라 부른 것을 상당히 의식적으로 확립하려고 했던 것 같다. 자신의 첫 소설의 발생과정을 재구성하면서 리처드슨은 애런 힐(Aaron Hill)에게 쓴 편지에서 이렇게 설명한다. "마침내 나는 (…) 그런 기획(젊은 여성에게 모범적인 편지모음이나 일종의 품행지침서)에 유용하리라 생각되는 주제들을 다시 모으기 시작하여 이 기획에 맞게 몇 개의 편지를 만들었다. 그리고 나는 나머지 편지 가운데 한두 개를 파멜라와 같은 상황에 처해 있는 젊은이들에게 경고로 쓸 생각이었다. 애초에 나는 이로부터 책 한 권을 만들 생각은 하지 않았다. 두 권을 만들 생각은 더더욱 없었다. 하지만 아주 오래전에 내 친구가 말해 준 것을 다시 모으면서, 나는 그 이야기 ―어느 지역의 한 사건이었을 파멜라의 이야기 ―가, 만일 쉽고 자연스럽고 간단명료하게 씌어진다면 새로운 종의 글쓰기가 될 수 있으며, 젊은이들을 허황된 로맨스 유형과 다른 독서과정으로 이끌 수 있다고 생각했다. 또 소설 속에 많이 들어 있는 개연성 없는 황당한 요소들을 없애는 것이 종교와 덕성의 대의를 증진시킬 수 있을 것으로 생각했다." John Carroll(ed.), *Selected Letters of Samuel Richardson*, Oxford: Clarendon, 1964, p. 41.

정의 프레임 안으로 끌어들였을 때 이 요소들을 건져 올리는 데 특히 뛰어났다. 오늘날 우리에게 소설 장르를 가장 잘 모범적으로 보여 주는 소설들은 사회계약을 성적 교환으로 바꾸었던 작품들이라 할 수 있다. 비교적 소수에 불과했던 18세기 작가들은 사회갈등을 개인사, 고딕적 감수성을 띤 이야기, 구애와 결혼의 이야기로 재현함으로써 정치적 갈등을 중산계급의 사랑을 통해 변화시키지 않았던 소설들을 모조리 내쫓을 수 있었다. 일부 19세기 초기 소설에 대한 나의 기술은 이런 미묘한 변화의 힘이 특별히 가정소설이나 다른 일반 소설에만 나타났던 것은 아니며, 문학에 특별한 것도 아니었다는 점을 보여 줄 것이다. 일부 소설들은 당대의 특징을 구성했던 다른 종류의 글쓰기들과 정치적 전략을 공유했다.

나는 성적 계약과 사회계약의 유사성을 강조하고 있다. 이 유사성이 서로 다른 두 종류의 글쓰기를 형성했다 할지라도 내가 양자의 유사성을 강조하는 것은, 국가에 대한 비판은 그 비판의 정치적 성격을 숨길 때 훨씬 효과적일 수 있다는 점을 설명해 줄 방안을 예비하기 위해서이다. 이를테면, 존 스튜어트 밀(John Stuart Mill)의 저작에서 우리는 어떻게 사회계약이 성관계 속으로 숨어 들어왔는지 알 수 있다. 이런 형태로 수정되면서 사회계약은 19세기 중반 무렵이면 너무도 완벽하게 자연 그 자체와 혼동된다. 이런 까닭에 밀은 여성의 선거권을 옹호하는 그 유명한 주장을 여성의 종속을 인정하는 원리를 불러들이는 것으로 시작한다. 밀은 완고한 독자들에게 여성들에게 투표권을 주는 것이 어떤 피해도 일으키지 않을 것이라고 확언했다. "왜냐하면 법은 모든 중요한 사안에서 이미 여성들에게 투표권을 주고 있기 때문이다. 인생의 마지막 순간까지 여성을 지배하는 남성을 선택하는 것은 언제나 여성 자신에 의해 자발적으로 일어나기 때문이다."[13] 이 문장에서 밀은 정치적 계약을 지우기 위해 성의 계약을 이용하고 있다. 밀은, 최상의 자유주의적 용어로 논리를 전개하면서 여성의 운명은 배우자에 대한 욕망에 의존해 있으며, 배우자와 교환하기 위해서라면 여성은 기꺼이 자신의 정치적 정체성을 포기할 것이라고 생각한다. 이 근거 위에서 밀은 "어떤 계급에 속하든 대다수 여성들은 정치적 견해에서 대다수 남성들과 크게 다르지 않을 것"이라는 결론을 내린다. 다시 말해 그는 성의 계약이 사회계약을 너무도 확고히 규제하기 때문에 정치적 변화—이를테면 여성의 선거권—가 사실상 정치질서를 바꿀 수 없다고 믿는다.

우리는 찰스 다윈(Charles Darwin)이 한 손에는 여성의 권리를 인정해 주기 위해 성적 계약의 비유를 들었다가 다른 손으로는 그 권리를 치워 버릴 때, 이와 동일한 성적 계약의 비유가 자연사에도 작용하고 있음을 알 수 있다. 다윈은 『종의 기원』(*Origin of the Species*)을 그 후속편이라 할 수 있는 『인간의 유래 및 성에 관한 자연선택』(*The Descent of Man, and Natural Selection in Relation to Sex*)으로 보완하겠다는 기묘한 강박증에 빠져 여성이 인간 종의 승리에 기여한 바를 확증해 줄 계약모델을 그리고 있다.

13 John Stuart Mill, "The Subjection of Women", *Women's Liberation and Literature*, ed. Elaine Showalter, New York: Harcourt Brace Jovanovich, 1971, p. 36. 이 책의 인용은 이 판본을 따른다.

성의 투쟁에는 두 종류가 있다. 한 종류의 투쟁에서 성적 투쟁은 경쟁자를 내쫓거나 죽이기 위해 같은 성의 개체들(대개 수컷들) 사이에 일어난다. 이 경우 암컷은 수동적으로 남아 있다. 다른 종류의 투쟁에서 성적 투쟁은 다른 성의 개체를 자극하거나 유혹하기 위해 같은 성의 개체들(대개 암컷들) 사이에서 일어난다. 이 경우 암컷들은 더 이상 수동적이지 않고 자신에게 더 적합한 상대를 선택한다.[14]

유전 법칙에 가하는 이런 흥미로운 비틀기를 통해 여성들에게 경쟁적 특성은 사실상 존재하지 않게 되고, 여성은 생존을 위해 자신이 선택하는 짝에 필연적으로 의존한다. 성의 교환 — 남성은 여성을 얻기 위해 자기 종의 경쟁적 일원과 싸우고, 여성은 그 대가로 남성을 길들이는 교환 — 은 단순히 남성과 여성을 결합시키는 것 이상의 역할을 한다. 성의 교환은 또한 특정 종에 속하는 개인들을 다른 무엇보다 젠더에 따라 구분한다. 바로 이런 기반 위에서 밀과 다윈은 여성을 정치관계에서 면제시키고, 가정생활을 남성의 본질적 특성이라고 가정되는 경쟁의 관행에서 분리한다.

이 모델이 사회적으로 적용되면서 여성들이 어떤 불이익을 받게 되었을지 이해하기란 어렵지 않다. 이 모델이 여성들에게 권력을 줄 생각을 갖고 있었고, 또한 19세기 여성들이 노동을 하지 않으면서 남성과 다른 이익을 쉽게 얻을 수 있다고 생각했다 하더라도, 여성들이 겪게 될 불이익은 여전할 것이다. 그러나 여성이 이 모델의 사회적 적

14 Darwin, *The Descent of Man, and Selection in Relation to Sex*, vol. II, p. 398.

용을 통해 불이익을 받았다는 사실보다 덜 분명하지만 보다 더 흥미로운 문제는 이런 방식으로 여성의 권력을 재현하는 것이 어떻게 두 성으로 구성된 독자들의 이해에 봉사하게 되었으며, 또 이런 재현이 어떻게 여성작가들에게 권위를 부여하게 되었는가 하는 점이다. 프레더릭 로턴이 자신의 여성시인 선집 『영국의 여성시인』(1848)에 쓴 서문은, 한편에선 여성들에게 글을 쓸 수 있는 권위를 인정해 주면서 다른 쪽에서는 여성들이 정치적 발언을 할 수 있는 힘을 인정해 주지 않는 문화적 책략의 분명한 사례를 보여 준다. 로턴은 자신의 시선집에 여성시인들만 넣은 이유를 합리화하기 위해 계약모델을 원용하고 있다. 이 계약모델은 존 스튜어트 밀이 도전하고자 했지만 실패했으며 찰스 다윈이 과학화하고자 했던 것과 동일한 모델이다. 로턴은 다음과 같이 쓰고 있다.

> 나는 양성의 정신적 구성이 다르다는 사실을 인정할 준비가 되어 있다. 하지만 '차이'가 '열등함'을 의미한다고 말할 채비는 되어 있지 않다. 여성의 의무 영역이 남성들이 필요로 하는 권력과는 아주 다른 권력을 요구한다는 점을 이해하는 것은 아주 쉽다. 그러나 나는 이것이 여성의 정신적 발달이 남성보다 적게 일어난다는 것을 보여 주는 증거라는 주장은 거부하고 싶다. 여성의 특성은 덜 두드러져 보이지만 그 영향력은 결코 작지 않다. 남성은 손으로 만질 수 있는 외적 지배를 해야 한다. 남성의 능력은 필연적으로 권위적이고, 확실하며, 외적으로 명령하는 것이다. 여성은 숨겨진 마음의 기제에 보이지 않는 힘을 행사해야 한다. 여성의 능력은 매끄럽고, 설득적이며, 조용하고, 주관

적이다. 남성은 세계의 정신을 지배하고 여성은 세계의 가슴을 지배한다.[15]

이 젠체하는 문장이 보여 주듯, 권력이 그 성격상 여성적이거나 남성적이라고 말하는 것은 전혀 독창적이지 않다. 그럼에도 로턴이 우리에게 기여해 주는 바가 없지는 않다. 왜냐하면 로턴은 위 구절을 식자층이 쓰고 마음 깊이 간직한 중산계급의 상식들로만 구성함으로써 성적 계약모델이 어떻게 젠더화된 권력관계를 만들어 냈는지 잘 보여 주고 있기 때문이다.[16] 그런데 성의 계약모델이 만들어 낸 젠더화된 권력은 특히 산업화가 진행 중인 사회에 나타나는 권력이다. 중산계급의 '사랑의 이상' 혹은 로런스 스톤(Lawrence Stone)이 '동반자적 결혼'이라 부르는 것에 의하면, 여성은 가정생활, 감정, 취향, 도덕의 영역에서 독점적 권위를 얻기 위해 남성에게 정치적 통제권을 넘겨주었다.[17] 이런 교환이 기본적으로 여성을 현 상태에 그대로 묶어 두려는 의도에서 비롯되었다고 볼 근거는 없다. 사회관계에 대한 이런 식의 재현은 남성적 권위를 여성적 권위에서 구별하면서 전통적으로 귀족 남성들이

15 Rowton, *The Female Poets of Great Britain*, Philadelphia, 1853, p. xiv.

16 예를 들어, 영국에서 산업사회의 발전에 수반되는 젠더 역할변화에 대한 사회학적 설명을 위해서는 Eli Zaretsky, *Capitalism, The Family and Personal Life*, New York: Harper and Row, 1976과 Ann Foreman, *Femininity as Alienation*, London: Pluto Press, 1977을 보라. 앤 더글러스(Ann Douglas)는 *The Feminization of American Culture*(New York: Avon Books, 1978)에서 19세기 미국에서 비슷한 현상을 기술하고 있다. 일레인 쇼월터의 『그들만의 문학』은 이러한 변화들이 어떻게 여성작가와 관련하여 출판산업 정책에 영향을 미쳤는지에 대한 매우 유용한 기술을 제시한다.

17 Lawrence Stone, *The Family, Sex and Marriage in England 1500-1800*, New York: Harper and Row, 1977, pp. 390~405.

누렸던 특권들을 무너뜨리고자 했다. 다음 장에서 나는 이런 상징적 변화가 일으킨 정치적 효과를 살펴볼 것이다. 하지만 지금은 이 장의 목적에 충실하기 위해 성적 계약의 수사에만 초점을 맞추고 싶다.

로턴의 서문은, 남성과 여성의 사회적 차이란 결국 성차에 기댄 주체성 형식에 의존해 있다는 점을 시사한다. 남성의 마음과 여성의 마음의 본질적 차이에 대한 로턴의 확고한 믿음은 『영국의 여성시인』의 출판 당위성을 마련해 주었다. 자연이 여성에게 남성의 "경쟁자가 아니라" "동반자"로 글을 쓰라고 명령한다면, 여성의 글쓰기가 남성의 글쓰기를 보완하면서 결정적 방식으로 남성의 글쓰기에 참여하지 못할 것이라는 것은 당연한 논리적 귀결이다. 만약 장르가 젠더에 뿌리박고 있다면 본질적으로 양성 간의 논쟁을 상상하기란 어렵다. 그러므로 로턴은 여성적 담론을 그 본질상 정치적 담론이나 철학적 담론이 아니라 개인적·주관적 담론으로 간주한다. 로턴은 독자들에게 자기 책에서 그 증거를 찾아보라고 권한다. "이 책에 실린 모든 시에서 남성들의 정치적 발전을 도모하기 위해 씌어진 구절을 찾기는 어렵다. 그러나 이 책의 모든 구절들은 남성의 도덕적 진보를 자극하려고 애쓰고 있음을 보여 줄 것이다."[18] 이런 범주들을 만들어 내는 데 도움을 준 글

18 Rowton, *The Female Poets of Great Britain*, p. xvii. 동일한 논리가 당대의 보다 복잡하고 정교한 비평가들에게서 발견된다는 사실에 주목해야 한다. 예를 들어 로턴의 시학과 조지 헨리 루이스의 다음 문장 사이에 존재하는 긴밀한 평행관계를 생각해 보라. "여성은 자신이 가진 상냥함과 폭넓고 깊이 있는 감정적 경험으로 인해 인생에서 감정적 사실을 표현하는 데 적합하며, 자신의 사회적 지위에 상응하는 문학적 지위를 요구한다." George Henry Lewes, "The Lady Novelists", *Women's Liberation and Literature*, p. 174.

쓰기에서 이미 이 범주들이 작용하고 있다는 것을 찾기란 아주 쉽다. 대신 우리는 당시 여성들이 정치권력과 경제권력에 접근하기 어렵게 만들었던 현실적 조건이 어떻게 특정 글쓰기 형식에 권위를 부여해 왔는지 질문할 것이다. 앞으로 입증해 보이겠지만, 이런 권위형태는 생물학적 성(sex)의 문제가 아니다. 왜냐하면 어떤 언어의 사용도 그것이 시장의 논쟁적 방식과 적절한 거리를 유지하면서 마음과 가정의 가치에 뿌리 내리고 있다면 본질적으로 여성적인 것으로 간주되었기 때문이다.

이런 수용조건은 소설을 구성하는 주제의 확장이며, 사회관계에 대한 독자의 이해를 변화시킬 수 있는 소설의 힘을 증명한다. 나는 괜찮은 허구적 작품들은 정치적 갈등을 성차에 의거하여 재현하는 작품들이라고 주장할 것인데, 성차는 중산계급의 독특한 사랑 관념을 지지했다. 디킨스, 새커리 같은 주요 작가들이 오스틴, 브론테 자매, 개스켈(Elizabeth Gaskell) 소설에서 찾아볼 수 있을 것 같은 일관된 방식으로 성적 계약을 충족시키는 방향으로 나아갔던 것은 우연이 아니다. 로턴이 묘사한 권위의 분리와 권위의 균형은 관습적 플롯을 해결할 유일한 방안으로 이해되었다. 소설의 성공적 결말은, 특히 그것이 여주인공의 노력을 통해 이루어지는 경우에는, 육체노동에서 벗어나 관대한 남성의 후원이 보장해 주는 안전한 삶이 되었다. 남성에게 의존함으로써 권위를 얻을 수 있다는 이런 생각은 경제와 정치 영역으로부터 여성의 배제를 합리화하는 여러 이해관계에 봉사했다. 그러나 가정생활과 도덕적 감수성이 여성의 영역을 구성한다는 믿음은 여성들에게 아부하는 것 이상의 의미가 있다. 표면적으로는 정치적이거나 경제적인 것처럼 보이지 않았지만 여성의 권위는 여전히 실제적이었다. 성관계의 언어 자체가 수용할 만한 여성적 글쓰기로 간주되었기 때문이다. 성의 계약을 둘러싸고 전개되는 플롯은 남성과 연관된 문제들은 확실하게 무시함으로써 이데올로기를 순전히 인간적 관심의 산물이라고 떠넘길 수 있는 수단을 마련해 준다. 나는 성의 계약이 사실상 사회관계의 규제에 여전히 도구적으로 활용되고 있다고 주장할 것이다. 성의 계약은 루소가 사회계약이 수행할 것이라고 상상했던 것과 흡사한 기능을 수행한다.

서사 패러다임으로서의 성적 계약

『오만과 편견』(*Pride and Prejudice*)의 서두에서 제인 오스틴은 자신의 개인적 삶에서는 따를 수 없었던 성적 교환 모델을 불러들임으로써 자신의 정체를 드러낸다. "상당한 재산이 있는 독신 남자는 틀림없이 아내가 필요하다는 것은 보편적으로 인정되는 진리이다."[19] 이 주장은 오스틴의 작품과 독자 사이에 역사적으로 특수한 관계를 수립한다. 오스틴은 성관계를 알고 있고 성적 계약의 진리를 드러낼 생각이 있는 작가로 자신을 자리매김한다. 이는 오스틴의 생각이 아무리 아이러니한 것이었다고 해도 그렇다. 30년 후 샬럿 브론테는 자신의 허구적 자서전이라 할 수 있는 『제인 에어』를 언어를 통해서만 힘을 얻는 것같

19 Jane Austen, *Pride and Prejudice*, ed. Donald J. Gray, New York: W. W. Norton, 1966, p. 1. 이 책의 인용은 이 판본을 따랐으며, 본문에 간략히 페이지만 표기했다.

이 보이는 한 여성의 목소리로 시작한다. 제인 에어는 돈도 지위도 아름다운 외모도 자신을 천거할 매력도 없이 놀랄 만큼 솔직한 태도로 지배계급 안의 안전한 위치로 사회적 상승을 시작한다.

> 말해야 한다, 나는. 나는 심하게 짓밟혀 왔다. 이제 돌아서야 한다. 그러나 어떻게 돌아설 수 있는가? 나는 내 적수에게 복수할 힘을 갖고 있는가? 나는 내가 가진 힘을 모아 이 투박한 문장 속에 터뜨렸다. "나는 속이지 않아요. 속임수를 쓰지 않아요. 내가 속인다면, 나는 당신을 사랑했다고 말해야 할 거예요. 하지만 나는 당신을 사랑하지 않는다고 선언합니다. 나는 당신이 이 세상에서 가장 사악한 인간이며, 당신이 싫다고 말합니다."[20]

분명히 말하건대, 브론테의 독자들은 여성의 감정의 힘을 빼면 그 뒤에 아무것도 없는 언어의 권위를 인정했다. 브론테가 독자들과 이런 공통기반을 상정할 수 있었다면, 그것은 오스틴 같은 작가들이 특정한 지식의 영역(감정의 영역)에 여성의 권위를 확립하는 데 도움을 주었기 때문이다. 오스틴은 브론테가 상정했던 공통기반을 아주 힘겹게 주장해야 했다.

20년 후 글을 쓰면서 조지 엘리엇(George Eliot)은 여성의 자기희

20 Charlotte Brontë, *Jane Eyre*, ed. Richard J. Dunn, New York: W. W. Norton, 1971, pp. 30~31. 이 책의 인용은 이 판본을 따랐으며, 본문에 간략히 페이지만 표기했다. [위 인용문은 제인이 로우드 기숙학교로 떠나기 전에 외숙모인 리드 부인에게 하는 말이다.—옮긴이]

생에 대한 역사적 언급으로 『미들마치』(*Middlemarch*)를 시작한다. 이 언급은 여성의 자기희생이 독자의 문화적 지식의 핵심적 일부를 이루고 있다는 근거 위에서 회상된다. "인간의 역사와 시간이라는 변화무쌍한 실험에서 (인간이라는) 이 신비로운 존재가 어떻게 행동하는지 알고자 한다면 아주 잠깐만이라도 성 테레사의 일생을 생각해 보지 않을 수 있겠는가?"[21] 엘리엇은 이 여주인공에 대한 관심을 환기시키는데, 그것은 그녀가 후일 발표할 소설에서 여성이 이룩한 훨씬 더 중요한 기여가 어떻게 전통적 역사에서 인정받지 못하고 있는지 보여 준다. 엘리엇은 우리에게 여성의 역사를 남성의 역사 바깥에서 남성의 역사와 본질적으로 다른 것으로 이해하도록 요구할 뿐 아니라, 소설의 결말에서 인간 경험이 정치 영역 밖에서 활동하고 있는 사람들로부터 심오한 영향을 받는다는 사실을 인정하도록 요구한다. 여성의 역사에서 사실인 것은 소설가의 묘사에서도 마찬가지이다. "점점 많아지는 세상의 선한 행동들은 부분적으로는 역사에 남을 만하지 않은 행동들에 빚지고 있다. 과거에 그랬듯이, 나와 당신에게 세상이 그렇게 나쁘지 않은 이유의 절반쯤은 숨겨진 삶을 성실하게 살다가 세상 사람들이 찾지 않는 무덤 속에 잠들어 있는 이들에게서 찾을 수 있을 것이다."(578)

이런 작품들은 성적 계약이 소설의 형식을 지배할 때 여성작가들에게 얼마만큼의 권위를 부여해 주었는지 구체적으로 보여 준다. 하

21 George Eliot, *Middlemarch*, ed. Bert G. Hornback, New York: W. W. Norton, 1971, p. xiii. 이 책의 인용은 이 판본을 따랐으며, 본문에 간략히 페이지만 표기했다.

지만 에밀리 브론테의 『워더링 하이츠』는 여기서 한 걸음 더 나아가 사회관계를 설명함에 있어 남성적 지식보다 여성적 지식에 우월성을 부여하는 수단으로 성적 계약을 활용한다. 록우드 씨(Mr. Lockwood)는 소설의 플롯을 이루고 있는 언쇼 가문의 역사를 글로 옮긴다. 하지만 그의 고전 교육과 외국 여행과 소설 읽기의 경험이 이 가문의 역사를 쓸 자격을 그에게 부여해 준다고 해도, 언쇼 가문의 하녀인 넬리 딘(Nelly Dean)이 없었다면 그가 이 일을 할 수는 없었을 것이다. 넬리 딘은 이 가문의 가족관계를 이해할 수 있는 지식에 접근해 있는 인물이다. 넬리 딘만이 "주인님의 서가"에 들어 있는 지식을 "시골 사람들"로부터 얻는 세상의 지식, 이를테면 여러 집안을 옮겨 다닌 소문과 사건을 그것이 불러일으키는 감정에 따라 기록하는 기억과 연결시킨다. 수년 동안 언쇼 가문의 정치권력 안에서 일어난 급격한 변화는 그 변화를 일으킨 욕망에 대한 넬리의 역사적 설명 없이는 이해될 수 없다. 이야기를 끌어내 글로 옮기는 사람은 록우드이지만 그는 의미의 출처를 제공해 줄 수 없다. 남성적 시각은 그것이 제시하는 모든 세속적 측면에도 불구하고 결국 부적합하다는 것이 록우드를 해석하겠다고 나선 독자들을 통해 극적으로 드러난다. 독자들은 이 화자에게서 언쇼 가문에 대한 그의 특별한 매혹, 그리고 곧이어 그에게 일어난 발병(發病)뿐 아니라 그의 병을 치유해 주는 이야기의 원천도 찾아낸다. 이 소설이 가진 어떤 요인들로 인해 독자들은 의미의 사적인 감정적 기초를, 추정상의 저자라 할 수 있는 록우드가 아니라 작가 에밀리 브론테 본인일 것으로 상정되는 저자에게서 만들어 낸다.

우리는 여성적 지식의 영역에서 권위를 끌어내라는 명령에 남성

소설가도 여성소설가와 마찬가지로 구속되어 있다는 점을 보여 주는 또 다른 사례로 『허영의 시장』(*Vanity Fair*)의 '꼭두각시 주인님'이나 『우리 둘 다 아는 친구』(*Our Mutual Friend*)의 후기에 등장하는 '베틀에서 이야기 짜는 사람'을 들 수 있다. 나폴레옹식 역사에 보여 준 관심에도 불구하고 『허영의 시장』에서 새커리의 시각은 유럽의 정치적 사건이라는 거시영역에 맞춰 있지도 않고, 사랑과 전쟁에서 인간이 겪는 운명에 맞춰 있지도 않다. 새커리의 시각은 남성의 후원을 얻으려고 애쓰는 두 여자가 가정의 전선에서 느끼는 작은 충격을 기록하는 것이다. 디킨스도 도덕적 권위와 정치적 권위 각각은 별개의 젠더화된 지식의 영역에서 나온다는 기반 위에서 도덕적 권위를 정치적 권위로부터 분리해 내는 규칙에서 면제되지 않았다. 조지 포드(George Ford)가 논증하듯이, 이 규칙을 위반함으로써 디킨스는 빅토리아 독자들의 지지를 잃었다. 『웨스트민스터』(*Westminster*)에 글을 쓴 한 서평가에 따르면, "디킨스의 이야기에는 인생에서 자선을 늘리고 키우며, 짓밟힌 사람들의 기를 살려주고, 편협함을 누그러뜨리고, 지식을 확산하고, 행복을 증진하려는 잠재적 욕망이 깃들어 있다". 하지만 서평자 포드에 의하면, 특이하게도 22년의 시간이 흐른 뒤인 1864년에 『웨스트민스터』는 디킨스에 대한 이 판단을 뒤집었다. "우리는 디킨스가 소설을 예술로부터 논쟁과 토론의 장으로 바꾼 변화에서 주요 도구였다고 믿는다."[22] 언어를 통해 여성의 행동을 드러내도록 기대되는 장르("삶에

22 George H. Ford, *Dickens and His Readers: Aspects of Novel Criticism Since 1836*, New York: W. W. Norton, 1965, p. 81.

서 자선을 늘리고 키우며, 짓밟힌 사람들의 기를 살려주고, 편협함을 누그러뜨리고, 지식을 확산하고, 행복을 증진하려는")에서, 디킨스는 정치논쟁에 끼어들었다. 서평자는 이것을 남성이 여성의 영역에 침입하는 행위이자 소설가의 권위를 무너뜨리는 무례한 행위로 받아들였다.

담론의 성별분업을 위반한 것보다 더 눈에 띄는 것은 성차를 유지해야 한다는 여성작가들의 주장이었다. 1831년도 판 『프랑켄슈타인』(*Frankenstein*)에 붙인 메리 셸리의 서문은 그녀에게 이 소설은 다름 아닌 "깨어 있는 꿈"이었다는 점을 말해 준다.[23] 셸리는 이 작품의 직접적 원천이 여성의 상상력, 아니 그녀 자신의 상상력에 있다고 주장한다. 메리 셸리는 남편이 자기 작품의 초고를 어설프게 수정한 것은 피상적인 문체 차원에만 해당될 뿐이라고 확신한다. (셸리는 브론테가 록우드를 넬리와의 관계 속에 자리매김하는 것과 흡사하게 남편을 자신과의 관계 속에 자리매김한다.) 이와 마찬가지로 세상물정에 밝은 개스켈 부인은 "맨체스터 생활 이야기"라 할 수 있는 『메리 바턴』(*Mary Barton*)을 격동의 1840년대를 막 통과한 독자들에게 항의에 가득 찬 목소리로 소개한다. "나는 정치경제나 무역이론에 관해서는 아는 게 전혀 없다."[24] 하지만 사람의 마음이 어떻게 움직이는지는 안다는 그녀의 주장을 소박한 발언이라고 단정짓는다면 이는 잘못이다. 무엇보다 그녀의 소설은 사랑을 통해 가장 격렬한 정치적 갈등도 해결할 수 있다는

23 Mary W. Shelley, *Frankenstein, or The Modern Prometheus*, ed. M. K. Joseph, New York: Oxford University Press, 1932, p. 38. 이 책의 인용은 이 판본을 따른다.

24 Elizabeth Gaskell, *Mary Barton. A Tale of Manchester Life*, ed. Stephen Gill, Harmondsworth: Penguin, 1970, p. 38. 이 책의 인용은 이 판본을 따랐으며, 본문에 간략히 페이지만 표기했다.

것을 잘 보여 주기 때문이다. 개스켈 부인에 따르면, 성적 계약은 사회 계약을 압도하며, 사랑은 "두 인간을 지배하는 가장 강력한 법"이다(460).

감정적 힘의 표현을 미학적 명령으로 바꾼 사람은, 제인 오스틴이 인물의 깊이를 재는 데 실패했다고 비판할 때의 샬럿 브론테이다. 브론테는 제인 오스틴을 "귀부인이긴 하지만 여성은 아니라고" 말했다. 작가로서 오스틴의 작업은 "인간의 눈과 입과 손과 발에 쏟는 관심의 절반도 인간의 마음에 쏟지 않았기 때문"이라는 것이다.[25] 사람들은 이런 발언에서 샬럿이 제인 오스틴의 허구적 거실에서 펼쳐지는 잘 가공된 세련된 행동보다는 감정을 거칠게 풀어놓는 여동생 에밀리 브론테의 소설을 진심으로 인정했을 것이라고 생각할지 모르겠다. 그러나 사실은 그렇지 않다. 샬럿은 여동생의 글쓰기가 여성의 기준에 못 미치는 완전히 다른 종류의 결함을 지니고 있다고 비판했다. 샬럿은 1850년 판 『워더링 하이츠』의 서문에서, 에밀리의 "의지는 아주 유연하지 않고 대체로 자신의 이해에 반하며, 그녀의 기질은 관대하지만 온화하면서도 급작스럽고, 그녀의 정신은 지극히 완고하다"고 주장한다.[26] 이런 오만한 기질은 샬럿 브론테가 남성적 특성—"거칠고 강한 발언, 투박하게 표현된 열정, 통제되지 않은 혐오감, 습지지역의 문맹의 농

25 Charlotte Brontë, 1859년 윌리엄스(W. A. Williams)에게 보낸 편지; *Their Lives, Friendships and Correspondence*(Four Volumes), vol. III, eds. T. J. Wise and J. A. Symington, London: Oxford University Press, 1932, p. 99.

26 Charlotte Brontë, "Biographical Notices of Ellis and Acton Bell", Emily Brontë, *Wuthering Heights*, ed. William M. Sale, Jr., New York: W. W. Norton, 1972, p. 8. 이 책의 인용은 이 판본을 따랐으며, 본문에 간략히 페이지만 표기했다.

부들과 거친 대지주들한테서 발견되는 경솔한 편파성"(9) —이라고 묘사하는 글쓰기에서 표현된다. 샬럿에 따르면, 이런 허구적 작품들은 정직하지만 끔찍할 만큼 "교양이 없기" 때문에 제인 오스틴의 점잖 빼는 문체와는 반대 방향의 극단으로 치달아 결국 오스틴 못지않게 여성적 글쓰기의 권위를 무너뜨린다고 한다.

샬럿의 서문과 '전기적 소개'는 1847년 『워더링 하이츠』가 처음 출판되었을 때 받았던 회의적 서평에 대응하기 위해 씌어졌다. 샬럿은 『워더링 하이츠』가 세련된 교양을 지니고 있지 못하다는 점을 인정하면서도, 서평자들이 주장하듯이 작품이 "기이하고" "투박하고 혐오스럽거나" 작가의 "역량이 소진된" 것은 아니라고 주장한다.[27] 그는 『워더링 하이츠』의 저자를 낭만적 시인의 천재성을 지니고 있지만 실제로는 순진한 처녀에 가깝다고 그림으로써 이런 비난을 받아넘긴다. 게다가 이 소설의 1850년 판은 초판 출판 당시 썼던 남성 필명을 포기한다. 1850년 판 『워더링 하이츠』는 에밀리의 실명으로 출판되면서 대중들에게 문화적으로 주변화되어 있고 깊이 병들어 있는 여성작가의 작품으로 다가왔다. 샬럿은 자기 동생에 대해 이렇게 쓰고 있다. "정교하게 다듬어지지 못한 문화, 인공적이지 않은 취향, 가식 없는 외양 아래

27 윌리엄 세일(William Sale)은 『워더링 하이츠』에 대한 초창기 비평 선집에 붙인 자신의 서문에 다음 평가를 싣고 있다. "『워더링 하이츠』에 대한 비평적 수용은 대개 우호적이지 않은 것으로 여겨졌다. 물론 이는 이후 이 소설에 쏟아진 엄청난 찬사에 비추어 보았을 때 그렇게 보인다는 것이다. 그러나 샬럿이 「서문」에서 이 소설에 대해 말한 것과 다수의 초창기 비평가들이 말한 것을 비교해 보면, 우리는 샬럿과 초기 비평가들 모두 이상할 정도로 특이한 이 소설과 화해하기 힘들어했다는 결론에 이르게 될 것이다." in Emily Brontë, *Wuthering Heights*, p. 227.

에는" "우리의 두뇌에 지식을 가져다주고 영웅의 혈관을 점화시킬 신비로운 힘과 불꽃이 있다. 그러나 세상의 지혜는 없다"(8). 저자를 이런 식으로 표현하는 것은 예의가 부족한 것을 순진하기 때문이라고 생각하고 이 순진함을 진정한 여성적 본성의 기호로 간주함으로써 그것을 효과적으로 제거한다. 물론 이는 남성적 힘이 부족하다는 점을 인정할 경우에 그렇다. 따라서 샬럿의 서문은 『워더링 하이츠』에 그려진 성관계의 재현을 전복적이라고 생각했을 당시 독자들로부터 이 작품을 분리한다. 『워더링 하이츠』가 계약모델의 몇몇 특성들에 도전하고 있다는 것은 확실하다. 샬럿의 서문은 독자들이 에밀리 브론테 소설의 의미를 작가의 감정생활의 은밀한 후미진 곳에서 찾도록 독려하면서, 이런 성적 계약의 위반을 불완전한 젠더 정의의 증상으로 치부한다. 그러나 이렇게 함으로써 샬럿의 서문은 『워더링 하이츠』에 젠더 규범을 가져오고, 이 작품을 효과적으로 여성화하면서 정치적 논쟁에서 작품을 분리시킨다. 힐리스 밀러(J. Hillis Miller)는 다음 문장에서 소설을 여성화하는 이런 전략이 기대고 있는 전제를 잘 보여 준다. "에밀리 브론테의 비전의 정당성은 이 비전을 개인적으로 유지하는 데 달려 있다. 이 비전의 목적은 타인들과 현실세계를 배제하는 내면세계를 창조하는 것이다."[28]

아마도 샬럿 브론테는 진정성이 결여된 오스틴의 여성적 산문과 에밀리 브론테의 공격적인 여성적 문체 사이 어디쯤에 이상적인 소설 문체가 있다고 제안할 생각이었을 것이다. 샬럿은 여동생의 상상력이

28 J. Hillis Miller, *The Disappearance of God*, New York: Shocken, 1965, p. 157.

완전히 만개했다면 그의 작품에 이상적 소설 문체가 구현되었을 것이라고 예견했다. 샬럿에 따르면, "에밀리가 살았더라면 그녀의 마음은 그 자체로 우람한 나무처럼 더 크고, 더 똑바르고, 더 넓게 퍼졌을 것이며, 성숙한 열매는 더 달콤하게 무르익고 더 밝게 빛났을 것이다"(11). 샬럿에게 열매를 맺는 큰 나무는 에밀리의 소설처럼 공격적이지 않고 오스틴의 소설처럼 억제되지도 않은 여성적 문체의 비유를 제공한다. 나는 『제인 에어』를 여성적 권위가 이상적으로 용인하는 한계와 특권을 극화한 작품으로 간주할 수 있다고 생각한다. 샬럿 브론테가 자신의 역사의 저자가 될 수 있는 힘을 획득한 여주인공의 성격을 발전시킬 때 작가로서 자기 자신의 권위의 원천 역시 말하고 있다고 주장할 수 있다. 권위 있게 말할 수 있는 위치를 얻기 위해 제인은 자기가 속한 사회의 경제, 교육, 종교제도 안에서 자신의 역할을 포기해야 한다. 제인은 그녀 자신이 하나의 제도가 되어야 한다. 이와 다른 제도들은 여주인공의 권위를 특정 자리에 고착시키는 막다른 딜레마에 봉착한다. 그녀는 공적 지위를 포기함으로써 자신의 이성이나 자기 억제가 위협당하지 않은 채 행복을 얻는다.

감정에 대한 여주인공의 권위에 초점을 맞춤으로써 『제인 에어』는 독자들이 이야기를 감정적 만족상태로 끌고 가는 중요한 디테일을 간과하도록 만든다. 제인의 행복이 가능했던 것은 그녀의 도덕적 덕성이나 열정 때문이 아니라 부자 친척 아저씨의 재산 덕분이다. 이 돈은 제인이 고아에서 사회적 존중을 얻을 수 있는 지위로 올라가는 과정에서 하나의 고리로 작용한다. 유산을 상속받음으로써 제인은 소설의 형식에서 떼어 낼 수 없는 문화적 공식, 즉 남성과 여성의 교환이라는 공식을 충족시킬 수 있었다. 애초에 이 돈 덕분에 제인은 그녀의 사촌 세인트 존 리버스(St. John Rivers)에게 져야 했던 의무에서 빠져나올 수 있었다. 이제 경제적 자율권을 얻으면서 그녀는 신비롭게도 모든 사회적 의무에 우선권을 주장할 수 있는 성적 욕망을 추구할 힘을 얻는다. "나는 나를 쫓아와 붙잡았을 세인트 존에게서 벗어났다. 이제 상승을 시도할 나의 때가 되었다. 나의 힘이 움직여 위력을 발휘했다."(370) 제인이 곧 다가올 사촌 세인트 존과의 결혼에서 벗어날 수 있었던 것은 세인트 존이 그녀에게 가난과 자기 자신을 부정하는 삶을 주었기 때문이 아니라, 그가 그녀의 경제상황을 통제하는 교환의 대가로 그녀에게 자신의 마음에 대한 주권을 인정해 주지 않았기 때문이다. 다른 한편, 소설의 앞선 대목에서 이와 아주 다른 이유로 제인과 로체스터의 결합이 허용되지 않았던 것은 로체스터가 이미 결혼한 몸이었기 때문이 아니라 제인이 포기할 경제적 힘을 갖고 있지 않았기 때문이다. (로체스터에게 돌아가기로 결심했을 때 제인은 모든 것을 알고 있었지만 그녀의 계약은 그대로 유지되고 있었다.) 로체스터는 여전히 그녀의 고용주였다. 더 이상 돈이 필요 없게 되었을 때에야 비로소 제인은 로체스터의 마음의 여주인이 될 수 있었다. 제인이 로체스터의 집을 지배할 정당한 자리를 얻는 것은 가정교사로서의 역할 때문이 아니라 바로 이 마음의 여주인으로서의 역할 때문이다. 이런 교환과 함께 여성의 권위가 언어적 권위의 형태(지식의 감독)를 취한다는 것은 주목할 만하다. 제인은 눈먼 로체스터와의 관계에서 자신의 역할을 간호사와 통역사의 역할이 결합된 것으로 그린다. "그는 나를 통해 자연을 보았고 나를 통해 책을 보았다. 나는 그를 위해 벌판, 나무, 마을, 강, 구름, 햇빛을 보고서 말로 옮기고, 빛이 그의 눈에 비출 수 없는 것을 소리를 통해 그의 귀에 심어 주는 것을 단 한 번도 싫증 내지 않았다."(397) 그러므로 경제적 정체성의 포기는 제인의 힘을 북돋아 주어 이상적인 성관계가 일어날 수 있는 물적 조건을 다시 쓸 수 있게 해 주었다. 제인이 처해 있는 사회적 맥락은 그녀 자신의 언어로 다시 씌어지면서 여성의 지각을 통해 걸러지고 여성의 감정적 반응과 섞이는 완벽하게 가정화된 텍스트가 된다.

이런 거래를 경제적 욕구가 아닌 도덕적 명령이나 감정적 명령으로 재현함으로써 『제인 에어』는 중산계급의 성에 내재해 있는 더 큰 문화적 전략에 참여한다. 『제인 에어』가 시장을 지배하는 원리로부터 욕망과 그 욕망의 통제 필요성을 동시에 분리할 때, 소설은 제인의 자율성이라는 환상과 함께 제인이 자신의 사적 경험을 통제한다는 환상을 유지한다. 등장인물들이 가정적 덕목을 훼손하지 않으면서 경제적 번영을 얻는 이런 소설들의 결말에 등장하는 좋은 결혼은 다른 질서의 갈등을 해소하는 데 활용될 수 있다. 이 다른 질서의 갈등이란 한편에선 시골 신사계급과 도시 산업주의자들 사이의 갈등을, 다른 한편에선 자본과 노동 사이의 갈등을 말한다. 일부 소설들은 이런 갈등을 가정영역 안에 가둠으로써 상당한 연령 차이가 나지만 사실상 모든 사람들이 이 사적인 틀 안에서 만족을 얻을 수 있다고 제시한다. 가정은 여성의 영역이 될 때 정치세계에서 떨어져 나와 정치세계의 보완책과 해독제를 마련해 주는 것 같다. 이런 방식을 통해 소설은 가정을 근대시장의 '대항 이미지'라 불리는 영역으로, 즉 전체 문화 안에서 비정치적인 문화영역으로 변형시키는 데 기여했다.[29]

버니, 래드클리프, 오스틴, 개스켈, 브론테 자매, 엘리엇, 울프처럼 상대적으로 가정에 국한되어 있는 작가들의 문학전통을 구성하는 것은, 빅토리아 시대[1837~1901년]의 편집자 로턴이 남성을 역사의 엔지니어, 이념의 창조자, 정치적 양심의 제조자로 선언하면서 취한 자기만족적 자세와 비슷해 보인다. 물론 이렇게 말한다고 해서 우리가 이 작가들이 여성의 상상력과 사회적 환경이 이 상상력에 영향을 미치는 방식에 대해 말해 주는 것들을 무시해야 한다고 주장하는 것은 아니다. 우리는 많은 여성소설들이 독자들에게 소설을 여성의 상황을 알려 주는 지식의 주요 원천으로 여기라는 신호를 보냈다고 주장할 수도 있다. 하지만 19세기 소설이 우리에게 여성의 가정생활과 사적 경험에 더 섬세하게 초점을 맞추라고 요구하면 할수록 우리가 활용할 수 있는 지식은 더 자연스럽고 보편적이며 정치사에서 더 멀리 떨어져 있다고 주장하게 될 것이다. 개인적 삶과 가정관계에 대한 재현을 특정한 역사적 조건에서 비롯되었고 특정한 정치적 목적에 봉사하는 문화전략으로 여기지 않는다면, 우리의 관찰은 19세기의 성적 교환 모델을 물신화하게 될 것이다. 내 생각에, 소설을 이런 상황에서 기술하는 것은 여성의 본성이나 여성의 문화에 도달하는 것이 아니라 순수 이데올로기가 여성의 본성이나 문화 양자 가운데 하나인 것처럼 그 순수 이데올로기를

29 '대항 이미지'(counter image)라는 용어는 헤르베르트 마르쿠제(Herbert Marcuse, "The Affirmative Character of Culture", *Negations*, Boston: Beacon Press, 1968, pp. 88~133)에게서 가져온 것이다.

재생산한다. 내가 이런 유형의 글쓰기에서 특수하게 여성적인 것이 무엇인지 결정할 수 있는 가능성을 가볍게 여기는 것은 아니다. 이와 반대로 나는 푸코적 의미에서의 성(섹슈얼리티)이 무엇인지 결정할 때에야만 우리는 섹스를 그 영향권 아래에 있는 다른 권력관계들로부터 분리해 낼 수 있다고 제안한다. 이제 우리는 중요한 몇 가지 사례를 통해 어떻게 성적 계약이 문학적 수용의 변화하는 조건과 나란히 발전해 왔는지 검토함으로써 성차를 보편적 조건이나 정태적(靜態的) 패러다임으로 이해하는 함정에서 벗어날 수 있을 것이다.

사실 재현의 젠더가 작가의 생물학적 성이 아니라 변화하는 사회적 태도 및 소설의 제도와 얽혀 드는 정도는 우리가 당대 주요 여성작가들과 보다 모범이 될 만한 동시대 몇몇 남성들을 비교해 보면 분명해진다. 성적 교환의 모델은 여성뿐 아니라 남성들에게도 독자들이 자신들의 쾌락의 정치적 기초를 부인하도록 해 주는 방식으로 권력관계의 이야기를 조직했다. 여성들이 공격적 개인주의를 실행할 때 그것은 더 높은 지위의 남성과 결혼하는 순간 가부장제 안으로 다시 휘말려 들어간다. 가장 야심찬 여성도 남성에 비해 우월한 도덕성을 얻을 수 있지만 자신을 심성의 자질로 평가하는 남성에게 경제적으로 의존하는 것 이상을 바라지는 않는다. 리처드슨의 파멜라는 이런 교환에 내포되어 있는 정치적 모순을 극명하게 보여 주는 사례이다. 어느 도덕적인 하녀의 일기에 기대어 그 하녀가 비양심적인 주인에게 농락당하는 이 이야기는, 파멜라의 저항을 비록 작가 리처드슨이 살았던 당대 현실에 충실한 것은 아니라 해도 경탄할 만한 것으로 보이게 만든다. 하녀를 괴롭힌 가해자가 도덕적으로 개종한 다음 결혼을 요청해 올 때 우리는 이것을 하녀의 편에서 터무니없는 짓이라 보지 않고 가해자의 입장에서 일종의 회개 행위로 생각하도록 가정된다. 이언 와트가 말하듯이, "이 갈등은 (…) 이 두 계급과 이들의 삶의 방식 사이에 존재하는 더 큰 당대의 갈등을 반영한다".[30] 동시에 이 갈등은 여주인공을 통해 더 많은 통제력을 허용받는다. 여주인공의 힘은 종국에는 남자의 권위에 종속되기 때문이다. 서로 경합하는 계급적 이해는 성적 계약을 통해 온전히 해소되는 양성 간의 갈등으로 재현된다.

이런 측면은 성이 정치적 이해관계의 충돌을 숨기지 않는 경우 더욱 뚜렷하게 나타난다. 『몰 플랜더스』가 여기에 딱 들어맞는 경우이다. 유혹을 당할 때마다 몰 플랜더스가 작가 디포에게 정치적 갈등을 재현할 공간을 마련해 준다는 것은 분명하다. 게다가 몰은 자신을 유한(有閑)계급에서 갈라 놓은 사회적 장벽을 뛰어넘은 후에는 새 이름을 짓고 자신에게 가장 유리한 사회적 상승도 비난한다. 몰은 자신의 본래 사회적 정체성에 반하는 입장을 취한다. 정치세계의 모순이 이런 불일치를 만들어 낸다. 이 불일치는 그것이 여성의 개인사를 지배하고 여성을 기만적으로 보이게 만들 때 훨씬 곤혹스러운 문제가 된다. 바로 이런 연유로 『몰 플랜더스』와 『록사나』는 소설로 분류되기 위해 우리

30 Ian Watt, *The Rise of the Novel*, Berkeley: University of California Press, 1957. 와트는 소설을 전략적으로 강력한 힘을 지닌 기호, 상징, 관행을 얻기 위한 그 자체 고유한 투쟁이라기보다는 계급투쟁의 "거울"로 본다. 이런 이유로 그는 오스틴 소설의 현상뿐만 아니라 리처드슨의 성공 역시 설명하는 데 어려움을 겪는다. 다시 말해, 와트는 리처드슨이 아무리 청교도적이라 해도 "어떤 음모에 대해 지금까지 만들어진 그 어떤 설명보다 더 자세하게 설명해 주는 작품으로 문학사 속으로 자신의 진입을 알려야 했다"는 사실을 설명할 수 없었다(p. 172).

시대까지 기다려야 했다. 확실히 이 이야기들은 여성과 남성 사이에서 일어나는 것이 아니라 여성들 안에서 일어나는 명백한 불일치를 해소하기 위해 정신분석학적 세계에서 모종의 설명을 구했다.

이런 방향의 사유를 좀 더 따라가 보면 우리는 『오만과 편견』 같은 소설이 이와 동일한 폭넓은 정치적 전략에 따라 작용하는 것이 가능하다고 생각할 것이다. 이 작품은 오로지 딸들을 결혼시키는 일에만 관심을 보이는 것처럼 보이기 때문이다. 오스틴이 글을 쓰던 당시 소설은 스콧, 바볼드를 위시한 여러 작가들을 통해 결혼에서 해결책을 구하는 이런 이야기에 의미를 부여하는 방식으로 정의되고 있었다. 소설은 특정 형태의 가정관계를 정당화하는 허구와 동일시되었다. 하지만 오스틴이 가정소설의 형식을 바꾸지 않으면서도 여전히 훌륭한 소설을 쓸 수 있었다면, 그녀는 그 내용을 바꿀 수 있었고 그렇게 함으로써 결혼이 해결해 줄 것처럼 보이는 사회갈등의 성격을 바꿀 수 있었다.

사실 오스틴이 리처드슨적 모델에 가한 변형은 아주 미묘하다. 『오만과 편견』은 독자들에게 예의 바른 시골신사의 딸들이면서 중매 게임에서 서로 경쟁하는 여성들을 제시한다. 이 여성들은 돈과 지위를 가진 남성을 요구하는 대가로 자기 자신과 태도와 심성의 자질을 준다. 연애 게임은 괜찮은 시골 생활을 원하는 여성들에게 어떤 덕성이 가장 유리한지 결정한다. 그 결과 베넷 가의 자매들과 그 친구들 간에 벌어지는 경쟁에서 순결, 기지(奇智), 실용성, 의무, 태도, 상상력, 공감, 관대함, 아름다움, 친절이 경합을 벌인다. 리처드슨적 여성인물의 자매인 제인(Jane)은 소설이 거의 끝날 때까지 남편 없이 시들어 간다. 하지만 오스틴은 모험가 역을 맡고 있는 리디아(Lydia)를 제인보

더 더 낫게 만들지도 않는다. 더욱이 남편감을 붙잡는 데 있어 리디아는 가문의 명예를 위험에 빠뜨리고 자매들이 결혼할 가능성을 줄인다. 이런 방식을 통해 소설은 독자들로 하여금 여주인공 엘리자베스 베넷(Elizabeth Bennet)이 지닌 어떤 요소가 집안의 재산을 구할 뿐 아니라 사회적 지위를 상승시켜 줄 남자를 매혹시키는지 생각하도록 만든다. 엘리자베스는 그녀의 경쟁자들이 보여 주는 전통적인 여성적 자질들 가운데 그 어떤 점에서도 출중하지 않지만, 완전히 다른 측면에서 이 모든 자질들을 뛰어넘는다. 엘리자베스의 특별한 자산은 합리적 지성, 정직, 침착함, 특히 언어를 능란하게 다루는 솜씨 같은 남성적 자질들인데, 이 모든 자질들은 처음에는 괜찮은 결혼을 방해하는 것으로 보였다.

처음부터 엘리자베스의 아버지는, 베넷 부인(Mrs. Bennet)이 말하듯 "엘리자베스가 제인의 반만큼도 예쁘지 않고 리디아의 반만큼도 성격이 좋지 않다 하더라도" 엘리자베스를 다른 딸들과 구별한다. 그는 "다른 딸들에겐 추천할 만한 것이 별로 없다"고 말한다. "그 애들은 하나같이 다른 처녀들처럼 멍청하고 무식하지만 리지는 다른 애들과는 확실히 다른 명민함을 갖고 있다"(2)는 것이다. 소설의 마지막 대목에서 가장 훌륭한 자격을 갖춘 남성은 이런 대안적인 매력의 근거를 확인해 준다. 엘리자베스가 왜 자신과 결혼하기로 마음먹었느냐고 묻자 다아시(Darcy)는 이렇게 말한다. "나는 당신 마음의 활력을 선택했습니다." 엘리자베스는 언어적 공격에 특유하게 나타나는 행동을 취하면서 자신을 규정하려는 다아시의 힘에 도전하며 응수한다. "사실 당신은 예의와 존경과 주제넘은 관심에 질렸던 거예요. 당신은 늘 당신의 인정을 받기 위해서만 말하고 보고 생각하는 여자들에게 질렸던 거죠. 내가 그들과 아주 달랐기 때문에 당신을 자극하고 당신의 관심을 끌었던 거예요."(262) 엘리자베스가 여성적 이상을 위반하는 자질을 통해 다아시의 마음을 얻었다 해도 그와 결혼하기로 동의하는 순간 그녀는 새침함을 버린다. 이제 그녀의 정신의 활력은 예리함을 잃는다. 이때부터 엘리자베스는 소설의 결말에 제시된 대로 세상에 부드러운 영향력을 행사한다. 그러나 엘리자베스의 성격 안에서 일어나는 단절처럼 보이는 것은 사실상 이 소설이 성적 교환의 비유에 기대고 있음을 입증한다. 『오만과 편견』은 이런 성적 교환의 비유가 들어오면서 정치적 갈등을 심리적 언어로 바꾸는 방식을 통해 다아시와 엘리자베스 사이에 권위를 재분배한다. 이들의 결합은 신비롭게도 모든 사회적 차이를 젠더 차이로 바꾸고 젠더 차이를 심성의 자질로 바꾼다.

두 사람 모두에게 이익이 될 결합이었다. 그녀의 평온과 활력으로 그의 마음은 부드러워지고 그의 태도는 개선되었을 것이다. 그녀는 세상에 대한 그의 판단과 정보와 지식으로부터 더 큰 중요성을 지닌 많은 혜택을 누렸을 것이다. (214)

이런 식의 재현이 정확히 어떻게 내적 갈등이 있던 곳에서 개인의 만족을 만들어 내고 서로 다른 계급적 이해가 경쟁하고 있던 곳에서 사회적 통합을 만들어 냈는지 주목하는 것은 중요하다. 이 비유는 정치적 권위와 감정적 권위를 각기 남성과 여성에게 부여함으로써 정치적 권위를 남성인물에 새겨 넣은 다음에 정치적 권위와 남성인물을 모두 심성과 가정 안에 밀어 넣는다.

낮은 지위에 있는 사람들에게 자기 주장의 기회를 보상으로 안겨 주었던 소설은 중산계급 독자들에게 자신들의 출현을 알리는 우화를 제공해 주었음에 틀림없다. 사회적 경쟁은 특히 그것이 여주인공의 선택을 통해 일어날 경우에는 실제 그것이 경쟁으로 느껴질 때에도 성적으로 바뀌면서 억제될 수 있었다. 하지만 점점 커지는 산업도시의 황폐화와 대중봉기의 위협 때문에 사람들이 소설을 읽는 사회적 환경이 바뀌면서, 이제 중산계급의 우월성은 유토피아적 환상이 아니라 합리화하고 옹호해야 할 사실이 되었다. 1837년 인민헌장(People's Charter)이 공표되면서 계약의 논리는 노동자들의 자치(自治) 요구를 지지하는 논리로 활용되었다.[31] 이런 상황에서 소설가들은 자신들에게 권위를 부여하는 전략을 바꾸어야 했다. 그렇지 못할 경우 자신들의 이해에 반하는 주장에 권위를 인정해 주어야 하는 위험부담을 감수해야 했다.

글쓰기의 조건에 일어난 이런 변화는 사회갈등을 재현하는 오스틴 특유의 전략과 1830년대와 1840년대에 더 일반적으로 나타나는 갈등을 그리는 재현 전략 사이에 존재하는 차이를 살펴보면 특히 분명해 보인다. 예를 들어, 디킨스의 『올리버 트위스트』(*Oliver Twist*)와 새커리의 『허영의 시장』처럼 『워더링 하이츠』와 『제인 에어』는 1832년 개

31 도로시 톰슨(Dorothy Thompson)이 지적했듯이, 인민헌장이라는 이름은 "그것을 노동자계급의 급진적 운동으로 정의하고" 이를 중산계급의 정치적 기획과 구분한다. D. Thompson, *The Chartists: Popular Politics in the Industrial Revolution*, New York: Pantheon, 1984, p. 57.

혁안과 19세기 중반의 번영이 시작되던 시기 사이에 낀 격동의 시절에 씌어졌다. 이 소설들은 모두 낮은 지위에 있는 주인공이 유한계급으로 올라서는 계층상승의 환상을 공유한다. 물론 이 소설들은 이전 소설들과도 이런 환상을 공유한다. 하지만 디킨스와 새커리처럼 브론테 자매는 이 환상이 현실화될 때 일어나는 결과를 변화시켜야 한다고 느꼈고, 실제로 남성작가들과 비슷하게 그 결과를 변화시켰다. 히스클리프는 구(舊)남작계층을 무너뜨리지 않고서는 이 계층 속으로 뚫고 들어갈 수 없었다. 우리는 이와 동일한 이야기를 베키 샤프(Becky Sharp)에 대해서도, 또 다소 덜 분명하지만 올리버에 대해서도 말할 수 있다. 올리버는 태아로 착상되는 순간 이미 자신의 훌륭한 조상들 사이에 형성된 유대를 끊는다. 1840년대에 사회적 상승을 도모했던 사람들은 개인적 목표를 추구할 때 모두 압제자가 아니면 침입자가 될 위험에 처했다. 산업 중심지의 팽창과 차티스트 반란이라는 불길한 배경에 맞서 소설들은 이런 토대 위에 형성된 권력을 합리화하기보다는 모든 형태의 경쟁을 파괴적 힘으로 재현한다.

허구적 소설들은 성적 교환의 인물을 자기 자신에게 반하게 만듦으로써 우리가 더 이상 결혼을 통해 계급 경계가 해소되는 것을 즐기며 바라볼 수 있다는 환상을 주지 않는다. 소설은 이전에는 자유롭게 건널 수 있다고 느꼈던 경계들을 다시 구별하기 시작했다. 이런 점에서 우리는 『올리버 트위스트』에서 페이긴(Fagin)의 진짜 악당적 면모가 처음에는 지글지글 익어가는 소시지, 교실놀이, 사랑의 언어 같은 모성적 외피 뒤에 숨어 있었다는 점을 기억할 필요가 있다. 하지만 이익의 동기가 여성적 덕성과 갈등을 일으켜 덕성을 지워 버림에 따라 온건한 권위를 모방하려는 페이긴의 노력은 무너진다. 올리버의 사악한 이복형제와 함께 페이긴은 올리버가 어머니의 정체를 알지 못하게 방해하고, 사익스(Sikes)가 창녀 낸시(Nancy)를 살해하도록 만든다. 여러 면에서 『워더링 하이츠』는 『올리버 트위스트』와는 아주 다른 비교 대상이다. 하지만 이 경우도 히스클리프의 성격은 소설 후반부에서 그의 낭만적 기질이 "탐욕"이라는 "엄습하는 죄"에 굴복할 때 『올리버 트위스트』의 페이긴과 매우 비슷해진다. 여기에서도 역시 확립된 권위에 대한 공격은 결국 스스로 패배한다는 것이 드러나고, 가치는 캐서린 언쇼(Catherine Earnshaw)의 유령에게 놓이게 된다. 캐서린의 유령은 가문을 보존하고, 시골마을에 떠돌이로 들어왔던 침입자를 내쫓고, 이런 방식을 통해 금권의 세계를 지배하는 경쟁형태를 가정에서 쫓아낸 여성적 권력이다. 2세대 인물들은 소설 전반부의 원초적 인물들과 비교해 보면 눈에 띄게 길들여졌다. 이들은 경제적 경쟁이나 결혼이 아니라 상속받은 권리를 통해 지배한다.[32] 이전 소설에 표명된, 여성의 권위를 향한 이와 유사한 양가성은 『허영의 시장』의 이중적 여주인공들에게서도 느껴진다. 어떤 인물은 감정의 지조와 도덕적 자제력을 신뢰하고, 다른 인물은 통제되지 않은 충동과 기회주의에 기대고 있다. 독자들은 한 여성의 번영이 다른 여성의 희생 위에 서 있다는 사실을 발견한다. 새커리의 작품에 그려진 현실은 소수의 성공이 모두의 번영을 가져오는 정치현실이 아니다. 그러므로 베키가 사회적으로 상

32 이 점에 대하여 Nancy Armstrong, "Emily Brontë In and Out of Her Time", *Genre*, 15, 1982, pp. 243~264를 볼 것.

승하면서 작가의 공감은 감상적 여주인공 아멜리아(Amelia)에게로 옮겨 가지만 결국 수동적인 아멜리아를 고루한 인물로 그린다. 그러나 이렇게 그리면서도 새커리는 베키의 힘을 어느 정도 상쇄시켜야 한다고 느끼지 않을 수 없었다. 베키의 공격적 개인주의는 비슷한 수단을 이용하여 이미 권력에 올라선 사람들을 위협하기 때문이다.

이와 동일한 양가적 측면이 브론테의 『제인 에어』의 결말을 제한하는 것 같다. 계약관계의 기제가 작동하고 있지만 이 소설에선 확실히 뭔가가 빠져나가고 있다. 수많은 독자들은 소설의 마지막 장에 보이는 제인의 상승을 제인과 로체스터 두 사람을 함께 고양시키는 교환이 아니라 로체스터의 상징적 거세로 읽는다. 독자들은 로체스터가 남성적 권위의 상징인 직함과 재산을 갖고 있지만 이런 느낌을 지울 수가 없다. 양성 간의 관계가 불균형적이라는 느낌은 소설이 여성에 대한 남성의 지배를 인정하는 전통적 위계질서를 붕괴시키는 것에서 비롯되는 것 같다. 계급 분할에 도전할 때 여성은 식자층의 이해를 대변하기는커녕 사회적 세계의 전 층위에서 평온한 사적 삶을 위협하는 것 같다. 성적 계약은 더 이상 공격적 욕망을 지닌 여성들을 매력적인 여성으로 만들거나 그들의 욕망을 보상해 주는 것이 아니라, 전통적 역할을 따르는 대가로 안전을 제공하는 것을 목적으로 삼는다. 모계사회를 닮은 질서로 변화되는 이 과정에서 엄청난 폭력이 수반되는 것은 브론테 소설에만 나타나는 현상이 아니다. 캐서린의 유령이 침범해 들어오고 로체스터의 눈이 멀면서 여성의 권위는 『올리버 트위스트』의 결말에 등장하는 처형과 『허영의 시장』에서 조지프 세들리(Joseph Sedley)의 죽음을 앞당겼을 칼로 찌르는 장면과 함께 존재하게 된다.

여성이 남성에게 행사하는 힘은 광기의 여성들이 보이는 악마적 힘을 닮았다. 이 악마적 힘은 광기의 여성들을 반여주인공적이며 매력 없는 아내로 규정한다.

19세기 초반 오스틴은 다아시 가문의 저택인 펨벌리(Pemberley)와 성가신 베넷 가의 친척들이 살고 있는 읍내에서 멀리 떨어진 곳에 정치적 권위를 다시 세우는 것으로 『오만과 편견』을 마무리해야 한다고 느끼지 않을 수 없었다. 이런 공간의 이동과 함께 이 소설은 전통적인 정치적 권위와 연속성을 유지하면서도 엘리자베스에게 엄밀한 여성적 권위를 인정해 줌으로써 전통적 권위의 사회적 토대를 확장하는 것처럼 보인다. 이와 대조적으로 19세기 말에 쓰인 소설들은 모든 권위의 재분배가 파괴적 결과를 낳는다는 점을 강조한다. 우리는 『허영의 시장』뿐 아니라 『워더링 하이츠』와 『제인 에어』에서도 남성과 여성의 사회적 간극이 커지는 것을 본다. 이 간극은 서로 경쟁하는 두 상대 가운데 어느 한 쪽이 제거되거나 확실하게 종속될 경우에만 좁혀진다. 우리가 이로부터 중산계급의 권력이 침범해 들어오면서 성관계의 기저를 이루는 계약이 바뀌어야 했다는 결론을 도출하는 것은 옳다.

이런 19세기 중반 소설들은 전통적으로 남성적 특권을 여성적 권위형태로 바꿀 때 여성을 위협적 시각에서 그리는 경향이 있다. 가정에서 여성의 지위가 상승하는 것은 간극을 메우려는 소설가들의 입장에도 불구하고 전통적 성적 계약을 통해서는 해소될 수 없는 단절을 만들어 낸다. 우리는 히스클리프가 캐서린 언쇼의 마력에 굴복하며 힘을 잃어 갈 때 안도감을 느끼지 않을 수 없다. 하지만 히스클리프가 넬리에게 설명하듯이, 그의 파괴적 에너지가 상실되는 것 자체는 불길한 어조를 띤다. "넬리, 이상한 변화가 나에게 다가오고 있소. 나는 지금 그 변화의 그늘 아래 놓여 있소. 나는 일상생활에는 조금도 흥미가 생기지 않는다오. 먹고 마셔야 한다는 것도 거의 기억하지 못할 지경이라오."(255) 이런 변화를 통해 히스클리프는 제거되고 언쇼 가문의 조상집은 "오랜 혈통과 합법적 주인"이 사는 곳으로 복구된다. 그러나 또 다시 이 과정에는 불길한 측면이 있다. 이 과정을 일으키는 것은 한 여성, 이 경우에는 캐서린의 딸이기 때문이다. 언쇼 가문의 상속자를 하인에서 신사로 바꾸면서 캐서린 2세는 자기 어머니처럼 고압적 자세를 취한다. "그녀는 자신의 행동거지를 바꾸었으며, 그를 혼자 내버려두지 않았다. 그에게 말을 하고, 그의 어리석음과 게으름을 지적하고, 그가 어떻게 지금처럼 삶을 견딜 수 있으며, 어떻게 저녁시간 내내 불을 쳐다보며 졸고 있는지 의아하게 생각했다."(245) 캐서린은 헤어턴(Hareton)에게 워더링 하이츠 주변의 야생 딸기가 자라던 곳 "한가운데에 화단을 만들라는 자신의 결정을 따르게 했다"(250). 이런 여성화(feminization)가 일으킨 파괴적 결과는 이 가족이, 혹은 이 가족에서 살아남은 사람들이 보다 근대화되고 여성화된 스러시크로스 그레인지(Thrushcross Grange) 주변으로 이사하기 위해 하이츠를 떠날 때 최종적으로 드러난다. 이와 유사한 공간의 이동은 『제인 에어』에서도 나타난다. 여기서 두 연인의 결합은 손필드 저택이 완전히 불타 이 가족이 가문의 영지 외곽에 있는 별장으로 옮겨 갈 때 비로소 이루어진다. 제인이 로체스터와 재결합하는 장소 가까이 다가갈 때 작가 샬럿 브론테는 이곳을 '잠자는 숲 속의 미녀'와 '가시장미' 이야기에 나오는, 완전히 감춰진 성을 연상시키는 표현으로 묘사한다. "나무들은 조금씩

가늘어졌다. 나는 곧바로 난간과 집을 차례로 바라보았다. 희미한 불빛 아래에서 그 집은 나무와 거의 구별되지 않았으며, 무너져 내리는 담벼락은 초록의 나뭇잎으로 무성하고 축축했다."(379) 동화의 패턴을 명백히 뒤집고 있는 이 별장에는 여성의 입맞춤으로 다시 살아나는 한 남자가 살고 있다. 남성과 여성은 19세기 중반 소설에서는 너무도 분명하게 서로 경쟁하는 힘을 재현하고 있었기 때문에 계약의 교환은 남성을 소진시키는 대가를 치르고 여성에게 힘을 부여한다.

실제로는 지속적으로 일어났던 사건들에 대한 기술을 마무리하면서 나는 어떻게 성의 계약이 19세기 후반기 동안 변모했는지 보여 주는 몇 개의 사례를 제시하고 싶다. 먼저 샬럿 브론테는 작가 자신의 경험을 훨씬 넘어설 정도의 성적 자유와 사회적 이동성을 작중 여주인공 제인 에어에게 허용했다. 그러나 이와 동일한 것이 브론테의 나중 소설인 『빌레트』(*Villette*)에 등장하는 노처녀 학교선생 루시 스노우(Lucy Snowe)에게는 적용되지는 않는다. 19세기 중반 이후에도 글을 쓴 조지 엘리엇은 여주인공에게 작가 자신이 누릴 수 있었던 만큼의 욕망을 실현할 여지를 인정해 주지 않는다. 다른 점에서는 별로 눈에 띄지 않았을 부르주아인 루이자 그래드그라인드(Louisa Gradgrind)가 성적 주도권을 행사한다고 생각하는 것만으로도 디킨스의 『어려운 시절』(*Hard Times*)에 떠오르는 훨씬 중대한 문제들을 압도한다. 노동자 봉기와 교육제도의 위기로 일렁이는 이 소설에서 디킨스는 이 휘발적인 정치 이슈들이 적어도 허구적 이야기에서만큼은 여성의 종속을 통해 해소될 수 있음을 알고 있는 양 철두철미하게 냉정함을 잃지 않고 성의 주제를 추적한다. 디킨스는 오스틴의 다아시나 브론테의 로체스터

같은 인물이 루이자로부터 권위를 얻을 수 있는 기회를 주지 않는다. 정치적 권위를 구현하고 있는 이 남성인물들은 19세기 중반쯤이면 예의 바른 소설의 영역에서 추방된다. 그 대신 디킨스는 여성의 욕망이 지닌 힘을 지워 버리는 방식을 취하면서 루이자를 유아적 의존상태에 떨어진 아버지에게로 돌려보낸다. 루이자가 잃어버린 아버지를 되찾고 싶어 하는 서커스단의 소녀 시시 주프(Sissy Jupe)에게 자신을 완전히 맡겨 버린 후에야 비로소 소설에서 가정세계는 보다 전통적인 모습을 띤다.

디킨스는 확실히 자기 자신에게 사로잡힌 여성이라는 캐릭터를 성녀와 모험녀라는 빅토리아 시대의 두 낯익은 스테레오타입으로 붕괴시킨다. 그의 해결책은 양자를 중재할 수 있는 어떤 매개적 존재도 마련해 주지 않는 것이다. 이는 수동적인 여성을 고양시키고 세상에서 능동적인 여성의 욕망을 모두 제거하는 것이기 때문이다. 조지 엘리엇의 『플로스 강의 물방앗간』(*Mill on the Floss*)에서 매기 털리버(Maggie Tulliver)가 처한 곤경을 가리키는 표준어는 중세의 마녀재판이다. 이중구속(double bind)의 빅토리아적 버전이라 할 수 있는 이 마녀재판은 여성이 물에 빠져 죽을 뻔하다가 헤엄쳐 나와 결백을 주장하면 악마적 힘을 지녔다고 비난한다. 확실히 성적 교환의 역학구도는 여성이 자신의 욕망을 추구하는 것이 아니라 남성을 원래 있던 자리로 되돌려놓는 경우에만 권위를 얻을 수 있도록 설계되어 있다. 19세기 중반 이후 출판된 소설들은 여성들이 이미 확립된 정치적 권위에 저항하면 비록 그 저항의 효과가 없다는 것이 드러날 경우에도 여성들을 가차 없이 처벌한다. 그러나 같은 소설에서 여성들이 다윈의 생물학에 그려진 냉혹한 투쟁과 흡사한 경쟁적 행동에 반대한다는 입장을 계속해서 표명하면 보상이 내려진다.

로턴의 시선집은 이처럼 성의 계약이 자기 배반적 상황에 처한 시기에 등장했다. 이 선집에 붙인 로턴의 서문은 개인주의적 요소를 체제 속으로 밀어 넣는 일에 계약의 비유를 더 이상 쓸 수 없다는 점을 분명히 한다. 이제 여성의 욕망은 남성을 경쟁적 짐승에서 자비로운 아버지로 변모시키는 수사적 작업으로 향한다. 로턴의 여성선집과 여성시학은 이런 정치적 명령에서 나왔다. 이 선집은 남성들이 만든 글쓰기에서 여성적 권위를 분리해 냄으로써 여성적 권위를 억압하려는 시도로 간주될 수 있다. 하지만 빅토리아 시대 여성들이 정치적·경제적 권력에 곧장 접근하는 것이 사실상 불가능에 가까웠다는 점을 인정한다면, 왜 빅토리아 소설이 갑자기 여성들을 수동적으로 만들고 남성적 영역에서 배제할 필요성을 느꼈는가에 대해서는 의심해 보아야 한다.

다시 한번 나는 성적 순결성의 집착에 내재된 수사적 차원을 강조하고 싶다. 다른 무엇보다 이 집착은 어떻게 식자층이 대인관계에서 사람들이 자기 자신에 대해 말하고, 쓰고, 생각하는 방식을 수정하려고 했는지 보여 준다. 여기에 더해 나는 이런 시도들이 성적 계약과 그 여러 양상들—여기엔 이런 노력이 억압할 수 있는 남성다움과 여성다움의 유형, 양 유형을 구분하는 근거, 괜찮은 결혼의 조건이 포함된다—을 훨씬 더 폭넓게 수정하는 작업의 일환이었다고 주장하고 싶다. 이런 변화와 함께 도덕적 강조점이 여성의 욕망을 통해 선언되는 개인의 요구에서 공동체의 요구로 옮겨 가는 변화가 뒤따랐다. 이제 공동체는 여성의 욕망을 이성의 통제에 복속시킬 것을 요구했다. 중산계급이 사회적으로 상승하면서 부상하는 권력형태의 표현이 이상적 여성에게만 해당되었던 것은 아니다. 우리는 이제 소설들이 이상적 여성을 공개적으로 경쟁을 표명한 체제의 내부—이곳에서 여성들은 위로 올라갈 수 있다—가 아니라 그 외부—이곳에서 여성들은 "다르다"—에 놓고 있음을 발견한다. 하지만 일단 문화적 영토를 그려낸 다음 그것이 다른 방식과 대립되는 하나의 방식으로서 의미가 있다는 것이 밝혀지면, 작가 마음대로 그 의미를 바꿀 수는 없다. 소설가의 권위는 여전히 여성의 권위와 동일시되었다. 19세기 후반 작가들의 목소리는 사회적 세계의 중심이 아니라 그 바깥에서 나옴으로써 분리에서 권위를 얻는다. 우리는 문화 내부에서 이루어지는 이런 권력의 분리가 로턴과 같은 위치에 오른 편집자들뿐만 아니라 점점 그 수가 늘어나는 비평가와 서평가들로부터 나왔다고 생각할 수 있다. 일레인 쇼월터의 지적처럼 어떤 본질적 차이로 인해 남성과 여성이 구별되고 한 성은 다른 성이 갖지 못한 권력을 갖게 된다는 믿음은 여성의 하위문화가 여성의 권력을 확장하려고 할 때 기대는 이념적 근거이다.[33]

문화의 어떤 영역도—성의 영역은 특히 더 그렇다—시간이 흘러 반복적으로 사용되면 안정된 상태로 남지 못한다는 사실을 입증하려는 듯, 버지니아 울프와 진 리스(Jean Rhys) 같은 모더니스트 작가들은 의도적으로 여성적 미학을 포기했다. 확실히 포스트-프로이트 문화는 이 작가들에게 그들의 선배 작가들에겐 결여되어 있던 것을, 즉 이전의 가정소설에 존재하는 간극과 침묵을 표현할 수 있는 언어를 제

33 Showalter, *A Literature of Their Own*, pp. 182 ff.

공했다. 과학, 철학, 그리고 문학비평 같은 인접 예술영역에 일어난 변화와 더불어 정신분석학이 제공한 새롭고 보다 전문화된 언어를 통해 이들 모더니스트 작가들이 이전의 담론이 상상했던 범위 너머에 있는 여성 주체의 심층을 재현할 수 있었다고 말하는 것은 옳다. 울프의 『댈러웨이 부인』(*Mrs. Dalloway*)에서 성적이면서 동시에 정치적인 언어를 예의 바르게 교환하는 것은 여성의 언어로 전락한다. 이제 여성의 언어는 소통과 공동체의 부재를 극적으로 드러내는 공허한 담론일 따름이다. 울프는 이처럼 공허한 여성의 언어가 있던 자리에 진정한 자아의 언어를 놓자고 제안한다. 이 자아의 언어는 유동적이며, 남성적인 것도 여성적인 것도 아니다. 그러나 이 언어는 사회관계를 조직했던 교환의 인물을 자아 안으로 수용할 수 있다. 이제 교환의 인물은 여성일 수 없는 목소리로 다가온다. 이 인물은 과거로부터 또 의식을 규제하는 성적 규범으로부터 늘 독자를 소외시키는 자리에서 남성이면서 또한 여성이기도 한 어떤 존재를 재현한다. 울프에 의하면 바로 이것이 현대의 클라리사(Clarissa)가 젠더화된 존재로 자신을 이해하는 방식이다.

> 그녀는 자기 자신이 보이지 않는다는 기이한 느낌이 들었다. 보이지 않고 알 수도 없다. 이제 더 이상 결혼도 없고 아이도 없다. 다른 사람들과 함께 본드 거리를 걷는 이 놀랍고 고귀한 행진이 있을 뿐이다. 이제 더 이상 클라리사도 아닌 댈러웨이 부인이 존재할 뿐이다. 리처드 댈러웨이 부인이 있다.[34]

어쩌면 『댈러웨이 부인』보다는 내가 가장 좋아하는 작품인 『올랜도』(*Orlando: A Biography*)를 살펴보는 게 더 적절할지 모르겠다. 울프는 이 작품이 다른 소설들에 의해 씌어졌다는 식의 이야기를 했는데, 작중 주인공은 자신의 진정한 정체성을 숨기려는 생각으로 자신이 대면한 역사의 요구에 따라 성과 사회적 지위를 바꾼다. 이런 주체성의 메타역사를 보여 주는 간단한 예는 아래 문장에서 찾아볼 수 있을 것이다. "올랜도는 포도주를 홀짝거렸고 대공은 무릎을 꿇고 그녀의 손에 입을 맞추었다. 간단히 말해 이들은 십 분 동안 열정적으로 남자와 여자의 역할을 한 후 자연스러운 담소에 빠져들었다."[35] 나는 이 구절 뒤에 다음 문장을 덧붙이고자 한다. "자연스러운 담소"는 올랜도와 대공에게 그의 혹은 그녀의 욕망의 진실을 숨겨진 상태로 유지하기 위해 요구되는 다양한 변형의 역사이다. 올랜도는 자신의 구혼자들보다 한 발 앞서가는데, 이것이 다른 모든 소설들과 마찬가지로 인간 정체성의 실체로서의 낡은 자아라는 외피를 남긴다고 울프는 말하는 것 같다. 진 리스의 『광막한 사르가소 바다』(*Wide Sargasso Sea*)는 가정소설 다시쓰기를 시도하는 또 다른 예이다.[36] 이 작품은 제인 에어 이야기를 다락방에 갇힌 미친 여자의 눈으로 다시 쓰고 있다. 이 작품에서는 여성의 문화적 타자성을 강조하고, 이전의 여성성을 남성 욕망이 투사된 것으로 재현한다. 여기서 남성 욕망은 여성에게 투사될 뿐 아니라

34 Virginia Woolf, *Mrs. Dalloway*, New York: Harcourt Brace Jovanovich, 1953, mp. 14.

35 Woolf, *Orlando: A Biography*, New York: Signet, 1960, p. 117.

36 Jean Rhys, *Wide Sargasso Sea*, New York: W. W. Norton, 1966.

역사적 과거와 타문화에 투사된다. 이런 시각에서 보면 로체스터의 첫 부인이 보여 주는 광기는 저항의 한 형태로 간주될 수 있다.

성적 자아는 경제적 이해관계에 종속되고 역사의 필연에 방해받지만 이런 소설들에서 진정한 자아는 어쩌면 어딘가 다른 곳에 있을 것이다. 하지만 우리는 조이스(James Joyce)와 로런스(D. H. Lawrence) 같은 남성작가들이 과거 소설에서 유지되어 온 성관념, 다시 말해 남성적 담론과 여성적 담론의 구별을 무너뜨리는 성관념을 동시대 여성작가들과 공유하고 있음을 보게 된다. 이런 성적 경계의 위반은 성적 교환의 모델에 대한 페미니스트적 대응이 아니며, 심지어 여성의 대응도 아니다. 그것은 차라리 일부 작가들이 자신이 살고 있는 문화의 지배적 범주 바깥에 자신을 놓고, 그렇게 함으로써 자신을 엘리트 지식인 소수자로 정체화하는 수사적 전략이다. 하지만 자신을 자신이 살고 있는 역사적 순간에서 분리된 세계에 놓고 있다는 점에서 모더니스트 작가들은 성과 정치를 분리하기 위해 허구적 이야기를 사용한 19세기적 기획을 수행하고 있다고 주장할 수도 있다.

2장

가정여성의 등장

> 여자들이 가정과 그들이 속해 있는 집단에서 평소에 어떻게 지내는지 살펴보아야 당신은 제대로 된 판단을 내릴 수 있어요. 그러지 않고 내리는 판단은 모두 추측이고 운이에요. 그것도 대개는 불운이 될 거예요. 얼마나 많은 남자들이 짧게 사귀고 결혼했다가 남은 인생 내내 후회했던가요! —제인 오스틴, 『에마』

젊은 여성들을 사회적으로 좋은 지위에 있는 남성들에게 매력적으로 보이게 만들려고 노력할 때, 수많은 여성용 품행지침서와 교본집들은 특정하게 배치된 성적 특성을 모든 사회 계층의 남성들이 아내로 맞이하고 싶은 단 한 명의 적합한 여성이 지녀야 하는 특성으로 재현했다. 동시에, 이런 글은 다양한 사회 집단 출신의 사람들에게 공통의 경제적 이해관계를 상상할 수 있는 토대를 마련해 주었다.[1] 따라서 처음에 귀족 문화를 잠식해 들어가 권위를 빼앗은 것은 새롭게 등장한 가정여성이었지 그들의 상대자인 새로 등장한 경제적 남성이 아니었다. 이런 글이 가정하는 바에 따르면, 여성으로 하여금 부유한 남성이 원하는 존재가 되고 싶도록 만드는 것이 이상적인 교육이었다. 그런데 부유한 남성이 원하는 것은 무엇보다도 여성다운 여성이었다. 따라서 여성은 — 마치 자연 법칙을 따르기나 하는 것처럼 — 남성에게 속하는 경쟁적 욕망과 세속적 야망을 가지고 있지 않아야 했다. 이런 남성에게 여성의 매력은 검소한 살림살이 교육을 받았는가에 달려 있었다. 여성에게 요구되는 것은 현명한 지출자이자 취향을 갖춘 소비자의 역할을 담당함으로써 소득원이자 생산자라는 남성의 역할을 보완하는 것이었다. 이런 이상적인 관계는 반드시 물질적인 것에 현혹되지 않

1 품행지침서들은 중세시대 이후부터 계속 있어 왔다. 중세의 사례에서 근대의 사례에 이르기까지 품행지침서들은 거의 언제나 자기-개선을 바라는 독자층을 조건으로 한다. 이 독자들에게 자기-개선은 사회적 신분 상승을 약속한다. 중세시대부터 현재에 이르기까지 광범위한 종류의 품행지침서를 논하는 평론들을 싣고 있는 모음집으로는 Nancy Armstrong and Leonard Tennenhouse(eds.), *The Ideology of Conduct: Essays in Literature and the History of Sexuality*, New York: Methuen, 1987을 참고할 것. 중세시대에 나온 품행지침서에 관한 논의에 대해서는 Kathleen Ashley, "Medieval Courtesy Literature and Dramatic Mirrors for Female Conduct", *The Ideology of Conduct*를 참조할 것. 르네상스시대의 영국과 이탈리아의 품행서에 관한 논의에 대해서는 Ann R. Jones, "Nets and Bridles: Conduct Books for Women 1416-1643", *The Ideology of Conduct*를 참조할 것. 또한 Suzanne W. Hull, *Chaste Silent & Obedient: English Books for Women 1475-1640*, San Marion, Calif.: Huntingon Library, 1982; Ruth Kelso, *Doctrine for the Lady of the Renaissance*, Urbana, Ill.: University of Illinois Press, 1956; Louis B. Wright, *Middle-Class Culture in Elizabethan England*, Ithaca, N.Y.: Cornell University Press, 1935, pp. 121~227; John E. Mason, *Gentlefolk in the Making: Studies in the History of English Courtesy Literature and Related Topics from 1531 to 1774*, Philadelphia: University of Pennsylvania Press, 1935를 참조할 것. Joyce Hemlow, "Fanny Burney and the Courtesy Books", *PMLA*, 65, 1950, pp. 732~761; Marilyn Butler, *Maria Edgeworth: A Literary Biography*, Oxford: Clarendon, 1972; Mary Poovey, *The Proper Lady and the Woman Writer: Ideology as Style in the Works of Mary Wollstonecraft, Mary Shelley, and Jane Austen*, Chicago: University of Chicago Press, 1984, pp. 3~47에서도 18세기 품행지침서가 논의되었다.

는 욕망을 지닌 여성을 전제했다. 그러나 실상 여성의 욕망은 부와 지위를 나타내는 기호의 교묘한 영향을 받을 수 있기 때문에 여성들에겐 교육이 필요했다.

이런 전제 위에서 18세기 여성용 품행지침서들과 교육용 논설들은 여성을 재현하는 역할을 부여받았던 기존의 문화 영역 내부의 모순을 들추어냈다. 이런 글의 저자들은 귀족적 허세를 부리는 사람들과 함께 귀족 여성들을 타락한 욕망, 즉 경제적이고 정치적인 시각에서 만족을 추구하는 욕망의 구현체로 그렸다. 이 저자들이 쓴 책들은 모두 이 욕망의 형식이 아내이자 어머니에게 본질적인 바로 그 덕성을 어떻게 파괴하는지 설명하는 데 관심을 기울였다. 여성의 이상적인 성장을 다루는 서사물들은 나중에 등장한다. 여성용 교육 안내서들은 새로운 지식 분야를 특별히 여성적인 것으로 명료하게 계획했다. 이 계획을 수행하면서 이런 안내서들은 남성적인 다른 (정치적이고 경제적인) 기준에 따라 움직이는 세계에서 여성의 진정한 (성적) 정체성을 회복하고 보존하겠다는 의도를 분명히 했다. 이를 정당성의 근거로 삼아 여성적인 것을 정의하는 데 몰두한 글쓰기는 권력에 대한 이해에 중대한 변화를 가져왔다. 이런 글쓰기는 각기 가정여성의 영역과 경제적 남성의 영역으로 구분되는 문화를 만들어 내면서 친족관계의 언어를 정치관계의 언어에서 분리해 냈다.

수십 권 정도의 품행지침서를 읽고 나면 누구나 이 책들이 공허하다는 느낌을 받는다. 왜냐하면 이 책들에는 오늘날 우리가 여성 주체와 그녀가 차지하기로 되어 있는 대상 세계에 관한 "실질적인" 정보가 없기 때문이다. 하지만 순전히 반복이 주는 힘 때문에 우리는 이 안내서들을 조직하는 범주들에서 하나의 형상이 생겨나는 것을 본다. 여성 주체성이라는 이 형상은—사실은 하나의 문법인데—종국에는 새로운 여성의 모델에 따라 교육받은 수많은 개인들뿐만 아니라 소설과 그 독자들이 제공하게 될 내용을 기다렸다. 이런 품행지침서들에서 우리는 성적 교환의 지배적 (귀족적) 규칙들을 가장 기본적인 수준에서 재사유하는 과정에 있는 한 문화를 목격할 수 있다. 이 규칙들은 정치적 편견이 전혀 없는 것처럼 보였기 때문에 자연법이 갖는 위력을 획득하게 되었다. 그 결과 이 규칙들은 독자들에게 가장 강력한 이데올로기 형태를 제시했고, 사실상 지금도 여전히 제시하고 있다.

이 점을 염두에 두고, 나는 18세기의 여성용 품행지침서들이 재현한 지식의 영역을 기술하고자 한다. 왜냐하면 나는, 이런 지식영역의 형성이 갖는 역사적 중요성은 심리학으로도, 여성의 행위를 규제하기 위해 고안된 일련의 규칙들로도 이해될 수 없다는 것을 알고 있기 때문이다. 성적 계약을 수정할 때 저자와 독자들은—남녀 모두—새로운 경제적 사유양식을 형성하는 것과 동일한 규칙을 사용했다. 비록 이 사유를 여성들에게만 속하는 것으로 재현하기는 했지만. 그러므로 성적 계약을 또다시 경제적 계약으로 바라보는 것은 마침 정치적 언어인 근대적 성을 정치적 언어로 다루는 유일한 길이다. 다음에 이어지는 논의에서 나는 특수한 형태의 여성용 교육을 만들어 내는 데 관련된 일군의 글들이 겉으로는 대수롭지 않게 보였던 까닭에 실제로 영국에서 신흥 중산계급의 등장에 결정적 역할을 수행했다는 주장을 펼칠 것이다.

17세기 말 무렵까지 대부분의 품행지침서들은 주로 지배계급의 남성을 재현하는 데 몰두했다.[2] 귀족들이 실제로 이런 교육을 진지하게 받아들였는가 아닌가는 나의 주장에 정말로 중요한 문제가 아니다. 진짜 중요한 것은 식자층 대중이 무엇을 지배적인 사회적 이상으로 여겼는가 하는 점이다. 루스 켈소(Ruth Kelso)와 수전 헐(Suzanne Hull)은 16세기와 17세기 동안 남성이 손에 넣을 수 있는 책들과 비교해 보면 여성 교육용 책들은 상대적으로 적었다는 것을 보여 준다. 이 두 사람이 행한 연구는 또한 보다 소박한 갈망을 지닌 독자층을 대상으로 하는 책들이 17세기 동안 점점 더 인기를 얻었음을 보여 준다.[3] 비록 17세기 중반 무렵이면 이런 서적들의 숫자가 귀족 여성의 자질들을 찬양하는 품행지침서를 추월했지만, 일부 결혼 안내서와 가정 경영 서적들이 보여 주는 청교도 특유의 색채는 이런 서적들이 당시 선호되던 문화적 규범을 지지하지 않았다는 것을 아주 분명히 했다.[4] 그러나 이런 책들이 여성들에게 들려주는 조언이 귀족적 이상에 도전하리라 기대되지

2 Frank Whigham, *Ambition and Privilege: The Social Tropes of Elizabethan Courtesy Theory*, Berkeley: University of California Press, 1984; John L. Lievsay, *Stefano Guazzo and The English Renaissance, 1575-1675*, Chapel Hill: University of North Carolina Press, 1961; Ruth Kelso, *The Doctrine of the English Gentleman in the Sixteenth Century*, Vol. 14, *University of Illinois Studies in Language and Literature* (1929).

3 예를 들어, Hull, *Chaste Silent & Obedient*, pp. 31~70을 참조할 것.

4 17세기에 여성들이 생산한 이런 글쓰기에 관한 논의에 대해서는 Patricia Crawford, "Women's Published Writings 1600-1700", *Women in English Society 1500-1800*, ed. Mary Prior, New York: Methuen, 1985, pp. 211~281을 참조할 것.

도 않았다. 귀족계급에 대해 어떤 정치적 태도를 취하든, 이런 책들은 더 매력적인 여성을 재현하려고 했던 것이 아니라 단지 부와 명성을 덜 가진 사람들에게 실용적인 가정의 절차들을 약술해 주었을 뿐이다. 전적으로 가정을 운영하는 실용적인 문제에만 관심을 두었던 까닭에 일부 여성용 교본집들은 가정 경제학으로 분류되었다. 이것은 이 교본집들이 일종의 예절서(courtesy literature)가 되고자 했던 품행지침서와는 완전히 다른 장르에 속했다는 것을 의미한다. 비록 일부 서적들은 가정 경제학이 이상적인 신사계급 여성교육의 일환이 되어야 한다고 주장했지만, 이 서적들은 17세기의 마지막 십 년에 이르러서야 정당한 인정을 받게 되었다.[5] 이 시기에 이르기 전까지 상이한 사회적 계급들은 여성을 결혼할 만한 상대로 만드는 것이 무엇인가에 관해 눈에 확연히 띌 정도로 다른 생각을 갖고 있었다. 하지만 18세기 초 몇십 년 동안 표면상 수세기에 걸쳐 상당히 지속적으로 남아 있던 범주들이 급격한 변화를 겪었다.

이제 품행지침서와 가정 경제학의 구분에 변화가 일어나 서로 상대의 독자들에게 손을 뻗치게 되었다. 품행지침서들은 너무나 인기가 많아서 18세기 후반 무렵이면 사실상 거의 모든 사람들이 이 책들이 제안하는 여성성의 이상을 알고 있었다. 조이스 헴로(Joyce Hemlow)는 이러한 글쓰기를 버니(Fanny Burney)의 작품에서 찾을 수 있는 것과 동일한, 풍속에 대한 관심을 가장 순수하게 표현한 것으로 여겼다.

5 Bathsua Makin, *An Essay To Revive the Antient Education of Gentlewomen*, 1673. 이 글은 Crawford, "Women's Published Writings 1600-1700", pp. 229에 인용되어 있음.

"젊은 숙녀의 품행 문제가 너무도 철저하게 탐구되어 있기 때문에 패니 버니가 살았던 시기, 더 정확히 말해 1760년에서 1820년까지의 시기는 여성용 예절서의 시대로 불릴 수 있을 것이다. 이 시기는 또한 풍속소설이 출현했던 때이기도 하다."[6] 여기에 나는 중요한 단서를 하나 덧붙이고 싶다. 버니가 살았던 시기를 ―어쩌면 누군가는 오스틴이 살았던 시기도 마찬가지라고 말할지 모르겠는데 ―여성용 품행지침서의 전통이 최고조에 이르렀던 시기로 봐야 한다 해도, 이 두 종류의 글쓰기가 ―여성용 품행지침서와 풍속소설 ―동시에 출현했다가 사라졌다고 말한다면 이는 잘못이다. 품행지침서는 풍속소설보다 훨씬 이전에 쓰이기 시작했고 실제로 1695년 특허법을 갱신하려는 시도가 실패한 이후 폭발적으로 증가했다. 따라서 품행지침서는 풍속소설보다 수십 년 앞서 등장했다.[7] 비록 오늘날 작가들은 가정에서 젊은 여성들을 교육하기 위한 교과 과정을 기획하지도 않고 여성다운 예의범절을 구체적으로 보여 주는 이야기도 쓰지 않지만, 품행지침서는 여전히 강건하게 살아 있다. 여성들에게 어떻게 남성을 사로잡아 잘 건사할 것인지를 알려 주는 온갖 서적과 조언 칼럼들, 그리고 아름다운 가정의 이미지를 상상하는 수많은 잡지들 외에도, 대다수 여성들이 고등학교를 졸업하기 전에 수강해야 하는 가정 경제 교과 과정도 있다. 남녀 학생을 포괄하는 전국적 교과 과정이 구성되면서 품행지침서의 가장 기본적인 신조가 사회적 사실이 되었기 때문에, 품행지침서는 우리

6 Hemlow, "Fanny Burney and the Courtesy Books", p. 732.

7 Crawford, "Women's Published Writings 1600-1700", Appendix 2, pp. 265~271을 참조할 것.

가 살고 있는 현세기 동안 한층 더 전문화되었다. 현재는 날씬한 허벅지, 여성 사업가의 매너, 그리고 이런 주제를 다루는 것과 같은 빈도로 프랑스식 요리나 영국식 정원 가꾸기 같은 특수한 가사 기술에 집중하고 있다. 그런데 이런 기술들은 비단 여성뿐만 아니라 남성들도 배우게 되어 있다.

18세기 중엽에 이르러 새로운 종류의 여성이 지녀야 하는 특성들을 구체적으로 열거하는 책의 수효는 귀족 남성을 묘사하는 데 바쳐진 서적의 수효를 훨씬 초과했다.[8] 이런 일군의 글쓰기는 대중 언론의 등장과 동시에 성장했는데, 이것 자체가 레이먼드 윌리엄스가 "기나긴 혁명"이라 적절히 명명한 더 큰 과정의 일부였다.[9] 로드 핼리팩스(Lord Halifax)의 『딸에게 주는 조언』(*Advice to a Daughter*)은 1688년에 처음 나왔는데, 그레고리 박사(Dr. Gregory)의 『딸에게 전하는 아버지의 유산』(*Faher's Legacy to his Daughter*)과 헤스터 샤폰(Hester Chapone)의 『심성의 향상에 관한 편지』(*Letters on the Improvement of the Mind*)가 이 책을 대체할 때까지 거의 한 세기 동안 엄청난 인기를 누리며 24판까지 출판되었다. 예절서에 관한 존 메이슨(John Mason)의 연구는, 『숙녀 사전』(*The Ladies Dictionary*, 1694)과 『여성의 온전한 의무』(*The Whole Duty of Women*, 1695)와 같은 책들이 출판되면서

8 이후에 품행지침서의 출판이 급증한 것에 관해 논평하면서 메리 푸비(Mary Poovey)는 "1740년대 이후에 온갖 종류의 품행 관련 자료들의 권수가 늘어났고 그 인기도 높아졌다"고 주장한다. M. Poovey, *The Proper Lady and the Woman Writer*, p. 15 참조.

9 레이먼드 윌리엄스는 1695년 출판 허가법의 갱신이 실패하자 곧바로 출판이 증가했다는 점에 주목한다. R. Williams, *The Long Revolution*, London: Chatto and Windus, 1961, pp. 180~181.

숙녀용 품행지침서의 발행부수와 종류들이 늘어나기 시작했음을 보여 준다.[10] 메이슨의 연구에 따르면, 남성에 관한 한 품행지침서 형식은 일단 르네상스기의 논설을 지배했던 이상적인 사회 지도자의 생산이 더 이상 일차적 목적으로 여겨지지 않게 되자, 17세기 중반 무렵이면 점차 다른 형식으로—예를 들면 풍자로—바뀌어 갔다. 그러는 동안 여성용 품행지침서들은 이와는 다른 운명을 누렸다. 여성 독자들을 대상으로 하는 교육용 문헌들은 일단 귀족적 모델에서 벗어나자마자 급속도로 큰 인기를 누리게 되었다. 1820년대 이후에는 하향세를 보이긴 했지만 19세기가 한참이나 지난 이후에도 여전히 많은 책들이 출판되고 있었다.

이 시기에 걸쳐서 수많은 여성용 품행지침서, 여성잡지, 아동용 교육서들이 모두 유사한 이상적 여성상을 설정했으며 행복한 가정의 보장이라는 동일한 목표를 지향했다. 실제로 18세기 말에는 여성 전용 교육기관을 위한 기획안이 공표되었을 뿐 아니라 가정에서 여성들을 교육하기 위해 설계된 프로그램도 개발되었다. 이래즈머스 다윈(Erasmus Darwin)의 『기숙학교에서 여성 교육을 실시하기 위한 계획』(*A Plan for the Conduct of Female Education in Boarding Schools*, 1798)과 에지워스 부녀의 『실용 교육』(1801)은 품행지침서 관련 문헌들이 제안한 교과 과정을 제도화하려는 더 유명한 노력들 가운데 단 두 가지 사례일 뿐이다. 가정을 자체적인 사회적 관계의 형식을 지닌

10 J. Mason, *Gentlefolk in the Making*, p. 208. *The Whole Duty of a Woman … Written by a Lady*(1695)를 이후에 나온 윌리엄 켄드릭(William Kendrick)의 *The Whole Duty of Woman*(1753)과 혼동하지 말아야 한다.

세계로 재현할 때, 이 문헌들은 문화의 기호학을 가장 기본적인 수준에서 수정했고 일관된 중산계급의 개념이 형성될 수 있도록 만들었다. 그런데 가정이 자체적인 사회적 관계의 형식을 지닌 세계라는 것은 특유하게 여성적인 담론이다. 18세기가 끝나 가면서 품행지침서의 발행 부수가 상대적으로 감소하는 것으로 보이는 까닭은 이 서적들이 재현하는 이상적 여성상이 유행에서 벗어났기 때문이 아니다. 오히려 반대로 이 무렵이 되면 이런 이상형이 상식의 영역으로 들어갔다고 생각할 만한 확실한 이유가 있다. 이 이상형은 상식의 영역에서 다른 여러 유형의 글쓰기에 준거틀을 제공했는데, 그 유형들 중에 소설이 있었다. 다음 장에서는 품행지침서에 그려진 성관계를 지배하는 규칙이 당연한 것으로 받아들여졌기 때문에, 리처드슨은 『파멜라』에서 가정을 지겨울 정도로 장황하게 묘사했지만 오스틴은 최소한의 재현으로 대신할 수 있었다는 것을 보여 줄 것이다. 리처드슨이 성관계에 대한 이전의 개념에 도전하여 수백 페이지에 걸쳐 상세하게 설명해야 했던 부분을 오스틴은 간단히 암시만 해도 되었다. 더욱이 오스틴은 독자들이 이런 성관계의 규칙들을 상식과 동일시할 뿐만 아니라 — 항상 자연과 동일시하지는 않았다 해도 — 소설 형식 자체와도 동일시하고 있다는 점을 완벽하게 터득하고 있었다.

품행지침서들은 소득 수준과 소득원이 다양한 독자층에게 말을 걸었으며, 자신을 한편으로는 귀족계급과, 다른 한편으로는 가난한 노동자계급과 구별하는 모든 사람들을 사실상 포괄했다. 18세기 초 몇십 년 동안에 집필된 품행지침서들은 다양한 지역적, 직업적, 정치적 목소리로 씌어졌고, 이 목소리들은 각 지역 독자층의 특수한 관심사를 최우선으로 고려했지만, 그럼에도 불구하고 놀라울 정도로 일정한 규칙성을 띠며 다시 등장하고 있던 하나의 이상형을 제시했다. 따라서 이 품행지침서들이 확실히 인기를 끌었다는 사실은 "중산계급"의 — 우리가 오늘날 생각하는 바의 — 존재를 당시에 씌어진 다른 글들이 가리키는 것보다 훨씬 이른 시기에서 찾을 수 있음을 시사한다. 비록 우리가 헴로가 제안한 이후 시기인 1760년에서 1820년까지를 예절에 관한 글쓰기의 전성기로 나타내는 것으로 쓰긴 하겠지만, 우리는 여전히 역사적 패러독스에 직면하지 않을 수 없다. 품행지침서들은 사회적 세계에 대한 다른 재현물들이 아직 그런 계급은 존재하지 않았다고 말하는 시기에 이미 하나의 통합된 중산계급이 존재했음을 시사한다. 대부분의 다른 글들은 18세기 영국인들이 자신들을 정적이고 위계적인 사회에 살고 있는 것으로 보았다는 견해를 제시한다. 그런데 이 정적이고 위계적인 사회는 19세기 초 몇십 년 동안 중산계급이 등장하면서 출현한 지주, 자본가, 가난한 노동자 사이에 벌어진 역동적 투쟁과는 근본적으로 다르다. 해럴드 퍼킨(Harold Perkin)은 18세기 영국에서 사회관계가 어떻게 이해되었는가에 대한 관점을 축약하여 다음과 같이 제시한다. "그 당시 구 사회는 아주 섬세하고 변별력을 갖춘, 매우 정교하게 등급이 매겨진 위계질서였다. 이 위계질서에서 사람들은 바로 위에 있거나 바로 아래에 있는 사람들과의 정확한 관계는 민감하게 의식하고 있었지만, 자신들과 같은 계층의 사람들과 맺는 관계는 그 계층의 상층부를 제외하고는 모호하게만 의식하고 있었다."[11] 이런 사람들은 경제적 연쇄 고리에서 바로 위에 있거나 바로 아래에 있는 사람들에게만 신의를 느꼈고, 다른 의존 관계의 연쇄고리에서 비슷한 위치에 있는 사람들에게는 적대감을 품었을 것이다. 퍼킨에 따르면, 근대의 중산계급을 닮은 그 어떤 계급도 아직 존재하지 않았다는 것은 영국의 경우 특히 분명하다. 영국에는 "19세기가 될 때까지는" 부르주아지를 뜻하는 어떤 단어도 없었다. 왜냐하면 "토지 귀족계급에 대항하는 지속적이고 자기 의식적인 도시계급이라는 의미에서는 그 실체 자체가 존재하지 않았기" 때문이다(61). 계속해서 퍼킨은 영국인의 사회관은 교정 불가능할 정도로 수직적이라는 것이 판명되었다고 말한다. 왜냐하면 한 세대의 도회지 사람들은 사업이나 무역에서 성공하면 곧장 시골의 신사로 변모함으로써 자신들의 사회적 지위를 상승시키려 했기 때문이라는 것이다.

만일 품행지침서들이 상당히 일관된 목적을 가지고 꽤 광범위한

11 Harold Perkin, *The Origins of Modern English Society 1780-1880*, London: Routledge and Kegan Paul, 1969, p. 24. 이 책의 인용은 이 판본을 따랐으며, 본문에 간략히 페이지만 표기했다. 퍼킨은 Peter Laslett, *The World We Have Lost: England Before the Industrial Age*(2nd ed., New York: Charles Scribner's, 1971, pp. 23~54)와 유사한 논의의 흐름을 따르고 있다. 닐(R. S. Neale)은 퍼킨과 라슬렛이 계급 갈등의 요소들을 드러내지 않는 역사적인 사회 재현을 제공하고 있다고 비난했다. Neale, *Class in English History, 1680-1850*, Torowa, N. J.: Barnes and Nobles Books, 1981, pp. 68~99. 또한 E. P. Thompson, "Eighteenth-Century English Society: Class Struggle Without Class?", *Social History*, 3, 1978, pp. 133~165를 참조할 것. 퍼킨은 "The Condescension of Posterity: Middle-Class Intellectuals and the History of the Working Class"(*The Structured Crowd: Essays in English Social History*, Sussex: The Harvester Press, 1981, pp. 168~185)에서 톰슨에게 응수한다. 퍼킨과 라슬렛 모두 사회관계들의 역사를 공식화하기 위해서 이런 관계들이 재현된 방식에 크게 기대고 있다. 특정한 종류의 지식을 얻기 위해서 퍼킨을 인용하면서 내가 관심을 두는 것은 퍼킨이 말하는 실제 상황이 아니라 활용하고 있는 재현들이다. 나는 사회 현실을 정의하려는 이런 재현들 간의 다툼에 관심이 있다. 나는 근대 역사가들이 역사로 여기는 바로 그 자료들과의 관계 속에 "여성적" 지식을 위치시키고자 한다. 내가 생각하기에, 여성적 지식은 이런 발생 초기 자본가의 사유를 나타낸다.

독자층을 대상으로 했다면, 그것은 중대한 함의를 지닌 역사적 모순, 즉 실제로는 그곳에 존재하지 않았던 중산계급이라는 모순을 제시한다. 사회적 사닥다리의 하단뿐만 아니라 상단을 누가 차지했는가는 전혀 미스터리가 아니었다. 하지만 이 사닥다리의 중간에 있었던 사람들에 관해서는 가장 변칙적이고 다양한 자료들만이 존재할 뿐이다. 1688년에서 1803년에 이르는 시기에 관한 정보를 재검토하면서, 퍼킨은 자신이 "구 사회"의 "중간층"이라 칭하는 것을 다음과 같이 기술한다.

> 중간층들은 위쪽으로는 더 적은 수입 때문이 아니라 생계비를 벌어야 할 필요성 때문에 신사 및 귀족으로부터 구분되었으며, 아래쪽으로는 더 높은 수입 때문이 아니라, 아무리 적을지라도 장사용품, 가축, 도구로 표현되는 재산이나 숙련된 기술 혹은 전문 지식이라는 교육적 투자를 기준으로 가난한 노동자들과 구별되었다. (23)

우리는 퍼킨의 묘사가 귀족도 아니고 가난한 노동자도 아닌 사람들을 설명하고 있다는 점에서 이런 지식의 영역을 부정적으로 조직하고 있는 것에 주목해야 한다. 이 영역의 내부라면 어디든 "등급이 매겨진 무수히 많은 지위들"로 표시되는 ― 직업적이고 경제적인 ― 위계질서가 존재한다. 이와 마찬가지로, 퍼킨의 주장에 따르면, 모든 직업은 "외부와 분리시키는 차이보다 더 큰 내부 지위의 차이들로" 표시되었다(24). 이것은 18세기 사회를 그린 퍼킨의 지도가 그 이전 시기의 품행지침서에서 추출할 수 있는 지도보다 재현적 요소가 적다고 말하는 것이 아니다. 나는 18세기 초에 대부분의 저자들이 지위의 차이를 사회의 중간층에 속하는 개인을 식별할 수 있는, 유일하게 정확한 방법으로 여겼다는 것을 제안할 따름이다. 다시 말해, 이 저자들은 어떤 공통의 이해관계가 동일한 사회 계층에 속하는 모든 사람들을 하나로 묶어 주었을지 모른다는 점을 인식하지 못했다. 여성용 품행지침서들이, 60년에서 100년의 시간이 더 흐르는 동안 사실상 수평적인 결속관계들이 존재하지 않았을 식자층 대중들 사이에 이런 결속관계가 존재한다고 전제했던 것은 사회사와 문학사 모두에 분명한 함의를 갖는다. 이것은 좋은 취향의 독서를 구성하는 것에 일어난 변화뿐만 아니라 사회관계에 대한 대중적 이해에 일어난 기본적 변화를 나타낸다. 그러나 나는 이런 일련의 담론에 의해 제기된 문제가 이언 와트나 리처드 앨틱(Richard Altick)이 소설 독서 대중에 대한 연구에서 다룬 문제와 동일하지 않다는 점을 서둘러 부연해야겠다. 우리는 품행지침서에 대고 어떤 새로운 사회적 요인들이 독서층으로 유입되어 그 취향을 그렇게 바꾸었는지 설명해 달라고 요구할 수는 없을 것이다.[12] 접근 가능한 자료들에서 이런 변화에 대한 설명을 얻을 수는 없다. 그 대신 우리는 만일 사회경제적 범주에 일어난 변화가 여성 교육을 지배하는 범주에 일어난 유사한 변화보다 나중에 발생했다면, 이 새로운 가정의 이상형이 이질적인 경제 집단에게 무엇을 말해 주었는지 물어야 할 것이다. 이 경제 집단은 정치적 관계가 근대적 배치형태를 취한 이후인 19세기에 들어선 다음에도 이 새로운 가정의 이상형이 계속해서 의미를 갖도록

12 Ian Watt, *The Rise of the Novel*, Berkeley: University of California Press, 1957. Richard D. Altick, *The English Common Reader: A Social History of the Mass Reading Public 1800-1900*, Chicago: University of Chicago Press, 1957.

보증했다.

18세기 동안 여성용 품행지침서는 너무도 흔한 현상이어서 상이한 유형의 많은 작가들이 여성 인물에게 자신들만의 독창적인 요소를 덧붙여야 한다고 느끼지 않을 수 없었다. 핼리팩스와 로체스터, 스위프트, 디포 같은 사람들 이외에도—이들은 모두 여성용 품행지침서의 집필을 시도했다—세라 타일러(Sarah Tyler)와 캐서린 E. 비처 양(Miss Catherine E. Beecher), 칼라일의 미망인 백작부인(the Countess Dowager of Carlisle) 같은 많은 여성 작가들뿐만 아니라 티모시 로저스(Timothy Rogers), 토머스 기스본(Thomas Gisborne), T. S. 아서(T. S. Arthur) 같은 교육자들, 그리고 토머스 브로드허스트 목사(Rev. Thomas Broadhurst)와 포다이스 박사(Dr. Fordyce), 오스틴 세대가 가장 좋아한 그레고리 박사 같은 성직자들도 있었는데, 이들은 모두 오래전 문화적 기억에서 흔적을 감추었다. 헤스터 샤폰과 해나 모어(Hannah More), 마리아 에지워스처럼 일부 저자들은 품행지침서를 집필하여 명성을 얻었던 반면, 메리 울스턴크래프트(Mary Wollstonecraft)와 이래즈머스 다윈 같은 여타의 품행지침서 작가들은 주로 더 고급스러운 방식으로 글을 쓰는 것으로 알려졌다. 심지어 저자의 이름이 분명치 않을 때에도—사실 이 이름들 대부분이 그랬는데—우리는 대개 저자가 최우선적 가치를 부여하는 여성적 덕성에서 사회적 정체성을 끌어낼 수 있다. 왜냐하면 이런 덕성들은 해당 저자가 훌륭한 가정 경영에 핵심적이라 여기는 기능과 필연적으로 연결되어 있기 때문이다.

이러한 국지적 목소리들이 합쳐져서 도시와 시골 사이, 구화폐와 신화폐 사이, 소득 수준과 다양한 직업 사이, 그리고 특히 사람들이 소비해야 하는 상이한 여가시간들 사이의 분명한 차이들을 보여 주는 하나의 텍스트를 구성한다. 이런 차이들이 어떻게 지극히 예측 가능한 하나의 틀 속에 포함되었는가를 보여 주는 것이 이 장의 전반적 목적이다. 이런 일군의 글들은 섹스를 토대로 사회세계를 구분함으로써 단 하나의 이상적인 가정상을 창출해 냈다. 그러나 이상적인 가정상은 우리가 지금 이해하는 것만큼 중산계급의 이해관계를 대변하지는 않았다. 사실 품행지침서 같은 글쓰기가 중산계급이 실제로 존재하기 전에 이미 뚜렷하게 확립된 결속 관계로 이루어진 중산계급이 존재한다는 믿음을 낳도록 도왔다고 말하는 것이 정확할 것이다. 만일 이 주장에 일말의 진실이 있다면, 근대적 개인은 다른 무엇보다도 먼저 여성이었다고 주장하는 것 역시 합당할 것이다.

17세기 말 영국에서 그토록 엄청난 인기를 끈 안내서는 일종의 혼성 형식이었다. 이 형식에는 명백히 귀족여성을 위해 쓴 이전 시기의 신앙서와 풍속서에서 가져온 소재, 가정 경제에 관한 소박한 안내서와 책력, 요리책에 그려진 가정주부의 실용적 의무를 기술해 놓은 것뿐만 아니라 딸에게 들려주는 어머니의 조언집에 나오는 지식들이 혼합되어 있었다. 『훌륭한 여성의 품성: 미혼과 기혼 모두의 경우』(*The Character of a Good Woman, both in a Single and Married State*)는 다른 점에서는 별로 특기할 만한 것이 없는 교육자이자 비국교도의 공감을 지녔던 티모시 로저스가 쓴 것인데, 이 책은 안내서라는 장르가 18세기 초에 출현할 당시의 모습을 보여 주는 특히 유용한 사례이다. 이 책은 부제에 딱 들어맞게 이상적인 여성을 미혼과 기혼 둘로 나뉜 캐릭터로 재현한다. 저자가 찬양하는 미혼 여성의 자질에는 소박, 겸손, 정직이 들어간다. 이런 눈에 띄게 수동적인 덕목들은 이전 시기의 글들에서는 인간이 타락한 다음부터 여성의 유산으로 내려온 선천적 결함을 교정해 주는 수단으로 여겨졌다. 하지만 새로운 교육방식은 계몽주의와 보조를 맞추면서 본질적으로 여성적인 자질을 개발하겠다고 선언한다. 그런데 이 자질은 당대의 사회적 삶이 주입하는 허영심을 가장 잘 막아 줄 것처럼 보이는 자질이다. 1697년 출판된 『훌륭한 여성의 품성』은 여성이 남성보다 타락하기 쉬우며, 따라서 구원이 더 필요한 존재로 그리지 않는다. 저자의 주장대로 이 책은 여성이 "대체로 남성보다 더 진지하고 (…) 목소리의 조화로움과 감미로움에서만큼 신앙의 교훈을 배우는 데 있어서도 훨씬 더 뛰어나기" 때문에 여성의 본성을 찬양하고 있다.[13] 여기서 수동적인 덕성은 여성의 본성에 어울리는 것이면서 동시에 그 본성을 유지하는 데에도 없어서는 안 되는 것이다.

미혼 여성의 수동적인 덕목은 18세기에 급속하게 통용된 패러다임의 반쪽만을 이루고 있을 뿐이다. 품행지침서들은 순결한 미혼 여성이 지녀야 하는 자질에 유능한 가정주부가 갖춰야 하는 자질을 덧붙였다. 가정 경제에 관한 르네상스 시대의 안내서에서 곧바로 가져온 것처럼, 이런 책들은 이상적인 기혼 여성을 규정하는 범주를 개발했다. 미혼 여성의 재현이 그 스타일에서 추상적이고 교훈적이었던 만큼 기혼 여성의 재현은 실제적이고 상세했다. 남편에 대한 무조건적인 복종

13 Timothy Rogers, *The Character of a Good Woman, both in a Single and Married State*, London, 1697, p. 3. 이 텍스트의 인용은 이 판본에 따른다.

을 제외하면, 이상적인 아내의 덕목들은 능동적인 것으로 보였다. 이상적인 아내가 수행해야 하는 의무의 목록에는 가정 경영과 하인 단속, 자녀 감독, 연회 계획 짜기, 아픈 사람 돌보기가 들어 있었을 것이다. 하지만 새로운 가정주부의 주요 임무가 이런 일을 하는 하인을 감독하는 것이었다는 점은 곧 분명해진다. 1740년에 집필된 『젊은 숙녀들에게 주는 지침서, 혹은 미의 거울』(*The Young Ladies Companion or, Beauty's Looking-Glass*)의 목차는 실용적 안내서뿐 아니라 예절서에서 뽑은 주제들을 뒤섞은 전형적인 사례를 보여 준다. 이를테면 다음과 같다. 1. 종교 2. 남편 3. 집, 가족, 자녀 4. 행실과 대화 5. 우정 6. 검열 7. 허영과 허식 8. 자만 9. 오락.[14] 역사의 이 시점에 이르면, 품행지침서에 들어간 상이한 소재들에 내재하는 사회적 차이는 사라진다. 헌신적인 미혼 여성의 특성은 부지런한 가정주부의 특성과 결합하여 새롭긴 하지만 아주 친숙한 기호체계를 형성한다.

지위의 틀이 아니라 젠더의 틀에 갇히면서 전통적으로 여성적인 특성에 ―실제 의무와 추상적 덕목 모두―부여되었던 이전 시기의 의미는 변모했다. 전통적으로 여성적인 특성들이 개인적 상상력의 영향력을 받지 않고 18세기로 전해진 것처럼 보이는 경우에도 이런 변모가 일어났다. 여성의 정체성에 대한 상이한 범주들은 단일한 재현을 형성했는데, 이 범주들은 아주 다양한 글쓰기 전통에서 나왔고 다양한 사회 집단들을 겨냥하고 있었다. 취향에 대한 상반된 관념들은 하

14 *The Young Ladies Companion or, Beauty's Looking-Glass*, London, 1740. 이 텍스트의 인용은 이 판본을 따랐으며, 본문에 간략히 페이지만 표기했다.

나로 결합되어 서로서로를 변형시켜 광범위한 스펙트럼의 사회집단을 두루 가로지를 수 있는 하나의 기준을 만들어 냈다. 평범한 가정주부의 실제 의무들은, 일단 예절서의 틀 속에 포함된 다음에는 가정 내부에서 가정을 위해서만 수행되는 임무들에 점점 더 엄격하게 제한되기 시작했다. 18세기의 품행지침서는 과거의 가정 경제학과 대조를 보이며 가축을 돌보거나 약제를 제조하는 데 필요한 조언은 더 이상 제공하지 않았다. 가정에서 소비되는 물건을 생산하는 것은 분명 독자들의 관심사가 더 이상 아니었다. 이런 점에서 보면, 과거의 가정 경제학을 모델로 삼은 18세기 교육용 서적들조차 예절서의 영향을 받았다고 할 수 있다. 보다 실용적 성향을 보이는 서적들은 여전히, 이를테면 절약 같은 덕목을 강조했다. 하지만 음식 준비를 가르치는 교육에서 절약은 좋은 취향의 문제이자 가정적 덕성을 보여 주는 방식이었지 가족의 요구를 충족시키기 위해 자원을 최대한 활용하는 방식은 아니었다. 예를 들어 『완벽한 가정주부 혹은, 교양 있는 신사계급 여성에게 주는 지침서』(*The Compleat Housewife or, Accomplished Gentlewoman's Companion*, 1734)는 "호사스러운 식탁뿐만 아니라 검소한 식탁에도 어울리는" 메뉴를 제안하면서 적합성의 개념을 경제적 규범에서 새로운 국가적 기준으로 변형시켰다. 다시 말해, 재산 정도에 어울리는 식사는 "영국인의 체질과 입맛에 맞고, 건강에 좋고, 맛있으며, 아주 실용적이고, 만들기 쉬운" 식사가 되었다.[15]

15 E. Smith, *The Compleat Housewife or, Accomplished Gentlewoman's Companion*, London, 1734, p. 2. 이 텍스트의 인용은 이 판본을 따랐으며, 본문에 간략히 페이지만 표기했다.

추상적인 여성의 덕목들이 가정주부의 의무에 가치를 부여했다면, 이전의 예절서에서 상찬되었던 정신적 덕목들은 가정주부가 실제 의무들을 수행하는 데 도움을 줄 수 있는 방식에 한계가 있었다. 일단 여성적 덕성이 이렇게 일과 연결되자 품행지침서들은 한때 귀족 여성을 고양시키기 때문에 매력적으로 비쳤던 특성들을 이상적 여성에게서 없애 버렸다. 19세기 중반에 나온 한 품행지침서에서 T. S. 아서는 수세기 동안 미혼의 귀족여성에게서 매력적인 것으로 보인 은둔이라는 이상을 공격하기까지 한다. 아서의 관점에서 보면, "은둔의 종교라고 불리는 것은 전혀 종교가 아니라 이기심일 뿐이다. 그것은 세상에서 행해야 할 실제 의무에서 독실한 척하는 상상의 상태로 물러나는 것일 뿐이다".[16] 토머스 브로드허스트의 『심성의 향상과 삶의 행실에 관해 젊은 숙녀들에게 들려주는 조언』(*Advice to Young Ladies on the Improvement of the Mind and Conduct of Life*, 1810)은 아서가 쓴 품행지침서와 마찬가지로 반지성주의적 성향이 지배적인데, 이런 성향은 한때 좋은 집안 출신 여자들의 특권이었던 엘리트 교육과 지적인 생활의 즐거움을 추구하는 여성들을 향하고 있었다.

16 T. S. Arthur, *Advice to Young Ladies on their Duties and Conduct in Life*, London, 1853, p. 12.(강조는 인용자) 이 텍스트의 인용은 이 판본에 따른다. 이 책은 미국의 품행지침서이다. 하지만 이것이 포셋 박물관(Fawcett Museum) 소장품에 — 다른 소장품들은 영국의 것이다 — 포함되어 있다는 사실은 이 책이 해외에서뿐만 아니라 영국에서도 인기를 끌었던 몇 안 되는 품행지침서들 중 하나였다는 것을 말해 준다. 당시 뉴잉글랜드 여성들에게 요구되었던 더 활동적인 의무들이 하위 중산계급에 속하는 영국 여성들에게도 적합한 것으로 간주되었을 가능성이 있다.

아내이자 딸, 그리고 어머니이자 친구로서 해야 하는 여러 의무를 충실하게 수행하는 여성들은, 제일 중요한 의무를 비난받을 정도로 무시하면서 날마다 철학적이고 문학적인 사색에 빠져 있거나 허구와 로맨스에 나오는 마법에 걸린 지역을 높이 날아다니는 여성들보다 훨씬 더 유익한 일을 하고 있다.[17]

종교적인 여성과 지적인 여성 모두에게 가하는 이런 공격은 과거 문화의 지배적인 사회적 이상과 연결되는 여성의 덕목을 비난한다. 이런 방식으로 품행지침서들은 세속적 도덕의 실천을 여성의 당연한 의무로 정의하려고 애썼다. 일부 농업 노동과 기능공 노동의 형태가 품행지침서에 포함되면서 여성답지 않은 것으로 여겨졌다면, 귀족적 취향과 교육을 표명하는 일부 형태들은 현모양처의 정신적 소양에 반하는 타락한 것으로 선언되었다. 이 과정에서 현모양처의 의무는 지극히 사소해 보이지만 그럼에도 불구하고 가정의 행복에 본질적이라고 여겨지는 — 지금도 여전히 일정 정도는 그렇게 여겨지는데 — 것으로 줄어들게 되었다.

나는 가정적 이상의 독특한 특성과 이례적 지속성은 18세기 후반기까지 이런 일군의 글쓰기를 구성했던 혼란스러운 방언들의 영역에서 분명히 노출되는 갈등을 억제할 수 있는 능력과 전적으로 연관되어 있다고 주장하고 싶다. 품행지침서의 저자들은 가장 미세한 지위의 차

17 Thomas Broadhurst, *Advice to Young Ladies on the Improvement of the Mind and Conduct of Life*, London, 1810, pp. 4~5.

이에 극도로 민감했다. 이 저자들은 모두 시골과 도시, 부자와 가난한 사람, 노동과 여가를 대립시키는 구별 체계와 의심할 나위 없이 보다 정밀하고 국지적인 사회경제적 관심사에 따라 자기 독자층의 이해관계를 표현했다. 이런 의미 영역 내에서 남성의 역할을 재현하는 것은 그것이 무엇이든 자동적으로 당파적 위치를 규정했다. 그러므로 남성이 이상적으로 어떤 역할을 수행해야 하는가를 결정할 때, 허구적 이야기와 품행지침서의 필자들은 모두 이런 일련의 대립하는 주제에서 어느 한쪽 편을 들어야 했다. 그런데 이렇게 한쪽 편을 들게 되면 그에 따라 독자층이 제한될 것이다. 이에 반해서 여성은 다른 유형의 글쓰기가 분리하지 않을 수 없었던 바로 그 집단들을 하나로 결속시켜 줄 수 있는 주제를 제공했다. 사실상 다른 어떤 주제도 직업, 정치적 당파, 종교적 결속관계에 대한 편견에서 그토록 자유로워 보이지는 않았다. 가정의 이상은 적대적인 사회 집단들이 모두 동의할 수 있다고 느끼는 가정의 개념을 탄생시킬 때 수평적 결속이라는 허구를 창조하는 데 도움을 주었다. 이 허구는 한 세기가 지나서야 경제적 현실로 실현되었다고 할 수 있다. 나는 어떻게 허구적인 가정 이야기가 살아남아 명성을 얻은 반면 다른 유형의 글쓰기들은 인기를 얻었다가 쇠퇴했는지 설명하려는 노력의 일환으로 다음 절에 계속되는 기술에서 가정여성의 공식화가 어떻게 역사적 조건을 다시 쓰려는 대부분의 다른 계몽주의적 노력에 내재한 갈등과 모순을 극복했는지 증명해 보일 것이다.

시골 저택이 아닌 시골 저택

시골 독자들을 대상으로 한 품행지침서와 도시 거주 독자들을 대상으로 한 품행지침서를 구분하기란 비교적 용이하다. 정치적으로 다양한 독자층을 전제하는, 서로 경쟁하는 경제적 이해관계를 보여 주는 이 모든 기호에도 불구하고, 18세기의 여성용 서적들은 시골 저택이 이상적인 가정의 장소가 되어야 한다는 점에 동의했다. 이것이 뜻하는 바는 시골 저택이 더 이상 귀족 문화의 모델을 제공하지 말아야 하며, 대신 존경할 만한 가정이라면 모두 실현하게 될 모델을 제시해야 한다는 것이다. 이런 방식으로 시골 저택에서의 삶을 재현하는 것은 서로 경쟁하는 이해집단들이 자신의 경제적 기원을 무시하고 단일한 가정의 이상을 중심으로 연대할 수 있도록 만들었다. 당시 경제적이고 정치적인 이해관계를 가르는 주요 분리선이었던 도시와 시골의 대립은 가정의 이상이 지닌 이점(利點)을 강화했을 뿐이다. 예를 들어, 도시의 무역업자들과 상인들은 대체로 자기네들이 자영 농민과 곡물 거래업자들과 공유하는 것이 거의 없다고 생각했을 것이고, 시골 저택에 대한 전통적인 재현은 이런 정치적 대립을 강화했을 뿐이다. 17세기 영국의 시골 저택은 사회적 위계질서의 상층에 있는 사람들이 생산의 최종 목표라는 대중적 믿음을 조장했다. 이런 위계적 관계체계에서 특권적 지위를 부여받은 사람들은 고도로 규범화된 특정한 방식으로 자신들이 소유한 부를 전시하도록 요구받았다.[18] 가장 이상화된 형태에서 구(舊)사회는 사실상 모든 예속 평민들이 관대함의 혜택을 누릴 때까지 위계적으로 조직된 관계의 아래층으로 부와 권력을 분배하는 귀족 후견인의 통치를 받는 것처럼 보였다. 이를테면 17세기의 시골 저택에 관한 시들에서 사회적 권위는 바로 이런 형태를 취했다.[19]

16세기와 17세기 동안 검소한 전시형태는 사회 질서를 유지하는 데 너무도 중요했기 때문에 일련의 왕실 포고령은 귀족이 부를 전시할 수 있는 형태를 자세하게 기술했다. 높은 사회적 지위를 전시하기 위해 부를 사용하는 것은 태생과 칭호 때문에 그렇게 할 수 있는 자격을 부여받지 못한 사람들에게는 금지되었다. 1597년 7월 6일에 내린 포고령에서 엘리자베스 여왕은 "가장 미천한 사람들이 자기네보다 높은 지위에 있는 사람들만큼 화려하게 치장하는 곳이라면 어디서든 반드시 일어나는 큰 혼란"에 대해 우려를 표명했다.[20] 엘리자베스 여왕이

18 자크 동즐로는 "국가가 후하게 베풀 수 있도록 부가 생산되었다"고 쓰고 있다. "이런 부의 생산에 도움이 된 것은 바로 그들[귀족계급]의 사치 자제 행위, 중앙 당국이 필요로 하는 물품들의 증가와 개량이었다. 따라서 부는 소수파를 위해 국가의 징세를 허용하는 명백한 권력 안에 있었다." Donzelot, *The Policing of Families*, trans. Robert Hurley, New York: Pantheon, 1979, p. 13. 이와 같이 신체를 치장함으로써 부를 전시하는 것은 사회적 신분을 나타내는 기호였는데, 모든 사람이 이런 기호를 판독할 수 있었다.

19 시골 저택의 시에 관한 논의로는 다음을 참조할 것. G. R. Hibbard, "The Country House Poem of the Seventeenth Century", *Journal of the Warburg and Courtauld Institutes*, 19, 1956, pp. 159~174; Charles Molesworth, "Property and Virtue: the Genre of the Country-House Poem in the Seventeenth Century", *Genre*, 1, 1968, pp. 141~157; William Alexander McClung, *The Country House in English Renaissance Poetry*, Berkeley: University of California Press, 1977; Don E. Wayne, *Penshurst: The Semiotics of Place and the Poetics of History*, Madison: University of Wisconsin Press, 1984; Virginia C. Kenny, *The Country-House Ethos in English Literature 1688-1750: Themes of Personal Retreat and National Expansion*, Sussex: The Harvester Press, 1985. 돈 E. 웨인의 주장에 의하면, 역사가 길지만 지금은 사라진 귀족계급의 이상에 대한 향수 때문에 새로운 시골 저택이 항상 소환되리라 여겨졌다. 심지어 오늘날에도 살아남은 시골 저택은, 웨인의 말을 빌리면, "특정한 '가정'의 개념을 상연하는 극장"의 "자취"를 간직하고 있다.

"가장 미친한 사람들"이라고 분명히 가리키고 있는 사람들은 고귀한 출신이 아닌 것을 돈으로 위장할 수 있는 비(非)귀족들이었다. 이런 상황을 개선하기 위해 엘리자베스 여왕은 국가 복장수칙을 장황하게 되풀이하고 있다. 이 수칙은 다른 여러 조항들 가운데 "자주색 망토를 걸치는 가터 훈장 기사들을 제외하고는 백작 계급 아래에 있는 사람은 어느 누구도 금실이나 은실로 수놓은 천이나 자주색 비단 천으로 만든 의복을 입어서는 안 된다"고 명시하고 있다(176). 이 포고령은 지위와 계급, 그리고 여왕과의 친분도에 따라 사용하는 천과 소재의 목록을 만들었을 뿐만 아니라, 또한 매년 의복에 쓸 수 있는 비용의 총액을 제한했다. 이러한 제약들은 여성들에게까지 확대되었는데, 여성의 몸은 남성의 몸처럼 혈연관계의 형이상학에 따라 규정되는 지극히 섬세할 정도로 정확한 친족관계에서 가문의 지위를 나타내는 장식적인 신체였다. 이 법령은 자작부인에서 남작의 딸과 남작의 장자의 부인까지, 또 궁정 사실(私室)의 신사에서 공작부인과 백작부인을 모시는 사람들에 이르기까지 두루 영향을 미쳤다. 이 목록은 "명시된 품계 아래에 있는 사람들은 그 누구도 페티코트나 망토, 보호용 복장 위에 비단 소재의 보호대나 가두리 장식을 입어서는 안 된다"는 명령으로 끝나고 있다(179).

귀족적 전시를 규제하려는 이런 시도는 부가 사회의 위계질서를 유지하는 친족관계 규칙을 흐리게 하지 못하도록 방지하기 위한 것이

20 Paul L. Hughes and James F. Larkin(eds.), *Tudor Royal Proclamations, The Later Tudors: 1588-1603*, vol. III, New Haven: Yale University Press, 1969, p. 175. 이 책의 인용은 이 판본을 따랐으며, 본문에 간략히 페이지만 표기했다.

었다. 이런 정치적 명령의 자극을 받아 제임스 1세는 귀족계급에게 도시를 떠나 환대를 전시함으로써 대중의 지지를 얻을 것으로 기대되는 시골로 이주하라는 포고령을 내렸을 것이다. 리아 S. 마커스(Leah S. Marcus)의 주장에 의하면, 제임스 국왕은 당시 도시에 모여 있었지만 1616년에 점차 시골로 확대되는 것 같던 정치적 저항에 맞서기 위해 이런 조치를 취했다고 한다. 그런데 1616년은 공유지에 울타리를 치려는 지주들의 시도 때문에 폭동이 일어난 때였다.[21] 같은 해 성법원(星法院)에서의 연설에서 제임스 국왕은 앞서 엘리자베스 여왕이 그랬듯이 도시를, 너무도 많은 사람들을 끌어모아 "온 시골이 런던으로 오게 만들고 시간이 흐르면서 런던만이 영국이고 시골은 모조리 버려지게 만들" 곳으로 묘사한다.[22] 제임스 국왕은 이국적 유행에 매혹된 아내와 딸들이 남편과 아버지에게 시골을 버리고 여성의 덕성이 더럽혀지지 않을 수 없는 런던으로 가자고 강요하고 있다고 주장했다. 이 모든 폐해를 교정하기 위해 제임스 국왕은 "유구한 영국의 방식을 지켜라"라는 명령을 내렸다. "시골에 살면서 환대의 관습을 지키는 것은 언제나 영국 귀족계급과 신사계급의 명예이자 명성이었기 때문"이라는 것이다(343~344). 다시 말해, 제임스 국왕은 풍족한 시골 생활을 왕권에 대한 대중의 지지를 유지하는 하나의 방편으로 보았던 것이다. 이런 생각에서 제임스 국왕은 시골 저택에 기반을 둔 귀족적 관행이 진정으로

21 Leah S. Marcus, "'Present Occasions' and the Shaping of Ben Jonson's Masques", *ELH*, 45, 1978, pp. 201~225.

22 Charles Howard McIlwain(ed.), *The Political Works of James I*, Cambridge: Harvard University Press, 1918, p. 343. 이 텍스트의 인용은 이 판본을 따랐으며, 본문에 간략히 페이지만 표기했다.

영국적인 모든 것들을 대변한다는 점을 분명히 했다.

따라서 18세기의 여성용 품행지침서들은 특히 강력한 두 개의 전통과 경쟁을 벌였다. 하나는 귀족적 신체의 전시에 관한 규칙과 연관되어 있고, 다른 하나는 시골에서 행해지는 환대의 관행과 연관되어 있다. 이러한 상징적 관행들은 귀족적 권력에 ―태생과 칭호만을 기반으로 하는 권력 ―권위를 부여했는데, 그 권력이 행사되는 곳은 영주의 시골 저택이었다. 여성용 품행지침서가 이런 전통에 저항하면서 귀족적 삶의 사치스러운 전시를 근대 신사의 사적인 검소한 관행으로 대체할 때 영국적 삶의 이상을 바꾸었다고 가정하는 것은 합당하다. 의심할 나위 없이 바로 이것이 이런 글쓰기의 일차적인 정치적 목적이었으며, 이런 글쓰기가 갑자기 그렇게 많은 작가와 독자들을 사로잡은 주요 이유였다. 그러나 영국적인 시골 생활 자체를 새롭게 재현하는 작업은 또 다른 수사적 전략에 의존했다. 그 전략은 뒤로 물러나 있지만 늘 경계를 늦추지 않는 가정여성을 찬양하기 위해서 귀족계급의 장식적 신체를 비난하는 것이었다. 혈연의 형이상학에 도전할 때, 이런 재현은 궁극적으로 젠더에 기초해 있는 자아, 즉 여성의 심리라는 소재로 채우기 위해 여성의 물질적 신체를 비우는 작업이었다. 이어지는 장에서 나는 이 과정을 추적할 것이다. 하지만 이 장에서 나의 목적은 어떻게 애초에 품행지침서가 규정한 매력적인 여성의 정의가 상당한 수의 서로 경쟁하는 이해집단들로 하여금 자신들의 경제적 이해를 하나의 동일한 가정의 이상과 일치시킬 수 있도록 했는지를 보여 주는 것이다.

우리는 시골과 도시의 정치적 대립을 굴절시키기 위한 이러한 전략을 수많은 안내서에서 판별해 낼 수 있다. 『완벽한 가정주부 혹은, 교양 있는 신사계급 여성에게 주는 지침서』(1734)는 독자들에게 "최고로 뛰어나고 가장 자연스럽고 건강하며, 영국인의 입맛에 가장 잘 어울리는 방식으로 우리나라에서 생산되는 식재료를 준비하여 차려 내는 방법"을 알려 주겠다는 약속을 한다(2). 영국에서 부의 규모에 상관없이 모든 사람들에게 어울리는 적절한 식탁의 이상형이 어떻게 실제로 농민의 이익에 도움이 되었는가는, 이 안내서에 어떤 종류의 음식이 금지되어 있는지 살펴보면 분명해진다. 이 책의 저자는 영국인들이 "프랑스식 말투와 프랑스 양식과 프랑스식 식사를 그토록 애정을 듬뿍 담아 찬양하는" 것은 "우리의 치욕"이라고 주장하며 농업의 이익을 대변한다(2). 그러나 이 저자가 필경 귀족적 취향에 영합하는 "건강에 나쁜" 식사를 맹비난하는 것으로 수입품을 선호하는 도시적 취향을 공격하고 있다는 점은 중요하다. 필자의 정치적 논평은 가정적 문제에 국한된 채 농업의 이해관계와 도시시장에 팔 물건을 수입하고 있던 점점 더 늘어나는 사람들의 이해관계 사이에 대립구도를 만드는 것은 피한다. 몇 년 후인 1740년에 『젊은 숙녀들에게 주는 지침서, 혹은 미의 거울』도 이와 비슷한 어조로 무절제한 가정의 소비를 호되게 질타한다. 야심에 가득 찬 도시인들에게 특히 의미 있게 다가왔을 어휘를 구사하여 이 필자는 귀족적 기준을 모방할 때 수반되는 경제적 재앙을 자세히 묘사하고 있다.

> 이 재산의 상당 부분은 통상적으로 선물을 주고, 사치스러운 결혼식을 엄숙하게 거행하고, 화려한 의복과 장식품을 구입하고, 런던에 있

는 저택에 가구를 들여놓을 때 소비될 것이다. 이 화려하고 시끄러운 소극의 외로운 주인공은 고귀한 태생의 분별력 있고 겸손하며 검소한 교육을 받은 숙녀이자 가진 돈은 적지만 상냥한 성품의 여성과 결혼하는 것이 높은 신분을 뽐내는 거만한 귀족 아가씨와 결혼하는 것보다 얼마나 더 바람직했을지 너무도 늦게 깨닫게 될 것이다. (113)

지역적 차이가 나지만 도시의 독자에게 글을 쓰는 저자와 시골 독자에게 글을 쓰는 저자는 이상적 가정생활을 구성하는 요소에 관해서는 의견을 같이한다. 양측 모두 모범적 가정을 과도한 귀족적 행위와 대립시키며, 비(非)과시적 소비습관을 교육받은 여성이 살고 있는 검소하고 분별력 있는 가정을 강조하기 위해 지배적인 지위 구분체계에 이의를 제기한다. 이 저자들은 이런 행동이 부나 칭호라는 전통적인 특징보다 훌륭한 교육을 더 정확히 알려 준다고 주장한다. 『젊은 숙녀들에게 주는 지침서, 혹은 미의 거울』은 또한 "높은 신분을 뽐내는 거만한 귀족 아가씨"일 것 같은 부유한 여성들에 맞서 이들보다 우월한 존재로 "분별력 있고 겸손하며 검소한 교육을 받은 숙녀"를 바라는 욕망의 경제적 토대를 세운다. 결혼할 때 더 많은 재산을 가져오는 여성은 이 점에서 나쁜 투자인 것으로 밝혀진다. 이런 여성은 "남해회사의 주식을 포함해서 (…) 현재 영국에서 가장 값비싼 구매품"[남해회사는 1711년 설립된 영국의 민관협력회사로 1720년에 발생한 남해회사 주식 거품 사건은 영국에 엄청난 피해와 혼란을 가져왔음]으로 묘사되는데(115), 남해회사는 그 주식이 1720년에 몇 달 만에 100파운드에서 1000파운드로 치솟았다가 그 다음 몇 달 동안에 곤두박질친 악명 높은 금융회

사이다. 엄청난 액수의 지참금을 가져오지만 화려한 생활을 요구하는 여성과 대조적으로, 이 신사는 검소한 아내를 실속 있는 투자로 간주한다. 이 신사는 더 부유한 여성이 지참금으로 가져오는 "매 천 파운드만큼" 그 여성의 욕구도 커질 것이라고 계산한다. "그녀는 지참금에 붙는 이자보다 더 많은 돈을 소비할 것이다. 그녀가 사적으로 쓰는 비용 이외에 화려한 가구, 호사스러운 침대, 도자기, 차 탁자, 손님용 방, 값비싼 마차 등이 주로 외상으로 주문될 것이 분명하기 때문이다."(115) 이런 사고방식에 따르면, 지위의 표지들을 전시해야 한다고 느끼는 여성은 ― 귀족여성의 방식으로 ― 곧 거느리기에는 너무 비싼 존재인 것으로 판명된다.

매력적인 여성의 자질들이 ― 분별력, 겸손, 검소 ― 가정의 경영을 위한 일관된 경제적 정책을 상세히 드러내는 용어를 사용하여 교육 프로그램의 목적을 기술했다는 점은 중요하다. 이런 여성 교육용 서적의 저자들은 새로운 여성의 덕성을 정치적 의미와 공명하는 언어로 바꾸었다. 이런 덕성들은 동시에 교육 이론의 범주였고, 이 이론이 낳는 주체성의 형식이었으며, 이 형식으로부터 생겨나는 취향이었으며, 이 취향이 보증하는 경제였다. 여성에게 바라는 일련의 새로운 자질들을 옹호하면서 이 서적들은 여성이 퇴폐적인 귀족계급의 과잉으로 여겨질 만한 것에 직접적으로 대항하는 새로운 경제적 관행 전체에 권위를 부여할 수 있도록 만들었다. 이런 여성이 관할하는 곳에서 시골 저택은 호사스러운 전시를 생산의 최종목적으로 여기는 정치적 체계에 더 이상 권위를 부여해 줄 수 없었다. 그 대신 시골 저택은 생산이 이런 목적을 이루기 위한 수단이라기보다는 그 자체로 목적인 세계를 제시했다.

품행지침서의 여성용 교육 프로그램이 이상화하는 검소한 가정 경제는 노동보다는 투자에서 발생하는 이윤으로 운용되는 경제였다. 이런 중요한 점에서 검소한 가정 경제는 제임스 1세가 선호한 시골의 이상형과 달랐을 뿐 아니라 16세기와 17세기의 청교도 안내서가 기술한 가정과도 달랐다. 이 근대적 가정은 개인의 수입원을 특정 기술이나 직업, 지역, 가족과 일치시키지 않았다. 근대적 가정의 경제는 투자로 벌어들이는 돈에 의존했다. 이런 돈은 가정을 독자적인 세계로 만들었는데, 이 세계를 부양하는 수단은 다른 곳에 있었고, 눈에 띄지 않았으며, 현장에서 제거되었다. 이어지는 논의에서 인용될 진술들처럼, 앞서 인용한 몇 개의 진술들은 이렇게 묘사되는 풍족한 시골 생활이 더 이상 개인의 출신성분이나 정치적 충성심을 드러내 주지 않는다는 점을 강력하게 시사하고 있다. 사회적 위계질서의 상층에 있는 사람들과 하층에 있는 사람들 사이에 존재하는 전통적 차이를 부정하는 것은 본래적인 개인적 자질에 따라 사람의 가치를 평가하는 계급 섹슈얼리티의 문화적 토대를 개척했다. 결과적으로 한 집단의 사람들은 자신들을 교육받은 엘리트의 일원으로 이해하게 되었다. 해리 페인(Harry Payne)의 말을 빌리자면, 이들은 "점잖음, 과학, 혁신, (…) 경제적 현실주의"를 지니고 있다고 스스로에게 자부심을 느꼈다.[23] 이렇게 지배계급을 이상적으로 재현하는 것은 과거에는 귀족 칭호가 있는 사람들에게만 가능한 것으로 보였던 풍족한 시골 생활을 중산계급에 속하는 많

23 Harry Payne, "Elite *vs* Popular Mentality in the Eighteenth Century", *Studies in Eighteenth Century Culture*, 8, 1979, p. 110.

은 사람들에게도 가능한 것으로 만들어 주는—적어도 이론상으로는—이점이 있었다.

시골 생활의 즐거움은 19세기가 흘러가는 동안 실제로 몇 세대의 영국 사업가들이 거둔 성공의 대미를 장식했을 뿐만 아니라, 명백하게 더 낮은 신분에 속하는 신사계급과 부유한 농민들도 품행지침서가 제시하는 이상형의 원칙에 따라 딸들을 교육하고자 애썼다. 그러므로 1825년 무렵이 되면 "연간 순수입이 16000파운드에서 18000파운드에 이르고 지출이 7000파운드를 넘지 않는 젊은 가족을 거느리고 있는 존경할 만한 시골 신사의 가정"을 이상적인 가정의 모델로 삼는 품행지침서를 찾아볼 수 있다.[24] 하지만 저자는 구 귀족계급의 속성으로 치부되는 타락하고 사치스러운 습관과 선명하게 대조시키기 위해 이 가정을 관습적인 방식으로 기술했다. 동시에 귀족계급에 대한 이런 비판이 정치적 예리함을 상당 부분 잃었다는 것은 누구나 알아챌 수 있다. 성적 차이가 세상에서 개인의 위치를 정의하는 데 경제적 차이보다 훨씬 더 중요해진 것처럼 보인다. 19세기 초반 수십 년 동안에 쓰인 품행지침서들은 이미 시골 저택을 귀족적 (남성) 권력의 중심이 아니라 가정여성의 (비귀족적) 품성이 완벽하게 실현되는 곳으로 보게 되었다. 전성기 빅토리아 여왕 재임 시절 동안, 이 중산계급 가정성의 모델은 귀족계급이 자신들을 재현하는 방식도 규정하기 시작했다. 마크 지루어드(Mark Girouard)는 영국 문화사에서 이 흥미로운 고리를 증

24 *The Complaet Servant, Being a Practical Guide to the Peculiar Duties and Business of all Descriptions of Servants*, London, 1825, p. 4.

명해 주는 수많은 사례를 인용하고 있다.

> 1870년대에 폭스턴 경과 부인은 장남과 함께 「집, 달콤한 집」을 노래하는 자신들의 모습을 초상화로 남기기로 했다. 백만장자 무기 거래업자인 암스트롱 경의 초상화는 암스트롱 경이 크랙사이드에 있는 자기 집의 식당 난롯가에 앉아 신문을 읽고 있는 모습을 그리고 있는데, 난로 위에는 "동, 서 어디를 가든 집이 최고다"라는 문구가 적혀 있다. 신가족과 구가족 양쪽이 함께 개발한 새로운 이미지의 가장 중요한 부분은 가정성이었다. 이들은 자기네가 살고 있는 저택이 아무리 웅장하다 해도 또한 가정이며, 행복한 가정생활을 보호해 주고 있다는 것을 몹시 보여 주고 싶어 했다.[25]

품행지침서에 재현되는 이상적 가정을 영국의 시골지역에 출현한 가정의 모습과 비교해 보면, 우리는 이렇게 글로 씌어진 설명이 사회적으로 실현되기까지는 1세기 이상의 시차가 있었음을 발견하게 된다.

재현 자체가 갖는 중요성을 주장하기 위해 나는 이 불연속성에 주목할 것을 요구한다. 나는 여성용 품행지침서들이 엄밀하게 가정 내부에서 형성되는 관계들을 가리키는 언어를 개발함으로써 의도치 않게 정치 세계에서 형성되는 관계들을 재사유하는 용어를 제공하게 되었다고 제안하고 싶다. 왜냐하면 이 언어는 저자들이 한 세계만 재현

25 Mark Girouard, *Life in the English Country House: A Social and Architectural History*, New Haven: Yale University Press, 1978, p. 270.

하는 것처럼 보이지만 실상 두 세계 모두를 명료하게 표현할 수 있도록 해 주었기 때문이다. 품행지침서가 특별히 여성에게 말을 걸 때에도 남성 독자들에게 말을 걸었다는 느낌을 지속적으로 갖게 되는 요인은 필시 이 능력 덕분일 것이다. 이런 식으로 작용하면서 새로운 가정의 이상형은 디포의 섬 왕국이 실패했던 곳에서 성공을 거두었다. 이 새로운 이상형은 남성들의 세계를 조직하는 경쟁과 의존의 형태에서 떨어져 나와 사적 경제를 형성했다. 새로운 가정 경제는 이윤을 낳는 투자에서 권력을 끌어냈는데, 이런 투자는 구 농촌의 이상형에 가치를 양도해 준 신분의 기호체계 전체를 지워 버림으로써 구 이상형을 효과적으로 파괴해 버린 형태의 수입이었다. 동시에 새로운 시골 저택은 가정이 대체로 자립적인 사회 단위였던 과거의 농촌 세계를 상기시켰다. 이 점에서 새로운 가정 언어는 이데올로기에 논리적으로 선행하는 것으로 비치면서 자연법의 언어와 흡사한 위력을 획득했다.

노동이 아닌 노동

품행지침서들은 도시와 시골 사이의 긴장 혹은 부자와 가난한 사람을 나누는 구분선에 민감한 것만큼 노동과 여가의 차이에도 민감한 것처럼 보인다. 이 구분은 여성들이 당연히 채워 넣어야 한다고 생각되는 많은 여가시간 속에 늘 함축되어 있었다. 하지만 여가시간을 이상적인 교육 프로그램으로 전환하는 방법을 모색할 때, 품행지침서들은 노동과 여가를 별개의 개념적 국면에서 떼어 내어 하나의 도덕적 연속체 속에 배치했다. 여기에서 여성은 가문과 사회적 연줄의 가치보다는 그녀 자신이 소유하고 있는 여성 특유의 덕성에 따라 등급이 매겨졌다. 그러나 품행지침서는 애초에 이런 여성적 가치체계를 만들어 내기 위해 가정여성을 사회 계급의 양 극단에 위치해 있는 여성들에게 귀속시킬 수 있는 관행들과 대립하는 존재로 표현했다. 만일 한 여성이 귀족 여성처럼 쓸데없는 오락으로 소일한다면 여성적 자질이 부족한 것이었다. 품행지침서들이 이런 오락적 활동을 표현할 때 이 활동들은 언제나 신체를 전시하는 것을 목적으로 했는데, 이는 르네상스 시대 귀족 권력의 전시가 이월된 것이다. 여성이 이런 방식으로 자기 자신을 전시하는 것은 여성이자 아내로서 갖는 덕성 때문이 아니라 신체와 신체의 장식성 때문에 가치가 매겨지도록 되어 있다고 말하는 것과 같다. 마찬가지로 품행지침서들은 노동하는 여성도 가치를 물질적 신체에 두기 때문에 가정의 의무를 수행하기에는 적절치 않다고 여겼다. 품행지침서들은 여성이 표층보다 훨씬 더 귀중한 심층을 가지고 있다는 것을 제시하기 위해 여성의 신체에 대한 이 두 개의 전통적 개념을 공격했다. 자아 속에서 심층을 발명하는 것은 여성의 본질이 표면 아래에 혹은 그 내부에 있음을 암시함으로써 여성의 물질적 신체를 피상적으로 보이게 만드는 결과를 가져왔다. 또한 심층의 발명은 특별히 여성을 위해 기획된 교육 프로그램에 정당성을 부여했다. 왜냐하면 이 프로그램들은 가정성을 보증하는 일련의 정신적 과정에 신체를 종속시키고자 했기 때문이다.

품행지침서들이 어떻게 새로운 여성을 귀족 권력의 전시수단으로 기능해 온 여성과 구분했는지 살펴보는 작업은 중요하다. 마치 한 마음이나 된 듯, 품행지침서들은 자기 전시의 관행을 따를 경우 모든 여성이 필연적으로 가치의 손상을 겪게 된다는 점에 동의했다. 한 품행지침서는 "부와 칭호의 화려함이 그것을 소유하고 있는 여성들만큼 경박하고 무식한 구혼자 무리를 유인하리라는 것은 사실이다"라고 언급하고 있다. 사교계를 갈망하는 사람들은 "유행과 명성을 쫓아 몰려드는 저급한 행성"이 된다. 계속해서 필자는, 이런 사람들은 스스로 닮고자 애쓰는 사람들과 결코 동등해질 수 없으며, "자기네가 그 주위를 배회하는 보다 위엄 있는 사람의 광채와 영향력을 받을 만한 존재라고 우쭐거릴 뿐"이라고 말한다.[26] 이런 언급은 엘리자베스 여왕과 제임스 국왕의 왕실 포고령을 촉구했던 이데올로기에 아주 잘 들어맞는 극히 보수적인 입장에서 나온 것 같다. 하지만 이런 언급은 르네상스 문화에서 귀족의 신체를 통해 표현된 이해관계에 전적으로 대립되는 일련의 이해관계에 봉사하도록 허용해 주는 암시적 모순에 의해 형성된 것이다.

이 진술의 논리에 따르면, 진정으로 여가를 누리는 사람은 귀족의 권력 가까이에 있다는 사실만으로 "그저" 우쭐대는 여성들보다 "더" 가치가 있다. 하지만 이것이 필자의 가치체계에서 가장 중요한 구분은 아니다. 사교계의 구성원들을 구별해 내는 정확한 방식을 제공해 주기는 하지만, "화려함"과 "광채"는 여성을 평가하는 신뢰할 만한 방안을 마련해 주지 못한다. 이 품행지침서의 필자가 보기에, "부와 칭호"를 소유하고 있는 여성들보다 실제적인 문제들에 전념하는 여성들이 "경

26 Broadhurst, *Advice to Young Ladies on the Improvement of the Mind and Conduct of Life*, p. 8.

박하고 무식할" 가능성이 더 적다. 그러나 실용적인 여성들이 "쾌활한 무리 사이에서 눈에 띄고 주목을 받는 것이 유일한 야망인 더 많은 부류의 피상적인 여성들보다 훨씬 더 선호된다"고 하더라도, 가치를 밖으로 드러내 보여 주는 기호들은 모두 — 심지어 실용적 특성을 지닌 기호들조차도 — 결혼 시장에서 자신의 가치를 상당히 떨어뜨리는 여성에게 감정적 결핍이 존재한다는 것을 암시한다. 의심할 여지 없이 필자는 "여성이 오로지 바늘 사용법에서만 전문가이고, 가정 경제에 적절히 숙련되어 있다 하더라도", 여전히 가정의 의무를 충족시킬 채비가 되어 있지 않을 수도 있다는 생각을 갖고 있다.[27] 완벽한 채비를 갖추려면 여성은 가정을 잘 감시할 수 있게 해 주는 심성의 자질도 동시에 갖추고 있어야 한다.

이 사례를 치워 버리기 전에 우리는 귀족적 품행에 대한 공격이 특정한 유형의 여성이나, 심지어 특정 유형의 가정을 옹호하는 주장 이상이라는 사실에 주목해야 한다. 이 공격은 또한 전통적인 오락 개념에 반대하는 주장이기도 하다. 오락에 일어나는 것은 품행지침서의 가장 특징적인 — 그리고 확실히 강력한 — 수사적 전략을 드러낸다. 첫째, 품행지침서들은 용인될 만하거나 심지어 바람직하기까지 했던 문화적 관행을 부정하고, 다음에는 이 관행을 여성 주체성의 틀 안에 위치시킴으로써 긍정적인 가치를 부여한다. 이에 못지않게 중요한 점으로는 이 품행지침서들이 엘리자베스 여왕과 제임스 국왕의 포고령으로 거슬러 올라가는 전통을 전복시키고, 이를 한 번 더 역전시킴

27 *Ibid.*, pp. 12~13.

으로써 주체성을 부적절한 여성적 행위의 원인이라 할 수 있는 신체의 전시보다 우선시한다는 점이다. 따라서 우리는 일부 여성들 사이에 나타나는 자기 전시의 성향이 잘못된 주체성으로 표현되고 있음을 발견한다. "스스로 즐길 수 있는 오락은 하나도 없고, 자신의 주된 행복의 원천이 가정과 가족의 마음속에 있다는 것도 알지 못하기 때문에, 이렇게 묘사되는 숙녀는 모험을 찾아 날마다 집밖으로 나간다."[28] 품행지침서들은 언제나 품행지침서적 덕성을 결여하고 있는 여성들이 매력적인 아내가 되지 못하는 이유를 밝혀 주는 사례로 오락을 찾아다니는 여성들을 활용한다. 이런 여성들은 "무도회장이나 카드 게임 탁자, 오페라나 극장 등에 몰려드는 방탕과 유행에 빠진 수많은 사람들 사이에서 규칙적으로 발견된다".[29] 한 마디로, 바로 이것이 이런 여성들이 저지르는 범죄이다. 즉 이런 여성들은 전시되기를 원하거나 자신들이 "보여지는" 것을 허용한다. 품행지침서들이 응접실이라는 신성한 장소에서 이루어질 경우 여성들이 춤을 추거나, 음악을 즐기거나, 카드놀이를 하거나, 혹은 심지어 연극 공연을 관람하는 것을 인정하지 않는 것은 아니다. 이것은 오스틴과 버니 두 사람 모두가 품행지침서의 저자들과 함께 신중하게 지키는 차이이다. 여성에게 해로운 것은 공개적인 구경거리에 가담하는 것이다. 왜냐하면 전시의 대상으로서의 여성은 항상 주체로서의 가치를 상실하기 때문이다. 게다가 이 책들은 여성을 ―품행지침서의 용어로 표현하자면 ―매력적으로 만드는

28 *Ibid*., p. 18. 강조는 인용자.
29 *Ibid*., p. 18.

주체성의 자질이 결여되어 있는 다른 "수많은" 여성들과 사교계의 여성들을 한데 묶어 일괄적으로 취급한다. 여성은 "보여져서는" 안 되며 이를 부단히 경계를 해야 한다. 이런 글쓰기는 여성 주체를 구성할 때 친족관계의 귀족적 규칙에 따라 여성의 가치를 전시하는 데 본질적인 정체성의 기호들을 여성의 신체에서 제거해 버린다.

여성 주체성의 생산은 귀족적 신체를 해체하는 결과를 수반했다. 사실, 이 둘은 하나의 단일한 수사적 움직임으로 이해되어야 한다. 귀족적 행동에 대한 비판의 효과는 너무도 강력해서 18세기 말경 귀족 태생의 여성들에게 조언을 들려주는 품행지침서들은 기묘한 압박감과 당혹감을 보인다. 1806년에 쓰인 엘리자베스 해밀턴(Elizabeth Hamilton)의 『종교적, 도덕적인 원리의 형성에 관해 어느 귀족 따님에게 보내는 편지』(*Letters: Addressed to the Daughter of a Nobleman on the Formation of Religious and Moral Principle*)의 경우, 부와 지위를 가진 여성이 덕성도 가지고 있다고 가정하지 못한다. 해밀턴 부인은 이런 덕성이 다시 존재하도록 만들기 위해 노력해야 했다. 하지만 이런 노력을 기울일 때에도 해밀턴 부인은 부와 미모, 엘리트 교육이 반드시 여성의 가정적 덕성을 지워 버리는 것은 아니라고 항변하는 방어적인 전략을 취하며 논의를 진행한다. 해밀턴 부인은 자신이 귀족 계층을 잘 알고 있다는 근거를 들어, "고귀한 태생과 높은 지위, 화려한 부를 의식하고 있다고 해서 반드시 자만심이 생기는 것은 아니다"라고 역설한다. "그렇지 않다. 자연이 이런 이로운 요소들에 덧붙여 가장 탁월한 재능과 온갖 개인적인 매력을 주었을 때에도 결코 그렇지 않다!"[30] 더욱이 이 책은 품행지침서의 일반적 추세와는 사뭇 다르게 겉으로 드러나는 겸손의 기호를 가정적 가치와 연결하는 논리를 버리고 있음에 틀림없다. 대신 저자는 은유에 기댄다. 확실히 시는 귀족적 미의 현란한 특징을 가정성과 연관되는 수수한 특징과 대립시키는 논리에 맞서기 위해 해밀턴 부인이 떠올릴 수 있는 유일한 방법이었다. (시를 쓰는 여성은 항상 귀족적 전시의 형식에 탐닉한다는 비난을 받을 수 있었다.) 귀족적 전시에 대한 비난은 너무도 철저했기 때문에 해밀턴 부인은 표면이 화려하다는 것이 심층이 비어 있다는 것을 암시하지 않도록 하기 위해서 표면과 심층을 연결하는 비유를 고안해 내지 않을 수 없었다. "그러한 사람들은 사회에 주어지는 가장 빛나는 장식품일 뿐만 아니라 가장 칭송할 만한 축복이다"라고 해밀턴 부인은 설명한다. "이런 사람들이 미치는 영향은 마치 태양의 그것처럼 표면뿐만 아니라 세상의 어둡고 숨겨진 곳까지 뚫고 들어간다."(108) 여성이 표면뿐만 아니라 깊이도 가질 수 있다고 암시함으로써 해밀턴 부인은 여성이 공적 영역과 사적 영역 모두에서 뛰어날 수 있으며, 시선의 대상이 되면서도 여전히 현모양처에게 요구되는 주체적 자질을 소유할 수 있다고 주장한다. 그러나 이 모든 노력에도 불구하고 해밀턴 부인이 활용하는 은유들은 독자의 관심을 더 이상 진리라 말할 수 없는 것으로 향하게 할 뿐이다.

비록 품행지침서들이 귀족적 행위를 가정여성에 정반대되는 것으로 표현했음에도 불구하고 결코 노동을 찬양한 적이 없다는 것은 흥미

30 Elizabeth Hamilton, *Letters: Addressed to the Daughter of a Nobleman on the Formation of Religious and Moral Principle*, London, 1806, p. 109. 이 텍스트의 인용은 이 판본을 따랐으며, 본문에 간략히 페이지만 표기했다.

로운 현상이다. 품행지침서들은 일반적으로 생계를 위해 노동하는 여성들이 도덕적으로도 파산 상태에 처해 있다고 보았다. 여자 가정교사는 이 점을 분명히 보여 주는 사례이다. 여자 가정교사는 업무가 가정의 의무에 국한되어 있기 때문에 존경받을 만한 부류의 여성에 속했으며, 가정교사라는 직업은 자활해야 하는 신사계급의 여성에게 개방되어 있는 몇 안 되는 직업 가운데 하나였다. 하지만 이와 동시에 여자 가정교사는 대개 가정의 행복을 위협하는 존재로 그려졌다.[31] 실제로 경제적 은총을 잃은 교양 있는 사람이든 품위 있는 교육을 통해 신분 상승을 꿈꾸는 하층계급 출신의 사람이든 상관없이, 여자 가정교사는 돈을 벌기 위해 자신의 계급과 교육을 팔았다. 여자 가정교사는 귀족계급의 일부 특성과 노동하는 여성의 일부 특성을 결합하고 있기 때문에 내가 주장하고자 하는 목적에 특히 유용하다. 그렇지만 분명코 이것이 저자와 독자들이 문화적 경계선을 긋기 위해 여자 가정교사를 이용했던 이유는 아니다. 여자 가정교사가 젠더 개념이 기대고 있는 구분을 흐렸던 것은 바로 돈을 벌기 위해 가정여성의 의무를 수행했기 때문이다. 여자 가정교사는 가정적 의무와 돈벌이용 노동을 나누는 절대적으로 엄격한 구분에 문제를 제기하는 것으로 보였다. 이 구분은 대중의 마음에 너무도 깊이 각인되어 있었기 때문에 감히 돈을 벌려고 일을 하는 여성을 묘사할 때면 그가 누구이든 매춘부의 형상이 자유롭게 환

31 이 점에 대해서는 M. Jeanne Peterson, "The Victorian Governess : Status Incongruence in Family and Society", *Suffer and Be Still: Women in the Victorian Age*, ed. Martha Vicinus, Bloomington: Indiana University Press, 1972, pp. 3~19를 참조할 것.

기될 지경이었다. 이를테면 여자 하인들에게 가해지는 일괄적인 비난 가운데 하나는 이런 주장을 담고 있다. "어쨌든 사는 짧은 기간 동안, 부정한 짓으로 받는 개탄할 만한 임금에 기대어 살아가는 가련한 여자 하인들 중 절반은 자긍심에 봉사하는 일에서 밀려나고 있다."[32] 돈을 벌려는 욕망 때문에 일을 나가는 여성의 동기는 곧바로 의심받았다. 하지만 젊은 사람들을 감독하는 여성을 상상하는 것은 특히나 불온한 것이었음에 분명하다. 아래에서 보듯 여자 가정교사의 품성에 가해지는 흔한 공격의 이면에는 분명 여자 가정교사가 노동과 가정적 의무를 구분하는 경계를 위반하고 있다는 점이 놓여 있다. "여자 가정교사들이 얼마나 자주 이기적이고 천한 동기에 이끌려 자신들이 그토록 중요한 직책에 정신적, 도덕적으로 적합하다는 확신이 있어야만 종사해야 하는 직업을 구하려고 하는지 살펴보면 이들의 부적절한 위치가 별로 놀랍지도 않다."[33]

여성의 이상적인 역할을 노동과 오락 모두로부터 구별하면서 품행지침서들은 새로운 노동의 범주를 만들어 냈다. 우리는 이러한 책들이 가정의 의무라 불릴 수 있는 온갖 업무들을 상세히 설명하면서도 여전히 가정여성을 일견 할 일이라곤 하나도 없는 존재로 표현하고 있

32 *The Young Woman's Companion* (*Being a Guide to Every Acquirement Essential in Forming the Character of Female Servants, Containing Moral and Religious Letters, Essays and Tales, also Valuable Receipts and Directions, Relating to Domestic Economy*), London, 1830, p. 32.

33 Mrs. Pullan, *Maternal Counsels to a Daughter: Designed to Aid Her in the Care of Her Health, Improvement of Her Mind, and Cultivation of Her Heart*, London, 1861, p. 227.

음을 발견하게 된다. 이상적으로 말해 하인들이 가정을 유지하기 위해 상세하게 지정된 일의 전부는 아닐지라도 대부분을 수행했을 것이다. 그렇지만 품행지침서가 귀족 문화의 시골 저택 생활의 탓으로 돌리는 무절제와 독자를 위해 구상한 가정 경제 사이에 존재하는 차이는 올바른 유형의 여성이 존재하느냐와 전적으로 관련되어 있다. 이 여성이 어떤 본질적인 기능을 수행했는가의 수수께끼를 풀기 위해, 나는 주체로서의 여성과 전시 대상으로서의 여성의 구분을 다시 언급해야 할 것이다. 오락의 개념이 가정여성의 주체성의 틀 내부에서 재정의되면서 어떻게 가정여성이 생겨났는지를 기억하는 것은 유용하다. 이와 같이 가정여성의 권력은 바로 행위를 심리적 사건으로 변형시키는 권력인 것으로 보인다. 이에 더하여, 가정여성의 권력은 이런 심리적 사건을 통제하고 평가하는 권력이다. 품행지침서의 논리에 따르면 이런 권력을 행사하기 위해서는 수동적이고 내향적인 여성이 필요하다. 1798년에 확실한 자유주의 사상가인 이래즈머스 다윈은 이런 유형의 여성을 자신이 만든 교육 프로그램의 목표로 공표했다.

> 여성의 품성은 대담하고 현혹적인 덕성들보다는 온화하고 내향적인 덕성들을 소유하고 있어야 한다. 거의 모든 문제에 탁월성을 보이는 것은 종종 젊은 숙녀에게는 해롭다. 젊은 숙녀의 기질과 성향은 강건하기보다는 유순해야 하고, 선명한 특성을 보이기보다는 타인의 영향을 받을 채비가 되어 있어야 한다. 아무리 뛰어나다고 해도, 분명 너무 강한 성격은 여성 자신과 남성 모두를 쉬이 불안하게 만들고, 애정보다는 감탄을 불러일으키기 쉽기 때문이다.[34]

서로 대조되는 속성이 각 문장을 형성하면서, 품행지침서의 온순한 여성을 그녀와 대응 관계를 이루는 겉치레에 더 신경을 쓰는 여성, 즉 사회적 지위가 높은 여성과 대립시키고 있다. 이 두 여성의 성격 묘사는 모두 긍정적이지만, 하나가 다른 하나에 비해 분명히 선호되고 있고, 순전히 의미론적인 관점에서 보면 가정여성이 덜 긍정적으로 보인다. 다시 말하면, 이 저자는 전통적인 여성의 미 개념이 더 이상 쓸모없다는 것을 선언하기 위해 그 개념에도 어느 정도 인정해 줄 것은 인정해 주고 있다. 이 저자가 요구하는 것은 이전 문화에서 그랬듯이 시선을 끄는 여성이 아니라 가정을 감독하기 위해서 집안으로 들어가 사라짐으로써 자신의 역할을 수행하는 여성이다. 따라서 다윈은 여성 교육을 위한 프로그램의 서문을 이런 진술로 마무리하고 있다.

> 만일 부드러운 예절, 사근사근한 얼굴 표정, 또렷하지만 부드러운 목소리와 함께 서두르지 않는 온화한 거동, 모든 이의 마음을 사로잡는 아름다운 용모에, 합당한 도덕적·종교적 의무감으로 업무를 처리하고 인생의 악행에 맞서 싸울 수 있는 내면적인 심성의 힘과 활력이 덧붙여진다면, 교육이 제공할 수 있는 모든 것을 얻을 수 있다. 여성의 품성은 완벽해지고, 우리의 사랑을 불러일으키고 감탄을 자아낸다. (4)

이 구절을 인용하면서 나는 권력을 가정여성의 정신적 특성에 두

34 Erasmus Darwin, *A Plan for the Conduct of Female Education in Boarding Schools*, Dublin, 1798, p. 3. 이 책의 인용은 이 판본을 따랐으며, 본문에 간략히 페이지만 표기했다.

는 표현에 일어난 변화에 주의를 환기시키고 싶을 따름이다. 그런데 이 권력은 앞선 구절에서 신체에서 떨어져 나왔다. 이 새로운 여성은 너무도 "완벽해서" "사랑"뿐만 아니라 "감탄"을 불러일으키는 반면에, 이전의 여성은 "애정"만 받을 만할 따름이었다. 이 두 매력적인 여성의 비교에서 우리는 검소한 전시에 기초를 둔 과거의 권력 형태에서 주체성을 생산해 내는 근대적 권력 형태로 문화적 변화가 일어났음을 목격하고 있다.

가정여성이 지닌 감독 능력은 열정적으로 화려함을 전시하지 않는 이 소박한 존재가 문화적 경쟁자들을 물리치고 승리를 거두는 데 있어 다른 어떤 것보다 확실히 더 중요한 결정 요인이었다. 이런 이유 때문에, 가정여성에게서 인격화되어 나타나는 비가시성과 감독의 특이한 결합은 가정 경제 자체의 원칙을 재현하게 되었다. 『세상에서의 첫 번째 살림에 관해 젊은 숙녀들에게 전하는 격언 형식의 생각들』에는 이런 조언이 나온다. "절약을 구실로 그의 [남성의] 순수한 오락거리를 망치려 들지 마라. 오히려 남성의 오락거리를 장려하기 위해 자신의 비용을 줄여라."[35] 품행지침서들은 자기전시를 통해 자신의 가치를 높이고자 하던 여성이 어떻게 행복을 얻을 수 있는 가족의 가능성을 상당 정도까지 축소시켰는지 증명한다. 그렇지만 이상적인 가정의 조건이 실제로 갖추어지려면 여성이 이런 전시적 행동을 자제하는 것 이상이 필요하다. 가정적 덕성이 없는 것 또한 이 가능성을 없애 버렸

35 The Countess Dowager of Carlisle, *Thoughts in the Form of Maxims Addressed to Young Ladies on their First Establishment in the World*, London, 1789, p. 4.

을 것이다. 한 저자가 쓰고 있듯이,

> 만일 그녀가 돈을 분별 있게 쓰지 못하거나 쓰지 않으려 한다면, 돈을 모으려는 그[남편]의 노력은 아무 소용이 없다. 만일 가정에서 절약과 질서, 규칙성을 찾을 수 없다면, 행복에 대한 그의 기대 역시 아무런 소용이 없게 될 것이다. 이런 문제에 있어서 자신의 품행을 규제하기에 충분한 감각과 원칙을 갖지 못한 여성이라면, 여성의 의무를 보다 고상하게 수행하는 위치에서 존경받을 만한 행동을 하기는 힘들 것이다.[36]

만일 "그의" 목적이 "재산을 모으는 것"이라면, "그녀의 목적"은 "규제하는 것"이고, "그의 노력"의 성공 여부는 모두 "이런 문제에 있어서 그녀의 품행"에 달려 있다. 이것이 함축하는 바는, 여성의 "감각과 원칙"은 자본이 가정으로 들어와 소비될 때에도 그것을 동결함으로써 남성의 돈벌이 능력을 키운다는 것이다. 가정여성은 자신의 욕망을 규제함으로써 가정에서 제 역할을 한다. 번영을 보증하는 경제적 행위는 가정여성의 "감각과 원칙"에 달려 있다. 이렇게 인식되고 나자 자기규제는 노동보다 우월한 노동형식이 되었다. 자기규제만이 여성에게 가정의 물품과 인사 영역에 대한 권위를 안겨 주었다. 이 영역에서 여성이 수행하는 감독의 역할은 그 자체로 가치의 한 형식을 구성했으며, 이에 따라 다른 사람들과 물품의 가치를 향상시킬 수 있었다.

36 Mrs. Taylor, *Practical Hints to Young Females on the Duties of a Wife, a Mother, and a Mistress to a Family*, London, 1818, p. 18.

돈이 아닌 경제

이런 새로운 가치형태는 특히나 점점 더 벌어지는 빈부의 격차를 은폐하면서 경제적 차이를 억압했기 때문에, 구 사회에서 상당히 다양한 수입을 가진 사람들에게 합당하게 여겨졌다. 시골 저택은 부와 여가를 연상시키지만 또한 자급자족 경제가 남겨 놓은 문화적 잔여물을 일정 정도 간직하고 있었다. 과거의 가정 경제학에 뿌리를 두고 있다는 사실에 맞게 품행지침서들은 돈에 기초를 두고 있는 경제와 대립되는 경제를 재현했다. 품행지침서들은 타락한 귀족계급의 무절제라 본 것에 공격을 개시하는 방법으로 이 대립을 언제나 재공식화했다. 『완벽한 가정주부 혹은, 교양 있는 신사계급 여성에게 주는 지침서』의 상당 부분을 구성하는 요리법은 신사나 밀렵자가 되지 않고서는 평균적인 영국인이라면 누릴 수 없는 상당히 값비싼 재료를 — 예를 들면 자고류나 사슴고기류 — 선보인다. 저자는 "호화로운 식탁뿐 아니라 검소한 식탁에도" 어울린다고 역설하면서도 자신이 제안하는 식단이 생계용 식단이라고 암시할 의향은 없다. 저자의 의도는 개혁가의 의도이다. 상술하자면, 그의 의도는 암암리에 사회의 하층에 있는 사람들을 제외한 모든 사람에게 더 나은 대안적 기준으로 귀족적 취향의 기준이 끼치는 부정적 해악에 맞서 싸우는 것이다. 저자는 서문에서 이렇게 밝히고 있다. "실제로 세상에는 취향이라는 주제를 논하며 왕과 군주, 귀족의 요리사들처럼 위대한 이름을 담고 있는 서적들이 이미 많이 출판되어 있다. 하지만 이 책들 중 다수는 비실용적이며, 다른 책들은 변덕스럽고, 또 다른 책들은 입맛을 더럽히는 게 아니라면 구미에 맞지 않는다."(2) 이 안내서들은 특권화된 식탁을 혐오의 대상으로 재현함으로써 검소한 식탁에 보다 우월한 가치를 부여한다.

물질적 차이는 사람들이 누릴 수 있는 삶의 질을 결정하는 것과는 거의 무관한 것처럼 보인다. 이상적인 식탁을 부와 칭호를 전시하는 식사와 대립시킬 때 『완벽한 가정주부』의 저자는 자신이 고려하고 있는 대상에서 관찰되는 심성의 자질에 ── 실용성, 건전성, 지속성, 건강에 대한 염려가 여기에 포함된다 ── 주목할 것을 요구한다. 귀족적 취향이 사회적 신체를 타락시키는 것처럼 검소한 식탁은 사회적 신체에 영양을 공급해 준다. 더 온건한 생활의 기준은 위계적 구분을 강화하는 기준과 달리, 해당 경제 내에 있는 광범위한 스펙트럼의 개인들에게 영향을 미친다. 품행지침서의 수사가 경제적 사다리의 하층에 있는 사람들을 풍족한 생활에서 배제했던 것은 아니다. 하지만 가난한 사람들이 많은 돈을 가진 사람들만큼 잘살 수 있다고 시사했던 것도 결코 아니다. 모종의 방식으로 발언을 해야 한다고 느꼈던 사람들은 상대적으로 소수였지만, 보다 거침없이 말하는 저자 중 한 명이 설명하듯이, 다음 사항은 언제나 전제되어 있었다. 즉 "독립과 부의 축복이 후하게 내려지는 곳이라면 능동적 덕성의 보다 중요하고 신성한 직무를 조금도 소홀히 하지 않고도 정신적 개선의 목적을 이루기 위해 쓸 수 있는 충분한 시간을 쉬이 마련할 수 있을 것이다."[37] 분명 이런 덕성은 경제적 궁핍 때문에 고생을 하지도 않았고 낭비에 탐닉하지도 않았던 여성

37 Broadhurst, *Advice to Young Ladies on the Improvement of the Mind and Conduct of Life*, p. 5.

들에게 속했다. 또 다른 품행지침서가 설명하고 있듯이, "만일 한 아내가 아버지의 집에서 늘 좋은 생활방식에 익숙해 있었다면", 검소한 사람일 가능성이 훨씬 더 크다.[38] 이상적인 가정은 이렇게 돈을 더 높은 가치 기준에 종속시키고 있기 때문에 사회계층 조직의 상층부의 가족생활과 하층부의 가족생활 둘 다로부터 구별되었다. 그런데 이 두 계층 각각에서 사람들은 방탕한 소비 생활을 하는 것으로 유명했다.

이 모든 사례들은 가정여성이 없었다면 가정의 틀 전체가 붕괴되었을 것이라는 점을 암시하거나 공공연하게 주장하고 있다. 처음부터 가정여성이 감독관으로 존재하는 것이 이 문화적 논리에 반드시 필요한 구성요소였다. '겸손'과 '검소', '균형', '분별' 같은 용어들이 시종일관 되풀이 사용되고 있다는 사실을 무시해서는 안 된다. 보다 실용적인 품행지침서들은 가정의 구성, 가정용품의 특성, 하인의 수와 유형, 식탁 예절, 거주자의 복장 스타일, 여가 활동의 지도와 관련하여 아주 상이한 국지적 독자층을 대상으로 하는데, 종종 여러 범주의 지극히 사소한 세부 사항까지 언급한다. 그러나 18세기가 꽤 진행되었을 때쯤이면 가정 영역의 대체적 범주들이 확립되어 있었고, 이 범주들은 여성에게 나타나는 자질들과 결부되어 있었다. 여성은 이 자질들을 성적 계약으로 들여왔다. 동시에 이 자질들은 여성이 여성 교육을 통해 습득한 취향에 따라 가정을 운영할 때 명백히 여성 자신의 것이 되었다. 이것이 뜻하는 바는 여성이 남편의 수입을 가정의 물건과 하인들로 바꿔 놓으면서 여성적 특성이 가정의 특성과 일치하게 되었다는 점이다.

38 T. S. Arthur, *Advice to Young Ladies on their Duties and Conduct in Life*, p. 191.

이런 교환은 경제적 계약을 실행하기도 했고, 성적 계약을 충족시켰던 까닭에 이 거래의 특유한 본질을 은폐하기도 했다.

친족관계에 대한 이러한 재현 방식이 확립되었던 주목할 만한 역사적 순간이 있었을 것이다. 역사상 처음으로 출신 배경이 근본적으로 다르고, 수입이 실질적으로 차이가 나며, 사회관계의 연결고리에서 서로 다른 위치를 점유하고 있는 사람들에게 호소력을 지닌 하나의 관점이 ― 소수파의 관점임에 틀림없는 ― 제시되었다. 따라서 중산계급에 속하는 다수의 사람들이 가정생활이라는 동일한 이상을 획득하는 것이 가능하다고 믿을 수 있었다. 이것을 상상하는 것은 역사의 그 시기에 효력을 발휘하던 질서와는 실질적으로 다른 정치관계의 질서를 상상하는 것이었다. 새로운 정치적 사유 방식이 특정한 종류의 여성을 생산하는 것에 달려 있었던 이유를 설명하기 위해, 나는『완벽한 하인』(*The Compleat Servant*)을 골랐다. 1825년에 집필된 이 안내서는 새로운 중산계급이 문화적 상승세를 타기 시작할 때쯤이면 이미 성적 계약이 얼마나 정확하게 코드화되어 있었는지 ― 따라서 재생산이 가능하게 되어 있었는지 ― 입증해 준다.

『완벽한 하인』을 집필한 익명의 저자는 "지체 높은 집안에서 한때 일한 적이 있는 하인"이라고 자신의 신원을 밝히면서, 어떻게 가정 경제의 원리가 상이한 수입을 가진 사람들을 망라할 수 있는, 풍족한 생활을 측정해 주는 정확한 계산법으로 바뀔 수 있는지 보여 준다. 저자가 서문에서 하는 주장은 이렇다. "사회의 어떤 관계도 주인과 하인의 관계만큼 ― 가정의 의무와 그 의무를 수행하는 사람들 사이의 관계만큼 ― 무수히 많고 보편적이지 않기 때문에, 이 관계를 잘 정의하고

연간 순수입	가정 경비	하인과 가정용구 일습	직물과 기타 용품들	소작료와 수선료	예비금
£1000	333	250	250	125	42
£2000	666	500	500	250	84
£3000	1000	750	750	375	375
…	…	…	…	…	…
£10,000	3333	2500	2500	1250	420

이해하는 일은 그만큼 중요하다."[39] 가정 경제가 경제 그 자체와 어떻게 연결되는가에 대한 저자의 인식은 너무도 정확하여 저자는 전자를 후자로 변환하여 위와 같은 표로 표현할 수 있었다.[40]

가장 인상적인 것은 이 도표화된 재현이 경제적 계약을 성적 계약으로 옮기는 방식이다. 첫 세로줄, 즉 총 수입액은 남성이 교환하기 위해 가져오는 것을 말한다. 남성의 가치를 표시하는 이 방법은 가정에 벌어다 주는 돈의 액수에 따라 한 남성을 다른 남성과 구별한다. 그렇지만 성적 교환의 비유가 구 사회의 수직적 조직을 그것의 이질성을 거의 파괴하는 용어로 이미 바꾸어 놓았다는 점에 주목하는 것은 중요하다. 그 결과, 성적 교환의 비유는 다른 어떤 사회 계약의 재현과도 아주 흡사하게 작용한다. 성적 교환의 비유는 자신이 통합하겠다고 제안하는 바로 그 차이를 만들어 낸다. 도표는 수입을 노동이나 거래, 혹은 서로 도움을 주고받는 사람들과 연관된 서비스의 형태보다는 돈의 액수로 기재하고 있다. 가치는 인간의 노동에서 나오는데도 그 출처로부

39 *The Compleat Servant*, p. 1.
40 *Ibid.*, p. 4.

터 분리되며, 단순한 양적 차이가 구 사회를 통합했던 지위와 계급의 질적 구분을 대체한다. 순전히 관계적인 이 시스템에서 오직 수입만이 성적 교환에서 남성을 나타내게 되었다.

남성 정체성의 변형은 젠더 특수적(gender-specific) 가치 체계들 사이에서 이루어지는 교환의 반쪽만을 구성할 뿐이다. 위에 인용한 도표는 서로 별개인 두 개의 기호적 운동을 기록하고 있는데, 이 두 운동이 함께 작용하여 영국의 사회조직 전체를 암암리에 변형시키고 있다. 첫 번째 운동은 남성에게서 전통적인 정치적 정체성을 제거한다. 그런데 이 정치적 정체성은 태생 및 왕권과의 근접성이 제공해 주는 특권에 기초해 있었다. 두 번째 운동은 수입(왼쪽 세로줄)을 가정의 범주로 전환한다. 만일 우리가 남성에 관한 지식을 모으기 위해 도표를 수직적으로 읽어야 한다면, 여성에 관한 지식을 얻기 위해서는 수평적으로 읽어야 한다. 여성의 감독하에 수입은 가정으로 들어오고, 가정에서 수입은 가정 경제의 범주에 따라 조직되는 지식의 영역이 된다. 여성은 이런 성적 교환에서 수입의 일정량을 바람직한 삶의 질로 바꾸기 위해 일한다. 여성의 감독 능력은 남편의 총 수입이 얼마이든 특정한 가정의 기준을 충족시키도록 고안된 특정 비율에 따라 수입을 배분할 것이라는 점을 보장한다. 개인의 사회적 가치가 이렇게 이중으로 번역됨으로써 — 태생에 토대를 둔 질 개념은 수입의 양으로 번역되고, 그 다음 수입의 양은 가정생활의 특정한 질로 실현된다 — 서로 경쟁하는 이해집단들 간의 결속을 위한 경제적 토대가 창출된다. 이 이중적 번역은 오직 여성만이 필요한 경제적 변화를 이루어 낼 수 있는 이상적인 교환을 창출한다. 이런 재현은 연간 수입이 1000파운드에서

10000파운드에 이르는 사람들이 유사한 비율로 구성된 세계를 공유할 수 있었고, 따라서 동일한 생활의 질을 열망할 수 있었음을 암시한다. 만일 이상적인 시골 생활의 경제를 구성하는 범주를 따르기로 한다면, 이 세계는 사회계층 조직에서 더 낮은 위치에 있는 사람들뿐만 아니라 (실제로 저자가 예로 들고 있는 신사처럼) 더 높은 위치에 있는 사람들에게도 유효하다는 점 또한 암시되어 있다.

그러나 『완벽한 하인』은 이 정도 선에서 논의를 그치지 않는다. 저자는 계속해서 개별 항목과 기니[영국의 옛 화폐단위 중 하나]로 매겨지는 해당 항목의 가치의 극히 세세한 수준에 이르기까지 물품, 서비스, 일꾼 각각의 범주를 자세하게 설명한다. 그리하여 이 풍족한 시골 생활의 모델이 거의 보편적으로 적용될 수 있을 때에도 이 모델은 아주 구체적으로 추천된다. 어떻게 재현이 이토록 고도로 일반화되면서도 동시에 개별 사례에 맞게 특수성을 갖출 수 있었는지 증명하기 위해, 나는 다음 목록을 싣겠다(다음 페이지의 표 참조). 이 목록은 어떻게 돈을 일꾼들에게 배분해야 하는지 설명하고 있다.[41]

이 저자의 독자였을 사람들 중 아주 극소수만이 이 목록에 올라와 있는 경비 일체를 충당할 수 있었을 것이다. 그러나 저자는 상당히 더 적은 경비로 이런 수준의 가정을 꾸리려면 목록의 상단에 있는 하인들부터 먼저 고용하고 보조하인들은 고용하지 않으며, 수입의 총액에 맞추어 소비하면 된다고 설명한다. 이에 따라 우리는 저자가 기본적인 가정부와 육아실 인원을 목록의 상단에 넣은 반면, 특권층만이 고용

41 *The Compleat Servant*, p. 270.

일꾼	지급할 돈(기니)
가정부	24
여교사	30
여주인의 시녀	20
수간호사	20
보조간호사	10
육아실 하녀	7
위층 하녀	15
아래층 하녀	14
부엌 하녀	14
위층 세탁실 하녀	14
아래층 세탁실 하녀	10
유제품실 하녀	8
유제품실 보조하녀	7
식품저장실 하녀	9
부엌하인	9
프랑스인 요리사	80
집사	50
마부	28
제복하인	24
보조제복하인	20
말구종	
육아실 사환	
사냥터지기 2명	
정원사 2명	

할 수 있는 하인들은 가장 필요하지 않다고 여겨 하단에 넣은 이유를 알 수 있다. 남성이 벌어 오는 수입의 양에 기초한 수직적인 관계 시스템은 유지된다. 그러나 이런 양적 기준은 질적 가치가 이상적으로 지배하는 여성적 지식의 영역 내부에 갇히면서 뒤집히기도 한다. 하지만 설령 이런 역전이 일어난다 해도 저자는 누구나 올바른 비율을 지킬

수 있으며, 비율에 맞춘 범주 내에서 최우선적으로 해야 할 것들을 올바로 수행할 수 있다고 역설한다. 필자의 관점에서 보면, 이런 개인적 자질들을 — 다른 곳에서는 "분별", "겸손", "검소", "균형"으로 알려진 — 행사하는 것만이 가정의 행복을 보증할 수 있다.

이 안내서는 역사상 당시까지는 물건과 집안의 일꾼을 가리키는 일반적 언어였던 것에 대해 이례적일 정도로 체계적인 재현을 — 사실은 문법을 — 제공해 주고 있다. 18세기 중반부터 계속해서 모든 여성용 품행지침서는 바로 이런 범주들 가운데 하나 혹은 그 이상에 초점을 맞춤으로써 이런 문법을 전제했다고 말하는 것이 공정하다. 앞서 인용한 텍스트에서 확인되는 전환의 원칙은 18세기 초부터 대부분의 품행지침서에서 작동하고 있었다. 따라서 『완벽한 하인』이 세상에 나온 19세기 초 무렵이면, 이 원칙은 사회생활의 물질적 표층을 이런 기술적 문법이 쓰일 수 있는 지점으로까지 변형시켰다. 영국의 가정이 대대적으로 집안 장식을 새로 했다는 말이 아니다. 나는 가정의 조직은 사람들이 그것을 다르게 읽기 시작할 때, 즉 사람들이 가정을 문자적 재현의 관점에서 보기 시작할 때 변화했다고 말하는 것이 더 설득력 있다고 생각한다. 가정생활은 가정의 물품들과 일꾼들이 자신들을 하나로 묶어 주는 어떤 내적인 힘 — 심리적 원칙 — 에 따라 정체성을 획득했을 때에야 비로소 처음으로 자율적인 텍스트가 되었다고 주장한다면, 이는 꽤 그럴듯하다. (그런데 가정의 물품들과 일꾼들은 외부 지역 및 외부의 국지적인 노동조건과는 거의 무관해 보인다.) 또한 이 읽기의 원칙에 의해 가정은 더 이상 남성이 벌어 오는 수입의 가치를 전시하지 않고 가정 경제를 통제하는 여성의 가장 내적인 인간적 자질을 취하게 되었다.

이렇게 물건의 세계가 의미를 부여받게 되면서 가정은 허구적 이야기의 작가들이 제멋대로 들먹이거나 활용할 수 없었던 것과 마찬가지로 품행지침서의 저자들도 그럴 수 없었다. 가정소설은 이런 물건들을 언어로 재현함으로써 유사한 해석적 메커니즘이 작동될 수 있었다는 전제에서 생겨났다. 이런 언어는 물질적 차이를 심리적 차이로, 또는 남성적 가치를 여성적 규범으로 전환한 규칙과 동일한 규칙에 따라 운용되었을 것이다. 리처드슨이 『파멜라』를 쓰기 전에 여성화된 가정은 이미 친숙한 지식의 영역이 되어 있었지만, 당시에는 아직 소설로 쓰이지는 않았다. 또 오스틴의 소설들이 세상에 나올 때쯤이면 이 영역을 조직하는 정교한 문법은 당연시될 정도로 이미 상식이 되어 있었다. 만일 오스틴의 글쓰기가 전례를 찾을 수 없는 간결함과 정확성을 띠고 진행되었다면, 이는 적어도 부분적으로는 바로 이 상호텍스트성 덕분이다. 오스틴의 세계에서는 누구나 불과 몇 개 되지 않는 가정용품들에서 남성의 순가치를 추정해 낼 수 있었을 뿐만 아니라 해당 남성의 아내를 심리적 저울로 평가할 수도 있었다. 예를 들어 『에마』(*Emma*)에서 프랭크 처칠(Frank Churchill)이 제인 페어팩스(Jane Fairfax)를 위해 변덕스럽게 피아노를 구입하는 것은 남성적 가치가 전적으로 여성적 영역이었던 제인의 숙모 베이츠 양(Miss Bates)의 가정에 침입하는 것을 의미한다. 가정의 균형과 우월성을 위반하는 물건의 출현만으로도 제인이 유혹에 굴복했음을 암시하는 수치스러운 이야기를 낳기에 충분하다. 혹은 오거스타 엘턴(Augusta Elton)이 에마의 수수한 결혼 드레스 스타일의 진가를 알아채지 못하는 것은 — "아주 작고 하얀 공단 천에다가 레이스가 거의 달리지 않은 면사포라니. 얼마나 처량한가!"[42] — 그녀의 취향이 오스틴의 이상적 공동체를 지배하는 가정성의 형이상학과 상충되는 물질주의적 가치에 어찌해 볼 수 없을 만큼 얽혀 있다는 낙인이 찍히기에 충분하다. 후일 개스켈 부인은 이런 가치 코드를 가난한 노동자 가정으로 확대했다. 『메리 바턴』에서 개스켈 부인은 여성의 헌신적인 가정경제 운용(運用)이 어떻게 남성이 벌어 오는 변변찮은 급료의 질을 향상시키는지 보여 주기 위해 다음 장면을 묘사한다.

> 창문과 난롯가 사이의 구석에는 찬장이 있었다. 얼핏 보기에 찬장 안에는 납작한 접시와 우묵한 접시들, 컵과 받침 접시들, 그리고 정체 모를 물건들이 가득 들어 있었다. 그 소유주는 이런 정체 모를 물건들을 어떤 용도로도 사용할 수 없을 것 같았다 — 더러운 식탁보에 닿지 않도록 고기썰기용 나이프와 포크를 놓는 삼각형 모양의 유리그릇처럼.[43]

이와 반대로, 브론테 자매는 동일한 이상형을 요크셔의 시골 지역으로 옮겨 놓았다. 이 시골 지역에서 집 내부의 공간과 이 공간을 채우는 물건의 배치는 항상 물건 세계의 출현과 그 세계의 가치와 전통적인 시골 저택의 가치 사이의 충돌을 묘사한다. 하지만 디킨스는 완전히 물신화된 세상을 창조함으로써 이 물건 언어(object language)의 기

42 Jane Austen, *Emma*, ed. Stephen M. Parrish, New York: W. W. Norton, 1972, p. 335.
43 Elizabeth Gaskell, *Mary Barton, A Tale of Manchester Life*, ed. Stephen Gill, Harmondsworth: Penguin, 1970, p. 49.

교를 논리적 극단으로까지 밀고 나갔다. 우리는 디킨스의 소설 전체에 걸쳐 곳곳에서 재등장하는 고물상들만 생각할 필요가 없으며, 『위대한 유산』(*Great Expectations*)에 나오는 웨믹의 성만을 생각할 필요도 없다. 레비스트로스(Claude Lévi-Strauss)는 웨믹의 성을 브리콜라주, 즉 중고 물건 언어의 탁월한 사례로 들었다.[44] 이 진기한 기성품들보다 훨씬 더 중요한 것은 신 화폐가 점유하고 있던 가정을 그리는 디킨스식 재현방식이다. 여기서 우리는 물건들이 소유주와 악마적인 교환 관계를 맺는 것을 보게 된다. 이 교환에 의해 물건들은 인간적인 자질을 획득하고, 이런 물건들과 관계를 맺고 사는 사람들은 자기네가 인간적 가치를 부여한 바로 그 물건의 통제를 받는 대상처럼 된다. 도로시 반 겐트(Dorothy Van Ghent)가 주목했듯이, 주체와 대상 간의 이 독특한 교환 형태는 디킨스의 세계 곳곳에 스며들어 있으며, 그 세계의 독특한 특징을 산출해 내고 있다. 이것은 표층들로만 이루어진 세계의 특징이다. 이 세계에서 개인은 심층의 부재를 전달한다.[45] 예를 들어, 『우

44 Claude Lévi-Strauss, *The Savage Mind*, Chicago: University of Chicago Press, 1973, p. 150.

45 예를 들어 도로시 반 겐트는 다음과 같이 쓰고 있다. "상호적 변화의 일반 원칙은 물건이 사람의 본질과 의미를 취할 수 있도록 물건과 사람의 결합에서 상징적으로 작동할 수 있다. 그런데 이 원칙에 의해 물건은 이를테면 악령에 의한 것처럼 생명을 부여받고 사람은 물건 같은 특징들로 변형되어 버렸다 — 마치 에너지 보존 법칙에 따라서 사람이 가질 수 없게 되어 버린 인간의 속성이 외부 환경으로 새어나가 버린 것처럼. (…) 이런 결합의 장치는 소설에서 친숙한 것이다. 그러나 디킨스가 이 장치를 활용할 때 특징적인 것은 결합되는 사물이 사람의 자질들을 상징적으로 예증하기 위해 행동할 뿐만 아니라 — 소설가들이 보통 그것을 활용하는 것처럼 — 디킨스의 세계에서 없어서는 안 되는 형이상학적 기능을 가진다는 점이다. 이 세계에서 물건은 사실상 인간의 본질을 강탈한다. 물건은 물신(fetish)으로 시작하여, 물신 숭배자의 능력을 집어삼키고 접수해 버리는 — 때로는 말 그대로 그렇게 한다 — 경향이 있다." Dorothy Van Ghent,

리 둘 다 아는 친구』에는 디킨스가 포드스냅(Podsnap) 가정의 접시 하나가 그 주위에 모여 있는 사람들에 대한 논평으로 통하도록 허용하는 유명한 구절이 있다[포드스냅 부부가 주최한 만찬 장면의 일부임].

> 끔찍할 정도로 단단하다는 것이 포드스냅 접시의 특징이었다. 모든 것이 더없이 무거워 보이고, 가능한 한 넓은 공간을 차지하도록 만들어져 있었다. 모든 것이 허풍 떨며 말했다. "마치 내가 납으로만 만들어졌기나 한 것처럼 당신은 나에게서 추함을 많이도 찾아내는군요. 그렇지만 나는 1온스만큼의 값어치가 있는 귀금속으로 만들어졌어요. ― 당신은 나를 녹여 보고 싶지 않은가요?" 마치 장식이라기보다는 발진이 돋기나 한 것처럼 온몸에 반점이 있으며 비대하고 볼품없이 퍼져 있는 장식 접시 하나가 식탁 중앙의 볼썽사나운 은빛 장식대에서 이렇게 말했다.[46]

포드스냅퍼리(Podsnappery[편협한 자기위안과 협소한 자기만족이라는 뜻])에 대한 이런 비판은 품행지침서의 코드를 이행하는 사람들이 아니라 부와 권력을 전시하는 데 물건을 이용하는 사람들을 겨냥하고 있다. 문화적 전도에 대한 디킨스의 애정은 그 속에 사람들을 포함하고 있는 순전히 관계적인 물건의 체계로서의 가정이라는 통념에 어떤

The English Novel: Form and Function, New York: Harper and Row, 1961, pp. 130~131.

46 Charles Dickens, *Our Mutual Friend*, ed. Monroe Engel, New York: Random House, 1960, p. 136.

위해도 가하지 않는다. 노동이 없는 이 물건 세계의 출현은 가정을 노동의 세계와 구별하고, 경제적 생존의 필요성보다는 애정의 형식에 따라 개인들을 결속시킨다. 하지만 노동이 없는 이 세계를 구성하고 보존하기 위해서는 꾸준한 관심과 경계가 필요하다. 바로 이 지점이 여성이 이상적으로 등장하는 곳이다. 다른 어떤 사람보다 디킨스가 더 잘 증명하고 있듯이, 남성이 아니라 여성이 물건에게 자신의 유순한 성격적 특성들을 부여해야 한다.

여성화의 권력

18세기 초부터 품행지침서들은 항상 젠더화된 자아의 존재를 전제해 왔다. 이 자아는 남성의 특정한 자질들이 부재하거나, 심지어 그것들을 전도하는 것에 따르기보다는 긍정적인 여성적 특성의 존재에 기초해 있었다. 예를 들어, 『훌륭한 여성의 품성: 미혼과 기혼 모두의 경우』(1697)를 쓰면서 저자는 종교 교사로서 말하고 있음에도 불구하고 종교적 문제에 관하여 여성 독자들을 존중해야 한다고 느낀다. 남성이자 성직자의 일원으로서 저자는 이렇게 말한다. "여러분 덕분에 우리 집회에 나오는 사람들이 헌신적이고 숫자도 많습니다. 왜냐하면 여러분은 아첨을 떨지 않고, 대체로 남성들보다 더 진지하며, 남성들을 진지하게 만드는 데 도움을 주기 때문입니다."[47] 그렇지만 18세기 말에 이르면 이런 존경의 언사는 여성적 본성의 본질적인 자질들을 표현했다.

47 Rogers, *The Character of a Good Woman, both in a Single and Married State*, p. 3

그것도 이런 표현에 행위 규범의 권력을 부여하는 방식으로 그렇게 했다. 여성을 도덕적 규범의 운반자이자 남성을 사회화하는 사람으로 변형시킬 때, 품행지침서들은 또한 한때는 여성의 본성에 속하는 것으로 여겨졌던 자질들을 변화시켜 욕망을 규제하는 기술로 변형시켰다. 이 기술들은 분명히 다른 그 무엇보다 젠더에 의해 구별되는 경제적 행동 양식의 생산을 목표로 했다. 이렇게 하여 19세기 중반의 품행지침서들은 남성에게 가장 자연스럽고 바람직한 것으로 여겨지는 경제적 관행들 역시 바꾸게 될 순환 과정을 완성시켰다.

1853년 미국에서 집필된 T. S. 아서의 『삶에서의 의무들과 행실에 관하여 젊은 숙녀들에게 전하는 조언』(*Advice to Young Ladies on their Duties and Conduct in Life*)은 여성적 덕성의 원칙을 확장하여 이를 계몽된 사리추구의 교리로 알려지게 된 경제적 행동 양식의 기본 논거로 삼았다. 저자의 용어 선택이 암시하듯이, 이 교리는 여성들뿐만 아니라 남성들에게도 적용할 수 있는 방식으로 여성 교육의 원칙을 표현했다.

> 우리는 모두 신을 사랑하는 것보다 우리 자신을 더 사랑하고, 이웃을 사랑하는 것보다 세상을 더 사랑한다. 우리가 다른 사람의 행복을 추구하기 위해 우리 자신의 이기적인 욕망을 물리치는 것에서 진정한 기쁨을 발견하기란 어렵다. 하지만 아주 사소한 경험을 통해 우리는 다른 사람을 이롭게 해 주었다는 의식에서 생겨나는 내적 기쁨이 여태껏 우리가 경험해 본 모든 기쁨 중에서 가장 달콤하다는 것을 똑똑히 깨닫게 될 것이다. (13)

이 구절은 먼저 사리추구에 의해 좌우되는 인간 본성의 실상을 위반하고 있다는 근거를 들어 기독교적인 자기희생의 개념을 공격한다. 그렇지만 기독교적 에토스는 첫 문장에서 기각되었다가 두 번째 문장에서 슬그머니 되돌아온다. 관습적인 신학적 교리는 일단 추방되었다가 철저하게 세속화된 형태로 돌아온다. 그것은 여성에게 없어서는 안 될 자질이자 보편적으로 적용되는 자질로 돌아온다. 만일 품행지침서들이 상습적으로 여성적 에토스를 귀족적 자기탐닉과 대립시켰다면, 그것은 보편적 선에 도움이 되도록 남성의 취득본능(acquisitive instincts)을 변화시키기 위해서였다. 품행지침서들은 이런 취득본능을 억누르려고 하지 않았다. 이 두 개의 욕망 형태는 ― 취득본능과 이타심 ― 당시 젠더에 따라 구별되었던 성에 내재하는 자질들로 표현되었기 때문에 어떤 모순도 일으키지 않았다. 성적 교환은 남성의 취득본능을 가정에 만족감을 확산시키는 물건으로 바꾸었다.

이 성적 계약의 논리는 19세기 초에 이르러서는 성적 관계를 너무도 완벽하게 재조직했기 때문에 가정적 의무의 원칙이 전반적인 사회정책의 토대를 형성하는 중산계급 가정 너머로까지 확장될 수 있었다. 해나 모어와 그녀의 동료들이 주창한 개혁적 강령은 이 원칙에 기초했다. "여성의 우아함이 남성의 예절에 미치는 힘을 인정하는 사람들조차 여성의 원칙이 남성의 품성에 미치는 영향력에 항상 관심을 기울이지는 않는다"고 모어는 주장한다.[48] 모어에 따르면 만일 남성의 욕망을

48 Hannah More, *Strictures on the Modern System of Female Education, The Works of Hannah More*, Vol. 1, New York, 1848, p. 313.

규제하는 힘이 여성들에게 주어진다면, 가정화(domestication)는 충분히 중요한 정치적 권력을 구성한다. 『여성 교육의 근대적 시스템에 대한 혹평』(*Strictures on the Modern System of Female Education*)의 도입부에서 모어가 설명하고 있듯이,

> 문명화된 사회의 전반적 상태는 인간 행위의 동력을 면밀히 조사하는 데 익숙하지 않은 사람들이 알고 있는 것 이상으로 여성들의 우세한 정감과 습관, 그리고 여성들이 받는 존중의 특성에 기대고 있다. (313)

마찬가지로 그레고리 박사는 "남성들, 그 중에서도 가장 섬세한 품성을 지닌 남성들의 마음을 사로잡는 훌륭한 여성의 힘은 여성이 인식하는 것 이상이다"라는 확신을 많은 독자들에게 심어 준다.[49] 19세기의 저자들은 다소 맹렬할 정도로 감독의 기술을 여성의 성적 매력과 일치시키는 언어를 선택했다. 1822년에 씌어진 『새로운 여성 교사, 또는 젊은 여성의 가정 행복 지침서』(*The New Female Instructor or, Young Woman's Guide to Domestic Happiness*)는 "분별력 있는 여성들이 감성적인 남성들을 항상 자기편으로 끌어들이는 사례"를 인용하고 있다.[50] 필자는 특수한 힘이 젠더에 부착되어 있다는 믿음을 환기시키면서, "당신이 몹시 원했던 호감의 기술을 얻을 수 있게 해줄 온갖 자질들"을 상세히 설명해 주겠다고 약속한다. 그런데 이 호감의 기술은

49 Dr. John Gregory, *A Father's Legacy to his Daughters*, London, 1808, p. 47.

50 *The New Female Instructor or, Young Woman's Guide to Domestic Happiness*, London, 1822, p. 2.

"당신에게 분별력 있는 여성의 자격을 부여해 주고 내가 방금 전에 말한 그 모든 힘을 당신에게 선사할 것이다"(2).

이런 글쓰기는 성적 쾌락을 규율권력으로 변형시키면서 감시권력에 자애로운 부모가 갖는 온갖 특성을 부여했다. 새로운 실용적 교과과정은 자기규율적 개인을 생산하는 일에 착수하면서 품행지침서의 저자들이 공식화해 놓은 전략을 채택했다. 그것은 실제로 실용 수학과 과학을 표준 교과 과정에 도입했다. 하지만 19세기 전반기를 거쳐 후반기에 꽤 들어와서도 교육 개혁가들은—이 문제에 관해서는 모든 유형의 개혁가들이 마찬가지였는데—개인의 경제적 생존을 보장하는 일보다는 개인의 여가시간에 행해지는 주변적 활동을 통제하는 데 과도한 에너지를 쏟았다.[51] 교육적 관심은 겉보기에는 더 실용적인 지식 분야가 아니라 소설, 신문, 대화에 쏠리는 것 같았다. 다음 장은—실상 이 책의 나머지 장 모두가 그러한데—사회적 통제형식으로서의 문해력이란 개념에 초점을 맞출 것이다. 지금으로서는 많은 품행지침서 저자들이 여성의 교육이란 좋은 독서 습관을 심어 주고 대화의 기술을 연마하는 것에 지나지 않는다고 느꼈던 것 같다고 말하는 것으로 충분하다. 이 저자들은 이런 교육이 여성의 효율적인 가정 경영의 토대를 형성해 주리라 확신한 것처럼 보였다.

51 이 주장과 관련하여 나는 주일학교를 여가시간을 전유하는 그 능력 덕분에 사회 통제의 도구로 보는 토머스 라쿼의 논의에 빚지고 있다. Laqueur, *Religion and Respectability: Sunday Schools and Working Class Culture 1780-1850*, New Haven: Yale University Press, 1976, pp. 227~239. 19세기에 나온 여가시간 활용에 대한 다른 설명으로는 Hugh Cunningham, *Leisure in the Industrial Revolution c.1780-c.1880*, New York: Croom Helm, 1980을 참조할 것.

T. S. 아서의 안내서에 포함된 우화의 이면에는 바로 지식의 규율로서의 여성 노동이라는 개념이 있다. 이 개념은 어떻게 가정화의 전략들이 미국에서 광범위하게 적용되는—본질적으로 식민의(colonial)—정책으로 바뀌게 될 것인지에 관해 어느 정도 알 수 있게 해 준다. 이 우화는 "젊은 여성이 일하는 불리한 조건이 아무리 많고 크다 할지라도, 마음만 있다면, 외부 조건에 있어서는 인생을 출발했을 때의 위치보다 훨씬 더 높은 곳으로 올라갈 수 있을 것이다"라는 점을 증명하는 것이 목적이라고 말한다.[52] 자조(self-help) 철학의 인기가 최고조에 달했던 때와 같은 시기에,[53] 품행지침서들은 노동하는 여성이 근면한 노동을 통해 사회적으로 신분 상승을 이룰 수 있을 것이라는 점을 보여 주기를 거부했다. 이와 반대로,

> 앤[우화의 여주인공]이 일을 배운 작업실에 있던 젊은 여자들은 하나같이 앤이 지닌 것과 같은 장점을 지니고 있었다. 이 여자들 중 일곱 명은 비천한 마음과 천박한 습관을 지닌 남자와 결혼했으며 원래 신분보다 더 높은 신분으로 올라가지 못했다. 두 명은 앤과 더 비슷했는데, 자기보다 더 나은 계급에 속하는 젊은 남성의 구애를 받았다. 한 명은 결혼하지 못했다. (76)

52 Arthur, *Advice to Young Ladies on their Duties and Conduct in Life*, p. 76.

53 새뮤얼 스마일스(Samuel Smiles)의 『자조』(*Self-Help*, 1859)는 자기-규제를 실업계에서 성공하기 위한 열쇠로 기술하고 있다. 이 책의 인기에 대하여, 역사학자 아사 브리그스(Asa Briggs)는 이 책이 처음 출판되고 나서 1년 동안에 2만 부가 팔려 나갔다는 점에 주목한다. *The Age of Improvement 1783-1867*, London: Longman's, 1959, p. 431.

이 우화는 앤이 여성적 품행의 가르침을 완벽하게 습득함으로써 "비천한 마음과 천박한 습관을 지닌" 사람들보다 월등해지면서 사회적으로 신분 상승을 이루었음을 보여 준다. 앤은 "더 나은 계급의" 남자들이 기꺼이 결혼하려고 하는 여성이 된다. 이 이야기에 관한 한, 여성이 "원래 신분"보다 높은 신분으로 올라가기 위해 필요한 전부는 게으름의 유혹에 저항하고 중산계급의 여성적 자질의 규범을 구현하는 모범이 되는 것이다. 이 이야기는 이 점을 남성의 마음을 끄는 여성의 성적 매력의 근거로 확립한 후, 앤이 여성적 규범을 거의 완벽하게 구현한 대가로 받는 보상을 묘사하는 것으로 끝난다. "이렇게 신분 상승을 이루는 것에 비례하여 그녀는 더 높은 수준의 행복을 찾을 것이고, 그렇지 않았더라면 가능했을 것보다 더 많은 선행을 베풀 수 있을 것이다."(76) 앤이 품행지침서의 규범을 내면화함으로써 더 높은 신분의 사람과 결혼할 수 있다면, 이타심은 이런 자기규율의 노력에 주어지는 보상인 동시에 부유한 남성의 아내로서 그녀에게 주어지는 의무이기도 하다. 다시 말해서, 이 이야기는 전혀 노동이 아닌 노동의 형식, 그 자체로 목적의 역할을 수행하는 자기규율의 형식을 찬양하는 것으로 끝난다.

이 원칙은 가정에서 먼저 추정되어 사회 전반으로 확대 적용되었을 것이다. 사회에서 이 원칙은 영국의 산업화가 가져온 변화로 가장 큰 고통을 받은 집단들에게 행하는 귀족적 베풂을 — 더 적절하게 불리는 바로는 가부장적 온정주의 — 전시하는 방식을 제시했다. 가정을 조직하는 원칙이 어떻게 외부로 확장되어 한 사회 집단과 다른 사회 집단의 관계를 표현하기 위해 자유주의적 수사학을 제공했는지 살펴보면, 이 새로운 노동 개념의 정치적 적용법이 곧바로 분명해진다. 이래즈머스 다윈은 사생아로 태어난 자신의 두 딸이 운영하는 기숙학교를 위한 교과 과정을 기획할 때, 노동이 그 자체로 보상이라는 생각을 여성들에게 심어 주는 방안을 고안해 내려고 애썼다. 다윈이 말하듯이, "학교는 자선의 원칙뿐만 아니라 자선의 습관을 장려하는 계획을 갖고 있어야 한다". 이를 염두에 두고 다윈은 다음과 같이 제안한다. "모든 숙녀는 도움이 필요한 벌거숭이 아이를 보면 이따금 옷감용 플란넬이나 거친 리넨을 살 수 있는 소액의 돈을 기부할 수 있을 것이다. 이들은 이런 천을 재단하고 직접 옷으로 만드는 방법도 배울 수 있을 것이다. 이렇게 되면 근면의 습관이 아낌없이 베푸는 습관과 결합될 수도 있을 것이다."[54] 여성들이 친족을 위해 물건을 생산하는 것은 더 이상 존경받을 만한 일이 아니며 매매를 목적으로 물건을 생산하는 것은 더더욱 존경받을 만한 일이 아닌 시대에 자선을 베풀기 위해 물건을 생산하는 것을 여성들에게 허용할 때, 품행지침서들은 이후 근대문화의 복지 시설이 발달하면서 융성해질 특정한 형태의 권력 관계를 육성했다.

처음으로 여성이 가정 밖으로 나가 정치적 활동 무대로 들어가도록 해준 것은 바로 자선행위를 수행하는 데 적합하다고 정평이 난 여성들의 자질이었다. 마사 비시너스(Martha Vicinus)가 주장하듯이, "도시 빈민들의 상황에 대한 공개적 논쟁은 개혁가들에게 자신들이 필요

54 Erasmus Darwin, *A Plan for the Conduct of Female Education in Boarding Schools*, p. 63.

로 하는 통로를 열어 주었다".[55] 여성들은 이처럼 새롭게 빈곤상태로 떨어진 사회 분자들에게 자선 행위가 필요하다는 근거로 더 넓은 사회 활동 무대에서 가정적 노동을 수행할 수 있는 영역을 개척하기 시작했다. 비시너스는 이러한 경향의 주장을 예증하기 위해, 미혼 여성들의 독신주의를 옹호한 프랜시스 파워 코브(Frances Power Cobbe)에게서 특히 시사적인 한 구절을 인용한다.

> 그런 의무들을 가지고 있는 여성들의 사적인 가정의 의무는 의심할 여지 없이 이 여성들의 첫 번째 관심사이다. 완전히 충족될 경우 이 관심사는 종종 이 여성들의 시간과 에너지를 온통 독차지하게 될 것이다. 그러나 계속해서 이 여성들 모두가 가정의 의무를 가지고 있다고 가정하며, 암묵적으로 이런 의무를 가지고 있지 않은 여성들을 마치 신의 땅에 잘못 던져져 할 일이라곤 아무것도 없는 것처럼 대하는 것은 불합리하다. 그런데 이런 불합리는 여성들을 대하는 태도에서 특유하게 나타난다. 신의 섭리에 따른 사회 질서에는 미혼여성의 인생의 목적이 반드시 있을 것이다. (…) 미혼여성은 다른 사람들보다 의무를 적게 가지고 있는 것이 아니라 더 넓고 어쩌면 더 고된 의무를 가지고 있을 것이다. 독신생활을 지배하는 진정한 법은 이기심이 ─ 소문날 정도로 상스러운 ─ 아니라, 이중적인 결혼 생활에 속하는 것보다 더 완전한 자기희생이다. (13~14)

55 Martha Vicinus, *Independent Women: Work and Community for Single Women 1850-1920*, Chicago: University of Chicago Press, 1985, p. 15. 이 책의 인용은 이 판본을 따랐으며, 본문에 간략히 페이지만 표기했다.

코브의 진술을 이 장(章)의 용어로 옮겨 보면, 자선의 개념이 가정의 감독관이라는 여성의 역할과 불가분하게 얽혀 있다는 것을 알 수 있다. 또한 어떻게 여성들이 여성으로서 소유하고 있는 기술들을 새로운 노동세계로 옮겨 놓도록 해준 바로 그 논리가 궁극적으로 자기규율의 교리와 교묘한 가정 감독 기술을 중산계급의 가정을 넘어서 경제적 계층구조에서 훨씬 낮은 위치에 있는 사람들의 삶으로까지 확대하는 데 자유주의적 정당성을 제공해 주었는지 알 수 있다. 19세기 품행지침서들은 상당히 뚜렷한 사회 통제 이론을 제안하는 것이 일반적이었는데, 다음의 진술에서 그 예를 찾아볼 수 있다.

> 가능한 최하층의 사람, 타고난 인간적 본능마저 잃어버린 부모에게 버림받고, 온갖 악의 영향에 노출되어, 선이라고는 전혀 알지 못하는 거리의 어린 부랑자를 데려오시오. 이런 사람을 교화하고 인간화하는 첫 단계는 그를 도덕적인 분위기로 데려와, 그의 지성을 계발하여 육성하고, 그의 신체적 상태를 개선하는 것일 것이다.[56]

나는 어떻게 교육 이론이 심리적 재활을 그토록 역설했는지 주목하고 싶을 뿐이다. "거리의 어린 부랑자"의 "신체적 상태"는 나중에 덧붙인 생각처럼 보인다.

청교도적인 결혼 모델과 상당히 흡사하게 성별 노동 분업은 사회

56 Madame de Walend[Anne De Wahl], *Practical Hints on the Moral, Mental and Physical Training of Girls at School*, London, 1847, p. 64.

현실을 이해하는 서로 다른 두 개의 방식들이 나란히 공존하도록 허용해 주는 것으로 시작했을 것이다. 그러나 새로운 노동 개념을 사회적 지식의 영역에 끼워 넣은 것은 궁극적으로 성별 노동 분업이 전체를 재사유하는 방식으로 기능하도록 만들었을 것이다. 오로지 가정 경제의 문제들만 다루었기 때문에 품행지침서들은 18세기와 19세기를 특징짓는 다른 글쓰기보다 주목할 만한 가치가 덜한 것처럼 보일지 모른다. 하지만 상대적으로 무시되어 왔지만 아주 친숙한 이런 글쓰기를 가로질러 시간을 앞뒤로 선회하며 내가 추적해 온 것이 바로 전문화된 성적 언어의 형성이다. 연대기적 기술을 억압하면서 내가 보여 주고자 한 요점은 어떻게 이 언어가 개인과 국가뿐만 아니라 심리적인 것과 경제적인 것 사이를 순환함으로써 하나를 다른 하나에서 분리시켜 재구성하고, 그리하여 하나의 담론, 즉 사회 생활의 표층 전체를 바꿔 버린 문화적 지식을 하나로 묶어 내는 새로운 방식을 산출해 냈는가였다. 비록 이 시기 동안 어떤 글쓰기 유형들은 다른 유형들보다 분명 더 많이 유통되었지만, 이런 변화가 단번에, 혹은 어느 특정인의 노력으로 일어날 수는 없었을 것이다. 성적 차이가 진리의 위상을 획득하여 그 자체로 더 이상 기록될 필요가 없게 될 때까지 특정한 용어나 대립, 비유가 지속적으로 사용됨으로써 이런 변화가 일어났다고 보는 것이 보다 온당할 것이다. 이제 이런 범주들은 일종의 형이상학적 힘을 얻으면서 사람들이 노동을 이해하는 방식뿐만 아니라 물건의 세계를 바라보고 욕망을 경험하는 방식에도 영향을 주는 힘을 얻었다.

품행지침서의 역점과 용어에 발생한 변화는 우리로 하여금 가정 바깥으로 관심을 돌려 문학사를 구성하게 된 일련의 사건들뿐만 아니라 경제생활에 일어난 변화로, 사회사와 남성들의 관심사로 향하도록 한다. 그러나 이런 주목할 만한 변화에도 불구하고 나는 대체로 이런 아주 상이한 텍스트들을 단일한 목소리와 연속적 담론으로 보았다. 이렇게 하면서 내가 이루고자 한 목적은 어떻게 가정문화가 실제로 안정된 개념적 준거틀을 제공하기 위해 사회적 표층을 지배했던 연속성의 원칙으로 작용했는지 보여 주는 것이었다. 이 준거틀 속에서 이런 "바깥의" 변화들은 성적 주제를 변주한 수많은 변형들로 보인다. 종종 여성독자를 향해 여성이 집필한 여성적 장르였지만, 18세기와 19세기의 품행지침서들은 ― 그 문제에 관한 한 그 이전에 나온 여성용 품행지침서들도 마찬가지로 ― 남성의 영역으로 지정한 경제적 이해관계에 조율되어 있었다. 가정 경제는 더 큰 경제의 유용한 한 부분이었는데, 외견상 그 경제로부터 분리되어 있는 것처럼 보인 덕분에 우화를 제공할 수 있었다. 이 우화의 용어를 통해 경제적 관계 또한 재사유될 수 있었다. 더욱이 내가 주장해 온 것처럼, 성적 관계는 그것이 행사하는 권력이 너무나 제한된 것처럼 보인다는 바로 그 이유 때문에 이 새로운 중심서사를 형성할 수 있었다.

품행지침서들은 18세기 독자들을 위해 여성적 주제를 다시 쓰면서 그 장르의 전체적인 전략적 목표를 현 상태 ― 귀족 가정 ― 를 재생산하는 것에서 영원히 후진하는 미래를 생산하는 것으로 바꾸었다. 만일 이 개혁주의적인 수사가 자본주의와 관련되는 일단의 일관된 경제적 정책의 형성보다 앞서는 것이었다면, 그것은 사회적 제도로서 결혼의 확립까지 예기했다. 품행지침서들은 항상 가정 세계를 당연히 실현되어야 할 세계로 보았다. 1754년 결혼법이 통과하면서 가정을 제도화하고 과거의 그 어느 때보다도 더 확고하게 가정을 국가의 통제 하에 두게 되었을 때, 품행지침서의 저자와 독자들에게 가정의 미래성(futurity)이 갖는 의미는 사라지지 않았다. 18세기 후반 극심한 인구통계학적 변동이 발생하고 그 다음 수십 년 동안 격렬한 노동 분쟁이 일어나면서, 성별 노동 분업은 순식간에 기정 사실이 되었다. 그러나 품행지침서들은 아직 실현되지 않은 약속의 수사적 예리함을 유지하고 있었다. 심지어 오늘날에도 이 약속은 품행지침서의 형식 자체로부터 선명하게 구별될 수 없다. 이런 안내서들은 지금도 여전히 자기 변신의 힘을 마련해 주고 있다. 자아를 산출해 낸 물질적 조건으로부터 독립된 자아가 있고, 이 자아는 사회경제적 배치구도 — 이것에 대립하여 자아가 형성된다 — 를 바꾸지 않고도 자신을 바꿀 수 있다는 환상은 지속된다. 이 변신의 힘은 여전히 자아의 내부에서 생겨나 자기규율의 전략을 통해 자아에게 영향을 주는 것 같다. 자기규율이 가장 완벽하게 실현되는 사례는 아마도 신경성 거식증(anorexia nervosa)일 것이다. 그렇다면 우리가 여성 교육용 서적에서 만나는 것은 푸코의 생산 가설과 비슷한 것이다. 이 가설은 해당 신체가 바로 여성의 신체이기 때문에 정치사에 방해를 받지 않는 물질적 신체에 계속해서 작용하고 있다. 여성의 성적 정체성은 여성 자신보다는 주로 물질적 이유 때문에 여성을 귀하게 여기는 계급에 의해 억압되어 왔다는 근거를 들어, 품행지침서의 수사학은 사실 어떤 물질적 신체도 갖지 않은 주체를 생산해 냈다. 이 수사학은 물질적 신체를 대개 언어로 구성된 형이상학적 신체로 대체했다. 비록 이 언어가 그 자체만으로 물질적 권력 형태를 구성하긴 하지만 말이다. 근대적 여성 신체는 욕망과 쾌락, 일상적인 신체 돌보기, 구애 행위, 노동 분업, 가족 관계의 역학을 규제할 수 있는 주체성의 문법을 구성했다.

여성 주체성의 글쓰기는 그 자체로 문화에 마법적 공간을 열어 놓았다. 이 공간에서 일상적 노동은 적절한 만족을 찾고, 경쟁적 시장에서 남성들을 서로 대립시켰던 바로 그 물건들은 공동의 가정적 가치로 이루어진 공동체에서 이들을 하나로 결속시키는 데 기여한다. 만일 남성의 노동에 의해 추동되는 시장이 과거의 사회 개념을 조직하는 수직적 연쇄 관계를 붕괴시키고 싫든 좋든 개인들을 영국 전역으로 흩어지게 만든 원심적 힘으로 상상되었다면, 가정의 역학은 구심적 힘으로 인식되었다. 이와 동시에 가정은 무수한 지점으로 흩어진 공동체를 다시 하나의 중심으로 모아 핵가족을 구성했다. 이 핵가족은 아버지가 아니라 어머니를 중심에 둔 사회 조직이었다. 서로 맞물려 대칭을 이루는 힘들이 존재했다는 사실은 이중화된 사회적 세계란 실행되기 전에는 분명 신화였다는 점을 시사한다. 거의 1세기 동안 실제 사정이 그랬다.

3장

소설의 발생

모든 언어에는 예외적 변칙들이 존재한다. 이 변칙들은 비록 부자연스럽고 한때는 불필요했던 적도 있지만, 인간이 만들어 내는 것의 불완전함에 속하는 것으로 용인되어야 한다. 이 변칙들은 사전에 등록되어 그 수가 더 많아지지 않도록 해야 하고, 어떤 것인지 밝혀내어 혼동이 일어나지 않도록 해야 한다. 그렇지만 모든 언어에는 다 마찬가지로 부적절하고 부조리한 사례가 있기 마련이고, 이런 사례를 바로잡거나 배제하는 것이 사전 편찬자의 본분이다. — 새뮤얼 존슨, 『영어사전』 서문

만일 우리가 정의(定義)를 내리는 데 단어를 사용하지 않는다면 정의는 유용할 수도 있을 텐데. — 장 자크 루소, 『에밀』

18세기 중반 무렵 새로운 형태의 글쓰기들이 여성을 가장 매력적이게 만드는 특성은 무엇인지 표명할 권리를 제각각 주장하면서 오랫

동안 영국적 사유를 지배해 온 글쓰기 형태들과 경쟁하고 있었다. 여성을 다시 정의하는 기획에 바쳐진 출판물의 총량을 살펴보면, 18세기 중반 무렵 대규모 이데올로기 투쟁이 진행되고 있었음을 알 수 있다. 그러나 품행지침서, 여성잡지, 추정컨대 여성 독자층을 존중하여 명명되었을 『태틀러』(*Tatler*) 같은 신문들 외에도, 일부 저자들은 모든 자료들 중에서 가장 유망하지 못한 것, 즉 소설을 활용하여 여성관을 만들어 냈다. 소설은 영국의 정치생활의 천박한 이면들뿐만 아니라 반쯤은 춘화로 간주될 만한 성향의 성 행위까지도 노출시키는 것으로 정평이 나 있었다. 이 두 가지 요인 때문에 소설은 저속한 형태의 글쓰기로 여겨졌다.[1] 1810년이 되어서도 어느 유명한 품행지침서의 저자는

1 소설을 하층민과 연결하는 18세기 초 전통에 대한 설명으로는 Lennard Davis, *Factual Fictions: the Origins of the English Novel*, New York: Columbia University Press, 1983, pp. 123~137를 참조할 것. 성적 욕망을 불러일으키는 경향이 있다는 점 때문에 소설을 반대하는 전통에 대해서는 John Richetti, *Popular Fiction Before Richardson's Narrative Patterns 1700-1739*, Oxford: Clarendon, 1969를 참조할 것. 예를 들면, 애디슨(Joseph Addison)과 스틸(Richard Steele)이 간행한 『스펙테이터』(*Spectator*)[18세기 초에 영국에서 간행된 일간지—옮긴이]의 한 호에서 스펙테이터 씨(Mr. Spectator)는 여성들은 "로맨스와 초콜릿, 소설, 그리고 이와 유사한 자극제를 다루는 특수한 방법을 알고 있어야 한다"고 충고하면서 독자들에게 5월의 위험을 경고한다. 왜냐하면 스펙테이터 씨는 "자연의 대축제가 벌어지는 동안 이런 것들을 이용하는 것은 위험하다"고 생각하기 때문이다. 이 내용은 William H. McBurney(ed.), *Four Before Richardson: Selected English Novels 1720-1727*, Lincoln: University of Nebraska Press, 1963, p. xi에 인용되어 있음. 소설은 격정을 자극하기 위해 고안된 — 대개 여성들에 의해 씌어진 — 언어 활용법으로 여겨졌다. 근대 독자들은 18세기 전반기에 여성들이 집필한 많은 소설의 언어에서 이 특성에 주목했다. 이를테면 *Eighteenth Century Studies*, 8, 1974-75, p. 32에 실린 "모든 여인은 속마음이 난봉꾼이다"라는 글에서 퍼트리샤 마이어 스팩스(Patricia Meyer Spacks)는 일라이자 헤이워드(Eliza Hayward)와 메리 맨리(Mary Manley)의 몇몇 작품들을 "반쯤은 춘화 같은 소설들"이라고 평한다. 1871년에 윌리엄 포사이스(William Forsyth)는 *The Novels and Novelists of the Eighteenth Century in Illustration of the Manners and Morals of the Age*(Port Washington, New York: Kennikat, 1971; rpt. 1871)라는 책을 쓸 때

독자들에 대해 이렇게 말할 수 있었다. "감히 예견하건대, 영국의 일류 저자들이 쓴 훌륭한 저작을 감상할 수 있는 세련된 취향을 계발하는 한 여러분들은 열등한 부류에 속하는 글을 쓸 시간도 여유도 찾을 수 없을 것이고 그런 글을 쓰고 싶은 생각도 들지 않을 것이다"(강조는 인용자). 여기에서 저자는 "소설이라는 항목으로 분류되는 다양한 저작들을 아무런 구별 없이 싸잡아 한꺼번에 비판하고" 있다.[2]

그러므로 소설가들은 소설의 소재를 활용하여 이상적인 여성을 형상화하면서 지배 문화를 맹렬하게 공격하는 것처럼 보이지 않았다. 그보다는 오히려 여성과 여성이 감독하는 가정생활을, 양자 모두가 퇴폐적인 저자들의 손에서 겪게 될 운명에서 구출하고 있는 것처럼 보였다. 리처드슨이 자신은 실제로 소설을 쓰고 있지 않다고 선언한 후 매력적인 여성을 다시 규정하기 위해 소설을 활용하면서 가동한 것이 바로 이 전략이었다. 이런 사건은 문화적 갈등의 용어들과 이 갈등에서 거두게 될 승리의 성격 모두를 바꾸는 데 유익했다. 그러나 나는 『파멜

리처드슨 이전에 나온 소설 사례들을 인용하는 것을 자제했는데, 그 이유는 바로 이런 작품들의 일부 언어에서 나타나는 춘화적 요소 때문이었다. 포사이스는 리처드슨 이전의 여성 소설가들이 쓴 상스러운 사례들을 인용할 수 없다고 주장한다. "물론 나는 이것을 보여 주는 인용을 제시할 수 없다. 왜냐하면 인용을 하면서 나 자신이 죄를 저지르게 될 것이기 때문이다."(p. 162) 또한 Jean B. Kear, "The Fallen Woman from the Perspective of Five Early Eighteenth Century Women Novelists", *Studies in Eighteenth-Century Culture*, 10, 1981, pp. 457~468과 Ruth Perry, *Women, Letters, and the Novel*, New York: AMS Press, 1980도 참조할 것. 소설 범주가 다시 정의되기 이전에 소설로 간주된 작품들의 목록에 대해서는 William H. McBurney, *A Checklist of English Prose Fiction 1700-1739*, Cambridge: Harvard University Press, 1960을 참조할 것.

2 Thomas Broadhurst, *Advice to Young Ladies on the Improvement of the Mind and Conduct of Life*, London, 1810, p. 53.

라』가 이 투쟁에 관한 것이라기보다는 문자 그대로 이 투쟁의 일부였다는 점을 강조하고 싶다. 앞으로 입증해 나가겠지만, 좀 더 광범위한 갈등의 전략들은 리처드슨의 첫 소설에 독특한 형태를 부여했다. 우리는 리처드슨의 전략을 '소설의 기교'라는 틀 안에서는 보통 서툴고 지루한 것으로 여겨지는 대목에서 특히 명확하게 관찰할 수 있다. 그렇지만 근대 미학에 저항하는 이 텍스트의 특성에 대해 말한다는 것은 내가 여성화라고 지칭하는 훨씬 더 광범위한 과정 속에서 이 텍스트가 담당한 역할을 확인하는 일이다. 이런 여성화로 인해 귀족 문화의 일부 영역들이 부상하는 사회집단을 위해 전용되었다.[3]

18세기 말 무렵 품행지침서들은 특정한 한 유형의 이야기가 젊은 여성들이 읽기에 정말로 안전하다고 결정했다. 이 이야기는 고상할 뿐만 아니라 특히 여성 독자층에게 어울리는 비귀족적 글쓰기 유형이었다. 이 유형은 또한 품행지침서에서 그려지는 것과 동일한 원칙을 극화하는 장점을 지니고 있었다. 버니의 『에블리나』는 귀부인 소설가들이 쓴 작품 중에서 더 잘 알려진 이야기 중 하나일 뿐인데, 귀부인 소설가란 고상한 소설을 쓰는 여성들을 부르던 명칭이었다. 이 유형의 글쓰기는 너무도 잘 정착했고, 더 오래되고 더 널리 퍼져 있던 다른 이야기 유형보다 식자층의 지지를 완벽하게 받았기 때문에, 마침내 소설이 그 이전에 취했던 모든 이야기 형태를 대체해 버렸다. 이와 같이 상

3 테리 이글턴은 지배 문화의 기호와 상징을 포착해서 다른 일단의 사회경제적 이익을 위해 활용하는 데 리처드슨의 소설이 담당한 역할을 논했다. Terry Eagleton, *The Rape of Clarissa*, Minneapolis: University of Minnesota Press, 1982, pp. 30~39. 앤 더글러스는 프로테스탄트 문화에서 여성화가 중산계급의 전략으로 어떻게 작동했는지를 보여 주었다. Ann Douglas, *The Feminization of American Culture*, New York: Avon, 1978.

대적으로 새로운 형태의 글쓰기가 불과 몇 해 되지 않는 극히 짧은 기간 동안에 소설이라는 장르를 정의하게 되었다. 오스틴은 소설이 소설로 여겨지려면 무엇을 해야 하는지 잘 알고 있었기 때문에 『노생거 사원』(*Northanger Abbey*)과 나머지 다른 소설들을 쓸 수 있었다. 오스틴은 처음 글쓰기를 시작할 때 추구했던 경향을 계속 따르지는 않았다. 오스틴의 『레이디 수전』(*Lady Susan*)은 확실히 소설에 속하는 작품이었지만, 고상한 의미에서의 소설은 전혀 아니었다. 왜냐하면 여주인공은 왕정복고기 희곡에 나타나는 식으로 성공적인 여성모험가가 되는 것처럼 보였기 때문이다. 19세기 중반 무렵 신흥 중산계급이 확고하게 자리를 잡고 영국 경제가 안정되었을 때, 소설은 이미 여성적 글쓰기 형식으로 알려져 있었고, 소설과 고상한 문학 전통 사이의 갈등은 대부분 해소된 상태였다. 이 무렵이 되면 리처드슨의 작품과 버니의 작품 같은 소설들이 이미 규범적 문학의 영역 속으로 들어온 상태였고, 소설의 지속적 전통이 미래로 나아가는 방식으로뿐만 아니라 과거로 거슬러 올라가는 방식으로 씌어질 수 있었다. 그렇지만 소설 장르가 문학사에 포함되어 쓰여지면서 소설이 생산되는 과정은 사라져 버렸다. 소설작품들만이 더 시간이 흐른 후에야 소설로 알려지게 된 글쓰기와 이후 문화사의 다락방이나 고방에 처박히게 된 다른 종류의 허구적 이야기들 — 한때는 소설이나 로맨스로 간주되었던 이야기 — 간의 투쟁을 간직하게 되었다.

따라서 우리는 리처드슨의 『파멜라』에서 시작하여 소설이 여러 글쓰기 장르 중에서 존경받을 만한 위치에 오르게 된 과정을 살펴볼 수 있다. 이 과정에서 정치 세계로부터 독립해 있고 여성이 감독하는 사적인 문화 영역이 생겨났다. 이런 문화적 환상은 개인들이 새롭고 좀 더 근본적인 정체성을 실현할 수 있고, 그에 따라 구 사회를 조직하는 신분 구분 체계로부터 자유로워질 수 있다는 약속을 안겨 주었다. 이 점에서 소설은 계몽주의적 수사의 무기고에 강력한 무기를 제공해 주었는데, 이 무기의 목적은 개인을 정치적 속박에서 해방시키는 것이었다. 리처드슨은 어떻게 소설이 줄 것이라고는 젠더화된 형태의 문해력 말고는 아무것도 가진 것이 없는 여성을 중심으로 시골 저택을 재조직하는 전략들을 적절히 활용할 수 있는지 증명해 보였다. 리처드슨이 활용한 전략이 루소가 『사회계약론』을 집필할 때 활용한 전략과 닮았을지도 모르겠다. 그렇지만 리처드슨의 전략은 낯익은 계몽주의의 주제들에 중대한 변형을 제공해 주었다. 상술하자면, 리처드슨의 전략은 여성이 자기 자신의 글쓰기에서, 그리고 이 글쓰기를 통해 지식의 대상이 됨에 따라 여성 주체를 구성했다. 필시 리처드슨은 이 여성을 창조할 권위를 얻고자 했을 뿐이었고, 독자들이 그녀의 행동에 영향을 주기 위해 제시하는 해석 전략들을 통제하려고 했을 가능성이 가장 높다. 그러나 소설 자체는 18세기 말 무렵 개인의 권리를 주장하는 동일한 전략들이 일종의 변형을 겪으며 개인을 통제하는 권력을 얻었음을 증명한다. 그런데 이 해석 전략들은 바로 이 개인을 위한 주장을 계속해 왔다. 이제 나는 내가 선정한 소설 작품들을 애초에는 근대 사회제도에 이론과 정당성을 부여했지만 나중에는 사회 통제의 수법으로 활용된 특정한 정치적 전략의 역사로 읽고자 한다.

품행지침서는 오늘날 우리가 중산층 가정으로 알고 있는 것을 공식화하면서 새로운 형식의 기호 행위를 보여 주었다. 이런 기호적 행위 ― 내가 자기 생산의 수사임을 확인한 계약들 ― 는 정치권력을 얻기 위한 전면적 투쟁을 물리적 힘의 수위에서 언어의 수위로 옮겨 놓았다. 이것은 전혀 비밀이 아니다. 제도적 문화가 유지되는 특징적 방식은 문해력의 규제와 언어의 상품화이다. 그러나 품행지침서는 그 중심에 새로운 권위 형태를 갖고 있는 새로운 가정의 질서가 교육을 통해 정확히 어떻게 생산되었는지에 대해 특히 분명한 입장을 보여 준다. 우리가 확인해 본 바로는 루소가 주장하듯이, 특수한 정치적 정체성을 전혀 갖지 않는 개인을 생산하기 위해서는 ― 무엇보다도 ― 지식을 엄격하게 통제해야 했다. 루소에게 있어서 보편적인 선(善)은 개인의 사적인 선(善)으로 수용되어야 했는데, 이것은 개인적 기반 위에서 동일한 지식을 받아들이는 개개의 개인들에게 달려 있었다. 그렇지 않을 경우 보편적인 선은 특정 당파의 선으로 이해되었을 것이다. 『에밀』을 저술한 루소처럼 영국의 품행지침서들은 '마음의 수양'으로 알려진, 젠더에 기초를 둔 교육 철학을 장려하고자 했다.

영국의 품행지침서들이 여성은 젠더에서 비롯되는 긍정적인 특성들을 지니고 있다고 주장하는 것으로 시작하는 경우, 자연적 형태로서의 여성성은 기껏해야 불안정한 사회화의 힘을 제공할 뿐이라는 점을 반드시 강조했다. 여성성은 심지어 중대한 정치적 분열의 원인으로 비칠 수도 있었다. 토머스 기스본의 『여성의 의무에 관한 연구』(*Enquiry into the Duties of the Female Sex*, 1789)는 안정을 위협하는 성향에 관해 장황하게 설명하는 여러 품행지침서 가운데 하나이다. 아이러니하게도 이런 성향은 여성의 덕성이기도 하기 때문에 여성들이 특히 이런 성향을 보이는 경향이 있었다.

> 여성의 우월성이 인정되는 여러 성향 중에서 그토록 이채를 띠는 상상력의 방종한 쾌활함과 성급함은 마음을 불안하게 만들고, 신기한 것을 좋아하고, 습관적으로 경박해지고 시시한 일에 빠져들며, 어떤 일에 분별 있게 몰두하는 것을 좋아하지 않으며, 보다 진지한 학문을 싫어하면서 이런 학문의 가치를 지나치게 과소 평가하고, 기지를 부리고 서투른 재주를 얻는 일에 과도한 관심을 보이고, 감탄을 자아내고 칭찬을 얻기 위해 절약하고, 허영과 허세를 부리는 경향이 있다.[4]

품행지침서들이 여성의 노동을 금지하자 여성들이 "시시한 일"에 빠질 수 있는 시간이 많아졌다. 하지만 품행지침서들은 "상상력의 방종한 쾌활함과 성급함" 때문에 미래의 아내가 하고 싶은 대로 하도록 내버려 두지는 않았다.

품행지침서에서 여성의 여가시간을 어떻게 채울 것인가 하는 문제는 여성의 경제적 행위만큼이나 많은 관심을 끌었다. 품행지침서의 저자들은 여성에게 감독관의 일을 시키기 위해 여성을 노동에서 해방시켜야 한다는 문화적 요청에 따라 자신들의 가정 경제를 고안해 냈

4 Thomas Gisborne, *Enquiry into the Duties of the Female Sex*, London, 1789, p. 54.

다. 그렇지만 여성에게 할 일이라곤 거의 주어지지 않았기 때문에 품행지침서가 구 귀족사회의 특징으로 묘사하기 위해 활용한 바로 그 퇴폐적 형식을 조장하도록 기획된 상황이 만들어졌다. 사실 이런 교육 프로그램에 쏟아지는 흔한 불평 가운데 하나는 이 프로그램이 여성에게 쓸모없고 경박한 인생을 살아갈 준비를 시키는 경향이 있다는 것이었다.[5] 이 프로그램의 비판자들은 젠더에 기초를 둔 교육이론의 옹호자들에게 동조했는데, 이 교육 이론은 여성이 처해 있는 사회 환경이 여성에게 오락적 성향을 보이는 활동 형태를 지나치게 많이 제공해 준다고 주장했다. 품행지침서의 저자들은 여성이 노동을 한다는 관념을 부인하면서도 여전히 여가시간의 위험성을 알고 있었다. 그래서 이 저자들은 대개 가정적 기술을 포함하는 활동의 경우 ― 여성의 의무 ― 그것이 가장 경박해 보이는 곳에서 용의주도하게 감독되어야

5 해리엇 마티노(Harriet Martineau)는 여성에게 아내가 될 준비만 시키는 교육 프로그램에서 기인하는 심각한 사회적 문제를 예견했다. "상당수의 여성들에게 스스로를 부양할 책임이 지워졌지만, 거기에 필요한 다양한 직업이 이런 여성들에게 허용되지 않거나, 필요한 교육이 제공되고 있지 않다. 이런 상황의 자연스러운 결과로, 여성들은 결혼을 삶에서 유일한 목적으로 간주하고, 따라서 결혼을 확보하기 위해서 극도로 안달하게끔 교육받는다." Martineau, *How to Observe: Morals and Manners*, London, 1838, p. 176. 풀랜 부인(Mrs. Pullan)은 중산계급의 사랑 관념을 문제 삼을 때 마티노보다는 덜 노골적인 입장을 취한다. 풀랜 부인은, 경제적 세계에서 살아남으려면 여성들은 전문화된 여성 교육이 일반적으로 제공해 주는 것보다 더 많은 것을 갖추고 있어야 한다는 마티노의 입장을 전반적으로 수용하는 것을 ― 세기 말 무렵 ― 극적으로 표현한다. 마티노의 입장에 따르면, "모든 영국 여성이 직업을 고를 때 나라의 긍지와 자랑이 상업임을 잊지 않도록 해야 한다. 우리나라는 국가의 모든 위대한 제도, 학교, 병원, 도서관, 국내의 부와 해외로 보급하는 문명을 상인들과의 교역에 빚지고 있다. 이 모든 것을 기억할 때, 영국 여성은 여성 상인이 되는 것을 더 이상 불명예로 여기지 않게 될 것이다". Matilda Pullan, *Maternal Counsels to a Daughter: Designed to Aid Her in the Care of Her Health, Improvement of Her Mind, and Cultivation of Her Heart*, London, 1861, p. 148.

한다고 역설했다. 왜냐하면 바로 이런 곳에서 여성의 교육은 여성의 욕망을 잘못 인도할 것으로 예상되는 통제되지 않은 오락의 상태로 퇴행할 가능성이 있기 때문이다.

여성의 여가활동을 감독해야 한다고 확신했기 때문에 오락이 야기하는 문제를 해결하는 일에 몰두한 저자들은 새로운 취향 개념 — 특히 비(非)귀족적인 개념 —과 여성이 소일하는 새로운 방식을 개발했다. 이래즈머스 다윈은 이렇게 설명하고 있다.

> 취향의 요건은 상당히 조심스럽게 [여성들에게] 가르쳐져야 한다. 왜냐하면 취향은 스케치와 그림 그리기, 견본 만들기, 조화 만들기, 자수놓기, 편지쓰기, 책읽기, 말하기처럼 여성들이 여가시간에 연마할 수 있는 모든 순수 예술을 이룰 뿐만 아니라, 여성들의 의복, 몸짓, 예절의 일부를 이루고, 삶의 거의 모든 환경의 일부를 이루기 때문이다.[6]

이어지는 다윈의 설명에 따르면, 이런 활동들이 한편으로는 자기 전시의 수단이 되지 않도록 주의를 기울여야 하고, 다른 한편으로는 언제나 "정신적" 혹은 "도덕적 수양"의 기회를 마련해 주어야 한다. 감독은 타락의 길로 이어지는 오락과 여성의 마음을 건설적으로 차지하는 여가 형태를 갈라놓는 결정적 요소로 간주되었다. 여성의 교육을 이루는 활동들은 감독될 경우에만 교육적인 것으로 여겨질 수 있었다.

6 Erasmus Darwin, *A Plan for the Conduct of Female Education in Boarding Schools*, Dublin, 1789, p. 25.

마찬가지로 감독의 기회가 제공된다면 사실상 무엇이든지 교육적인 것으로 여겨질 수 있었다. 사실 어떤 활동이 쓸모가 없으면 없을수록 감독의 기술을 온전히 수행하는 데 더 적합한 것으로 보였다.[7] 그러므로 이런 활동을 수행하는 방법을 배우면서 여성들은 가정을 감독하는 기술을 배웠다. 여가활동의 감독이 여성을 길들이는 수단을 제공하면서, 이렇게 길들여지는 여성은 주로 여가시간을 감독하는 기술을 습득

7 단지 여성들이 교육을 받았다는 사실을 과시할 수 있도록 하기 위해서 여성을 교육시키는 경향은 많은 작품에서 비판의 대상이 되었다. 예를 들어, 오스틴의 소설 하나하나가 여성 교육을 명쾌하게 공격한다. 『맨스필드 파크』(*Mansfield Park*)에서 버트럼 부인(Lady Bertram)은 자신의 딸들과 패니(Fanny)를 교육시키기 위해서 노리스 부인(Mrs. Norris)을 집안에 들인다. 하지만 이들이 받는 교육은 계급에 따라 남성을 구별하는 교육만큼이나 배타적일 것이라는 점은 명백하다. 패니와는 대조적으로 "버트럼 부인의 딸들"은 프랑스어를 조금 알고, 이중주를 연주할 수 있으며, 영국 국왕들을 "왕위 계승 날짜와 함께" 연대순으로 암송할 수 있고, "이들 각 왕의 통치기와 (…) 태생이 비천한 세베루스(Serverus) 같은 로마 황제의 통치기에 일어난 주요 사건들을 대부분" 열거할 수 있고, "그리고 또 이교도 신화의 많은 부분, 온갖 금속과 반금속, 행성, 유명한 철학자들을" 열거할 수 있다는 것을 우리는 알게 된다. 여기에다 오스틴은 다음과 같은 말을 덧붙인다. "전도유망한 재능과 일찍 배운 지식에도 불구하고, 그들에게는 자기 인식과 관대함, 겸손함이라는 흔하지 않은 후천적 특성들이 전혀 없다는 점은 그리 놀랄 일이 아니다." Jane Austen, *Mansfield Park*, New York: Signet, 1964, pp. 17~18. 반세기가 지난 후 1865년에 있었던 학교조사위원회에서 한 증언에서 프랜시스 메리 버스(Frances Mary Buss)는 비슷한 용어로 소녀들을 대상으로 실시되는 교육의 상태를 비판했다. 그러나 설사 버스가 남녀평등교육을 옹호하고 있었다고 해도, 남자아이들과 달리 그녀가 가르치고 있는 여자아이들은 당연히 음악과 그림, 바느질을 포함하는 "소양"을 갖추게 되리라 여겨졌다. *Victorian Women: A Documentary Account of Women's Lives in Nineteenth Century England, France, and the United States*, eds. Erna Olafson Hellerstein, Leslie Parker Hume, and Karen M. Offen, Stanford: Stanford University Press, 1981, pp. 76~80. 또한 Emily Faithfull, *How Shall I Educate My Daughter?*, London, 1863; Josephine Kamm, *Hope Deferred: Girls' Education in English History*, London: Methuen, 1965; Joan N. Burstyn, *Victorian Education and the Ideal of Womanhood*, London: Croom Helm, 1980; Martha Vicinus, *Independent Woman: Work and Community for Single Women 1850-1920*, Chicago: University of Chicago Press, 1985, pp. 163~210을 참조할 것.

하게 되었다. 독서는 이런 전략적 목적과 보조를 맞추면서 여성의 시간을 차지하는 가장 유용하면서 동시에 가장 위험한 방법이었다.

문해력이 개인을 형성하는 가장 효과적인 수단을 제공한다는 관념은 품행지침서의 존재 이유였다. 이 전제는 품행지침서라는 장르가 이전 시대에 처음 생겨날 때부터 그 속에 들어 있었다. 그러므로 지금 전개하고 있는 논의를 위해 나는 이 문제에 관한 모든 교육적 진술의 이면에는 개인이 주체와 대상 세계 사이의 교환을 통해 발전한다는 전제가 있다고 주장하고 싶다. 또한 분명히 이 전제가 인간의 오성을 이해하려는 18세기 영국 철학의 모든 시도의 이면에 있다고 주장하고 싶다. 개인의 발전에 관한 이런 이론의 핵심에는 언어가 주체와 외부 대상 세계 사이에 상호 변형의 관계를 구성할 수 있다는 더 근본적인 전제가 자리 잡고 있다. 이 이론들의 세밀한 지점을 다루는 것이 여기서 나의 목적은 아니다. 내가 보다 관심을 갖는 것은 품행지침서에서 볼 수 있는 대중 심리나 상식의 조야한 이론적 토대를 분리해 내는 것이기 때문이다.

계몽주의 인식론이 지닌 전체 문제를 지나치게 단순화하는 위험을 무릅쓰면서 나는 이런 이론들이 모두 어떻게 독서와 성, 사회적 통제 사이의 관계에 대한 특정한 이해방식에서 생겨났는지, 그리고 이 관계가 어떻게 이런 이론들에 신화적 힘과 같은 것을 부여하는 방식으로 표현되었는지 제시해 보고 싶다. 비록 내가 나의 요점을 구체적으로 보여 주기 위해서 겨우 몇 개의 사례만 활용하더라도, 이론으로 인식될 수조차 없었던 이론을 완성하려면 여성적 지식과 절차를 기술하는 수많은 진술들이 필요했다는 점을 전제해야 한다. 이 이론이 이론으로 인식될 수조차 없었던 것은 그 힘이 순전히 반복에서 나왔기 때문이다. 바로 이런 이중적인 이론의 목적 —설명하고 신비화하는 것—이 성취된 덕분에 뒤보스크(Jacques Du Boscq)의 『모든 종류의 덕성에서 남성 영웅과 비교해서 본 영웅적인 여성 혹은 여성 영웅』(*La femme heroique ou les heroines comparees avec les heroes, en toute sorte de vertus*)은 영국해협을 건너와, 1632년과 1633년, 1634년, 1636년, 1639-40년, 1643년, 1658년에 거듭 재판을 찍으면서 살아남았고, 1753년에는 『완벽한 여성』(*The Compleat Woman*)이란 제목으로 번역되고 같은 해에 또다시 『교양 있는 여성』(*The Accomplish'd Woman*)으로 재포장되어 출간될 수 있었다. 뒤보스크는 어떻게 언어가 주체와 대상 세계를 매개하는지에 대해 다음과 같이 설명한다.

> 우리가 동의하지 않더라도 우리의 몸이 우리가 먹는 것의 특성을 받아들이는 것과 마찬가지로 우리의 기질 혹은 마음의 순결도 그렇게 한다. 마찬가지로 우리의 심성은, 자신도 모르게, 우리가 읽는 책에서 나오는 것을—그것이 무엇인지는 나도 모르겠지만—받아들이기 쉽다. 즉, 우리의 기질은 우리가 깨닫기 전에 바뀐다. 우리는 쾌활하고 즐거운 것을 만나면 느긋해지고, 방탕한 것에서는 방종해지고, 침울한 것에서는 우울해진다. 사람들이 어떤 책을 읽고 난 후 완전히 바뀌는 것을 보는 것보다 더 흔한 일은 없을 정도로, 사람들은 새로운 열정을 가지게 되고 완전히 다른 삶을 살게 된다.[8]

8 Jacques Du Boscq, *The Accomplish'd Woman*, London, 1753, p. 17.

우리는 어떻게 취향의 개념이 식탁에서 — 즉 "당신이 먹는 것이 곧 당신이다" — 독서의 장으로 옮겨 가는지에 주목해야 한다. 이 독서의 장에서도 동일한 경제가 지식의 소비에 적용된다. 그러나 독서에서 좋은 취향은 개인의 본성과 가치를 결정하는 데 있어 먹는 음식보다 훨씬 더 중요하다. 오독(misreading)의 결과를 가리키는 가장 흔한 두 비유 중 하나를 — 다른 하나는 유혹이다 — 상기시키면서, 또 다른 필자는 다음과 같이 주장한다. "적절한 통제가 이루어지면 독은 신체에 유익하게 작용할 수도 있지만, 도덕적인 독은 그 효과를 좀체 통제할 수 없다. 일단 마음과 심성이 오염되고 감정의 순결과 진실이 손상되고 나면, 그 파괴적 효과는 대부분의 경우 너무도 분명하고 돌이킬 수가 없다."[9] 비록 일반적인 말로 표현되고 있지만 이 이론은 특히 여성에게 적용된다.

여성의 품성의 가치가 가장 확실하게 위협받는 경우는 바로 그릇된 지식을 곧이곧대로 받아들일 때이다. 왜냐하면 그릇된 지식은 해당 여성으로 하여금 그릇된 것을 욕망하도록 만들기 때문이다. 근대의 독자층에게 적절할 뿐만 아니라 이전 시대와도 관련이 있는 한 진술에서, 뒤보스크는 타락의 주제를 다음과 같이 변주하고 있다. "최초의 여성을 속인 바로 그 악마가 여전히 그녀의 일부 딸들에게 아주 경탄할 만한 것을 볼 수 있는 눈을 뜨게 만들어 주겠다고 약속함으로써 비슷한 감정을 불어넣는 것 같다."[10] 이렇게 뒤보스크는 "눈"을 출입구, "사

9 Madame de Walend, *Practical Hints on the Moral, Mental, and Physical Training of Girls at School*, London, 1847, p. 62.

10 Du Boscq, *The Accomplish'd Woman*, p. 21.

물"을 시각적 소비의 대상, "감정"을 유혹적인 이미지의 표적, 지각을 외부 세계에서 주체로 연결되는 타락의 도관이라고 확인한다. 다른 경우처럼 이 경우에도 유해한 지식이 일으키는 위험—"아주 경탄할 만한 것들"에 대한 욕망—은 독과 유혹, 두 가지로 묘사되고 있다. 똑같이 강한 함축성을 지닌 은유들의 결합체를 사용하여 이 은유들에 극히 축어적인 의미를 부여함으로써, 품행지침서의 저자들은 특히 여성용으로 기획된 교과 과정이 시급하게 필요하다는 점을 환기시키고자 했다. 그러나 뒤보스크의 은유의 결합체는 공교롭게도 오염의 형상을 구성하고 있다.

이런 오염의 형상이 출현하는 데 관건이 된 것은 다름 아닌 집단 정체성의 원칙이었다.[11] 이 원칙을 18세기 영국 사회에 적용해 본다면, 귀족은 아니지만 학식 있는 사람들—점점 더 열광적으로 품행지침서를 집필하고 소비하던 사람들—로 구성된 집단의 정체성은 여성 주체성의 형성에 기대고 있었던 것으로 보인다. 뒤보스크에 따르면, 여성들은 "그들의 심성을 칭찬받을 수 있을 만큼 풍요롭고 공손하게 만들고, 방치해 두면 종종 우스꽝스럽고 어리석게 보일 위험에 빠질 명랑함을 누그러뜨리기 위해, [남성들보다] 더 많은 독서가 필요하

11 Mary Douglas, *Purity and Danger: An Analysis of Pollution and Taboo*, London: Routledge and Kegan Paul, 1966. 이 책에서 메리 더글러스는 몸이 공동체의 경계를 정의하는 데 활용될 수 있는 다양한 방법들을 밝히고 있다(122쪽). 사회적 오염(social pollution)이라는 더글러스의 개념은 내 논의에 잘 들어맞는다. 내 논의는 신흥 중산계급은 여성의 몸과 그 몸의 외부 경계, 그 체계의 내부 경계선, 그리고 그 내부에 들어 있을지도 모르는 모순들을 다시 정의함으로써 첫 집단 정체성을 획득했다는 견해를 추구한다.

다".[12] 후일 등장한 한 저자는 이 원칙이 특히 소녀들에게 적용된다고 주장하기 위해 이렇게 말한다. "아동 교육에서 책 선택은 아주 중요하다." "필시 아들은 어릴 적에 개인 가정교사에게 맡겨지겠지만, 딸의 심성을 가꾸는 일은 어머니의 고유한 본분이다."[13] 일찍이 뒤보스크는 독서를 통한 지식의 전수를 가리키는 유비(analogy)로 성적 재생산을 활용하고 있다. 그는 주체성의 재생산에 내재하는 위험을 말하기 위해 오염을 물리적 사건에서 심리적 사건으로 전환시키고 있을 뿐이다. "어머니들이 특별한 대상을 보면 곧바로 그 흔적을 종종 자식들에게 남기듯이, 왜 우리는 로맨스에 나오는 음탕한 이야기가 우리의 상상력에 마찬가지로 영향을 미치며, 우리의 영혼에 언제나 다소간 흔적을 남긴다는 사실을 믿어선 안 되는가?"[14] 이런 유비 속에는 여성용 독서를 엄격히 규제할 것을 요구하는 주체성 이론이 새겨져 있다. 여성들은 가족구성원을 재생산하듯이 주체성의 형식도 재생산하기 때문이다. 이 유비는 비유적 용법이 사실적 진리의 위상을 획득하면서 후일 나온 품행지침서의 수사적 기초를 형성하는 이론이 되었다.

도덕적 우화를 포함하거나 간혹 모범적인 대화와 편지의 형태를 띠었을지 모르겠지만, 품행지침서들은 이 여성용 독서 프로그램에 자료를 제공하지는 않았다. 하지만 품행지침서들은 유익한 독서와 유

12 Du Boscq, *The Accomplish'd Woman*, p. 4.

13 *The Young Woman's Companion (Being a Guide to Every Acquirement Essential in Forming the Character of Female Servants, Containing Moral and Religious Letters, Essays, and Tales, also Valuable Receipts and Directions, Relating to Domestic Economy)*, London, 1830, p. 146.

14 Du Boscq, *The Accomplish'd Woman*, p. 17.

해한 독서를 구별하고, 책의 범주와 때로는 제목도 정하고, 이런 자료들의 활용 방안을 설명하는 일에는 어떤 수고도 마다하지 않았다. 품행지침서들은 모두 순수 예술을 폭넓게 장려하는 것은 허영심을 낳고 이기적인 열정을 불러일으키는 경향이 있다고 역설했다. 이 품행지침서들은, 여성적인 지식영역 안에 순수 예술은 들어 있지 않다고 주장함으로써 여성의 교육을 남성의 교육과 구별했으며, 보다 중요하게는 귀족적 전통과 연관되는 고전 교육과 구별했다. 이와 상반되게, 같은 품행지침서들이 여성적 취향을 형성하려면 영국의 고전에 어느 정도 정통해야 한다고 역설하기도 했다. 어느 품행지침서의 저자가 "밀턴(Milton)과 셰익스피어(Shakespeare)를 공부해야 한다"[15]고 주장하거나, 심지어 "영(Young), 골드스미스(Goldsmith), 톰슨(Thomson), 그레이(Gray), 파넬(Parnell), 카우퍼(Cowper), 캠벨(Campbell), 번스(Burns), 워즈워스(Wordsworth), 사우디(Southey)가 들어가고 포프(Pope)의 시의 윤리적 대목도"[16] 포함되는 전통 전체를 추천하는 것은 일반적이었다. 역사에서 발췌한 인용구들과 대화 방식으로 가르치는 프랑스어와 이탈리아어에 대한 피상적 지식뿐 아니라, 미와 상상력에 관한 중요한 에세이들도 추천 도서목록에 자주 포함되었다. 이런 자료들이 교과 과정의 핵심을 구성했는데, 후대의 저자들은 여기에 지리와 수학, 자연사를 추가했다. 내가 보기에, 명백히 이런 교과 과정의 취지는—적어도 처음에는—여성의 지적 활동을 제한하는 것이 아니라

15 *The Young Lady's Friend*, Boston, 1837, p. 81.
16 *Ibid.*, p. 427.

이런 지식을 여성적인 것으로 정의하는 것이었다. 이것은 이미 종속되어 있는 여성을 또다시 종속시키겠다는 목적의 제안보다는 훨씬 공세적인 정치적 제안이었다. 여성적 취향의 기준이 확립됨으로써 고전적 전통에 기초를 둔 남성적 기준을 대체하는 긍정적 대안이 마련되었다. 이런 대안적인 여성용 교과 영역들이 오늘날 우리들 눈에 아주 평범해 보인다면, 그것은 그 자체로는 보잘것없는 이런 여성용 교육 안내서들이 모여 후일 영미의 표준 교과 과정을 결정하게 될 기본 범주들을 공식화했기 때문이다. 나는 지금 근대의 교육제도들이 특별히 여성적 지식이었던 것을 문해력 일반에 대한 표준으로 변형시키면서 주체를 여성화하는 기획을 지속해 왔다고 제안하는 바이다.

이 유형에 속하는 다양한 지침들로부터 사실상 모든 유형의 지식으로 확장될 수 있는 — 궁극적으로 확장될 — 정밀한 독서 방법론을 엮어 낼 수 있다. 예를 들어, 역사 읽기는 젊은 여성들에게 많은 교훈을 주는 데 활용될 수 있었다. 브로드허스트 목사는 이 교훈들 가운데 하나에 관해 흄(David Hume)의 견해를 따르고 있다. 브로드허스트 목사는 "여성은 역사로부터 사랑이 인간의 마음속의 유일한 원칙이 아니며, 언제나 지배적 원칙인 것도 아님을 배울 수 있다"[17]라고 다소 거만하게 쓰고 있다. 또 다른 필자에 따르면, 여성들에게 이런 교훈을 제공하는 동기는 "역사를 인류가 그 옛날 서로 싸우고 살인을 저지르는 동물에서 현재 지성과 지적 수양을 갖춘 존재로 서서히 진보해 온 과정

17 Broadhurst, *Advice to Young Ladies on the Improvement of the Mind and Conduct of Life*, p. 49.

을 그린 것이라고 말하는 것이다." 더욱이 인류의 진보는 천재적 개인의 성과로 이해되도록 되어 있다. 학생에게 "고립된 사실들"만 던져 주어서는 안 된다. "학생이 알렉산더 대왕이나 카이사르 같은 사람, 혹은 펜, 제너, 와츠, 그리고 직류 전기의 힘을 기막히게 적용한 쿡 같은 사람들에게 따라다니는 영광의 차이를 심사숙고했는지"[18] 물어봐야 한다. 독자들이 군사력과 근대 기술력 가운데 어느 것이 더 강력한 힘을 갖는지 고찰하려면, 서구 역사 전체가 친족관계의 계보학이나 이야기가 아니라 인간의 역사라고 가정해야 한다. 마치 필자들 사이에 사전 합의를 보기나 한 듯, 이런 서적에서 역사가 논의되는 곳에서는 모두 개인적인 것과 정치적인 것 사이에 연관 관계가 형성된다. 이렇게 해야 가정 밖의 세계가 개개 남성들이 수행한 거대한 노력의 결과로 생긴 것이 되기 때문이다. 이런 저자들이 유명인사의 영향력이 느껴지는 시대와 관련해서 해당인사의 회상록과 전기를 읽으면서 역사적 지식을 습득하라고 여성들에게 제안하는 일은 흔했다. 한 저자에 따르면, "역사는 여러분들이 입수할 수 있는 온갖 부수적 지식들로 채워 넣어야 할 뼈대로 여겨져야 한다".[19]

만일 역사가 여성적 심성이 지닌 최악의 성향을 바로잡을 수 있는 교정책을 제공해 준다면, 비유적 언어의 용법은 모두 극히 조심스럽게 다루어져야 한다. 해밀턴 부인은 이렇게 단언한다. 진리는 "때때로 공상의 손에 내맡겨 치장(治粧)되어야 한다. 하지만 이렇게 진리가 치장

18 Madame de Walend, *Practical Hints on the Moral, Mental, and Physical Training of Girls at School*, p. 79.

19 *The Young Lady's Friend*, p. 245.

되어 있는 듯 보일 때, 장식이 과도한 주의를 끌어 그 안에 숨어 있는 인물의 균형감과 비례감을 놓치지 않도록 매우 조심해야 한다".[20] 품행 지침서들이 역사에 위대한 남성의 자질을 부여하는 것과 대조적으로, 이 구절은 허구적 서사에서 발견되는 진리를 여성으로 등장시키고 있다는 점에 주목하지 않을 수 없다. 하지만 이렇게 글쓰기를 젠더와 동일시할 때 정말로 문제가 되는 것은 허구를 진리와 대립시키는 것이 아니라 오히려 모든 글쓰기가 결과적으로 요구하는 독서의 전략이다. 보다 공상적인 글쓰기의 진리처럼 역사의 진리는 심층에 숨어 있다. 그런데 이 진리는 그것을 성적이고 궁극적으로는 심리적인 용어로 전환시키는 특정한 해석 과정을 통해 발견될 수 있다.

다시 말해, 재현은 마치 개별 인간의 모든 특성을 지니고 있는 것처럼 여겨져야 한다. 해밀턴 부인은 독자들에게 비유적 언어의 위험을 경고한 다음 계속해서 "허구적 인물들이 언제 혹은 어디에서 살았는가, 혹은 과연 그들이 실제로 살기는 했는가" 따위의 문제는 실상 별로 중요하지 않다고 말한다. "우리가 물어야 하는 단 하나의 문제는 특정 성향과 의견이 당연히, 그리고 필연적으로 특정 결론에 이르는가이다."[21] 게다가 여성들에게 이교도의 신화를 가르쳐야 한다고 제안할 때 이래즈머스 다윈은 자신이 대담한 한 걸음을 내딛고 있음을 분명하게 감지하고 있었다. 다윈의 말로 표현하자면,

20 Elizabeth Hamilton, *Letters: Addressed to the Daughters of a Nobleman on the Formation of Religious and Moral Principle*, London, 1806, p. 212.

21 *Ibid*., p. 212.

이런 신화의 대부분이 인격화된 악덕들로 구성되어 있기 때문에, 남학교에서뿐만 아니라 여학교에서도 이런 종류의 학식이 심성에 미칠 수 있을 나쁜 영향을 방지하기 위해 많은 주의를 기울여야 한다. 이는 이교도의 신들이 행한 것으로 여겨지는 행동들 중 많은 것들의 알레고리적 의미를 설명함으로써, 그리고 이 신들이 현재는 지혜의 여신인 미네르바나 전쟁의 여신인 벨로나처럼 단지 특정한 힘의 표상으로만 활용되면서 화가들의 언어를 구성하고 있으며, 정지하고 있거나 움직이고 있는 가시적 대상들을 묘사하는 것 이외에 사실상 예술이 소유하고 있는 거의 모든 언어를 구성하고 있다는 것을 보여 줌으로써 성취될 수 있다.[22]

게다가 이 진술은 엄밀한 해석 절차들이 각각의 신에게 특정한 감정을 할당하는 전략을 어떻게 제공했는지 분명히 밝혀 준다는 점을 강조해야겠다. 다윈은 만일 독자가 해석 방법을 알고 있다면 거의 모든 종류의 지식을 소비하도록 허용해 줄 수 있었다. 왜냐하면 이것은 모든 지식을 하나의 진리유형으로 바꾸는 것이었기 때문이다. 이교도의 신들을 추천된 용도로 활용하는 것은 이 진리유형에 패러다임을 제공해 주었다. 무례한 행동양태를 보여 주는 경향이 있지만 고대 신화는 여성용 교과 과정에 한 자리를 차지할 수 있었는데, 다윈의 주장에 따르면, 이 교과 과정의 어휘는 모든 예술작품을 감정적 현상으로 옮길

22 Erasmus Darwin, *A Plan for the Conduct of Female Education in Boarding Schools*, pp. 32~33.

수 있었고, 이렇게 되면 감정적 현상이 도덕적 평가의 대상이 될 수 있었다. 다윈은, 언어의 역사적 표층을 제거할 수 있는 어휘는 사실상 모든 고급 예술작품을 일반 소비자들도 이용할 수 있는 것으로 만들 수 있는 어휘이기도 하다는 점을 감지하고 있었던 것 같다.

특정 지식 영역의 여성화가 어떻게 다양한 문화적 요소들을 우리가 오늘날 소설이라고 여기는 이야기들과 놀랄 정도로 닮은 산문 성장 서사(developmental narrative)로 표현하는 결과를 낳았는지 보여주기 위해서는 이런 몇 개의 사례만으로도 충분할 것이다. 하지만 소설은 여성적인 형태로 재생산될 수 없는 유일한 것이었다. 소설의 의미 형성 행위 — 그것이 무엇이든지 간에 품행지침서는 너무 고상하여 말하지 못했던 의미 — 는 여성 독자들이 수행할 것으로 기대되는 문화적 지식을 다시 분류하기 위한 절차들에 분명코 저항했다. 적어도 품행지침서들은 단 한 번도 어김없이 소설을 '다른' 글쓰기, 즉 자기네의 진리 방식이 엄격하게 반대하는 온갖 거짓을 포함하고 있는 글쓰기로 표현했다. 소설은 남성적인 글쓰기가 아닌 것으로 이해되었다. 왜냐하면 소설은 대개 여성들이 썼기 때문이다. 그런데 소설과 로맨스를 말하기만 해도 그것은 예외 없이 이런 글쓰기를 유혹의 한 형태로 표현하는 경고로 이어지는 서막이었다.[23] 18세기를 통틀어 교육 이

23 루스 페리(Ruth Perry)는 『숙녀용 문고』(*The Ladies Library*)라는 제목의 품행지침서에서 소설 읽기가 야기할 수 있는 유혹의 효과에 대해 부모에게 주는 경고를 인용한다. 격정은 "방심한 독자들의 마음을 교묘하게 파고들기 쉽다. 이렇게 되면 불행하게도 복사본이 원본을 만들어 내는 전도가 일어날 것이다. (…) 정말로, 이 거울 속에 재현된 (…) 사물들의 잘못된 개념과 이미지들이 세상에 어떤 막대한 해악을 가하는지를 상상하기는 매우 어렵다". Perry, *Women, Letters, and the Novel*, p. 155.

론은 이 점에 대해 확고한 입장을 견지했다. 부모와 교사들은 "여성을 즐겁게 해 주기 위해 기괴하거나 부자연스럽거나 터무니없는 이야기들이 아니라 독창적 우화나 실제 역사적 사건을 활용해야" 했다.[24] 하지만 18세기의 마지막 10년 동안 우리는 갑작스러운 범주의 이동이 일어나고 있음을 알 수 있다. 물론 소설은 "더 유용한 지식을 싫어하게 만들고", "다시 평범한 삶의 의무로 돌아가는 것을 유감스럽게 느끼도록" 만들며, "실재하는 불행의 대상에 대해 독자들의 감정을 무디게 만든다"는 동일한 주장도 있었다.[25] 하지만 이와 동시에 소설의 분류가 갑자기 보다 복잡해지고 있음을 보여 주는 수많은 증거들 역시 발견된다. 어떤 소설들은 심지어 교육적 독서에 대한 품행지침서의 기준을 따랐던 반면에, 다른 소설들은 여가시간을 규제하는 수단을 제공해 주었다. 이래즈머스 다윈의 『기숙학교에서 실시되는 여성 교육 운영 계획』은 소설을 진지한 것, 익살스러운 것, 호색적인 것으로 분류한다. 다윈은 마지막 범주에 속하는 소설은 엄격하게 금지하는 반면, 첫번째 범주에 속하는 소설, 특히 버니(Burney), 브룩(Brooke), 레녹스(Lennox), 인치볼드(Inchbald), 스미스(Smith)의 소설에 대해서는 공개적 지지를 표명한다. 다윈의 표현을 그대로 쓰자면, "나는 아주 뛰어난 어느 귀부인이 내게 알려 준 평판에 따라 이 소설들을 모두 여기에 포함시켰다".[26] 특이하게도 다윈은 '뛰어난 귀부인'이 추천할 정도로

24 *The Young Ladies Conduct: or, Rules for Education*, London, 1722, p. 130.

25 Erasmus Darwin, *A Plan for the Conduct of Female Education in Boarding Schools*, p. 44.

26 *Ibid*., p. 37.

안전하고 진지한 읽을거리에 『로빈슨 크루소』를 포함시키고 있다. 이에 못지않게 흥미로운 점은 다윈이 보다 성숙한 독자들을 위해 익살스러운 소설을 추천하면서 『톰 존스』(*Tom Jones*)를 열정을 자극하기보다는 인생의 모방을 제시하는 소설로 거론한다는 점이다.

사람들이 소설을 비난한 것이 젠더에 기초해 있었다면, 나는 소설이 가장 강력한 지지를 받은 것도 젠더에 근거해 있었다는 점을 덧붙여야겠다. 자신이 여성용 교과 과정을 남성적 지식의 오염에서 어느 정도 벗어난 것으로 만들려는 성향이 있다고 생각하면서, 다윈은 이 원칙이 소설에도 그대로 적용되어야 하는지 물으며 다음 질문을 던진다. "예법을 기술하는 이런 책들의 도움을 받지 않는다면", 어떻게 "어릴 적부터 남자들로부터 떨어져 살아온 젊은 여성들이 남자에 대해 판단할 수 있겠는가?" 다윈은 자신이 이런 책들이라는 말로 의미하고 암시하고자 하는 바가 책의 기능임을 오해하지 않도록 소설의 전략에 기댄다. 예를 들면, 다윈은 소설이 여가시간을 보내는 적절한 방법을 제공할 뿐만 아니라 여성들에게 교육적인 가치도 있다는 점을 보여 주기 위해 다음 사례를 제시한다.

> 후견인에게 설득당해 마음에 들지 않는 이기적인 남자와 결혼한 어느 부유한 숙녀가 친구에게 남편의 고약한 심사에 대해 이야기하면서 소설을 읽지 못하도록 금지되었던 사실을 이렇게 한탄했다. "만약 내가 결혼하기 전에 그런 책들을 읽었더라면 더 나은 남자를 선택했을 거야. 하지만 나는 재산 문제를 빼면 세상 모든 남자들이 비슷하다는 말을 들었어."[27]

나는 다윈이 집필한 것 같은 품행지침서들이 소설을 지지할 때 좋은 취향과 천박한 취향을 가르는 기존의 구분방식에 실제로 이의를 제기하지 않았다는 점을 서둘러 덧붙여야겠다. 이런 품행지침서들은 여성들이 읽고 쓴 글쓰기에 다른 취향의 기준, 즉 이런 글쓰기를 — 적어도 이론상으로는 — 사실상 모든 사람이 활용할 수 있도록 만드는 기준을 적용했을 뿐이었다.

만일 소설이 여성과 아동, 하인들의 수중에 들어가야 한다면, 소설은 문해력을 규제해야 했다. 소설에 가해지는 맹렬한 비난은 의심할 바 없이 소설을 읽으라는 최고의 유인책이었다. 왜냐하면 이런 비난은 언제나 마음대로 내버려 두면 이런 부류의 사람들이 모두 소설을 선택할 것이라는 점을 가정했기 때문이다. 따라서 우리는 소설 읽기가 수용할 만한 관행이 되었을 때, 유익한 소설을 유해한 소설로부터 구별했던 근거를 관찰할 수 있다. 이것은, 소설을 읽으면서 여성의 심성이 해를 입지 않을 수 있는 조건이란 무엇인지 묻는 것과 같다. 확실히 소설은 제자리에 있도록 요구받았다. 소설이 더 진지한 독서를 대신해서는 안 되었다. 어느 필자의 말처럼, "어떤 과자도 결코 든든한 고깃덩어리를 대신할 만한 적절한 대용품이 되지는 못한다". 그러나 과자는 독과는 아주 다르며, 여러 가지 점에서 고기보다 더 강력하다. 이와 같이 "지금까지 씌어진 최고의 소설은 소녀들의 유일한 공부거리로, 아니 심지어 주요 공부거리로도 적합하지 않을 것이다". 대신 "소설은 학업

27 Erasmus Darwin, *A Plan for the Conduct of Female Education in Boarding Schools*, p. 39.

에서 벗어나 긴장을 풀거나 기분이 언짢을 때 잠시 위안을 얻는 것으로 여겨야 한다. 확실히 많은 소설이 오락거리로는 흠잡을 데 없이 뛰어나다. 특히 요즈음에는 독자들을 즐겁게 하면서도 교훈을 주는 소설을 쓰는 작가들이 다수 존재한다".[28] 물론 이 문장은 매슈 아널드(Matthew Arnold)가 고급문화를 표현하기 위해 쓴 꿀과 빛의 비유를 진부하게 쓰고 있다. 하지만 이 문장은 궁극적으로 중산계급의 예술 개념을 정의하게 될 진술이다.

확실히 소설만이 '즐거움과 교훈'을 동시에 줄 수 있었다. 바로 이런 이유 때문에 19세기 초에 이 원칙을 하인들에게 적용하는 것이 교육받은 여성들의 특권이 되었다. "모든 부엌에는 서가가 있어야 한다. 서가에 꽂을 책은 신중하게 선별되어야 하고, 부엌의 독자들이 이해할 수 있는 범위를 넘어서는 책은 허용되어서는 안 된다."[29] 19세기 후반에 이르러 소설은 훨씬 더 정교한 역할을 수행했지만, 이 역할은 여전히 여성화의 원칙과 일치하는 것이었다. 『사려 깊은 소녀들을 위한 글들: 소녀들의 생활을 그린 삽화와 함께』(*Papers for Thoughtful Girls, with Illustrative Sketches of Some Girls' Lives*)에서, 세라 타일러(Sarah Tyler)는 독서가 젠더에 따라 개인을 어떻게 구별하는가를 섬세하게 이해한 부분을 자신의 교육 프로그램 속으로 끌어들인다. 이를 통해 타일러는 가정 내에 자체 재생산이 확인된 매우 세밀한 위계질서를 발전시킨다. 이 이론에 따르면, 어머니의 위치를 떠맡기를 갈망하는 딸

28 Mrs. Pullan, *Maternal Counsels to a Daughter*, p. 51.

29 Mrs. Taylor, *Practical Hints to Young Females on the Duties of a Wife, a Mother, and a Mistress to a Family*, London, 1818, p. 41.

들은 "공부에서 명확한 목적을 찾아내야 하고" "학구적인 오빠와 함께 책을 읽기 위해 라틴어를" 배워야 한다. "또 나이 어린 '사내아이'[남동생]를 사로잡기 위해서는 자연사를 배워야 하고, 섬세한 여동생의 마음을 차지하기 위해서는 그림 그리기를, 아버지를 깜짝 놀라게 하고 즐겁게 하기 위해서는 정치경제를 배워야 한다."[30] 이렇게 딸의 독서의 목적은 가족구성원을 젠더와 젠더 내의 위계적 구분에 —— 특히 남자의 경우 —— 따라 구분하는 것이었다. 나는 지금 품행지침서들이 딸들에게 만인을 위해 모든 것이 되라고 요구하면서 여성을 젠더 구성체의 감독으로 만들었다고 제안하는 바이다.[31] 그러나 눈에 확연히 띌 만큼 전문화된 이 독서 프로그램은 가정여성 자신을 위해서도 특정 유형의 독서를 포함하고 있었다. 이렇게 한 목적은 추측건대 타인을 심리적으로 규정할 수 있는 여성의 재능을 계발하는 것이었다. 가정여성은 최고의 소설 속으로 뚫고 들어가 짧은 여가시간을 활기차게 만들고, 다소 편협하게 한쪽으로 쏠려 있는 어머니의 동정심을 완화시켜 부드럽게 해줄 통찰력을 지니고 있어야 하며, 친구와 이웃에게 선사할 수 있는 모든 것들을 갖추고 있어야 한다.[32]

다른 말로 하면, 소설은 품행지침서가 지킨 것과 동일한 의미 형성 절차를 모두 지켜야 했다. 하지만 우리는 이 점을 인정하는 순간 한

30 Sarah Tyler, *Papers for Thoughtful Girls, with Illustrative Sketches of Some Girls' Lives*, London, 1863, p. 23.

31 근대적 어머니되기(mothering)를 젠더 구분의 재생산으로 보는 결정적인 연구에 대해서는, Nancy Chodorow, *The Reproduction of Mothering: Psychoanalysis and the Sociology of Gender*, Berkeley: University of California Press, 1976을 참조할 것.

32 *The Young Woman's companion*, p. 161.

가지 문제에 봉착한다. 문학사 속으로 진입하는 데 성공한 18세기의 소설은 자아변형 과정으로서 대중 독서이론을 단순히 적용한 것은 결코 아니었다. 이와 함께, 허구의 형식을 취하고 있는 품행지침서라 부를 만한 상당수의 글쓰기들이 남아 있었다. 품행지침서 속에 들어 있는 우화, 소녀와 소녀의 여성적 덕목들 간의 대화형식으로 된 품행지침서, 여성잡지에 실린 이야기, 아동용 이야기 모음, 리처드슨이 『파멜라』의 모델로 활용한 허구화된 사적 편지들이 그것들이다. 우리는 이 이야기들이 지루하고 생색을 내며 이미 글로 씌어진 것들임을, 간단하게 말해서 오스틴이 『오만과 편견』에서 메리 베넷(Mary Bennet)으로 하여금 품행지침서의 상투적인 문구를 더할 나위 없이 따분하게 말하게 만들면서 조롱했던 모든 것들임을 알게 될 것이다.

자기 생산의 전략 : 『파멜라』

리처드슨은 오스틴이 메리 베넷을 조롱했던 그 모든 결함을 지닌 것으로 비난을 받아 왔고, 또 비난받을 만한 이유가 없지 않다. 그러나 소설이 도덕적으로 위험한 것으로 여겨지던 시대에 리처드슨의 첫 소설이 목사들로부터 환호를 받으며 수용되고 심지어 추천되기까지 했던 것은 리처드슨이 이 작품에서 품행지침서의 여성화 전략을 사용했기 때문이기도 하다. 우리는 리처드슨이 자신의 "멋진 소설"을 다른 저자들의 "터무니없이 공상적인 이야기"와 구별하기 위해 몹시 애썼으며, 자신의 작품에 대해 토론할 목적으로 귀부인들을 불러 모아 『파멜라』에 관한 해석을 통제하려 했다는 사실을 알고 있다.[33] 상당한 수정을 가한 것은 물론이고, 리처드슨은 도덕적 설교들을 모아 한 권의 책으로 출판하기 위해 이 작품과 후일 쓴 작품에 의존했다. 리처드슨은 자신의 작품을 평범한 작품과는 다른 것으로 분류하려고 강박적으로 애쓰면서 자신의 서한집을 출판하고 개정하기까지 했다. 그러나 리처드슨이 역설했듯이 『파멜라』가 당대의 기준으로 볼 때 소설이 아니라면 품행지침서도 아니다. 리처드슨이 분명하게 인지하고 있었듯이, 여성이 뭇사람들 앞에 모습을 드러낼 때 입어야 하는 옷매무새의 상세한 부분들을 언급하거나 취해야 하는 정숙한 몸가짐을 천거하는 경우를 제외할 경우, 품행지침서들이 여성의 신체를 재현한 적은 없었다. 또한 품행지침서들은 건강과 위생 절차를 서술하는 구절에서조차 이 신체를 여성의 몸으로 존중해 주지 않았다. 품행지침서들은 소설이 여성이 가정적 의무를 수행하지 못하도록 방해할 것이라고 흔히 주장했지만, 여성들이 다른 어떤 읽을거리보다 제일 먼저 피해야 할 만큼 소설의 위협이 정확히 무엇인지는 말하지 않았다.

『파멜라』는 분명 소설에 속한다. 하지만 이 소설을 쓸 당시 리처드슨은 이 작품이 경멸적인 의미에서의 소설이 아니라는 것을 확실히 하기 위해 이중적 전략을 사용했다. 리처드슨은 소설에서 품행지침서의 전략들을 활용하면서도 가장 유해한 소설의 전략—유혹의 이야기—은 품행지침서의 틀 속에 가두어 두었다. 리처드슨은 소설을 가정화하고 길들이기 위해서 주제 측면에서 두 개의 글쓰기 방식—새

33 『파멜라』가 출간되자마자 바로 인기를 얻은 것에 관한 논의에 대해서는, Duncan T. C. Eaves and Ben D. Kimpel, *Samuel Richardson: A Biography*, Oxford: Clarendon, 1971, pp. 119~153을 참조할 것.

로운 가정 세계를 창조하는 것을 목적으로 하는 이야기와 구 사회와 동일시되는 계층화의 전략을 강화하는 이야기 — 모두를 하녀와 귀족 남자주인 간의 투쟁으로 재현했다. 리처드슨은 여성의 몸을 차지하기 위해 하녀와 주인 남성이 벌이는 투쟁을 모든 유혹장면에 그려 넣었는데, 이 장면들을 하나하나 아주 세밀하게 묘사했다. 이렇게 해서 리처드슨은 품행지침서가 수사를 동원하여 맞서 싸웠던 바로 그 성적 행위에 국부적 장소와 이름을 제공했다. 그러나 리처드슨은 소설과 투쟁하기 위해 소설을 이용하기도 했다. 또 그는 소설과의 투쟁이 다른 이야기가 놓치곤 하는 것이라는 점에 주의했는데, 그 까닭은 성관계들이 가정경제의 범주 안에 갇혀 있었기 때문이다. 사실 『파멜라』의 마지막 3부는 앞 장에서 기술된 대로 가정 관리의 세부 사항들 이외의 다른 것들은 거의 다루지 않는다.

나는 파멜라가 B씨의 구애에 맞서 벌인 투쟁이 언어의 바깥에서 일어나는 특정 사건의 질서를 가리키고 있지 않다는 사실을 다시 한번 강조하고 싶다. 오히려 그것은 소설 내부에서 실제로 일어난 투쟁을 기록하고 있다. 여성을 매력적이게 만드는 것이 무엇인가뿐만 아니라 여성을 우선 여성적이게 만드는 것이 무엇인가를 결정할 권리는 이 투쟁의 결과에 달려 있었다. 리처드슨은 파멜라가 자기 표현의 힘을 얻도록 함으로써 파멜라의 유혹에 관한 이야기를 품행지침서처럼 남성의 욕망이 가정적 덕성을 구현하는 여성으로 다시 향하도록 하는 틀 속에 집어넣었다. 이와 같이 리처드슨은 품행지침서의 기획을 계속해서 수행했다. 그러나 그는 소설에서 그리고 소설을 통해 이 기획을 수행함으로써, 그것을 구 사회의 상징적 심장부 — 귀족의 시골 저택 — 속으로 옮겨 놓았다. 이 심장부에서 이런 기획은 지배적인 정치적 범주들과 치열한 변증법적 관계를 형성했다. B씨의 성적 접근에 맞서 파멜라가 벌이는 성공적인 투쟁은 이전의 친족관계 모델의 규칙을 신분상의 차이를 은폐하는 성적 계약으로 변모시켰다. 따라서 서로 경쟁하는 이런 종류의 이야기들에 등장하는 주인공들의 관계는 주인과 하인의 관계라기보다는 남성과 여성의 관계로 이해되어도 좋다. 성의 담론이 당시까지 글쓰기를 지배해 온 정치적 범주들을 은폐하면서 어떻게 작동했고 어떤 정치적 목적을 달성했는지 이보다 더 잘 보여 주는 작품은 없을 것이다.

내 주장을 밀고 나가기 위해, 우선 17세기 초 청교도의 결혼 소책자에 실린 남성과 여성의 관계를 떠올려 보겠다.[34]

남편	아내
재화 구하기	재화를 모아서 저축하기
여행과 생계 찾기	가계 꾸리기
돈과 식량 구하기	돈을 헛되이 쓰지 않기
많은 사람들과 상대하기	소수의 사람들과 대화하기
"오락을 즐기기"	사람들에게 떨어져 혼자 지내기
대화에 능숙하기	침묵을 자랑하기
남에게 주는 사람 되기	저축하는 사람 되기
자신을 능력껏 치장하기	자신에게 어울리게 치장하기
만사를 집 밖에서 처리하기	집 안에서 감독하고 지시 내리기

34 Kathleen M. Davis, "The Sacred Condition of Equality—How Original were Puritan Doctrines of Marriage?", *Social History* 5, 1977, p. 570. 데이비스는 이 목록을 John Dod and Robert Cleaver, *A Godly Forme of Household Gouernment*, London, 1614에서 인용하고 있다.

위에서 예시되고 있는 가정적 이상의 젠더 구분 원칙은 근대의 가정을 조직하는 원칙과 비슷했으며, 청교도 전통은 영국소설을 여타 자본주의 국가의 소설과 확연하게 구별해 주기는 했다. 하지만 이 가정적 이상은 수세기를 거치면서 수정되었다. 하지만 청교도 편람(便覽)과 설교의 정적이고 이분법적 모델은 이렇게 가정을 고립시킴으로써 정치권력의 대안적 기반을 확립하려고 했으며, 가정을 하나의 작은 공화정(commonwealth)으로 재현했다. 이 작은 공화정의 정부에 더 큰 국가가 개입할 수 없었다. 가정이라는 단위는 그 자체로 두 가지 결정적인 점에서 지배적인 친족관계의 개념에 저항했다. 첫째, 이 단위는 국가 내의 국가를 독립적이며, 가문이나 재산보다는 젠더에 기초해 있는 관계들을 포함하는 것으로 재현했다. 그러나 이렇게 권력 관계에 대한 지배적 관념에 이의를 제기할 때, 청교도 가정은 근본적으로 비대칭적인 군주와 신민의 관계에 따라 이 국가 내의 국가를 조직했다. 로버트 클리버(Robert Cleaver)가 설명하듯이, 가정은 '통치자'와 '피통치자'라는 두 부류로 구성된 공화정이었다.[35] 군주제의 원칙에 가한 이런 직접적 공격은 영국의 정치조직을 변형시키는 데 결코 성공하지 못했다.

그러나 청교도적 가정 형태는 또 다른 저항의 지점을 담고 있었는데, 그것은 후일 가정의 역사에서 작동하기 시작했다. 계몽주의 이후의 가정 형태들은 17세기의 결혼 안내서들을 관통하는 통치의 언어를 피하면서 정치세계에 관여하지 않은 것처럼 보였다. 18세기 품행지침

35 Robert Cleaver, *A Godly Forme of Householde Gouernment*, London, 1598, p. 4.

서들은 특히 성적인 관계만을, 그 다음엔 여성적 요소만을 다루는 입장을 취했다. 하지만 동시에 이런 품행지침서들은 가정을 행복한 중산계급의 집으로 만드는 데 헌신하는 여성의 자연스러운 영역으로 모든 가정을 재현하고자 했다. 후일 나온 품행지침서들은 오직 가정만을 재현함으로써 명백히 가족을 정치적으로 표현했던 이전의 재현들이 이루지 못했던 것을 이루어 냈다. 비록 이 품행지침서들의 견해가 극히 소수의 시각이기는 했지만, 이 지침서들은 가정을 더 큰 정치질서에서 분리해 내 독자적인 세계로 만들었다. 이 세계에서 신분의 구별은 중단되었다.

『파멜라』는 다른 어떤 사례보다도 분명하게 성적 계약의 한 당사자를 효과적으로 바꾸는 것이 실제로는 양성의 관계를 바꾸는 것이며, 그에 따라 성적 계약 자체를 바꾸는 것이라는 점을 입증해 보이고 있다. 나는 어떻게 『파멜라』가 성적 관계에 관한 소수파의 재현을 헤게모니의 수단으로 바꾸었는지 설명하기 위해 아래에서 성적 계약의 한 대목을 제시하고자 한다. 이 대목에서 B씨는 자신의 온갖 성적 접근에 확고부동하게 저항해 온 하녀와 협상을 하려고 한다. 특히 중요한 것은 리처드슨이 이 계약을 독자들에게 제시하는 방식이다. 리처드슨은 B씨의 요구를 파멜라의 반응과 대립시키면서 이 둘을 이야기의 중간쯤 되는 지점에 극히 전형적인 방식으로 나란히 끼워 넣고 있다.[36]

리처드슨은 파멜라의 목소리를 B씨의 계약이 지배하는 영역에 끼

36 Samuel Richardson, *Pamela, or Virtue Rewarded*, New York: W. W. Norton, 1958, pp. 198~199. 이 책의 인용은 이 판본을 따랐으며, 본문에 간략히 페이지만 표기했다.

파멜라 앤드루 부인께	이것이 제 답변입니다
II. 당신 자신을 위해 쓸 수 있는 돈 500기니를 직접 당신에게 선물로 주겠소. 당신은 이 돈을 원하는 용도에 마음대로 쓸 수 있소. 나는 당신이 돈을 받을 사람으로 지목하는 자가 누구이든 이 돈을 그에게 무조건 넘기겠소. 그리고 당신이 이 돈을 가진 것에 만족할 때까지는 답례로 그 어떤 호의도 기대하지 않겠소.	II. 당신이 제시한 두 번째 제안에 관해서 말씀드리자면, 제가 그 제안을 온 마음으로 거절하도록 해 주십시오. 주인님, 돈은 저에게 중요한 가치를 지니고 있지 않습니다. 전능하신 하느님, 만일 그럴 때면 언제든지 저를 버리소서. 만일 제가 수백만 개의 황금 덩어리로도 과거에 허비해 버린 삶을 반성하는 행복한 순간을 살 수 없을 때, 제게 유용할 그 축복받은 희망 [돈을 가리킴]을 얻기 위해 제 이름을 포기한다면 언제든지 저를 버리소서.
IV. 자, 파멜라, 이제 당신은 이미 내 권력이 미치는 곳에 있는 사람의 자유의지를 내가 얼마나 소중히 여기는지 알겠지요. 만일 이 제안들이 받아들여지지 않는다면, 내가 당신을 향한 나의 열정을 만족시킬 수 있는 해결책을 찾기 위해 온갖 수고를 아끼지 않았고, 이 모든 모험에 내 명예를 걸었다는 것을 누가 알아주겠소. 만일 어떤 타협도 없이 당신이 거절한다면 말이오.	IV. 주인님, 저는 비참한 일을 겪으면서 제가 당신의 지배 아래 있다는 것을 알고 있습니다. 제가 할 수 있는 저항이란 모두 보잘것없고 미약할 것이며, 아마도 제게는 별 도움이 되지 못하리라는 것을 알고 있습니다. 저를 더럽히려는 당신의 의지가 당신의 권력만큼이나 강하지 않을까 두렵습니다. 그런데도, 주인님, 감히 말씀드리건대, 저는 스스로 제 정조를 내드리지는 않을 것입니다. 비록 보잘것없지만, 당신의 제안에는 제가 선택할 수 있는 것이 하나도 없다는 점을 당신에게 납득시키기 위해서 저는 제가 할 수 있는 모든 것을 다 할 것입니다. 그리고 만일 제가 남자에게 강간당하는 것을 피할 수 없다 하더라도, 치욕을 피하기 위해 전력을 다하지 않았다고 저 자신을 비난할 거리는 하나도 없기를 바랍니다. 그렇다면 저는 저의 유일한 피난처이자 보호자이신 위대한 하느님에게, 이를 위안 삼아, 제가 강간을 당한 것은 저의 의지와는 무관했다는 점을 안전하게 호소할 수 있을 것입니다.

워 넣음으로써 귀족 권력에 종속되어 있는 사람에게 언어적 능력을 활용하여 힘을 부여한다. 더구나 리처드슨은 파멜라에게 그런 계약을 협상할 수 있는 근거를 제공하면서 이전의 모든 계약들의 전제를 수정한다. 이 전제는 바로 남성은 남성들 사이의 교환에서 여성을 통화의 형태로 정의하며 가격을 매겼다는 것이었다. 다시 말해, 리처드슨식의 합의적 교환 형태는 남성과의 교환에 자신의 몸을 내줄 권한을 여성에게 부여한다. 비록 이 소설은 오직 성적 계약만을 다루고 있다고 주장하지만, 이 경우 성적 계약을 다루는 것은 정치적 관계가 상상되는 방식 또한 변모시킨다.[37]

이 교환의 남성 당사자는 구 지주 신사계급의 일원이다. 신분은 높지만 작위가 없는 지위의 사람이 리처드슨의 개혁주의적인 수사의 표적을 제공할 것이라는 점은 필시 호기심을 불러일으킬 만하다. 하지만 우리는 소설에서 재현되는 대로 지배계급의 남성이 ―리처드슨의 B 씨로부터 오스틴의 나이틀리 씨(Mr. Knightley)를 거쳐 브론테의 로체스터 씨에 이르기까지 ―바로 이런 사회적 지위를 차지하기 마련이

37 리처드슨의 정치적 역할을 이렇게 이해하는 나의 입장은 리처드슨을 중산계급의 지식인으로 본 테리 이글턴의 논의에 빚지고 있다. 이글턴은 "유기적 지식인"이라는 그람시(Antonio Gramsci)의 개념을 차용하여, 설득력 있게 이렇게 주장한다. 리처드슨의 소설들은 "다른 영역에서 접전이 일어난 갈등들을 단순히 보여 주기만 하는 이미지들, 어딘가 다른 곳에서 일어나는 역사를 단순히 표현하기만 하는 재현이 아니다. 리처드슨의 소설들 자체가 이런 투쟁의 중요한 일부이고, 격전지의 중심에 꽂혀 있는 군기이며, 사회적 이해관계를 반영하는 렌즈라기보다는 그 관계들을 구성하는 데 일조하는 수단이다. 이 소설들은 1688년의 정치적 타협[명예혁명] 이후 수십 년 동안 귀족계급에게서 이데올로기적 헤게모니를 빼앗으려는 영국 부르주아계급의 시도를 단순히 기술하는 이야기라기보다는 오히려 이런 시도를 수행한 행위주체이다". Eagleton, *The Rape of Clarissa*, p. 4.

라는 점은 변함없는 사실임을 알게 된다. 이런 남성은 진정한 사랑의 작용을 방해하는 지배계급의 특징들을 지니고 있기 마련이다. 하지만 가정소설은 어느 정도 이런 남성인물을 새로운 지배계급의 이미지로 다시 창조해 낸다. 신사계급은 결혼을 통해 진입이 가능한 계급이었고, 영주 저택의 특성들처럼 하나의 집단으로서 신사계급의 특성들은 중산계급 가정의 세부 사항들에 따라 개조될 수 있었다.[38]

지배계급의 남성은 설사 난봉꾼이나 속물의 특성을 어느 정도 지니고 있다 하더라도 사회적으로 어느 쪽으로든 갈 수 있지만 이 남성의 배우자가 될 여성은 대개 그렇지 못하다는 점은 주목할 만하다. B 씨의 누이 데이버즈 부인(Lady Davers)이나 다아시의 숙모 캐서린 부인(Lady Catherine de Bourgh), 혹은 로체스터의 약혼녀인 블랑시 잉그램(Blanche Ingram)과 같은 여성들은 구제할 길 없을 정도로 감정

38 *An Open Elite? England 1540-1880*, Oxford: Clarendon, 1984. 이 책에서 로런스 스톤(Lawrence Stone)과 잔 포티에 스톤(Jeanne C. Fawtier Stone)은 이 쟁점에 그것이 받을 만한 온갖 복잡성을 부여한다. 이들의 설명에 따르면, 신사계급은 극도로 유동적인 사회경제적 집단이었다. 한편으로는 누구든 신사계급에서 부득이하게 상인의 지위로 떨어질 수도 있었고, 다른 한편으로는 충분히 부를 축적하면 상인이 신사계급으로 올라갈 수도 있었다. 스틸은 분명히 이렇게 주장한다. 1710년에 "그 이전에 그리고 그 이후에 많은 다른 사람들이 그랬듯이, '최고의 귀족들이 값비싼 보상을 (…) 받고서 아주 평범한 상인의 딸과 결혼하는 경우가 자주 있었다'"(p. 20). 스톤 부부는 이런 불안정한 사회 상황을 초래한 원인 세 가지를 분리해 낸다. "첫 번째 요소는 명확한 근거 없이 추정된 사실로, 상인들은 토지를 사들여 저택을 짓고는 지방의 지주나 귀족으로 탈바꿈하느라 바빴다는 것이다. 두 번째 요소는 역시 명확한 근거 없이 추정된 사실로, 몰락하는 신사계급이 아들들, 특히 장자가 아닌 아들들을 상업에 종사하게 함으로써 집안을 다시 일으키는 경우가 빈번했다는 것이다. 세 번째 요소는 명확한 근거 없이 추정된 사회적 태도로, 상류사회 엘리트 출신의 사람들이 상대적으로 더 수월하게 자수성가한 사람들을 동료나 결혼 상대자로 받아들였다는 것이다."(p. 20) 이후에 나오는 이 책의 인용은 이 판본을 따른다.

이 결여되어 있고, 신분을 과시하는 것에만 신경을 쓴다. 이런 여성들은 아름다운 눈이나 품위 있는 교육과는 대조적으로, 가정여성의 자질에 포함될 수 없는 지배계급의 특성을 구현하고 있다. 이런 비교를 통해 내가 시사하고자 하는 바는 리처드슨이 B씨에게 젠더의 주제가 변형시킬 수 있는 모종의 정치적 특성을 부여하고 있다는 것이다. 젠더화된 틀 내에서 남성은 정말로 정치적인 관점에서 정의된다. 왜냐하면 이것이 바로 남성이라고 하는 것이 의미하는 바이기 때문이다. 모종의 심리적 특성의 발달을 보여 주는 귀족 여성의 특성들만이 새로운 가정적 이상의 소재가 될 수 있다. 상류 신사계급의 남성은 자기보다 낮은 신분에 속하는 사람과 결혼하고도 원래의 신원을 회복할 수 있지만 여성은 그럴 수 없다. 내가 말하고 싶은 바는 소설이 묘사하고 있는 것처럼 이 계급의 사람들이 실제로 그렇게 역설적인 방식으로 행동했다는 것이 아니라, 그보다는 오히려 상류 신사계급에 대한 이런 재현이 그에 상응하는 권력 및 특권들과 함께 모종의 특성을 젠더의 원칙에 따라 다시 분배하는 수사적 수단을 제공했다는 점이다.

하인보다 상당히 높은 계층에 속하는 남자로서 B씨는 처음에는 성적 쾌락을 주는 대가로 파멜라를 경제적으로 독립시켜 주겠다는 자신의 제안을 순수한 아량의 표시로 여기는 경향을 보인다. B씨는 합의에 따른 교환관계에 들어가지 않고도 이런 쾌락을 자신이 누려야 하는 것으로 주장할 수 있었다. 사유지의 주인이자 사유지 안의 모든 사람과 물건의 주인인 덕분에 B씨는 — 파멜라에게 상기시키는 것처럼 — 자신이 가장 원하는 것을 이미 소유하고 있다. 만일 리처드슨이 파멜라에게 재산이나 지위를 부여했더라면, B씨는 완벽하게 자신이 속한 특권적 계급의 규칙이 허용하는 범위 안에서 그녀와 결혼했을 것이다. 왜냐하면 이 경우 파멜라는 에로틱한 육체뿐만 아니라 재산과 가문 또한 지니고 있을 것이기 때문이다. B씨가 그토록 여러 차례 파멜라를 유혹하려다가 실패한다는 사실은 이 여성이 하인의 몸이나 저명한 가문의 몸에 들어 있는 것과는 다른 형태의 힘을 지니고 있음을 말해 준다. 리처드슨은 이 여성을 계약의 한 당사자로 만듦으로써 남성이 협상을 해야 하는 독립적인 당사자, 남성이 통제하는 관계 바깥에서 그 관계에 앞서 존재하는 여성적 자아를 암시한다.

『파멜라』가 나오기 이전의 글쓰기의 역사에서 여자 하인은 고사하고 여성이 스스로를 이렇게 정의할 수 있는 권한을 가졌던 적이 과연 있었던가, 라고 우리는 자문해 볼 수 있을 것이다. 리처드슨이 귀족이 아닌 여성에게 구현하고 있는 권력을 이해하려면, 그가 어떻게 이런 여성에게 주체적 자질을 부여하는지 살펴보기만 하면 된다. B씨의 제안 중 두 번째 항목에 대답하면서 파멜라는 B씨의 돈과 신분을 대체할 수 있는 가치 형태를 주장한다. 이 가치가 창출되는 순간은 B씨가 파멜라의 몸을 이용하여 얻을 수 있는 쾌락과 교환할 수 있다고 제공하는 것을 그녀가 거부하는 때이다. 어떤 대가를 치르더라도, 심지어 목숨을 잃으면서까지, 파멜라는 지배계급 남성이 재산과 독점적 폭력을 통해서도 소유하고 있지 않으며 또 소유할 수도 없는 본질적 자아를 지키겠다고 결심한다. 우리는 항목 II와 항목 IV 양쪽 모두에서 리처드슨이 파멜라의 저항을 가리키는 용어를 찾기 위해 신학적 전통의 언어를 원용함으로써 귀족적 전통이 활용할 수 있는 권력을 반박하고 있음을 알 수 있다. "영혼"뿐만 아니라 "희망", "반성", "비난"이란 말들은 성적 폭행에 면제권을 주는 체제에 맞서 자신의 몸에 대한 지배권을 지키려는 여성의 감정을 묘사한다. 리처드슨은 여성의 영혼의 상태를 재현하는 데 특히 관심이 있기 때문에 이런 언어에 안주하지는 않는다. 그는 여성에게 결혼 상대자로서의 가치를 부여하기 위해 이 말들을 활용한다.

이런 점에서 "의지"라는 말은 특히 암시적이다. 리처드슨이 이 말을 사용하지 않게 되는 무렵이면, 의지는 거대한 신학적 논쟁의 전통과는 더 이상 아무런 연관이 없다. 이 말은 개인적 동기에 대해 보이는 새로운 관심과 전적으로 관련되어 있다.[39] 계약의 비유 속으로 끌려 들어와 재규정되면서, 의지에 대한 전반적 관념은 개인화되고 성적이게 되고 내면화된다. 다시 말해, 그것은 합의의 계약이 발생하기 전에 요구되는 의지작용이 된다. 더욱이 근대의 심리학적 의미를 획득하면서 의지는 경제의 원칙 역시 고수한다. B씨의 돈을 받으면 파멜라는 자신이 정신적 용어로 묘사하고 있지만 또한 나쁜 거래라고 인정하는 손실을 입게 될 것이다. 부연설명하자면, B씨의 돈을 받는다면, 후일 그녀는 "허비한" 삶을 되돌아보아야 할 것이다. 이런 근거로 B씨를 거부하

39 토니 태너(Tony Tanner)는 『클라리사』(*Clarissa*)에서 그려지는 글쓰기와 '의지'의 관계에 대해 이렇게 말한다. "고립된 저자는 자신의 글쓰기 안에서 안전한 반면, 화자/청자는 (클라리사의 경우에) 물리적으로 가깝다는 점 때문에 언제든 발생할 수 있는 위험에 관해 협상을 해야만 한다. 따라서 클라리사가 최종적으로 거두는 승리의 중요한 부분은 그녀의 의지를(단순히 유증의 문서가 아니라 모든 점에서 의지) 글로 쓰는 것이다. 왜냐하면, 육체적인 면에서 말하면, 클라리사는 결코 자신의 의지대로 살 수 없었기 때문이다. 모든 긍정과 의무에도 불구하고, 이 의지는 부인되거나 부정될 수 없다." Tanner, *Adultery in the Novel: Contract and Transgression*, Baltimore: Johns Hopkins University Press, 1979, p. 111.

는 것은, 태생과 신분과는 상관없이 여성의 육체적 순결을 돈보다 더 가치 있는 것으로 만드는 것이며, 여성의 육체를 본질적으로 경제적 가치로는 번역될 수 없는 가치체계 안에서 정의한다. 리처드슨의 여주인공들은 성적 계약이나 젠더 관계에 기초를 두고 있고, 사회 계약이나 사회 집단들 사이의 관계와는 구분되는 별개의 관계로 이해되어야 하는 상반되는 경제원칙을 구현한다. 이런 교환에서 여성은 저항이나 "의지"의 형태로 구성되는데, 이는 지배계급의 것과는 다른 대안적 도덕경제를 제시한다.

동의하지 않을 수 있는 여성의 힘은 청교도 전통이 재현해 온 남성과 여성 사이의 계약의 성격을 다시 규정한다. 청교도 전통에 의하면 여성은 결혼에 동의하면서 자발적으로 주인/하인의 관계 속으로 들어간다. 하지만 파멜라는 주인과 하인의 경제적 계약을 되풀이하는 성적 계약 속으로 들어가기보다는, 두 상대의 차이가 오직 젠더에 의해서만 결정되는 교환 관계를 얻기 위해 합의에 응하지 않는다. 얄궂게도, 사회적 위계질서의 양 극단을 결합하려는 로맨스를 창작할 때, 리처드슨은 남성과 여성이 교환 관계에 들어가기 전에 사실상 모든 사회경제적 표지들을 지워야 했다. 리처드슨은 사람들을 자기보다 높은 지위의 사람들에게 복종하도록 묶어 두는, 오랜 계약 관계의 관념을 전복할 가능성을 어느 정도 갖고 있었을까? 필딩은 파멜라의 저항이 어리석다고 생각했다. 필딩의 생각에는, B씨와 같은 신분에 속하는 남성은 결코 파멜라와 같은 여성이 내어 주는 성적 호의를 즐기기 위해(위에서 인용한 계약에서 B씨가 직접 설명하는 것처럼), 기꺼이 "자신의 명예를 걸지"는 않았을 것이다. 그러나 "안 된다"고 말할 수 있는 힘을 지닌 여성 인물을 소개하고 이런 거부가 자신에게 유리하다는 것을 그 여성이 깨달을 수 있는 기반을 제공함으로써, 리처드슨은 구혼과 친족관계를 사유하는 오랜 전통을 전복했다. 필딩도 리처드슨이 정치적 상황을 완전히 잘못 그렸다고 폭로하는 소설을 쓰기 위해 이런 전략에 기대면서 사실상 이 점을 인정했다. 이런 말을 할 때 내가 리처드슨의 이름을 엄밀하게 수사적 의미로 쓰고 있다는 점을 이해해야 한다. 왜냐하면 파멜라가 당시 품행지침서의 독서 철학을 알고 있던 수많은 사람들의 목소리로 말하지 않았다면, "안 된다"는 그녀의 말은 거의 아무런 의미도 갖지 못했을 것이기 때문이다. 이 점에 관해서라면, 만일 파멜라의 거부행위가 자기네들이 기본적으로 여성용 품행지침서에서 처음 묘사된 것과 같은 개인이라고 이해하게 된 수많은 사람들에게 전해지지 않았더라면, 그것은 지속적 반향을 불러일으키지도 못했을 것이다.

마치 파멜라가 지배계급에 필적하는 인물인 것처럼 글로 씌어진 그녀의 존재를 B씨의 텍스트에 끼워 넣음으로써 얻게 되는 것은 보완(supplementation)의 효과이다. 주인의 말과 짝을 이루고 있는 파멜라의 답변은 주인과 하인의 관계를 남성과 여성의 싸움으로 바꾸어 놓는다. 이 싸움에서 정치적으로 종속되는 쪽의 가치는 정치적 위계질서에서 파멜라가 차지하는 위치에서 나온다기보다는 다른 대안적 기원에서, 즉 파멜라의 젠더에서 생겨난다. B씨는 파멜라의 몸을 차지하는 대가로 돈을 주겠다고 제안한다. 하지만 파멜라는 자신의 진정한 가치는 몸에서 나오지 않는다고 주장한다. 다시 말해, 파멜라는 남성들 사이의 교환 체계에서 통용되는 화폐가 아니다. 파멜라가 여러 차례 말하고 있듯이, 이는 다음과 같은 문제를 제기한다. 즉 '여성의 물질적 신체가 아닌 다른 곳에 가치를 둘 생각이었다면, 왜 리처드슨은 장황하고 쉴 새 없는 유혹의 이야기를 지어냈는가?' 파멜라는 자신의 정체성이 성적 순결에 달려 있다고 역설한다. 왜냐하면 그녀의 말대로, "여성에게서 정조를 빼앗는 것은 그녀의 목을 베는 것보다 더 나쁘기" 때문이다(111). 만일 남성이 강제로 여성의 몸속으로 뚫고 들어가는 것이 비귀족 여성의 목숨 자체를 빼앗는 것이라면, 주인이 자신의 가정에 속하는 사람들의 몸에 권력을 행사하는 것은 살인이나 마찬가지이다. 이런 권력 행사는 이들의 가치를 파괴한다. 리처드슨은 독자들이 이런 권력 행사에 정당성을 부여하는 정치체제를 비난하도록 만든다.

리처드슨은 이런 방식으로 여성의 몸을 다시 씀으로써 정치적 관계들이 자연스럽고 올바르다고 이해되는 기반을 전복했다. 그가 이런 작업을 하고자 의도했든 아니든 간에, 리처드슨이 쓴 유혹의 이야기가 훨씬 더 거대한 문화적 기획에 참여하고 있다는 것은 분명하다. 파멜라는 자신의 몸을 소유해야 한다는 주장이 소수파의 견해인 세상에서 자신의 몸을 소유하기 위해 싸운다. 성적으로 몸 안으로 뚫고 들어오는 것은 살인과 마찬가지라는 파멜라의 주장에 맞서서, 그녀의 후견인인 주크스 부인(Mrs. Jewkes)은 상식적 판결 ― "너는 참으로 이상한 말을 지껄이는구나!" ― 을 내린 후 계속해서 성의 법칙과 관련된 일종의 교리문답적 질문으로 비난을 퍼붓는다. "남자와 여자는 서로를 위해 만들어진 것이 아니더냐? 신사가 어여쁜 여자를 사랑하는 건 당연하지 않느냐? 만일 신사가 욕정을 만족시키는 경우에, 그게 과연 여자의 목을 베는 것만큼 나쁜 짓이라 할 수 있느냐?"(111) 만일 이 소설에서 B씨가 파멜라의 몸을 장악하는 데 성공하는 두 개의 주요 장면 가운데 한 장면을 살펴본다면, 크게 힘들이지 않고도 파멜라가 자신의 몸에 대해 내리는 정의가 B씨의 상식을 이겨 낸다는 것은 곧 분명해진다. 자신의 몸 아래 알몸으로 짓눌려 있는 파멜라에게 B씨는 이런 말을 늘어놓는다. "이제는 네가 내 수중에 있다는 걸 알겠지! ―넌 나한테서 벗어날 수도 없고, 너 자신을 도울 수도 없어."(213) 하지만 B씨는 이런 폭력적인 방법으로 파멜라를 소유하기보다는, 그녀가 자신의 몸과 돈을 바꾸는 데 동의를 하면 범하지 않고 놔주는 쪽을 택했을 것이다. 파멜라가 이 계약조건을 거부하는 것이 불가능해 보이는 바로 그 순간 ―동의해서가 아니라 강압에 못 이겨 복종하는 것을 뜻할 때 ―리처드슨은 갑자기 소설에서 성관계의 조건을 바꾼다. 즉, 리처드슨은 여성을 얻기 위해 남성이 지니고 있어야 하는 것을 바꾸어 버린다. 왜냐하면 B씨가 벌거벗은 채 침대에 반듯이 누워 있는 파멜라의 몸에서 만나는 것은 피와 살을 지닌 존재가 아니라 확산되는 여성의 말과 감정이기 때문이다.

파멜라는 자신의 감정을 활용함으로써 스스로를 지키기 때문에 전통적 형태의 권력 ―돈과 완력 ―을 행사하려는 B씨의 시도를 성공적으로 격퇴시킨다. 그녀는 기절한다. 의식을 회복하자 가해자의 맹세소리가 그녀의 귀에 들린다. "그는 최소한의 추잡한 짓도 하지 않았다. 그는 내가 기절하는 끔찍한 모습에 놀라 나를 범하려는 시도를 포기했다. 그는 내가 편안하고 평온해지기만을 간절히 바랄 뿐이며, 내 곁을 떠나 곧장 자기 방으로 돌아가겠다"(213)라고 맹세했다. 이렇게 리처드슨은 침투 가능한 에로틱한 신체를 말로 구성된 독자적인 신체로 변형시키는 강간 장면을 연출한다. B씨가 거듭 실패를 되풀이하는 것은 파멜라가 말을 빼면 어떤 존재도 아니기 때문에 강간당할 수 없다는 점을 시사한다. 파멜라는 그 자체로 계약의 수사가 지니는 생산적 힘을 입증한다. 리처드슨은 본래의 순수한 파멜라를 과감하게 구출해 내면서, B씨가 욕망하는 파멜라와 이런 욕망의 대상이 되기 전에 존재하며 따라서 최초의 소유권이 자기 자신에게 있다고 주장할 수 있는 파멜라를 구분한다. 이처럼 흥미롭게 여성을 분리하는 방식으로, 리처드슨은 파멜라를 소유하기 위해 투쟁하는 두 사람 — 남성과 여성 — 을 이렇게 표현한다. "그는 내게 다가와 내 손을 잡고는 말했다. '너는 누구의 어여쁜 아가씨냐?' — 내 감히 말하건대, 너는 파멜라의 여동생이구나. 너는 파멜라를 쏙 빼닮았고, 참으로 말쑥하고, 참으로 깨끗하고, 참으로 예쁘구나! (…) 내가 네 언니에게는 이렇게 마음대로 굴지 않을 거라고 생각할지 모르겠다만, 난 너에게 입을 맞추지 않고는 못 배기겠구나." 리처드슨 특유의 스타일로, B씨가 파멜라를 차지하려고 할 때마다 일어나는 분리는 자기 자신을 대상으로 소유할 권리를 주장할 수 있는 주체를 생산함으로써 이중적 효과를 낳는다. "오, 주인님, 저는 파멜라입니다. 정말로 저예요. 정말로 저는 파멜라, 바로 그 여자입니다"(53)라고 파멜라는 대답한다. 유혹은 파멜라가 자신의 몸을 차지하려는 B씨의 시도에 저항하는 계기를 제공하면서 여성의 정체성을 여성의 몸에서 분리시켜 형이상학적인 대상으로 정의하는 수단이 된다.

의미심장하게도, 욕망의 대상에서 여성적인 감수성으로 바뀌는 파멜라의 변신은 B씨 또한 변화시킨다. 한때 B씨는 파멜라의 몸의 외양만을 욕망하면서 그녀의 저항이 성가시게 "건방지고" "방자하다"고 느꼈다. 하지만 강간 장면 이후에, B씨는 한 바퀴 돌아와 이전에 자신의 구애를 가로막았던 바로 그 여성적 특성을 욕망하게 된다. 리처드슨이 이 특성에 내리는 평가는 그가 근대의 젠더 개념을 산출하는 데 성적 교환의 비유를 어떻게 사용하고 있는지 보여 준다.

> 그대는 그대의 나이와, 그리고 내가 생각하기로는 그대에게 주어진 기회에 비해 훨씬 더 많은 재치와 통찰력을 지니고 있소. 그대는 개방적이고 솔직하며 관대한 심성을 지니고 있소. 내 눈에 그대는 다른 모든 여성들을 능가할 정도로 너무도 사랑스러운 사람이오. 이 모든 소양들이 내 마음을 깊이 사로잡아, 내가 자주 말했듯이, 나는 그대 없이는 살 수가 없다오. 내 방식대로 그대를 내 사람으로 만들기 위해 나는 온 정성을 다하여 내 재산을 그대와 나누었을 것이오. 이 모든 것들을 그대는 단호히 거부했소. 그것도, 건방지긴 했지만 그렇기 때문에 그대를 더욱더 사랑하게 만들어 버리는 식으로 말이오. (…) 나는 그대가 정조를 지키기 위해 그토록 경계하고 있음을 알겠소. 나는 당신이 그러지 않기를 바랐지만, 그대를 향한 내 열정이 그 때문에 더 커졌다고 고백하지 않을 수 없소. 그러나 파멜라, 이제 내가 무슨 말을 더 하겠소? 그대는 나의 상대이지만, 이 문제에 관한 한 나는 그대를 비록 최종 심판관은 아니라 해도 나의 조언자로 만들 것이오. (223)

B씨는 자신보다 아주 훨씬 더 낮은 신분에 속하는 사람과 결혼하는 것을 합리화해 줄 언어, 궁극적으로 파멜라의 편지가 제공해 줄 언어를 여전히 갖고 있지 않다. 그래도 그 계약은 효과적으로 작용했다.

이 말을 리처드슨이 남성과 여성 사이에 일어나는 계약의 협상을 극화하기 위해 짝지어 놓은 남녀의 대화와 비교해 본다면, 우리는 이 대화가 변증법적인 힘을 지니고 있음을 알게 된다. B씨가 다른 면에서는 눈에 띄는 것이라곤 없는 하찮은 하녀를 우스꽝스러울 정도로 질질 끌며 유혹하는 것은, 남자 쪽이 정치적 및 경제적 조건으로는 교환을 수행하지 못한다는 점을 극적으로 드러낼 때에도 계약의 두 당사자를 재규정하는 결과를 낳는다. 바로 이 순간 리처드슨은 여성의 육체적 순결도, 그리고 여성의 주체성의 조건도 침해하지 않는 교환의 가능성을 창출해 낸다. 품행지침서들이 약속한 대로 일단 B씨가 품행지침서가 열광적인 언어로 묘사한 여성적 소양 이외에는 어떤 것도 욕망하지 않는 부유한 남성의 특성을 모두 얻기만 한다면, 두 사람 사이의 교환은 더 이상 B씨의 돈과 에로틱한 쾌락을 맞바꾸는 교환으로 이해될 수 없다. 이렇게 변모하자마자, B씨는 자신이 이전에 추구했던 것과는 완전히 다른 형태의 쾌락을 파멜라에게서 즐긴다. "나는 지금의 내 기분이 계속되기를 바라오. 그대에게 솔직히 말하건대, 나는 유쾌한 지금 이 순간 내가 바라는 대로 그대를 차지할 수 있으리라는 희망에서, 욕정으로 가득 찬 내 영혼이 몰아넣은 그 모든 떳떳치 못한 격정 상태에서 경험한 것보다 더 진실한 쾌락을 알게 되었기 때문이오."(229, 강조는 인용자) 이제 표면적으로는 하녀가 지닌 추상적 덕목들을 특권화함으로써 자신이 저지르게 될 계급적 규약의 위반이나 자신의 명성은 더 이상 신경 쓰지 않고, B씨는 파멜라와의 관계에서 얻는 이익을 익숙한 경제적 말투로 들릴 언어로 이해한다.

내 연인은 어떤 언어도, 어떤 감정도 원하지 않는다. 그렇게 달콤하게 표현된 그녀의 매혹적인 생각들은 어떤 언어에도 은총을 베풀 것이다. 이것은 나의 가장 아름다운 연인만이 지니고 있는 축복이다. 그는 이렇게 덧붙였다. 오, 나의 파멜라여, 그대가 보여 준 그토록 친절한 수락은 이익에 이자를 붙여 갚고 내가 그대의 선량함에 의무를 지게 하는구려. (387, 강조는 인용자)

이제 지배적 담론은 여성의 담론을 포괄하기는 하지만, 거기엔 이전의 교환 모델과는 완전히 대립되는 적대적 용어들이 속속들이 스며들어 있다. 따라서 우리는 기독교 신학의 용어들이("은총", "축복") 막 생겨나는 자본주의의 용어들("이자", "이익")과 뒤섞여 근대 특유의 성 담론을 형성하고 있음을 보게 된다.

품행지침서와 소설이라는 두 글쓰기 유형이 하나의 단일한 전략적 목적을 공유하고 있긴 했지만, 이 소설에서 일어나는 것이 품행지침서에서는 결코 일어날 수 없었다는 점을 아는 것은 중요하다. 확실히 『파멜라』는 여성을 정의하려는 투쟁을 계속했다. 이 투쟁은 글쓰기가 여성교육의 필요성과 성적 관행의 개혁의 필요성을 상기시키는 곳이라면 어디든 진행되고 있었다. 『파멜라』는 이 투쟁을 주인과 하녀 사이의 투쟁으로 재현하고 있는데, 처음에는 이 투쟁을 가정 안에, 그 다음에는 파멜라 자신을 특유하게 여성적인 주체성의 형식으로 변형시킨 글쓰기 안에 가둬 두었다. 여성의 자아를 구별해 내고 가둬 두는 것은, 근대적 자아가 남성이 지배하는 가정에 의해 정당화되고 남성의 후원으로 유지되는 정치체제를 상대로 거둔 승리와 다르지 않다. 만일 하녀가 자기 자신을 자신의 첫 재산으로 소유할 권리를 주장할 수 있다면, 이와 마찬가지로 사실상 모든 개인이 국가와 맺는 근대적 교환 형식에서 국가에 내어 주거나 혹은 내어 주지 않을 자아를 지니고 있음에 틀림없다. 우리는 파멜라가 이 자아를 내어 주지 않을 힘을 얻는다는 오직 그 이유 때문에 자아를 소유하고 있다는 것을 안다. 『파멜라』는 다른 어떤 형태의 글쓰기와도 달리 이 성적인 자아가 전통적인 정치적 정체성의 형태에 대해 거두는 승리를 극화할 수 있었다. 왜냐하면 이 작품은 글쓰기 양식들 사이에 벌어진, 성을 정의하려는 투쟁에서 생겨났기 때문이다. 아주 거칠게 표현하자면, 이 소설은 하나의 이야기가 다른 이야기를 포획하여 자신의 용어로 옮기는 투쟁이다. 정상적 성을 다루는 글쓰기는 위계적 세계를 전복하려는 목적으로 진행되지 않았거나 여성에게 그처럼 많은 노력을 기울이지 않았을 가능성이 높다. 그럼에도 불구하고 주체성을 고립시킨 다음 이 주체성에 정당한 권력을 부여하는 리처드슨의 전략은 주체성을 다시 분류하는 공격적 행위이기도 했다. 이런 전략은 모든 형태의 정치적 지식을 젠더적 특성으로 바꿔 놓을 수 있는 도구였다.

리처드슨의 성적 주제에 담긴 이런 정치적 차원이 파멜라의 글쓰기에 대한 심리적 해석을 뒤엎고, 이 작품을 그저 평범한 소설이나 로맨스로 만들어 버릴 수 있다는 우려가 상존한다. 리처드슨은 모든 형태의 텍스트 외적인 대책들뿐만 아니라 ― 보다 중요하게는 역사적 관점에서 ― 품행지침서가 의미를 통제하려는 나름의 노력을 통해 고안해 낸 전략들을 이런 기호적 역전의 위협에 반하는 것으로 배치한다. 이런 전략들은 의미투쟁을 정치적 권력의 수위에서 언어의 수위로 옮겨 놓는다. 『파멜라』는 매번 우리가 글쓰기 과정을 보고 있다는 것을 상기시킨다. 파멜라는 자신이 파렴치한 남자가 지배하는 세상에 대해 느끼는 감정적 반응을 기록할 때에도 일상적 기록이 로맨스로 드러나게 될까 봐 걱정한다. B씨는 파멜라에게 자신들이 "로맨스로 된 아름다운 이야기"를 만들고 있다고 말한다(26). 파멜라는 B씨의 음모를 피하려는 온갖 노력에도 불구하고, 그의 음모가 자신의 기록을 "지독한 로맨스"로 바꾸어 버리는 힘을 지니고 있음을 깨닫는다. 마침내 B씨가 자신들의 역사를 쓸 권한을 넘겨 주자, 파멜라는 "잘만 이야기된다면 내 이야기는 아주 놀랄 만한 소설의 내용을 채울 것"이라고 소리친다(258). 이 글쓰기 행위가 너무나도 도드라져 파멜라의 언어적 순결이 육체적 순결보다 더 중요해 보일 정도라고 말해도 무방하다.

파멜라가 지닌 저항의 힘은 오로지 그녀의 언어에 달려 있다. 파멜라가 말하듯이, "그렇다면, 주인님, 저를 파멸로 이끄는 온갖 수단들을 혐오한다는 걸 보여 주는 것 말고 제가 할 수 있는 것이 무엇인가요? 말을 빼고 나면 제게 남은 것이 무엇인가요?"(220) 진정으로 "말"은 지위와 막대한 부(富)의 강압에 맞서 파멜라가 행사할 수 있는 전부이다. 그런데 파멜라의 "말"은 그녀가 가진 유일한 힘이기 때문에 훨씬 더 강력한 것으로 드러난다. 파멜라를 소유하려고 하면 할수록, B씨는 점점 더 자신의 행동을 그녀의 관점에 내맡기게 되고, 파멜라는 지배 문화의 중심부로 점점 더 깊이 들어가 지배 문화의 요소들을 자신의 주체성을 구성하는 자료로 전유하게 된다. 리처드슨은 파멜라의 편지들이 공개적으로 밝혀지고 승인되기 이전에도 이 편지들에 실제로 욕망을 구성할 수 있는 개혁적 힘을 부여한다. B씨는 파멜라의 편지들이 자신의 명예를 손상시키지 못하게 하려면 검열을 하지 않을 수 없다고 느낀다. 그러나 편지들을 몰수했을 때에도, B씨는 실제로 파멜라의 펜이 행사하는 분류하는 힘(classificatory power)에서 벗어나지 못한다. 이와 정반대로, B씨는 자신이 파멜라의 서술방식에 붙잡혀 변했음을 깨닫는다.

남성 소설가가 지배계급의 남성을 변화시킬 수 있는 글쓰기의 힘을 지닌 여성을 상상하는 시기는 정치 역사에서 결코 평범한 시기가 아니다. 확실히, 이 작품이 평범한 소설이었다면, 작가 리처드슨이 B씨를 파멜라의 나체 위에 걸터앉게 만드는 장면은 파멜라의 담론을 넘어서려는 B씨의 헛된 시도로 이루어진 서사에서 가장 에로틱한 장면으로 보여졌을지 모른다. 하지만 이것은 사실이 아니다. 파멜라의 몸에서 쾌락을 강탈하려는 B씨의 시도는 그녀만이 아니라 자기 자신에게도 두려움을 불러일으킬 따름이다. 반면에, B씨가 파멜라의 편지를 읽을 때 남성의 공격은 돌연 전통적 목적을 달성하고 성적 욕망을 충족시킨다. 비록 파멜라의 몸속으로 뚫고 들어갈 수는 없었지만, B씨는 작가 리처드슨에게서 글로 씌어진 파멜라의 자아의 비밀을 마음껏 엿보고, 그녀의 글쓰기 행위를 모조리 염탐하고, 그녀의 편지를 중간에서 가로채고, 그녀에게 더 많은 편지의 행방을 밝히라고 강요할 수 있는 허가를 얻는다. 특이하게도 이 소설에서 가장 에로틱한 장면, 아니 어쩌면 에로틱한 유일한 장면은 B씨가 완벽하게 자아가 각인된(self-inscribed) 파멜라를 소유할 때이다.[40] 마치 리처드슨이 전통적으로 매력적인 여성을 글로 씌어진 여성으로 바꾸고서, 마침내 소설관습이 이 여성을 마음대로 다루도록 허용해 주는 것처럼 보인다.

그는 말했다. 교활한 계집 같으니! 내 질문에 이것이 무엇이더냐? — 그것들[파멜라의 편지들]은 너에 관한 것이 아니더냐? — 만일 제가 그 편지들을 벽판 뒤 몰래 숨겨 놓은 곳에서 끄집어내야 한다면, 당신은 저를 보지 않을 건가요? 라고 나는 말했다 — 점점 더 교활해지는구나! 라고 그는 말했다 — 이것이 내 질문에 대한 너의 대답이냐? — 나는 그 편지들을 찾으려고, 위층과 네 벽장까지 샅샅이 뒤졌지만, 찾을 수 없구나. 무슨 수를 써서라도 그것들이 있는 곳을 알아 낼 것이다. 자, 그 편지들은 너에 대한 것이라는 게 내 생각이다. 지금까지 나는 단 한 번도 여자의 옷을 발가벗겨 본 적은 없다. 하지만 나는 이제 나의 아름다운 파멜라의 옷을 벗기기 시작할 것이다. 그렇게까지 하기 전에 그 편지들을 찾고 싶구나, 라고 그는 말했다. (245)

이렇게 에로티시즘을 물질적 신체에서 글쓰기로 굴절시킴으로써만 리처드슨은 방탕한 욕망을 개혁할 절차를 발전시킬 수 있었다. 그는 이 변화를 독서의 과정으로 재현했다.

이런 독서는 남성의 욕망이 여성 신체의 표면이 아니라 심층을 향하도록 해줄 것으로 기대되는 새로운 쾌락의 대상을 제공했다. 마침내 파멜라의 옷을 벗길 때, B씨는 소유할 수 있는 에로틱한 몸이 아니라 말 이외에는 그 어떤 것도 갖지 않은, 감정으로 이루어진 몸을 발견한다. 마침내 B씨는 인정한다. 파멜라의 글은 "비록 그 대부분이 내게

40 파멜라의 글을 차지하려는 다양한 시도에 대해서, 레너드 데이비스는 "여주인공 파멜라는 언어학적 시뮬라크룸(simulacrum)인 파멜라로 대체된다"고 특별히 언급한다. Davis, *Factual Fictions*, p. 184.

적대적인 내용을 담고 있지만, 그대가 쓰는 모든 것을 읽어 보고 싶게 만들었소"(242). 파멜라의 몸을 다루는 편지들은 그 몸을 말로 구성된 몸으로 바꾸는 데 성공할 뿐만 아니라, B씨에게 여성의 관점에서 재현되고 평가된 자아를 제공하는데, 이는 B씨가 속해 있는 계급의 코드에 도전하는 순전히 성적이고 심리적인 현상이다. B씨는 파멜라에게 성관계에 대한 지배권을 양보하고, 이 지배권이 소설의 나머지 부분을 지배하도록 한다. "그대가 그대의 플롯과 나의 플롯을 이야기할 때면 참으로 아름다운 로맨스의 분위기가 생겨나, 나는 아름다운 소설의 결말을 어떻게 마무리해야 할지에 대해 더 좋은 지도를 받게 될 것이오."(242) B씨는 파멜라에게 자신들의 이야기를 쓸 권한과 함께 자신의 가정의 통제권도 넘겨준다. 이제 이 소설은 온갖 위험을 거치면서 닮고자 한 바로 그 품행지침서가 된다.

리처드슨은 전통적인 시골 저택 내부의 관계들을 서로 경쟁하는 이해집단들 사이의 투쟁으로 재현함으로써 지배적인 문화적 이상에 이의를 제기했다. 이 투쟁을 성적 관계로 그림으로써, 리처드슨은 이런 재현의 정치성을 은폐했다. 일군의 독자들이 주장해 온 것처럼, 이것은 18세기 사회에서 상류계층의 사람들뿐만 아니라 여성들에 대해 리처드슨이 지녔던 개인적 양가감정에서 비롯된 것일지 모르겠다.[41]

41 이브즈(Duncan T. C. Eaves)와 킴펠(Ben D. Kimpel)의 『새뮤얼 리처드슨: 전기』(*Samuel Richardson: A Biography*)는 리처드슨이 보다 높은 신분의 사람들과 교제했고 많은 여성들과 우정을 맺었음을 입증하는 증거들을 제시하고 있다. 독자들을 애타게 만들 개정 작업을 하면서 리처드슨이 한 게임들에 관한 독창적인 설명에 대해서는, William Beatty Warner, *Reading Clarissa: The Struggle of Interpretation*, New Haven: Yale University Press, 1979, pp. 143~218을 참조할 것.

그러나 후일 돌이켜 볼 때 양가감정처럼 보이는 것이, 실은 욕망을 귀족의 신체에서 모든 사람들이 암암리에 즐길 수 있는 사적 만족의 세계로 향하도록 특정한 문화적 요소들을 재가공해 내는 중산계급 지식인의 기교로 더 잘 설명될 수 있다고 나는 믿는다. 리처드슨은 글쓰기의 정치성에 대해 우리가 흔히 둔한 심리적 이해력을 지닌 사람에게 부여하는 것보다 훨씬 더 예리한 의식을 보여 준다. 리처드슨은 서사가 진행되는 결정적 대목마다 글쓰기를 둘러싼 투쟁, 해석을 지배하려는 투쟁을 정치권력을 얻기 위한 투쟁과 연관시키려고 애를 쓴다. 나는 앞서 이미, 어떻게 리처드슨이 B씨가 상당히 후한 경제적 계약조건을 제시했을 때 파멜라가 그 제안을 거부하게 만들었는지 말했다. 나는 또 어떻게 유혹의 서사가 리처드슨으로 하여금 여성의 주체성을 저항의 한 형식으로 만들어 낼 수 있게 했는지 설명했다. 그러나 리처드슨은 성적 갈등이 지닌 정치적 차원을 공개적으로 인정하는 구절들 역시 쓰고 있다. 예를 들어, B씨는 파멜라에 관해 이렇게 말한다. "그 교활한 존재는 허울뿐인 순수함과 천진난만함으로 족히 한 국가를 타락시킬 만하다."(169) 하지만 정치적 범주를 없애는 것이 문제의 핵심이기에, 파멜라의 행위를 전복적인 것으로 해석할 수 있는 이런 잠재적 가능성은 대개 그녀의 편지 속에 갇혀 변형되어 버린다. 만일 리처드슨이 B씨가 파멜라의 감수성을 통해 변화하는 것을 그리고자 한다면, 권력의 언어는 해석적 가능성으로 항시 존재해 있어야 한다.

리처드슨이 이야기의 도덕을 놓고 일으키는 온갖 소란을 이해하려면 — 그가 소설을 쓰고 있든 그렇지 않든 간에 — 그의 글쓰기를 그 자체 하나의 물질적 리얼리티로 이해하는 것이 필요하다. 리처드슨은 B씨의 새로운 — 진정한 — 욕망의 대상을 밝히는 한 장면에서 파멜라를 그녀의 편지로 감싸 그녀의 몸의 표면을 사적 감정의 심층으로 대체할 때 이것과 같은 말을 한다. 리처드슨의 텍스트는 이런 점에서 두 종류의 자기재현 간의 투쟁으로 그려진다. 이때 그의 텍스트는 글쓰기 속에서 그리고 글쓰기를 통해서 중재를 성사시키는 적대적인 정치집단들 간의 투쟁에 관한 것이 아니라, 정치적 갈등을 이해하고 중재하는 데 활용되는 바로 그 말의 지배권을 얻기 위한 투쟁 자체이다. 이 소설은 가문이나 재산의 결혼으로 끝나지 않고, 젠더로 구획된 품행지침서들의 세계를 만들어 내기 위해 상이한 주체성의 양식들을 결합시키는 교훈으로 끝난다. 사적인 편지쓰기가 소설 속의 다른 언어들을 상대로 승리를 거둘 때, 그것은 가정적 관계를 모든 정치적 · 경제적 고려사항들로부터 성공적으로 분리해 낸다. 사적인 편지쓰기는 가정적 관계를 여성의 도덕적 감독과 감정적 반응에 종속시키기 때문이다.

원형 감옥 같은 이런 권위 개념이 후일 벤담이 정치 이론으로 서술하게 될 권위 개념과 같다는 것은 분명하다. 『파멜라』는 눈이 하는 일만이 펜이 하는 일과 필적할 수 있는 서사를 제시한다. 사실, 파멜라가 B씨의 저택에 감금되어 있는 동안 그녀의 신체에 가해지는 폭행은 그녀가 견뎌야 하는 '감시'만큼 빈번하게 일어나지도 않고, 그것만큼 도착적으로 보이지도 않는다고 말해도 틀리지 않을 것이다. 리처드슨이 다른 모든 경우에는 파멜라에게 위임해 온 서사에 갑자기 끼어드는 것은 감시의 권력을 돈이나 완력의 권력보다 더 우월한 것으로 만들기 위해서이다.

독자들은 지금 이야기하는 일이 일어날 수밖에 없다는 것을 알아야 한다. 아름다운 파멜라의 시련은 아직 끝나지 않았다. 그녀가 시련은 다 끝났다고 생각할 때, 최악의 시련이 닥칠 것이다. 파멜라는 아버지에게 돌아가는 중이었다. 쾌락과 술책의 신사인 주인이 그녀의 정조는 정복될 수 있는 성질의 것이 아니며, 그녀를 향한 열정을 자제해 보려고 해도 허사임을 알게 되었을 때, 그는 이미 링컨셔에 있는 마부에게 여행용 4륜 마차를 몰고 오라고 명령해 놓은 상태였다. (…) 마부는 파멜라를 마차에 태우고 그녀의 아버지가 사는 집 쪽으로 5마일쯤 달리고 나서, 갑자기 방향을 틀어 시골마을을 가로질러 그녀를 주인의 링컨셔 저택으로 데려갔다. (91)

만일 이 대목에서 수사적 방향이 어색하게 바뀌는 것으로 보인다면, 그것은 B씨의 4륜 마차가 방향을 튼 것이, 이야기가 이 지점에 이를 때까지 성적 관계를 지배해 온 정치적 권력형식에 실제로 급작스러운 변화를 일으키기 때문이다. 새로운 규칙에 따라 조직되는 시골 저택을 갖기 위한 것이 아니라면, 시골 저택을 하나 더 만들 이유가 달리 무엇이겠는가? 의미심장하게도 링컨셔의 저택에서 B씨가 직접 보이지는 않는다. 하지만 그는 감시의 경계를 늦추지 않는 여러 대리인들을 통해서 편재한다. 이 대리인들은 파멜라의 일거수일투족을 지켜보고 그녀가 쓴 대부분의 편지를 가로채는 것 말고는 하는 일이 별로 없다. 다시 말해, 파멜라는 지식의 대상이 된다. B씨는 한때 파멜라의 벽장 속 좋은 위치에서 그녀가 옷 벗는 장면을 훔쳐보았다. 하지만 지금은 그녀의 편지 속에 들어 있는 감정적 경험의 기록뿐만 아니라 그녀의 말과 몸짓 하나하나를 전하는 보고를 통해 그녀의 감정의 가장 은밀하고 사적인 곳으로 교묘하게 들어갈 수 있는 수단을 보유하고 있다. 서신 왕래를 거의 금지하다시피하는 엄격한 검열과 고립은 심지어 물리적 폭행의 위협보다 더 극심한 고통을 파멜라에게 안겨 준다. 이를테면 친절한 저비스 부인(Mrs. Jervis)을 사악한 주크스 부인으로, 아버지 같은 마부 존(John)을 오직 주인에게만 충성을 보이는 악마 같은 콜브랜드(Colbrand)로 교체함으로써, 링컨셔 저택은 영주의 첫 저택이 무시무시한 고딕적 형태로 바뀐 모습으로 재현되고 있기 때문이다. 이런 악몽 같은 시골 저택의 모습이 분명하게 보여 주는 바는 파멜라의 몸에 가해지는 폭행이 신체적 삽입의 문제라기보다는 시각적 강간의 문제가 되면서 자기-소멸의 위협은 더 커진다는 점이다. 이렇게 성적 폭행에서 심리적 심층의 폭행으로 옮겨 가는 전략의 변화는 글쓰기의 대상이 될 여성의 내면에서 더 많은 심층을 발견할 전략을 제공해 주며, 그렇게 함으로써 여성의 몸을 대체할 더 많은 말들을 만들어낸다.

돌연 마차가 아버지의 집으로 가는 길을 벗어나 B씨의 링컨셔 저택으로 자신을 데려가는 순간부터, 파멜라는 그녀 자신과 모든 가정적 관계, 둘 다를 해석하는 투쟁에서 승리를 거둔다. 이 저택에서 지배적 권력은 이미 여성적 권력이다. 그것은 가정적 감시의 권력이다. 더구나, 품행지침서의 독자들은 주크스 부인이 "엄청나게 큰 손과 내 허리만큼 굵은 팔", "남자같이 쉰 목소리", 그리고 다른 많은 남성적 특성들을 지니고 있기 때문에 이 가정을 성공적으로 관리하지 못할 것이라는 점을 알고 있다(116). 이 영주 저택에는 한 가지 부족한 것이 보이는데,

그 결핍을 메우려면 이 집을 품행지침서에서 묘사되고 있는 집으로 바꾸어야 한다. 남자 같은 여자에게 감독을 맡긴 것이 이 집을 이렇게 다르게 만들고 있다고 말하는 것은 아니다. 오히려 다른 점은, 이 저택에서 가능한 성은 다른 저택에서 가능한 거래유형과 닮은 게 거의 없다는 데 있다. 링컨셔는 여성의 몸을 차지하려는 욕망이 지배하는 음란한 침실 희극을 극화하고 있지 않다. 대신에 이 저택은 여성적 주체성의 작용을 극화하고 있다. 이런 장소는 본질적으로 관객들이 보는 앞에서 신체를 해부했던 18세기 의학 극장과 동일한 권력구조를 만들어낸다. 링컨셔 저택과 마찬가지로, 이 특유하게 근대적인 극장에서 권력은 시선의 대상에 있지 않았는데, 이런 의학적 대상의 모델과 상징은 해부당하는 유순한 시체의 몸이었다. 권력은 신체의 표면 아래에서 진리를 발견하는 관찰자의 눈을 통해 작용했다. 나는 이런 권력이 이전의 권력 형태를 격퇴할 것이라고 주장해 왔다. 그런데 예전의 권력 형태는 귀족의 신체에 내재되어 있었으며, 이 신체가 평민들의 시선을 사로잡는 힘에 달려 있었다.

링컨셔에서 파멜라는 가사노동자라는 비천한 신분에서 벗어나 이야기를 하는 것 외엔 별달리 하는 일 없이 소일한다. 그런데 그녀의 이야기가 여성적 감정을 글로 표현하는 방식은 교육용 안내서의 방식과 닮았다. B씨는 파멜라를 관찰할 수 있는 곳에 그녀를 데려다 놓았다. 하지만 파멜라는 자기 자신과 다른 사람들을 관찰할 뿐만 아니라 관찰한 내용을 글로 표현하면서 시간을 보낸다. 이 점 때문에 파멜라는 바로 이곳에서 감시권력을 자기 것으로 쥐게 된다. 다시 말해, 자신의 몸에 가해지는 폭행이 관음증적 형태로 자리 잡는 순간, 파멜라가 이런 억압에 승리를 거두기 위해서는 시선의 방향과 동력을 바꾸기만 하면 된다.[42] 이것이 파멜라의 글쓰기가 수행하는 기능이다. 이런 기능은 리처드슨 자신이 "다른" 이야기와 맺는 것과 비슷한 관계를 맺기 위해서 권력을 비판적으로 비추는 거울로서 시선을 시선 자체에 되돌려 준다. B씨가 파멜라의 편지를 그녀의 부모에게, 그리고 이웃사람들과 누이에게 큰소리로 읽어 줄 때, 그는 파멜라가 자신과 부모 사이에서만 간직하려고 했던 정보를 공개해 버린다. 그러므로 B씨가 파멜라가 쓴 글을 말할 때, 그의 말은 자기비판 — 그의 사회적 정체성의 코드에 대한 저항의 한 형태 — 을 끌어들이게 된다. 따라서 B씨는 파멜라의 사적인 편지를 읽음으로써 그녀의 도덕적 권위를 내면화하며, 파멜라의 양심은 그의 양심이 되고, 그의 말은 파멜라의 글과 구별되지 않는다. 파멜라는 B씨를 통제할 수 있는 모종의 권력을 쟁취한다. 파멜라의 편지를 한 통 읽을 때마다 B씨는 파멜라의 가장 내밀한 생각과 자신의 감

42 관음주의는 오랫동안 리처드슨이 자신은 쓰고 있지 않다고 주장한 종류의 소설을 규정하는 기준이 되는 특징이었다. 관음주의적 시선을 파멜라의 몸에서 파멜라의 글로 옮김으로써, 리처드슨은 아주 정확히 B씨를 그가 생겨 나온 서사의 세계에서 리처드슨이 "새로운 종류의 글쓰기"라고 주장하는 것 속으로 옮겨 놓고 있다. 내가 이해하기로는, 남성에서 여성에게로 시선이 옮겨 감으로써 시선의 본질 자체가 관음주의에서 감시로 바뀌고, 이 변화와 더불어 소설의 역할은 스캔들에 가까운 비밀을 폭로하는 것에서 모범적인 행실을 분명하게 보여 주는 것으로 바뀐다. 리처드슨 이전의 소설에 나타나는 관음주의에 관한 논의에 대해서는 Perry, *Women, Letters, and the Novel*, pp. 157~167을 참조할 것. "새로운 종류의 글쓰기"는 리처드슨이 애런 힐에게 보낸 편지에서 쓴 어구인데, 이 편지는 John Carroll(ed.), *Selected Letters of Samuel Richardson*, p. 41에 실려 있다. 이 어구 자체의 의미에 대해서는 William Park, "What was new about 'New Species of Writing'?", *Studies in the Novel*, 2, 1970, pp. 112~130과 "Romance and the 'New' Novels of Richardson, Fielding, and Smollet", *Studies in English Literature*, 16, 1976, pp. 437~450을 참조할 것.

독하에 있는 시골 저택의 가장 은밀한 비밀, 둘 다를 노출한다. 파멜라의 편지들은 그녀가 자기통제의 능력을 지니고 있다는 점과, 이에 상응하여 B씨는 파멜라의 감독을 필요로 한다는 점을 보여 준다. 다시 말해서, 글쓰기는 물리적 힘의 행사를 감시의 힘으로 대체하면서 시선의 권력을 남성에게서 여성으로 옮겨 놓는다. 그러므로 B씨가 처음 제안한 계약에 반대하면서 파멜라가 구체적으로 제시한 이상적 조건은 충족된다. 이제 두 사람은 결혼한다.

글쓰기를 통해 시선의 권력을 확보한 다음, 파멜라는 점차 "보는 행위"에 지쳐 대중의 시선에서 벗어나 자신의 감독하에 있는 가정의 목표와 활동으로 물러난다(299). 결혼식이 엄숙하게 거행되고 나자, 이제 사건들은 독자들에게 "내 행복의 첫 단계에서 일어난 모든 일들을 기록한 일기"로 다가온다(475). 거의 200쪽에 달하는 이 이야기를 제공할 때 리처드슨이 보이는 지혜를 문제 삼지 않을 사람이 누가 있겠는가? 이제 모든 서사적 갈등은 가정적 의무와 미래의 가정주부들이 해야 할 일과 해서는 안 될 일을 나열하는 것으로 해소된다. 소설의 이런 대목들 중 일부는 품행지침서에서 무작위로 직접 인용한 것일 수도 있다. 게다가 파멜라가 품행지침서를 차용하면서 그녀의 글은 갑자기 둔탁해지고 활기가 없으며, 잘난 척하면서 동시에 아첨을 떠는 것 같다. 간단히 말해, 파멜라의 글은 역사적 시기가 지나면 읽기에 너무 공허하고 지루해지는 품행지침서의 온갖 특성들을 보여 준다. 다시 말해 여성의 목소리는 더 이상 저항의 형식이 되지 못하고 순전히 이데올로기적인 목소리로 밋밋해진다. 그러나 역사적 관점에서 볼 때, 리처드슨이 자신의 첫 소설을 이처럼 활력을 잃은 밋밋한 패러다임으로 바꾸지 않을 수 없었을 것이라는 점은 완벽하게 이해가 된다. 여성 교육 프로그램을 지배한 독서의 원칙은 리처드슨에게 귀족적 문학전통에 반하여 시골 저택을 다시 쓸 수 있는 방식을 마련해 주었다.

현존하는 친족관계 양식을 낡은 것으로 만들기 위해 이렇게 가정을 재배치하는 작업이 귀족의 시골 저택이 지닌 일련의 특징을 어떻게 활용하고 있는지는 주목해 볼 만하다. B씨 자신이 한때 주인이라면 하녀에게 품어도 전혀 문제될 것이 없다고 생각한 욕망을 단념한다. 그런데 이렇게 단념하는 것도 이런 욕망을 낡은 것으로 만드는 언어를 통해서이다. "나는 내가 과거에 추구했던 것들과 무모한 욕정을 얼마나 마음 깊이 경멸하는가! 고결한 사랑에서는 참으로 기쁨이, 참으로 진정한 기쁨이 생겨나는구나! 그건 난봉꾼의 옹색한 영혼은 받아들일 수 없고 그의 사유로는 상상할 수도 없는 기쁨이다. 그건 난봉꾼이었을 적에 내 자신이 감히 짐작조차 하지 못한 기쁨이다!"(379) 한때 서사적 사건의 배경을 제공했던 침실이 인쇄된 지면에서 완전히 자취를 감추면서 B씨가 말하는 "기쁨"은 육체의 쾌락과는 사실상 무관해진다. 이제 육체는 파멜라의 일기에 적힌 두 항목 사이의 빈 공간을 차지하게 된다. 가정의 시간과 공간이 파멜라의 감독하에 재조직되면서 B씨가 말하는, 밖으로 널리 확산되는 기쁨은 가정의 곳곳으로 퍼져 나간다.

파멜라가 B씨 가정의 관리를 떠맡기 전 이 가정의 조직은 편집증적 음모를 닮아 있었다. 왜냐하면 파멜라의 글쓰기가 귀족 가정 내부에 숨어 있는 삶의 비밀을 노출할 때, 리처드슨은 그곳을 성적 음모가 벌어지는 극장으로 바꿔 버리기 때문이다. 귀족 집안에서 일하는 사람들은 오직 주인의 욕망을 충족시켜야 한다는 원칙으로만 묶여 있다. 공간만이 아니라 시간과 인간의 노동도 이 하나의 목적에 봉사하는 데 바쳐진다. 하지만 새로이 부상하는 가정원칙에 따르면, 이런 질서원칙은 실상 혼란을 낳는다. 파멜라가 말하듯이,

> 이를 통해 우리는 (…) 모범이 어떤 힘을 발휘하며, 가장(家長)이 행사하는 권력에 무엇이 있는지 알게 될 것이다. 그리고 이것은 상류계급 사람들이 보여 주는 나쁜 모범이 두 배로 해롭고, 두 배로 비난받을 만한 것이라는 점을 보여 준다. 이런 사람들은 그 자체로 나쁘기 때문이다. 이들은 다른 사람들에게 이득은 전혀 주지 않고 해만 엄청 끼친다. (399~400)

반대로 파멜라가 이 가정의 여주인이 되자, 하인들은 정치적 충성심과 경제적 권력의 힘보다는 파멜라의 도덕적 모범의 지배를 받는다. 잘 관리되는 가정은 관리를 책임지고 있는 여성의 도덕성에 전적으로 좌우되기 때문에, 이런 가정은 남성적 욕망과 귀족적 변덕이라는 이중의 폭정에 시달리지 않는다. 파멜라가 가정의 질서와 자기 마음의 특성 사이의 관계를 기술할 때 가정과 마음은 분명 하나이다.

> 요컨대, 나는 좋은 하인들이 내게서 친절한 격려자의 모습을 찾을 수 있도록 최대한 노력할 것이다. 무관심한 하인들에게는 칭찬할 만한 경쟁심을 불어넣음으로써 더 좋은 하인이 되게 만들 것이고, 나쁜 하인들은 ―본성이 지나치게 악하지 않고 상당 정도 교정될 만하다

면 — 친절과 훈계로, 그리고 필요하다면 적절한 위협을 써서라도 교정시킬 것이다. 그러나 대부분은 좋은 모범을 보여 바꿀 수 있을 것이다. (350)

파멜라의 명예를 옹호해 온 사람들은 첫 번째 범주로 분류되고, 그렇지 않은 사람들은 세 번째 범주로 분류된다. 모범을 보여 줌으로써 타인을 구제하는 파멜라의 힘이 미치지 않은 사람은 아무도 없다는 것이 드러난다. 심지어 밉살스러운 주크스 부인조차 파멜라의 영향하에 있음이 밝혀진다. 이와 더불어 이 가정은 이제 더 이상 편집증적 음모로 움직이지 않고 곧 합리적 질서로 변모한다.

이 질서의 몇 가지 전략들은 우리의 주목을 끌 만하다. 이 전략들은 글쓰기 양식들 사이의 서사투쟁에서 발전되어 나온다. 이 전략들은 여성의 문제에만 초점을 맞춘 덕택에 품행지침서들은 할 필요가 없었던 여성화의 과정을 구성한다. 다시 말해, 이것들은 앞장에서 논의한 가정 경제의 원칙에 따라 영주 저택을 재조직하는 전략들이다. 이제 그 자신 가정적 덕목의 전향자가 되어 버린 B씨는 자기 집 같은 시골 저택에서 시행해야 할 개혁들을 설명한다. 그는 영주의 저택 출신의 여성들에 대해 이렇게 말한다. "그들은 일반적으로 낮을 밤으로, 밤을 낮으로 바꾸는 것을 가문과 부의 특권으로 생각하는 식으로 행동하고, 저녁 식탁에 앉을 시간이 되기 전까지는 좀체 움직이지 않는다. 이 여성들에게 훌륭하고 오래된 가정 규칙들은 죄다 뒤집혀 있다."(389) 이렇게 B씨는 자신이 속한 특권 계급의 여성에게는 자연스러운 사물의 질서를 붕괴시키는 습관이 있다고 생각한다. 또 다른 한편으로, B

씨는 귀족계급 여성들의 나태와 오락이 만들어 놓은 관행을 전복함으로써 질서를 회복할 힘을 근대적 여성들에게 부여한다. 노동하는 것은 더 이상 허용되지 않지만, 파멜라의 시간은 예전보다 훨씬 더 엄격하게 관리된다. B씨의 설명처럼 그녀의 시간이 관리되는 원칙은, "사람이란 시계태엽만큼이나 부서지기 쉬운 기계의 한 부분이고, 규칙적으로 되지 않으면 혼란에 빠지기 쉽다"는 것이다(390). 저녁이 될 때까지 하루의 매 시간은 대개 이런 식으로 설명된다. "당신이 가장 좋아하는 대로 쓸 수 있는 유용한 시간이 아직 몇 시간 더 남아 있을 것입니다. 그리고 나는 보통 8시에 저녁 먹으러 갑니다."(389~390) 이는 품행지침서들도 하고자 했던, 여가시간의 전면적 재조직화를 극적으로 보여주는 것이다.

특이하게도 여가시간의 재조직화는 환대라는 오래된 귀족적 이상의 이름으로 이루어진다. B씨는 이렇게 설명한다. 만일 파멜라가 정해진 일과를 따른다면, "내가 저녁 식탁에 누구를 데려오든 당신은 손님을 맞을 준비가 되어 있을 것이고, 예기치 않게 찾아오는 방문객들에게 어리석은 변명을 늘어놓지 않아도 될 것이오. 변명이란 그것을 늘어놓는 사람의 품행을 비추는 것이라오"(389). 요컨대, 잘 질서 잡힌 가정은 환대가 필요한 모든 사람에게 환대의 전통을 더 잘 베풀어 줄 수 있다. 그러나 환대를 베풀지 못하는 것은 남자의 신분이나 재산이 부족하다는 것을 말하는 것이 아니라 아내의 가정적 덕목이 부족하다는 것을 가리킨다는 점은 주목되어야 한다. 이런 과실은 "그것을 저지르는 사람들의 품행을 반영한다". 이와 똑같은 원칙이 파멜라의 외양을 좌우한다. 파멜라는 손님들에게 과시하려고 겉치레를 해서는 안 되며, 언제나 "당신이 그토록 잘 숙지하고 있는 달콤한 안락함을 옷차림과 품행에서" 보여 줘야 한다(389). B씨의 복장 코드를 르네상스 시대에 왕이 칙령으로 정한 복장 코드와 가장 선명하게 구별해 주는 것은 얼굴 표정에 세밀한 주의를 기울인다는 점이다. 여성의 진정한 특성은 신분이 아니라 얼굴 표정에 나타날 수 있기 때문이다.

> 내 집에 오는 사람이 누구든 나는 당신이 공평하고 한결같은 정중함으로 대하기를 바라오. 얼굴은 찡그리지 말고, 손님을 맞는 데 필요한 것이 부족하든 충분하든 전혀 동요하거나 당황하지 말기를 바라오. 낯선 사람이 당신을 찾아왔을 때 당신이 누구와 함께 있든 조금이라도 언짢은 표정을 지어 보여 자기가 잘못 찾아왔다고, 자기가 당신이 방문하지 않았으면 생각할 때 찾아왔다는 기색을 보이지 않기를 바라오. 모든 사람들을 유쾌하고 다정하고 친절하게 대하시오. 어느 한 사람에게 더 그렇게 대해야 한다면, 당신에게서 그런 대접을 바랄 이유가 가장 없는 사람에게, 식탁에 둘러앉은 사람들 가운데 가장 하잘것없는 사람에게 그렇게 하시오. 나의 파멜라여, 이렇게 하여 당신은 의심 많은 사람들을 격려하고, 불안해하는 사람들을 달래며, 내 식탁 주변에 안락과 즐거움과 평온을 두루 퍼뜨릴 수 있을 것이기 때문이오. (393)

'아낌없는 베풂'에 대한 리처드슨적 관념은 귀족적 환대의 비유, 즉 관대한 후원자의 식탁이라는 비유가 없다면 존재할 수 없다. 그러나 그 내용은 식탁을 감독하는 여성과 함께 사실상 수정되었다. 식탁 주변에 모이는 사람들에게 근대적 후원자는 풍요로운 토지의 과실이나 거대한 지갑의 부를 나눠 주기보다는 넉넉한 감정을 내어 준다. 이런 방식으로 리처드슨은 후원자의 식탁을 전통적으로 남성적 권력 형식을 전시하는 무대에서 치유의 무대로 바꾼다. 그런데 이 치유의 무대에서 풍요는 순전히 심리적 차원에서, 즉 전투적 쾌활함을 전시하는 것으로 분배된다. 리처드슨이 이렇게 할 수 있었던 것은 파멜라의 수동적이고 본질적으로 방어적인 덕성을 명사(nouns)에서 동사(verbs)로 바꾸었기 때문이다. 이 동사들은 "의심 많은 사람들을 격려하고, 불안해하는 사람을 달래며, 내 식탁 주변에 안락과 즐거움과 평온을 두루 퍼뜨리는 것이었다"(강조는 인용자).

리처드슨은 부를 분배하는 수단으로 전통적인 후견인 의식(儀式)을 사실상 없애고 관대함이라는 보완적 형식을 만들어 낸다. 리처드슨의 자선 개념은 남성의 경제력을 여성의 호의로 걸러 내는 것이다. 이런 방식을 통해 남성의 토지에서 생산되는 잉여수확물은 여성의 마음을 거쳐 사회 계층 사다리의 밑바닥으로 흘러 내려가 도움이 필요한 사람들에게 조금씩 떨어진다. 파멜라는 B씨에게 이렇게 요구한다.

> 당신이 알고 있는 가난한 사람들과 이웃들을 잘 살핀 다음, 내가 정직하고 근면하지만 가난한 사람들과 — 이런 사람들이 자선의 진정한 대상이 되어야겠지요 — 어디에서도 도움을 구하지 못하는 사람들의 명단을 만들도록 해 주세요. 다른 여러 경우와 함께, 특히 눈이 멀거나 절름발이거나 병약한 사람들, 그리고 운이 나빠 몰락했지만 — 우리 집이 그런 경우였어요 — 아이들이 많아 그럭저럭 지낼 만한 편안한 위치로 올라갈 수 없는 가정이나 주부들의 명단을 만들도록 해 주세

요. 나는 이런 명단을 뽑을 수 있어요. 아니 뽑겠어요. 선량한 나의 기부자가 이런 좋은 목적을 위해 내게 맡긴, 일 년에 네 번 내려주는 친절한 후원금으로 첫발을 내딛기를 바랍니다. (500~501)

우리는 파멜라가 후견인 체제에서 자선의 원칙에 기반한 체제로 전환된 부에서 혜택을 얻어야 하는 사람들의 범주를 전체적으로 어떻게 규정하는지 주목해야 한다. 스스로 호구지책을 마련하지 못하는 사람들만이 호의를 받을 만한데, 이들이 이런 상태로 떨어진 것은 이들의 노동조건에 내재하는 결함이라기보다는 이 사람들 자체의 결함 때문임이 분명하다. 자선의 대상이 되기 전에, 이 사람들은 사례별로 명단에 올라야 한다. 이들이 빈곤한 사유도 개별 사례에 따라 명시되어야 하며, 그에 걸맞게 돈의 액수가 배분되어야 한다. 이는 리처드슨이 부자들의 관대함에 기대는 사람들을 달래야 할 사회 집단이나 분파가 아니라 책임감 있는 부모의 보살핌이 필요한 철없는 아이로 표현하고 있다는 말이다. 부의 분배를 이렇게 보는 시각은 리처드슨이 부를 상속재산, 직업, 지역에서 발생하는 부의 원천에서 분리할 때에만 의미가 있다. 이를 위해 리처드슨은 품행지침서에서 다시 한 구절을 따온다. 사유지의 부를 후견인 체제에서 떼어 내어 자선의 원칙에 따라 분배하기 위해, 리처드슨은 남성들에게 자기 소유의 돈의 일부를 여성에게 넘겨주라고 한다. B씨가 설명하듯이,

신은 나에게 은총을 베풀어 아주 좋은 사유지를 주셨고, 사유지 전체가 번창하고 잘 임차되도록 해 주셨소. 나는 매년 돈을 저축하고, 게다

가 공채와 다른 유가증권의 형태로 많은 액수의 돈을 가지고 있소. 그러므로 당신은 지금까지 내가 당신에게 주겠다고 약속한 것이 당신이 사랑하는 아내로서 내 재산에 대해 갖는 권리에 훨씬 못 미치는 정도라는 것을 알게 될 것이오. (387)

B씨가 파멜라에게 제시하는 이런 제안에 따라, 리처드슨은 과거의 후원 체제가 유지한 정치적 범주들과는 무관해 보이는 가정 경제를 구성한다.

리처드슨의 첫 소설이 성적 계약을 어떻게 수정하는지 입증하기 위해 나는 이 경제적 교환에 주목하고자 한다. 이 제안은 B씨가 아내에게 기대하는 것이 무엇인지 자세히 설명한 것일 뿐만 아니라, 원래 B씨가 파멜라에게 제안했다가 거절당한 계약을 직접 수정한 것이다. B씨의 설명처럼 이런 요구를 하면서, "내가 바라는 것은 오직 내 제안이 당신 마음에 들었으면 하는 것뿐이오. 내가 당신이 원하는 것을 알 수 있다면, 내 첫 번째 제안이 아니라면 두 번째 제안은 마음에 들 것이오"(386). 쌍방이 충분히 동의할 수 있는 이상적 관계를 협상하는 과정에서 B씨는 자신이 첫 번째 계약에서 내놓았고 파멜라를 자신의 정부로 만들 수도 있었을 바로 그 제안을 한다. 어느 쪽인가 하면, 파멜라에게는 첫 번째 계약이 두 번째 계약보다 더 유리하다. 우리는 첫 번째 계약에 — 파멜라는 자신의 저항이 자신의 존재 자체를 지켜야 할 바로 그 필요성에서 비롯되었음을 내비친다 — 대한 파멜라의 저항이 성적 계약의 성격을 수정하는 것을 목표로 했을 뿐이라고 결론지어야 할 것이다. 파멜라가 B씨의 첫 제안의 취지를 비난하는 최초의 사람이라면,

B씨는 잘못의 원인이 어디에 있는지 설명하는 최초의 사람이다. "우리 재력가들, 즉 태어날 때부터 막대한 부를 물려받은 사람들은 남녀 모두 대체로 교육을 잘못 받는다." 이것이 파멜라의 일기에서 얻을 수 있는 교훈 가운데 하나라는 점을 B씨는 인정한다. "우리의 의지는 너무 완강하고, 너무 격렬해서, 통제받는 걸 거의 견디지 못한다."(470)

이렇게 억제되지 않은 욕망을 지니고 있다면, 빈약한 교육을 받은 남자와 여자의 관계는 모두 당사자 각자가 지닌 광폭함 못지않게 광폭할 것이다. B씨는 계속해서 말한다.

> 아내를 고를 때 편의나 가문, 재산이 첫 번째 동기이고, 애정은 ─ 만일 애정이 조금이라도 고려된다면 ─ 마지막 동기이다. 이렇게 교육받고, 이렇게 양성되고, 이상할 정도로 은혜를 모르는 두 사람이 맺어진다. 이 두 사람은 자신들의 존재 자체를 빚지고 있는 사람들뿐 아니라 자기들의 교육에 관여해 온 모든 사람들에게 엄청난 고통거리였다. 그러므로 두 사람이 결혼생활에서 서로 똑같이 편안한 행동을 찾고 실행할 것이며, 서로를 가장 지독하게 괴롭힐 것이라는 것 이외에 다른 무엇을 기대할 수 있겠는가? (471)

B씨의 두 번째 제안이 첫 번째 제안과 비슷하다는 점을 고려해 보면, 두 번째 제안은 주인과 하녀 사이에 성적 관계를 맺으려고 한 첫 번째 시도 ─ 돈과 쾌락을 맞바꾸자는 제안 ─ 를 전통적인 "편의" 결혼[물질적 이익을 목적으로 하는 결혼]을 비판하는 적법한 일부일처제의 모델로 변형시킨다. 리처드슨이 "편의", "가문", "재산"을 동일한 것으

로 만들고 이것들을 "애정"을 배제하는 범주 속에 집어넣을 때, 우리는 위의 진술에서 근대적 사랑의 개념이 출현하고 있음을 본다. 이 작품은, 애정은 결혼의 경제적 동기와 공존할 수 없으며, 따라서 재산도 가문도 여성에게 특별히 매력적인 특성이 될 수 없다고 주장한다. 남성에게 이런 특성들은 여전히 무조건적인 것으로 남아 있긴 하지만. B씨가 설명하듯이 남녀 사이의 교환은 본질적으로 경제적인 것이 아니다.

> 나는 우리 두 사람 모두에게 충분한 재산이 있소. 당신은 내 재산을 나와 함께 나눌 자격이 있소. 당신은 세상 사람들이 내 재산에 상응한다고 여기는 것을 나에게 가져다준 것처럼 거리낌 없이 내 재산을 함께 나누게 될 것이오. 내가 생각하기에 당신은 이보다 무한히 더 귀중한 것들, 경험을 통해 얻은 진리, 수많은 시련을 거치면서 입증된 덕성, 당신이 속하게 될 신분에 어울리는 것보다 훨씬 더 많은 재치와 행실을 내게 가져다줄 것이기 때문이오. (355)

여기에서 교환은 젠더화된 당사자들 사이에 일어난다. 그것은 여성의 도덕적 권위를 남성의 특별한 경제적 관행 및 사회적 지위와 혼인시키는 것이다. 이 요소들이 모여 품행지침서 또한 독자들에게 매력적이게 만들려고 몰두했던 것과 동일한 가정 세계를 구성한다.

이 모델의 성공 비결은 여성에게 남성에게 순종하라고 요구하면서도 지배계급의 관행을 받아들이라고 요구하지는 않는다는 데 있다. B씨가 제안한 첫 번째 계약의 조건을 파멜라가 받아들이지 않으려고 완강하게 거부한 것이 이 차이를 입증한다. 왜냐하면 파멜라는 첫 번째 제안을 완전히 거부한 만큼이나 두 번째 제안을 완벽하게 따르기 때문이다. 요점은 에로틱한 모험에서 하녀가 주인에게 억지로 굴복하는 것을 이상적인 결혼에서 여성이 남성에게 자연스럽게 복종하는 것과 구분하는 것이다. 친절한 남편에게 복종하는 것은 좋은 것인 반면, 구 귀족사회와 연결되는 방탕한 욕망을 만족시키는 것은 더 이상 용납되지 않는다. 개혁된 시골 저택이 엄격한 위계질서가 복원된 곳이긴 하지만, 이 위계질서의 원칙은 바깥 정치 세계를 조직하는 원칙과 대립한다. 가정의 질서는 한 개인이 지닌 상대적인 사회경제적 지위보다는 심성의 도덕적 특성에 기초해 있다. 이 원칙은 여성을 통해 가정의 한 부분이 되고, 여성의 글쓰기를 통해 그 가정을 개혁한다. 마치 독자가 두 계약의 차이, 즉 두 번째 계약이 여성을 가정 영역의 중심에 놓기 위해 가정 영역에 대한 통념을 어떻게 재조직했는지를 이해하지 못하기나 하는 것처럼, 리처드슨은 파멜라와 B씨의 누이 데이버즈 부인의 만남에서 이 비유의 논리를 요약해서 다시 보여 준다.

데이버즈 부인은 B씨의 눈에는 애정의 결합이라기보다 경제적, 정치적 동맹을 구성하는 오래된 계약으로 보이는 것을 옹호한다. 데이버즈 부인은 B씨가 단순히 자신을 침대로 데려간 게 아니라 실제로 하녀와 결혼을 했다는 파멜라의 주장으로 가문의 이름이 더럽혀졌다고 생각한다. 이 결혼을 증명하는 B씨의 편지를 두고 데이버즈 부인은 파멜라에게 이렇게 말한다. "너는 그 편지를 내게 보여 주면서 B씨가 그렇게 더러운 짓까지 했다고 나를 비난하고, 왕국에서 가장 유서 깊고 오점 하나 없는 가문의 명예를 더럽혔다."(417) 파멜라가 B씨의 아내일 뿐 아니라 B씨가 속한 신분의 남자가 결혼하기에 더 매력적인 여자라는 것을 데이버즈 부인에게 확신시키려면, 그녀의 마음을 변화시켜 지배계급 여자로서 자신의 이해나 본성과 어긋나는 생각을 갖도록 해야 한다. 이것은 소설의 문장에서는 일어나지 않고 시간이 어느 정도 흐른 후 데이버즈 부인이 파멜라의 일기를 읽을 때 일어난다. 하지만 리처드슨은 이런 유형의 여성에게 나타나는 완강함을 보여 줄 때에도 그녀가 파멜라의 감상적인 글쓰기의 언어에 동의함으로써 파멜라의 우월성을 인정하게 만든다. 자신의 후계자가 상류사회에 진출하는 것을 두고 데이버즈 부인은 이렇게 말한다. "네가 상류사회로 나갈 때 나는 너와 동행하지 않을 것이다. 링컨셔에 있는 너의 이웃에게 그랬듯이, 네가 지닌 장점으로 베드퍼드셔의 이웃들을 모두 네 친구로 만들어라. 그러면 너는 나의 후원이, 아니 어느 누구의 후원도 필요치 않을 것이다."(466)

파멜라의 도덕적 권위에 대한 데이버즈 부인의 인정이 남성의 지위를 결정할 때에는 옛 범주들을 건드리지 않고 그대로 놔둔다는 점을 주목하는 것은 중요하다. 왜냐하면 이런 인정은, 여성이 특정한 감정적 자질을 소유하고 있다는 것이 여성의 지위를 결정한다는 것만을 제시하기 때문이다. 그렇긴 하지만 베드퍼드셔와 링컨셔의 상류사회 사람들뿐만 아니라 데이버즈 부인에게도 일어나는 마음의 변화는 지배적인 친족관계를 수정하는 중대한 요인이 된다. 친족관계의 수정만이 소설이 여성 주체성의 뉘앙스에 집착하고 있다는 점을 설명해 준다. 이런 집착은 리처드슨이 지배적인 문화적 이상을 다른 이상으로 대체하기 위해 여러 전략들을 뽑아낸 품행지침서에서도 보인다. 데이버즈 부인이 "숙녀와 결혼한 거지 아들과 신사의 아내가 된 거지 딸의 차이가" 무엇이냐고 공격적으로 물어올 때, B씨는 여성적 글쓰기 전체가 시도하는 수정작업을 극히 간결하게 묘사한다. "그러면 제가 누님에게 말해 드리겠습니다, 라고 그는 대답했다. 그 차이는 이렇습니다. 남자는 어떤 여자인가에 상관없이 자신이 취하는 여자를 고귀하게 만들고, 어떤 신분인가에 상관없이 자신이 속한 신분의 일원으로 맞아들입니다. 하지만 여자는 아무리 고귀하게 태어났다 해도 비천한 태생의 남자와 결혼하면 자신의 품위를 떨어뜨리게 되고, 자신이 속한 신분에서 자신이 굴복한 남자의 신분으로 떨어집니다."(447) 이것이 하이퍼가미(hypergamy), 즉 "신분 상승을 이루는" 결혼의 원칙이다. 이런 결혼은 태생적으로 여성에게 내재해 있을지 모르는 정치권력으로부터 여성을 차단시키는 동시에, 여성이 더 높은 사회적 위치에 있는 사람과 결혼을 하는 경우에 그녀를 통해 가족 전체가 더 높은 지위를 얻을 수 있게 한다. 귀족계급과 상위 신사계급을 파멜라의 가정적 가치로 전환시키는 것은 사회적 지위의 최하층에서 최상층으로 올라가는 결혼에 성공하는 파멜라의 힘에 달려 있는데, 이는 사실상 새로운 지배계급을 형성하는 것이다.

근대 독자들에게는 더 이상 제기할 필요가 없는 여타 많은 문화적 주장에 더해, 소설의 결말 부분에는 파멜라와 그녀가 결혼을 통해 밀려들어 간 사회 세계 사이에 일어나는 기묘한 만남이 몇 장면 들어 있다. 파멜라가 링컨셔에 모인 상류사회 사람들에게 데이버즈 부인이 자신에게 얼마나 무례하게 굴었는지 말할 때, 개혁의 정신은 파멜라를 중심으로 동심원을 그리며 퍼져 나간다. 파멜라가 남편이 바라는 대로 기꺼이 순종하는 것을 지켜본 후, 한 숙녀는 "자기 부인들이 이런 모범을 보이는 사람과 친하게 지내도록 하는 것이 모든 신사들에게 이로울 것"이라는 점을 인정한다(301). 하지만 신사들 또한 파멜라가 겪은 고통의 사례를 통해 배운다. 한 신사의 말을 빌리자면, 신사들은 "부인과 새 생활을 시작하겠다고 결심했는데, 당신의 주인이 우리에게 길을 보여 줄 것입니다"(426). 게다가, 개혁은 비록 남편과 아내의 관계 안에 갇혀 있긴 하지만 명백한 정치적 파생효과가 없지는 않다. 이 모임에서 하는 카드 게임은 성적 관계에서 일어난 변화를 정치적 용어로 옮기는 노골적인 수단을 제공한다. 그러므로 우리는 가정적 권위의 도덕적 토대가 엷게 위장된 알레고리를 통해 정치의 영역으로 확대되고 있음을 알 수 있다. B씨는 "에이스에 대해" 이렇게 말한다. "에이스는 나라의 법을 표시한다고 나는 늘 생각해 왔습니다. 또 나는 에이스가 왕이나 여왕보다 높고 이들을 이기기 때문에, 법 또한 그렇게 여겨져야 한다고 생각합니다." 그러나 리처드슨은 서둘러 이 말이 개심한 남자 주인공을 토리당원으로 만들어 주지는 않는다고 덧붙인다. 왜냐하면 파멜라의 주인에 따르면, "나는 휘그당원과 토리당원을 구별하는 것을 혐오스럽게 생각하고, 토리당원이든 휘그당원이든 당사자가 정직하고 존경할 만하기 때문에 좋아하며, 토리당원이 제안하든 휘그당원이 하든 내가 공공의 선이라고 여기는 기준 이외에는 다른 어떤 기준으로도 결코 찬성표를 던진 적이 없기(그리고 바라건대 앞으로도 결코 던지지 않을 것이기)" 때문이다(428~429). 파멜라와 B씨의 결합은 경합하는 사회집단들 사이에서 제공되는 중재의 특성들을 모두 지니고 있지만 실상 그런 중재 역할을 전혀 하지는 않는다. 대신, 두 사람의 결혼은 토리적인 것과 휘그적인 것 양쪽 모두와 다르기 때문에 그 어느 쪽도 아닌 정치적 권위 개념을 만들어 낸다. 이런 권력은 '명예'보다는 정직과 자부심의 덕목에 기대고 있기 때문에 여성에게서 유래하고 여성에게서 퍼져 나와 정치 세계로 흘러 들어간다. 우리는 이것이 리처드슨이 상상하는 새로운 헤게모니 권력이라고 말할 수 있을 것이다. 이 권력은 리처드슨이 알고 있는 사회적 경험의 언어를 다소간 넘어서는 언어로 영국의 선을 역설한다. 왜냐하면 이런 이상적인 정치적 상황을 상상할 수 있는 리처드슨의 능력은 전통적인 정치적 범주들은 잊어버리고 모든 사회관계를 가정적인 용어로 이해하는 사람들에게 전적으로 기대고 있기 때문이다.

리처드슨은 이런 형태의 권력에 대한 소유권을 암묵적으로 주장하기는커녕 자신의 개혁 수사가 지닌 정치성을 상당히 의식하고 있었던 것 같다. 리처드슨의 첫 소설의 마지막 200페이지 정도는 다름 아니라 리처드슨이 정치적 저항을 여성의 주체성으로 재포장하는 정교한 이데올로기 게임을 벌이고 있음을 보여 준다. 이는 확고한 소수파의 정치적 전략을 효과적인 수사적 전술로 변형시키기 위해서이다. 리처드슨이 이런 변형 행위를 많이 염두에 두고 있다는 것은 B씨가 파멜라에게 제안한 첫 번째 계약을 수정하는 것만큼이나 분명하다. 각각의 경우, 리처드슨은 파멜라가 일으킨 변화를 책장 위에 인쇄된 글만큼이나 분명하게 만든다. 가정주부를 신격화하면서 리처드슨이 파멜라가 거쳐 가게 한 여러 기묘한 의식 가운데 가장 이상한 것은 B씨가 친구들과 이웃들, 윌리엄스(Williams) 목사와 함께 나누는 만찬회일 것이다. B씨는 파티에 모인 일행들을 즐겁게 해 주려고 윌리엄스 목사에게 성서 '공동 번역본'의 시편 137장을 한 번에 한두 편씩 읽게 한다. 뒤

이어 B씨는 파멜라의 편지에 번역되어 있는 똑같은 구절을 읽어 준다. 처음에는 성서에서, 그 다음에는 파멜라의 일기에서 인용된 동일한 구절은 파멜라의 빼어난 표현능력을 보여 준다.

IV

슬프도다! 우리는 말했다, 누가 한번 만들 수 있겠는가?
그의 무거운 마음이
우리의 살아 있는 신을 찬미하는 노래를 부르도록,
이토록 이상한 왕의 치하에서

IV

슬프도다! 나는 말했다, 나는 어떻게 만들 수 있을까?
내 무거운 마음이 노래하도록,
혹은 내 마음을 조율할 수 있을까? 이렇게 속박되어 있는 동안
그토록 사악한 사람에 의해 (335~336)

예전의 성서 영역본이 도덕적 권위를 교회에서 국가로 옮겨 놓았다면, 영국에서 이와 같은 수준의 중대한 권력구조 변화가 여기에서 일어나고 있다. 파멜라의 시는 성경 '공동 번역본'의 구절이 지니고 있는 역사적·정치적인 의미를 개인적이면서 보편적인 용어로 옮겨 놓는다. 이것은 도덕적 권위가 남성적 국가제도에서 집안의 가장(家長)으로 옮겨 갔다는 것을 상징적으로 표시하는 것이다. 더욱이 도덕성의 새로운 언어를 소리 내어 말하는 사람은 B씨이긴 하지만, 이를 위해 B

씨는 파멜라의 글을 읽어야 한다. 그러므로 과거의 청교도와는 대조적으로, 집안의 가장은 신의 말씀보다는 여성의 글을 통해 권위를 부여받는다. 논쟁적 글뿐만 아니라 무력을 통해서도 정치적 지배권을 장악하지 못한 청교도혁명이 여성에게 지배권을 위임하는 18세기 감상소설에서는 사실 성공을 거두었다고 말할 수 있을지도 모르겠다.

이런 젠더의 전환은 정치권력이 놓여 있는 장소의 변화뿐만 아니라 ― 그리고 그만큼 완전히 바뀐 ― 정치권력의 전략적 목표와 절차에도 변화를 일으킨다. 파멜라의 시에서 주어가 1인칭으로 바뀌면서 도덕적 권위는 가정적 틀에서 여성적 주체성의 틀로 옮겨 간다. 이는 분명 남성적인 교회와 국가제도로부터 도덕적 권위를 빼앗는 것일 터이다. 이런 변화는 권력이 개인의 내면에서 생겨나도록 하는 새로운 이데올로기의 탄생을 알리는 것에 그치지 않는다. 이것은 또한 이런 권력이 언어에서 주체를 재구성해 내면서 작동한다는 것을 제시하는 것이기도 하다. 그러나 이런 정치권력을 얻으려면 ― 파멜라의 번역 행위를 통해 분명해지는 것처럼 ― 언어는 은폐되어야 한다. 언어는 특정 이해집단의 이름으로 작동하는 기호들을 모두 숨기고 개인의 특성을 취해야 한다. 다시 말해, 언어는 지극히 개인적이지만 그럼에도 불구하고 사실상 모든 사람에게 적용될 수 있는 사례를 통해 작동한다. 리처드슨은 이 모든 것을 완벽하게 숙지하고 있었다. 리처드슨이 이런 지식을 가지고 있었다는 것을 부인한다면, 그건 문학비평 전통이 이런 권력이 출현하던 시기에 리처드슨만큼 평범한 사람이 읽기와 쓰기를 통해 이미 알고 있었지만 아직 지배적인 사회통제의 형식은 되지 못했던 것을 발견하지 못했기 때문일 따름이다.

봉쇄된 자아: 『에마』

『파멜라』에서 『에마』로 옮겨 갈 경우, 우리는 리처드슨이 문화를 깎아서 만든, 여기저기 심하게 어질러진 광대한 영역에서 오스틴의 미니멀리스트 예술의 단정한 선으로 옮겨 간다. 오스틴의 작품은 우리가 '소설의 기교'라고 여기는 것을 훨씬 더 엄격하게 따르고 있지만, 리처드슨의 작품엔 부족한 자기봉쇄(self-enclosure)를 성취한다는 점에서 리처드슨의 작품 못지않게 정치적이다. 오스틴이 활동하던 무렵에, 여성 주체가 지식의 대상으로 올라설 수 있었던 건 분명하다. 가정소설의 범주를 확립하기 위해서 소설의 언어와 품행지침서의 언어 모두를 수정해야 했던 리처드슨과 달리, 오스틴은 가정적 관계라는 안정된 틀 내에서 섬세한 뉘앙스를 지닌 차이들을 발전시킬 수 있었다. 확실히 오스틴의 소설은 급박하게 다가오는 강간으로부터 순결을 지키는 데 필요한 의지와 영리함보다는 좋은 결혼을 확보하는 데 필요한 보다 세련된 품행의 특성들 — 즉, 어엿한 신분의 사람들의 경솔한 언행과 좋은 예의범절 — 에 집중한 숙녀용 이야기의 전통을 최정점에 올려 놓는다. 리처드슨은 강간을 과거의 계급적 성을 가리키는 비유적 표현으로 활용했다. 리처드슨은 이야기 안에 강간을 봉쇄시켰는데, 이야기 안에서 강간은 더럽혀질 수 없는 자아를 확인해 주었다. 이렇게 함으로써 리처드슨은 이 여성을 새로운 정치적 저항의 형식을 생각해 내는 데 활용했다. 이런 근대 특유의 자아 관념을 가정하는 글쓰기 — 파멜라가 자신의 감성에 가해지는 공격을 직접 쓴 기록 — 는 리처드슨도 또한 봉착했던 역사적 딜레마를 명확히 드러내 준다. 리처드슨의 글은 독자들의 인정을 받고 나서야 진리에 대한 권리를 주장할 수 있었다. 마치 독자들의 인정이 파멜라가 결혼을 통해 신사계급으로 진입하는 것을 인가해 주는 의식의 하나인 것처럼, 리처드슨은 파멜라가 가정의 성인(domestic saint)이라는 기묘한 옷을 입고 남편의 상류계급 친구들 사이를 걸어가게 만든다. 방탕한 주인이 지배하는 곳에서 자신이 보여 준 강인한 인내심을 말해 주는 편지를 가슴에 품고, 파멜라는 자신이 바로 이런 인물이라고 공개적으로 인정받으려고 한다. 이것이 아니라면, 파멜라의 글쓰기는 주관적 경험의 기록에 지나지 않는데, 이런 기록은 현실을 협상할 때 활용해야 할 사례라기보다는 자신의 소망 — 실제로 필딩이 본 대로의 — 을 살짝 감춘 것일 뿐이다. 여성과 글쓰기는 서로에게 권위를 인정해 주는 관계로 묶여 있는데, 이 관계는 소설의 결말부에서 그 순환적 성격을 투박하게 드러낸다.

하지만 필딩이 경악하게도 리처드슨은 성공한 남자란 가정적 덕성을 구현하는 여성 외에는 다른 어떤 것도 원하지 않는다는, 지극히 허구적인 명제를 소설에 성공적으로 끼워 넣었다. 오스틴의 시대에 이를 무렵이면, 이 명제는 진리의 위상을 획득한다. 이 명제는 주크스 부인이 하녀의 몸에 대해 갖는 주인의 지배권을 부정한다고 파멜라를 비난할 때 들먹이는 일련의 규칙들을 찬탈했다. 이런 기반 위에서, 역사적으로 말해 『오만과 편견』 같은 소설은 "상당한 재산이 있는 독신 남자는 틀림없이 아내가 필요하다는, 보편적으로 인정되는 진리"를 언급하는 것으로 문을 열어젖힘으로써 『파멜라』가 끝나는 지점에서 시작한다고 말하는 것이 옳다. '아내'를 열려야 하는 욕망의 범주라기보다는 채워지기를 갈망하는 범주로 표현하면서, 소설은 본질적으로 더 이상 진리와 대립하지 않으며, 자기정당화의 정교한 의식을 수행할 필요도 없었다. 왜냐하면 명백하게 오스틴은 소설에 특수화된 진리유형이라는 위상을 기꺼이 부여하는 관객들을 대상으로 소설을 썼기 때문이다. 이런 권위를 얻는 열쇠는 자기봉쇄였다. 버니와 나머지 다른 귀부인 소설가들처럼, 오스틴은 아주 기꺼이 세상의 나머지 것들은 내버려 두고 구혼과 결혼 문제만 다루는 것으로 보였다. 리처드슨은 개종의 전략으로 품행지침서의 소재들을 소설에 끌어들인 반면, 풍속소설들은 다양한 봉쇄 전략을 확정지었다. 풍속소설은 소설 자체의 맥락을 혁명적으로 바꿀 수 있는 텍스트를 생산하기 위해 가정의 내부에서부터 작동하는 것처럼 보이지는 않았다. 그러나 오스틴의 소설은 고상하고 세련된 영어를 이전의 소설가들로부터 물려받은 언어적 요소들과 구별함으로써 똑같은 정치적 목표를 리처드슨의 소설보다 훨씬 더 효과적으로 달성했다.

오스틴의 소설은 큰 재산이나 높은 직함으로는 구별되지 않는 시골 상류층 사람들의 폐쇄적인 공동체를 다룬다. 이 공동체에서 사회적 관계는 가정적 관계와 사실상 동일한 것으로 보인다. 그러므로 이 공동체는 가정의 용어와 가정들 간의 관계의 용어로 재현될 수 있었는데, 그 방식은 오스틴이 『에마』를 쓰던 때와 같은 시기에 집필된 가정경제 서적인 『완벽한 하인』에서 다양한 가정들이 생생하게 재현되는 방식과 흡사하다.[43] 품행지침서에서처럼, 오스틴이 그리는 세계에서

43 2장에서 개진한 『완벽한 하인』(*The Complaet Servant, Being a Practical Guide to the Peculiar Duties and Business of all Descriptions of Servants*, London, 1825)에 관한 논의를 참조할 것.

봉착하게 되는 문제들은 모두 여가시간의 관리와 연관된다. 오스틴은 같은 공동체에 속해 있는 결혼적령기의 사람들끼리 결혼하게 함으로써 이런 문제들을 해결하는데, 이는 이런 사람들을 한 가정 안에서의 역할에 고정시키는 것이고 그렇게 함으로써 공동체를 안정시키는 것이다. 더욱이 오스틴은 편의결혼을 결정하는 과정에서 지참금과 가문의 연줄 문제가 다뤄질 때만큼이나 엄격한 규칙에 따라 — 심리적 기준으로는 — 이렇게 한다. 오스틴은 고상한 시골 신사계층의 말과 행실로부터 성적 관계를 나타내는 섬세할 정도로 정확한 언어를 발전시켰다. 그런데 우리는 오스틴이 이런 작업을 하던 시기가 도시로의 대이주가 일어나고 있던 때와 같은 시기라는 점에 주목해야 한다. 따라서 오스틴의 언어 같은 언어가 소설을 읽는, 새로이 권한을 부여받은 집단들이 공유하게 될 고상한 영어의 표준을 만들어 내는 데 기여하게 될 것이라는 점은 문화사의 흥미로운 전개양상이다. 오로지 이 특수화된 언어만이 사회적 계층구조에서 이들보다 위에 있는 사람들과 아래에 있는 사람들과는 별개로 이 집단들만의 독특한 유형의 문해력을 제시할 수 있었으며, 이와 동시에 이 계급에 속하는 사람들의 특수한 이익을 사회 전체의 이익과 동일시할 수 있었던 것처럼 보인다. 리처드슨의 소설이 개인을 구성하는 데 있어서 문해력이 수행하는 새로운 역할을 규정했다는 점을 인정한다면, 우리는 오스틴의 소설이 새로운 계급의 사람들 — 세력 있는 사람들이 아니라 보통 사람들 — 에게 권한을 부여하고자 노력했다는 것을 알아야 한다. 이 계급의 사람들은 인간의 행위를 해석할 수 있는 능력 덕분에 일상생활의 품행을 규제하고, 글에서 그리고 글을 통해서 개인성의 형식을 재생산할 자격을 부여받는다.

리처드슨과 18세기 후반의 귀부인 소설가들에게서 특유하게 나타나는 방식으로, 오스틴은 다른 글쓰기 형태들의 특징인 지역적, 종교적, 사회적, 당파적 방언의 흔적에서 자유로운 공동체를 창조하는 데 소설을 활용했다.[44] 레이먼드 윌리엄스는 18세기 초 남성 교육 기관은 아주 혼합적이었는데, 역사상 다른 그 어떤 시기보다 이 시기가 더 심했다고 설명한다. 윌리엄스에 따르면, 왕정복고 이후 비국교도들이 설립한 고등학교 혹은 대학 수준의 학교에서 "교과 과정은 수학과 지리, 근대 언어, 그리고 결정적으로 자연과학이 추가됨으로써 근대적 형태를 취하기 시작했다".[45] 이어서 그는 9개의 문법학교에 대해 이렇게 말한다. "이 학교들 중 7개가 기숙제 학교였는데", 7개 학교 모두가 "주로 고전으로 구성된 전통적인 교과 과정을 고수했으며 애초에 기획했던 것보다 사회적 배타성은 덜해졌지만, 전국적으로 보면 대체로 귀족계급과 지주계급에 봉사하는 성향을 띠었다."[46] 이런 학교에 보내는 것에 더해, 상류 계급은 집에 가정교사를 두고 자식들을 교육하는 관행을 지켰는데, 유럽 대륙으로 순회여행을 떠나는 것이 종종 뒤따랐다. 브라이언 사이먼(Brian Simon)에 의하면, "어떤 전문적 지식도 습

44 그 공동체의 성격에 관한 의견 차이는 잘 알려져 있다. 예를 들면, Lionel Trilling, "Emma", *Encounter*, 8, 1957, pp. 45~59와 John Bayley, "The 'Irresponsibility' of Jane Austen", *Critical Essays on Jane Austen*, ed. B. C. Southam, New York: Barnes and Noble, 1969, pp. 9~14를 참조할 것.

45 Raymond Williams, *The Long Revolution*, London: Chatto and Windus, 1961, p. 134.

46 *Ibid.*, p. 134.

득하지 않는 것"이 신사의 특징이었다. "오히려 고전을 공부함으로써 고상한 문학을 아는 것이 목적이었다."[47] 기부금을 받는 문법학교들은 소재 지역에 따라 분명한 차이가 있었다. 도시 지역의 학교들은 장사와 무역에 종사하는 사람들의 영향으로 실용 과목을 포함시키는 쪽으로 교과 과정을 다소 확장하는 모습을 보였다. 윌리엄스는 이렇게 결론짓고 있다. "오래된 세 직업 중에서 성직자들은 대부분 여전히 대학에서 교육을 받는 반면, 법과 의학은 주로 대학 바깥에서 이루어졌다. 새로운 직업 중에서 특히 과학과 공학, 예술 분야에서 신참들은 대부분의 상인과 제조업자들처럼 대개 대학 밖에서 훈련을 받았다."[48] 교육의 여러 단계와 서로 다른 여러 지역에서 교과 과정이 점점 더 실용화되고 있다는 징후는 있었지만, 초창기 근대사회에서 중산계급의 교육은 극히 이질적인 학문 분야로 이루어졌던 것 같다. 그러나 우리에게는 이질적인 글쓰기 문체들이 왁자지껄하게 떠들고 있다는 인상을 줄 수 있는 것이 역사적으로 조율된 귀를 가진 사람들에게는 정교하게 등급이 매겨진 특수화된 언어들의 위계질서 같은 것이다.

이런 사람들은 문해력이 없는 일반 대중들과 구별되었던 것만큼이나 고상한 교육을 받은 사람들과도 구별되었다. 그러나 동시에 이 사람들에게 교육은 일관된 사회적 성격을 만들어 내기보다는 오히려 자기네들 내부의 차이를 표시하는 데 기여했다. 윌리엄스가 주장하듯이, 교육 기관의 목적이 특정 사회집단의 구성원들에게 그 집단에서

47 Brian Simon, *Studies in the History of Education 1780-1870*, London: Lawrence and Wishart, 1960, p. 23.

48 Williams, *The Long Revolution*, p. 134.

지배적이거나 그 집단이 신조로 삼는 '사회적 성격' 혹은 '문화적 패턴'을 가르치는 것이라면, 귀족계급과 지주계급만이 이런 사회적 성격을 지니고 있었다고 말할 수 있을 것이다.[49] 18세기를 거쳐 19세기에 한참 들어와서도, 이들 계급에 속하지 않는 나머지 남성 인구는 자신들이 알고, 말하고, 쓰는 것을 통해 특권 집단과 구별되었을 뿐만 아니라 서로서로와도 구별되었다. 사용하는 언어는 당사자가 영국 성공회의 일원인지, 비국교도인지, 실용적인 교과 과정과 대립되는 고전 교육전통의 학생인지, 혹은 품위 없는 사투리보다는 고상한 영어를 사용하는 엘리트 집단의 일원인지 곧바로 확인시켜 주었다.

오스틴은 여성용 품행지침서들이 이런 복잡하게 뒤엉킨 언어 패턴과 글쓰기 문체를 뚫고 나가면서 만들어 놓은 길을 따른다. 이와 동시에 오스틴은 고상한 글쓰기의 대안적 기준을 만들어 내는 기획을 한 단계 더 진전시키고 있다고 말해야겠다. 리처드슨이 파멜라가 속한 공동체의 언어패턴을 변형시키는 데 그녀의 글쓰기를 활용한다면, 오스틴은 글쓰기에 시골 상류층 사람들의 언어적 토대를 제공한다. 오스틴의 독특한 산문은 사회 전반을 보다 정확하게 표현했을 여러 혼합된 문체들을 밀어낸다. 왜냐하면 오스틴의 공동체는 고유명사들은 공유하지만 흥미롭게도 이 고유명사 사이에서 성립되어야 하는 관계와 상대적 가치에 대해서는 혼동을 일으키고 있는 것처럼 보이는 언어 공동체이기 때문이다. 이렇게 오스틴은 고상한 구어체 영어 안에 존재하는 무수히 많은 개별 변형체들을 보여 줄 수 있는 산문 문체를 만들어

49 *Ibid.*, p. 126.

낸다. 이런 글쓰기는 사적 편지뿐만 아니라 대화와 가십(gossip)을 통해 사회적 행동에 동기와 감정을 부여하며, 이런 식으로 사회적 행동의 의미에 심리적 근거를 만들어 준다. 이런 산문 문체는 언어 공동체의 한 구성원을 다른 구성원과 구별한다. 동시에 이 문체는 공동체 전체가 이해하는 주관적 특성에 따라 한 개인을 다른 개인과의 관계 속에 놓는다. 이것이 공동체를 바로 자아라는 공통 언어의 기초 위에 세우는 것이라면, 언어 그 자체는, 오스틴이 언어를 사용하여 재산과 가문이라는 우연적 요소들보다는 개인에게 내재하는 특성들을 가리킬 때 전례 없는 안정성을 획득한다.[50] 이렇게 오스틴의 소설은 이상적 공동체의 형성을 고상한 영어의 새로운 기준의 형성과 동일시한다.

오스틴의 소설이 이전의 가정소설들과 함께 하나의 문화적 기획에 참여하고 있긴 하지만, 오스틴이 자신의 이상적 공동체의 기반을 의사소통에 두는 정도 때문에 오스틴의 작품은 여전히 이전 작품들과 구별되어야 한다.[51] 오스틴의 목적은 구 사회의 근저를 이루는 위계적 원칙을 반박하는 것이 아니라, 재산과 지위를 언어라는 보다 기본적인 통화의 관점에서 읽고 평가해야 하는 기호들로 다시 정의하는 것이다.

50 여러 비평가들이 특정한 종류의 언어학적 분석에 근거하여 제인 오스틴의 작품을 논한다는 사실은 분리된, 그렇지만 친숙하고 독특한 언어 공동체라는 인상을 만들어 내는 오스틴의 능력을 입증해 준다. 예를 들어, K. C. Phillips, *Jane Austen's English*, London: Andre Deutsch, 1970; Norman Page, *The Language of Jane Austen*, Oxford: Basil Blackwell, 1972; Mary Vaiana Taylor, "The Grammar of Conduct: Speech Act Theory and the Education of Emma Woodhouse", *Style*, 12, 1978, pp. 351~371을 참조할 것.

51 19세기 소설의 "어머니"로서의 오스틴에 관한 논의에 대해서는, Clifford Siskin, "A Formal Development: Austen, the Novel, and Romanticism", *The Centennial Review*, 28/29, 1984-85, pp. 1~28을 참조할 것.

요컨대, 문제는 사람들이 얼마나 많이 얼마나 정확하게 소통하는가 하는 점이다.[52] 우리는 오스틴의 소설에서 주요 사건들이 모두 잘못된 의사소통에 기반해 있다는 것을 안다. 틸니 대령(Colonel Tilney)은 캐서린 몰랜드(Catherine Morland)가 장래 상속자가 될 것이라고 오독하고 그녀는 그를 남편이자 아버지로 오독하는 것, 다아시가 엘리자베스 베넷에게 보내는 두 번째 편지와는 대조되는 첫 번째 편지, 맨스필드 파크[『맨스필드 파크』의 주요 무대로 버트람 경의 시골 사유지]에서 즐기려고 하는 연극 예행연습, 『에마』에서 품행의 문제를 거의 전적으로 해석의 문제로 만들어 버리는 일련의 관습적 장면들이 그런 경우들이다. 예를 들어, 에마가 그린 해리엇 스미스(Harriet Smith)의 초상화, 엘턴 씨(Mr. Elton)의 셔레이드 놀이(charade)[수수께끼를 내는 사람이 설명하는 각각의 음절들을 듣고 단어나 구절을 추측하여 맞추는 놀이]와 소설에 등장하는 결혼적령기의 다른 젊은 남자들이 쓴 편지에 대해 에마가 내리는 해석, 나이틀리의 비판에 맞서 에마가 자신의 오독을 변호하는 장면, 에마가 나이틀리를 향한 자신의 진짜 감정을 인정하는 장면을 생각해 보라. 읽기와 쓰기의 절차들은 책장을 넘어 무도회장과 응접실에까지 영향을 미친다. 이 절차들은 성적 관계가 무엇보다도 언어적 계약임을 시사한다. 그리고 소설이 행동의 무대를 성적 관계에 따라 사회적 관계가 결정되는 틀 안에 봉쇄하는 한, 언어적 계약은 또한 사회적 계약이기도 하다.

52 Daniel Cottom, "The Novels of Jane Austen: Attachments and Supplantments", *Novel*, 14, 1981, pp. 152~167. 이 글에서 대니얼 코톰은 오스틴의 소설에서 소통의 조건을 지배하는 권력의 관점에서 사회의 권력을 논했다.

오스틴의 소설은 개인의 정체성을 표현할 힘을 얻기 위해 여성담론이 남성담론과 투쟁하는 리처드슨적 주제를 풀어놓는다. 여주인공은 또다시 남성들이 고수하고 자신들의 권위의 토대를 두는 정치적 특성보다는 젠더 차이에 기초해 있는 정체성 관념을 제시한다. 그러나 『파멜라』가 출판된 시기와 『에마』가 씌어진 시기 사이에 몇 가지 변화가 일어났다. 주인과 하인 간의 간극은 귀족도 노동자도 아니고, 심지어 상인 계급이나 산업 계급의 일원도 아닌 개인들로 이루어진 엘리트 집단으로 상당히 좁혀졌다. 이와 동시에, 정치적으로 한정된 이 영역 안에서 미세한 차이를 나타내는 구별 요소들의 스펙트럼이 전체적으로 펼쳐졌다. 이 미세한 구별 요소들 중에는 수입의 출처, 토지와 가문의 명예, 장래 전망, 재력가의 품위와 교양을 드러내 보여 주는 외적 기호들의 전통적인 정치적 표지들이 포함된다. 이런 사회적 표지들은 18세기 후반의 시골 신사계급을 불러내는데, 이들은 경제 파동이 일어난 이전 세기에 이미 극도로 이질적인 집단이 되어 버렸다. 이 집단에서 개인의 사회적 정체성을 읽어 내기란 확실히 아주 어려웠다. 그렇지만 우리는 오스틴에게서 이 상황이 훨씬 더 복잡해졌음을 알게 된다. 신분을 나타내는 전통적 기호들은 지역의 소통체계 — 가십 — 에 의해 경제적 의존의 연쇄 고리 속의 지시대상으로부터 분리되었다. 그런데 이 소통체계는 곧바로 이런 정보를 주관적인 경험의 자료로 변형시킨다. 예를 들어, 이런 정보를 토대로 나이틀리 씨는 이렇게 말할 수 있다. "엘턴은 아주 좋은 사람이고 아주 훌륭한 하이베리의 목사입니다. 그는 경솔한 결혼은 결코 하지 않을 것 같습니다. 엘턴도 다른 사람들만큼 상당한 수입의 가치를 잘 알고 있습니다. 그는 감상적으로 말할지는 모르겠지만 이성적으로 행동할 것입니다."[53] 하지만 에마는 이와 다르게 느낀다. "그녀는 엘턴에겐 합당하고 적절한 정도 이상의 분별력은 없다고 확신했다."(45)

따라서 우리는—남성 경쟁자와 여성 경쟁자 사이의 사회적 격차와 함께—성적인 행동을 바라보는 남녀의 해석방식의 차이가, B 씨의 애초의 계약을 파멜라의 거부와 역제안으로부터 구별해 내는 차이에서 상당히 줄어들었음을 알 수 있다. 나이틀리 씨와 에마는 사람들이 배우자를 고를 때 발휘해야 하는 감정과 합리성의 적절한 비중의 문제에서만 의견 차이를 보인다. 하지만 여전히 우리는 오스틴의 소설에서 남성과 여성 사이에 커다란 긴장이 있음을 느낀다. 오스틴의 여주인공들은 결국 자신들이 결혼하게 될 남성들과 언제나 심각하게 어긋나 있으며, 성적 교환의 기초는 언제나 이 갈등에 걸려 있다. 남성적 표현방식과 여성적 표현방식의 투쟁은 확실히 두 사회계급 간의 투쟁이 아니다. 이는 『오만과 편견』보다는 『에마』에서 더욱 그렇다. 이 소설에 등장하는 모든 인물들 중에서 나이틀리 씨와 에마가 가장 긴밀하게 연결되어 있다. 그리고 하이베리에서 가장 유서 깊고 가장 많은 재산을 소유하고 있는 양대 가문에 속하는 까닭에 두 사람 사이의 불화는 정치성의 문제라기보다는 개인적 차이의 문제—나이, 젠더, 기질의 문제—인 것 같다. 이와 동시에 두 사람은 어떻게 한 개인이 공동체 안에서 자신에게 적절한 자리를 찾아야 하는가에 대해 다른 생각을

53 Jane Austen, *Emma*, ed. Stephen M. Parrish, New York: W. W. Norton, 1972, p. 44. 이 책의 인용은 이 판본을 따랐으며, 본문에 간략히 페이지만 표기했다.

갖고 있다. 그런데 그 공동체에 있는 모든 사람들이 두 사람의 의견 차이에 얽혀 있다. 다시 말해, 나이틀리 씨와 에마 사이의 차이는 18세기 동안 토리당과 휘그당을 구분했던 바로 그 차이이다. 하지만 오스틴이 상상하듯이, 이런 정치적 차이는 가정의 틀 내부에 봉쇄되고 구혼 절차의 결과에 종속되면서 19세기 자유주의적 입장과 보수주의적 입장 사이의 차이가 된다.[54] 더 이상 성적 계약은 계급갈등에 어울리는 용어들을 구성하기보다는 오직 한 계급 — 문해력이 있는 계급 — 내부에 존재하는 상반된 견해들을 식별해 낸다. 게다가 신사계급과 귀족계급의 차이를 흐리는 경향이 있는 리처드슨과는 대조적으로, 오스틴은 시골의 지체 있는 사람들로 구성된 엘리트 집단을 가정적 규범을 고수하는 집단으로 재현한다.

태생이 알려지지 않았고 주관적 자질이 아직 정해지지 않은 해리엇 스미스는 개인의 정체성을 나타내는 진정한 기호들을 결정하게 될 논쟁에 적절한 장을 제공한다. 소설에서 일어나는 논란은 의미심장하게도 두 사건을 통해 점화되는데, 둘 모두 에마가 서는 중매의 결과이다. 에마의 가정교사 — 죽은 에마의 엄마를 대신하는 인물 — 는 갓 결혼한 남편과 정착하면서 에마에게 통제되지 않는 여가시간과 채워 넣어야 할 가정의 감독관 자리를 남긴다. 이 변화는 에마의 아버지에

54 메릴린 버틀러(Marilyn Butler)는 오스틴의 정치학을 분류하기 위해서 그녀를 18세기의 범주들 속에 위치시킨다. "18세기의 관점에서 보면, 그녀는 휘그당원이라기보다는 토리당원이다." *Jane Austen and the War of Ideas*, Oxford: Clarendon, 1975, p. 2. 나는 19세기의 정치적 관점에서 보면, 토리와 휘그를 나누는 18세기식 구분은 더 이상 한 사람의 정치적 관점과 다른 사람의 정치적 관점 사이의 중요한 차이를 규정한다고 보이지 않는다고 주장하는 바이다.

게 한탄거리를 안겨 준다. "그렇지만 얘야, 바라건대 더 이상 중매를 서는 일은 하지 마라. 그건 어리석은 일이고, 집안 사람들을 심하게 갈라놓는 일이란다."(7) 에마가 너무 빨리 가정 감독관의 역할을 떠맡고 자신의 지루한 시간을 보낼 요량으로 더 많은 중매에 착수하면서 논쟁의 용어들이 만들어진다. 에마는 해리엇 스미스라는 친구를 갖게 되고 그녀를 교육시킬 계획을 세운다.

> 그녀[에마]는 그녀[해리엇]를 친절하게 대할 것이고, 그녀를 개선시킬 것이며, 그녀가 알고 지내는 행실 나쁜 사람들로부터 그녀를 떼어 놓을 것이고, 그녀를 상류 사회에 소개할 것이며, 그녀의 생각과 매너와 행동거지를 형성해 줄 것이다. 이것은 재미있는 일이 될 것이고, 확실히 아주 친절한 임무가 될 것이며, 그녀 자신의 처지와 여가, 능력에 아주 잘 어울리는 일이 될 것이다. (14)

에마는 교육이 여성의 행동거지와 감수성을 완성시킴으로써 여성을 만든다고 믿는다. "그녀가 신사의 딸이라는 것은 의심할 여지가 없어요. 그녀가 신사의 딸들과 어울린다는 것은 어느 누구도 부인하지 않을 거라고 난 생각해요."(41) 나이틀리 씨는 남성의 가치체계에 따라 해리엇을 평가한다. "그녀는 누구인지 아무도 모르는 사람의 딸일 것이오. 아마도 안정적인 생계방안도 전혀 없을 것이고, 틀림없이 지체 있는 친척도 전혀 없을 것이오."(40) 따라서 누가 ― 남성 혹은 여성 ― 여성을 정확하게 해석할 능력을 지니고 있는가를 결정하는 투쟁이 뒤따르게 된다. 에마는 자신의 젠더 자체에 들어 있는 권위를 역설한다. "그녀는 자신이 했던 일을 후회하지 않았다. 그녀는 여성의 권리와 교양의 문제에 관해서는 그보다는 자신이 더 나은 판관이라고 생각했다."(43) 사실상 해리엇이 본래 지닌 고유한 가치를 옹호할 때 에마는 파멜라의 위치를 점유하고 있으며, 사회적 위치가 같은 사람끼리 결혼해야 한다고 주장할 때 나이틀리는 B씨의 역할을 떠맡고 있다. 나이틀리는 젠더에 근거하여 이 주장을 펼친다. 그는 남성으로서 자신이 사리분별의 기준을 만드는 것이 당연하다고 생각한다. 남자들은 미모와 상냥한 성격을 "여성이 가질 수 있는 최고의 자질"로 여긴다는 근거를 제시하며 에마가 이런 남성적 특권을 문제 삼을 때, 나이틀리는 재빨리 유리한 논점을 포착한다. "에마, 당신이 지닌 분별력을 당신 스스로 남용하는 말을 듣다 보니 나도 그런 생각을 하게 되는군. 그런데 당신처럼 분별력을 잘못 쓰는 것보다는 차라리 없는 편이 더 낫겠소."(42)

리처드슨은 이 논쟁에서 여성적 입장에 전폭적 권위를 부여했는데, 이를 통해 그는 무엇보다 지위를 근거로 개인을 구별하는 남성적 글쓰기 전통에 맞서고 이 전통을 극복하는 새로운 자아의 언어를 주장할 수 있었다. 오스틴은 에마가 주장하는 권력이 개인성을 구성하는 언어에 적합하도록 만든다. 하지만 오스틴이 보여 주듯이, 남성적 해석방식과 여성적 해석방식 사이의 갈등에서 여성은 사회적 지위에 권위를 부여하는 남성적 코드에 굴복하지 않는다. 오스틴에게 지위는 개인의 본래적 자질만큼 중요한 것으로 보인다. 그 결과 정치적 구분의 기호는 재현되는 대상을 가리키는 것이 아니라 그 기호를 사용하는 사람을 가리키는 것으로 변형된다. 이것은 지나치게 미묘한 구분으로 보일지 모르지만, 그럼에도 불구하고 여전히 심오한 구분이다. 재현과 재현대상 사이에 이런 구별을 만들어 냄으로써 오스틴은 이미 존재하고 있는 것처럼 보이는 일련의 규칙들 — 문법 — 을 만들어 낸다. 이 문법은 그 규칙을 위반하는 것처럼 보이지만 결국은 그 규칙이 포괄해 들일 어법을 통해 오스틴이 만드는 것이다.

에마가 해리엇 스미스와 엘턴 씨를 맺어 주는 데 실패함으로써 정체성을 사회적 지위에 지나치게 단단하게 결부시키는 남성의 해석전략이 기대고 있는 토대가 허물어진다. 혈통을 알 수 없다는 이유로 엘턴이 해리엇을 거절하는 것은 참을 수 없는 무례이며, 이런 무례 때문에 엘턴은 예의 바른 언행을 평가하는 에마의 저울에서 아주 낮은 위치에 놓이게 된다. 물론 사회적 지위에 대한 엘턴의 관심만이 그를 이런 낮은 위치로 몰아넣는 것은 아니다. 나이틀리 씨의 나무랄 데 없는 행동거지는 그 자신이 "수준"이라고 칭하는 것들이 마구 뒤섞이는 것을 지지할 수 없게 한다. 하지만, 예의 바른 언행이라는 동일한 관념 때문에 나이틀리는 전통적 질서가 위반될 때 꼼짝없이 이 위반을 허용해야 한다. 그러나 공동체에서 자신의 지위를 상승시켜 줄 아내를 찾을 때 엘턴은 진정으로 예의 바른 사람이라면 결코 하지 않을 행동을 한다. 엘턴은 여성이 결혼하면서 가져올 수입을 과대평가하고, 진정한 여성으로서의 가치를 과소평가한다. 에마는 엘턴 수준의 남성이라면 해리엇의 상냥한 기질과 사근사근함만 있으면 충분할 것이라고 믿지만, 다정한 기질과 상냥한 외모가 해리엇이 줄 수 있는 전부라면 엘턴의 눈에 해리엇은 어떤 가치도 없다. 엘턴의 말을 빌리자면, "모든 사람에겐 자기 수준이 있습니다. 저로 말씀드리자면, 전 제가 그렇게 빠진다고는 생각지 않습니다. 제가 스미스 양에게 구혼해야 할 만큼 제 수준에 맞는 여성과의 결혼을 완전히 체념할 필요는 없다고 생각합니다."(151)

개인의 사회적 지위와 진정한 가치 사이에 존재하는 명백한 괴리는, 사회적 지위를 과소평가하고 전통과 관습의 요구보다는 욕망의 요구를 지지함으로써 하이베리의 세계에서 개인을 잘못된 자리에 놓는 에마 자신의 언어 오용보다 더 파괴적이지는 않다. 에마는 자신이 성격을 오독하는 이런 여성적 실수를 저질렀다고 자책한다.

> 그녀는 이렇게 말했다. "내가 가엾은 해리엇을 설득하여 이 남자를 그토록 많이 흠모하게 만들었구나. 내가 그 사람이 그녀를 사모하고 있다고 장담하지 않았더라면, 그녀는 결코 희망을 품고 그를 생각하지는 않았을 것이다. 내가 그 사람이 그럴 거라고 생각했던 것만큼이나 그녀도 소박하고 겸손하니까." (155)

이 경우에 잘못 읽기는 욕망을 잘못 인도하는 성적 관계에 대한 잘못 쓰기를 낳는다. 보다 구체적으로 말하자면, 엘턴 씨를 해리엇에게 어울리는 배우자로 그릴 때 에마는 두 사람 사이에 존재하는 명백한 사회적 차이를 무시했다. 오스틴이 충분히 의식하고 있듯이, 이런 언어의 오용은 소설을 읽는 여성들만이 아니라 소설마저도 전통적으로 매도당하게 만드는 악덕이었다. 얄궂게도, B씨가 파멜라의 감각적 육체에 더 이상 욕정을 품지 않고, 대신 그녀가 글 속에 드러낸 심성의 자질을 원할 때까지 리처드슨이 파멜라로 하여금 흔들림 없이 B씨의 유혹을 거부하게 만든 것은 바로 고정된 사회적 지위 기호의 폭정에 저항하기 위해서였다. 그런데 우리는 파멜라가 자신이 쓴 글을 조심스럽게 감추었다는 점에 주목해야 한다. 오스틴은 재현이 그 자체로 행위능력의 형식을 구성하는 훨씬 더 복잡한 상황을 만들기 위해 이런 종류의 글쓰기에 비판적 입장을 취한다. 이런 방식으로 오스틴은 어떻게 언어가 개인의 가치를 정확하게 재현할 수 있는가라는 문제를 제기한다.

엘턴 씨가 에마에게 끌리게 된 것은 해리엇 자체가 아니라 헤리엇을 그린 에마의 초상화 때문이다. 이것은 자아의 기호가 저자나 지시대상과 독립적으로 유혹의 힘을 행사하는 삼각관계적 상황을 낳는다. 그리고 이것이 에마가 자신의 초상화가 대상과 관찰자 사이의 관계를 중재하도록 꾀하는 방식이다.

> 초상화의 모델은 대체로 아주 만족스러웠다. 그녀는 첫날 그린 스케치가 아주 마음에 들어 계속 그리고 싶었다. 초상화의 스케치는 실물과 꼭 닮았으며 그녀가 취한 자세도 좋았다. 그녀는 인물을 좀 더 좋게 고치고, 키를 좀 더 키우고, 상당히 더 우아하게 보이게 할 생각이었기에 마침내 모든 면에서 아름다운 초상화가 될 것이며, 그것이 당연히 있어야 할 자리를 두 사람 모두에게 영예가 되는 것 — 한 사람의 아름다움과 다른 한 사람의 솜씨, 그리고 두 사람의 우정을 영속적으로 보존하는 기념물 — 으로 채워 줄 것이라고 매우 확신했다. 또 엘턴 씨가 앞으로 보여 줄 애정만큼이나 많은 유쾌한 교제가 여기에 보태질 것이라고 확신했다. (30)

엘턴이 이 초상화를 높이 평가하는 것은 그것이 해리엇의 초상화이기 때문이 아니다. 초상화가 에마의 뛰어난 취향과 안목뿐 아니라 우아하게 균형을 맞추는 그녀의 감각을 담고 있기 때문이다. 에마는 재현을 활용하여 재현되는 인물을 창조해 내지만, 그녀의 재현능력은 통제할 수 없게 된다. 에마의 재현능력은 해리엇을 실물과 닮지 않은 생기 없는 모습으로 그리게 하면서 보는 사람의 시선은 에마 자신에게 향하도록 한다. "그[엘턴]는 에마가 아주 잠깐 연필을 내려놓을 때에도 벌떡 일어나 얼마나 진척이 있었는지 보고 황홀해할 태세가 되어 있었다."(30) 하지만 이런 점에도 불구하고 에마는 여전히 피그말리온이다. 왜냐하면 에마의 언어 사용 능력은 그렇지 않았더라면 어떤 것도 존재하지 않았을 곳에서 욕망을 불러일으키기 때문이다. 오스틴에게 중매란 허구 만들기(fiction-making)의 다른 이름일 뿐이다.

독자적인 행위자로서 언어라는 요소가 추가됨으로써 우리가 『파멜라』에서 만나는 남녀 간의 투쟁은 수정된다. 해리엇은 자신들의 관계에 대한 에마의 재현 때문에 엘턴 씨의 감정을 잘못 해석하게 되었을 뿐 아니라, 엘턴 씨 역시 에마의 감정을 잘못 읽도록 고무되었다. 엘턴은 에마가 사회적 위치에서는 자신보다 높은 위치에 있지만, 감정 때문에 자신을 그녀와 같은 사회적 위치에 있는 사람이기나 한 것처럼 높이 평가한다고 믿는다. 오독이 일어나는 이 두 사례 모두에서 문제는 똑같다. 이 문제는 오스틴의 소설에서 욕망이 개인의 상대적인 사회적 위치의 명령을 압도할 때마다, 여성적 해석방식이 남성적 해석방식과 대립하여 작동할 때마다 발생한다. 실제로 엘턴이 해리엇 대신 자기보다 사회적으로 높은 위치에 있는 에마에게 청혼할 때 에마는 자신이 겪는 극심한 스트레스와 당혹감을 바로 이런 젠더화된 해석의 모순으로 이해한다. "만일 그녀가 그의 감정을 그토록 잘못 해석했다면, 그가 눈을 멀게 만드는 사리추구 때문에 그녀의 감정을 오해했을 것이라고 의심할 권리가 그녀에겐 별로 없었다."(93) 그러나 리처드슨의 소설과 같은 이야기에서 여주인공이 길을 잃게 만듦으로써 리처드슨의 평등주의적인 환상의 오류를 폭로하고 있지만, 오스틴은 여전히 리처드슨과 여성용 품행지침서 양쪽 모두가 연루되어 있는 동일한 기획을 추진하고 있다는 점을 주목해야 한다. 정확히 에마가 숙고하는 것처럼, 문제는 자아의 본질적 특성들("감정들")과 전통적인 사회적 기호(엘턴이 "사리추구"가 될 것이라고 믿는 것) 사이의 갈등이다. 게다가, 엘턴이 잘못을 범하는 것은 지나치게 남성답게 생각했기 때문만이 아니라 개인의 사회적 지위보다 감정을 우위에 두고 정당화하는 여성적 전략에 말려들었기 때문이다. 그러나 에마의 허구는 여전히 상충하는 해석방식들을 채택하여, 리처드슨의 이야기에서처럼, 계약을 협상하는 토대로 만들었다. 사회적 기호를 남성의 영역으로 표시하는 한, 이 계약에서 젠더('남성의 것'과 '여성의 것')는 정체성의 사회적 기호보다 중요하다.

해리엇 스미스의 품성을 둘러싼 논쟁이 만들어 내는 정보의 과잉 때문에 해리엇 스미스는 모든 의미론적 잘못 짝짓기(mismatching)의 원인이 된다. 그녀의 품성은 다른 사람들이 만들어 내는 허구에 종속된다. 가십처럼 해리엇은 출신을 알 수 없다. 해리엇에게 추천할 것이라고는 타고난 미모와 여성 교육뿐이다. 서술자는 해리엇이 다름 아닌 "정직한 구식 기숙학교" 출신이라는 사실을 우리가 알고 있다는 점을 확인시킨다. "이 학교에서는 합당한 가격에 합당한 양의 교양이 팔렸다. 소녀들은 외진 곳으로 보내져 약간의 교육을 서둘러 구겨 넣었다. 이들이 비범한 여성이 되어 돌아올 위험은 없었다."(13) 오스틴은 해리엇에게서 품행지침서의 여성을 재현하는데, 이 여성의 가치는 전적으로 스스로 만들어지는 것 같다. 이 점에 있어서는 파멜라와 마찬가지로, 해리엇은 사랑의 작용을 사회적 계급에 기초한 관계로부터 해방시키는 재현방식에 공간을 제공한다. 하지만 가정여성을 다룬 이전 작가들과는 대조적으로 오스틴은 이 여성에게 자신의 저자가 될 수 있는 힘을 부여하지 않는다. 해리엇은 공동체가 확립한 언어의 조건들과 관련하여 개인의 글쓰기 능력을 심문하는 수단이 된다. 또한 해리엇은 공동체에서 한 개인의 위치를 규정하는 관습과 이런 관습을 혁신적으로 활용함으로써 개인이 바꿔 낼 수 있는 변화, 양쪽 모두에 주목할 것을 요구하는 수단을 제공한다.[55] 다시 말해, 해리엇은 언어 공동체에서 문법과 어법의 관계를 숙고할 때 새뮤얼 존슨(Samuel Johnson)을 괴롭힌 것과 비슷한 패러독스를 끌어들이는 통로가 된다. 존슨이 주장하

55 나는 역사적 목적을 위해 문제 삼는 것보다 더 많은 범주들 — 자연, 문화, 남성, 여성 — 을 전제로 하는 토니 태너의 일반 모델에 이의를 제기하고 싶다. 그렇지만 『에마』에서 그려지는 언어의 작용에 관한 나의 해석은 태너가 서문에서 기술하고 있는 공동체와 소통의 관계와 놀랄 정도로 유사하다. 태너는 서문에서 다음과 같이 말한다. "가족의 에너지는 현상태에서 발생하는 모든 실수 혹은 이동에 대응하고, 변화에 저항하고, 부족한 것을 보충하고, 결함을 메우며, 용인할 수 없는 종류의 차이를 부정하는 목적에 활용되어야 이상적이다. (…) 그러나 우리가 지금까지 봐온 것처럼, 언어 자체가 의식을 가진 존재 속에 틈새와 결핍을 끼워 넣는다. 하나의 현상으로서 언어는 차이와 변화, 교환에 뿌리를 내리고 있다. 따라서, (부르주아적 의미에서) 소유자인 화자 사이에는 잠재적인 패러독스가 있다. 왜냐하면 말하기는 욕망과 변화를 예지하는 반면에, 소유권은 관성과 영속성의 논리에 굴복하기 때문이다." Tanner, *Adultery in the Novel*, p. 115.

는 바에 따르면, 그가 『사전』(*Dictionary*)을 편찬해야겠다는 자극을 받은 것은 영어가 너무도 급격하게 변해서 의미를 어느 정도 표준화하지 않으면 당대의 글을 다음 세대는 이해할 수 없게 될 것이었기 때문이다. 그렇지만 어법을 표준화하려는 시도는 또 다른 위험을 끌어들였다. 존슨이 시인하는 것처럼, 궁극적으로 한 언어의 힘과 수명은 새로운 어법을 포용할 수 있는 힘에 달려 있다. 언어는 이 새로운 어법에서 필연적으로 새로운 의미를 획득한다.

잉여 정보를 체계 속에 끼워 넣음으로써 이런 패러독스를 일으킨 다음, 『에마』는 완전히 다른 전략으로 자아의 언어를 불안정하게 만드는 쪽으로 나아간다. 또다시 오스틴은 공동체에서 신분이 모호한 보조적인 여성을 소개함으로써 소통을 교란시킨다. 하지만 제인 페어팩스의 경우, 문제를 일으키는 것은 정보의 과잉이라기보다는 정보의 부족이다. 제인의 감정적 삶은 타인이 읽어 낼 수 있게 외양과 행동에 새겨져 있다기보다는 무표정한 외관 속에 봉쇄되어 있다. 제인의 이런 특성 때문에 "에마는 그녀를 용서할 수 없었다. 그녀는 예의라는 망토 속에 감싸여 어떤 일도 시도하지 않기로 결심한 것 같았다. 그녀는 구역질 날 정도로 수상쩍게 언행을 자제했다"(113). 기호의 구성에 나타나는 이 특유의 불균형은 사회적 정체성의 표면 아래에서는 언어가 적절하게 표현할 수 있는 것보다 훨씬 더 많은 일들이 벌어지고 있다는 느낌을 불러일으킨다. 이것이 에마와 프랭크 처칠, 제인의 삼각 욕망의 핵심인 것 같다. 여기서 잘못된 욕망을 낳는 것은 기표의 과잉이 아니라 박탈이다. 왜냐하면 이런 삼각관계의 소통 상황에서 성적 관계는 가장 사소한 몸짓이나 가장 짧은 눈짓을 통해 선언되며, 따라서 남성적 해석방식과 여성적 해석방식의 싸움은 극히 다른 형태를 취하기 때문이다.

프랭크 처칠과 에마가 나누는 아래의 대화에서, 억압과 노출이라는 쌍둥이 문제는 서로 겹쳐진다. 드러나는 정보는 너무 많은 동시에 너무 적다. 프랭크 처칠의 말이 그의 진짜 감정을 드러내려는 순간이면 에마의 말이 끼어들어 그의 고백을 가로막는다.

> 그녀의 생각을 읽고 싶다는 듯이 그는 그녀를 바라보았다. 그녀는 무슨 말을 해야 할지 알 수가 없었다. 그것은 그녀가 바라지 않는, 너무도 심각한 일의 전조처럼 보였다. 그 일을 피할 수 있겠다는 희망에서 그녀는 억지로 입을 열고 차분하게 말했다.(…) (265)

이 지점에서 에마의 짐작에도 불구하고, 소설에서 언어의 문제는 문제의 남성이 함부로 말하는 것을 어떻게 막을 것인가의 문제가 아니다. 품행지침서가 소설을 그토록 격렬하게 반대한 이유가 반사회적 욕망을 풀어놓을 수 있는 힘이었다는 것을 우리는 기억해야 한다. 그러므로 이 작품과 같은 소설이 더 이상 다른 허구의 유혹에 반대하는 방식으로 권위를 추구하지 않고 허구로 하여금 욕망을 더 완벽하게 표현하라고 요구할 때가 언제인가는 역사적으로 중요하다. 위에 인용한 예에서 에마가 그 일이 일어나도록 내버려 둔다면, 언어의 매개는 예의 바른 관계가 존재하지 않는 곳에서 예의 바른 관계를 만들어 내는 도구가 될 것이다. 프랭크 처칠과 관련되는 경우 에마가 스트레스를 받으며 당혹스러워하는 순간은 그가 제인 페어팩스를 감정적으로 좋아하고 있음을 알아채지 못할 때이다. 그런데 이것은 에마가 처칠을 침묵시키면서 억압했던 정보이다. 이는 마치 통제하기 힘든 거친 욕망의 근원이 허구 만들기라고 비난한 오스틴의 소설이 허구 자체가 일으킨 문제를 해결할 수단으로 허구에 호소할 수 있는 것처럼 보인다. 그 성격을 인정한다면, 이 문제는 언어적 혁신을 필요로 한다.

이런 언어적 혁신이 일어나는 과정에서 어떻게 글쓰기가 의심을 받게 되는가는 주목할 만하다. 과도하게 격식을 부리며 씌어진 엘턴 씨의 셔레이드는 그가 계급적 허영과 금전적 관심사를 지닌 사람임을 보여 준다. 엘턴처럼 고도로 비유적인 언어로 사랑을 전하는 것은, 오스틴의 말을 빌리자면, 감정적 깊이가 없는 열정의 기호를 주는 것이다. 에마는 엘턴의 셔레이드를 "아주 적절한 찬사로군요!"라고 평하기는 하지만, 엘턴의 시가 "내가 지금까지 읽어 본 모든 셔레이드 중에서 최고"라는 해리엇의 견해에 동의하지 않는다. 대신 에마는 "확실히 셔레이드의 목적에 더 맞는 것을 읽어 본 적은 없다"고 말한다(51). 이렇게 말할 때 에마는 자기모순에 빠진다. 왜냐하면 에마는 "그 길이가 특히 셔레이드에 유리하다고 생각하지는 않는다"는 점을 인정하기 때문이다. "셔레이드는 아무리 그 길이가 짧아도 대체로 괜찮다."(52) 나는 에마가 이런 관찰을 내놓으면서도 엘턴 씨의 의도를 그토록 잘못 해석하는 과정에 주목하고 싶다. 왜냐하면 이 과정은 『파멜라』와 관련하여 내가 앞서 논의한, 성경 구절의 감상적 번역을 전복하는 중대한 반전을 제공하기 때문이다. 에마는 일반적인 정치적 언어를 보완하는 사적인 감상적 의미를 만들어 내면서 엘턴의 시를 알레고리적으로 해석한다. 우리는 이런 알레고리적 독법이 여성용 교과 과정의 범위 안에서 고전 신화와 역사를 적절하게 활용하라는 품행지침서의 제안과 완전히 일치한다는 것을 기억할 것이다. 그러나 셔레이드가 감상적 용도로 읽히는 것을 자초한다는 사실에도 불구하고 엘턴의 시는 감상적 의미로 해석되도록 자극되고 부추겨지는 것은 거부한다. 에마가 자신만만하게 첫 연과 둘째 연을 각각 "궁정"과 "배"로 해석하기는 하지만, 이 말들은 정치적 동기에 완강하게 얽혀 있다. 이런 말들에 다른 의미를 부여하는 것은 엘턴의 욕망의 진정한 대상을 잘못 해석하는 것일 뿐만 아니라 그의 욕망의 본질 자체를 잘못 해석하는 것이다.

_______양에게

셔레이드

내 첫 번째 것은 왕의 부와 화려함을 과시합니다,
지상의 군주들! 그들의 사치와 안락을.
내 두 번째 것은 인간에 대해 다른 견해를 제시합니다,
저기 그를 보시오, 바다의 제왕을!

아, 이 둘이 결합되면 어떤 반전이 일어나는가 보세요!
인간이 뽐내는 권력과 자유, 모두 날려 사라집니다.
육지와 바다의 제왕, 그가 노예를 굴복시킵니다,
그리고 여인, 사랑스런 여인만이 홀로 지배합니다. (48)

소설의 한 구성 요소로서 이 시는 완전히 진부한 표현으로 구성되어 있기 때문에 더욱 빛이 난다. 이 시는 성적 관계를 권력 투쟁으로 표현한다. 그리고 "여성"은 군주인 "남성"을 "노예"로 만든다고 주장할 때, 이 시는 의미가 여성화를 거부한다는 것을 극적으로 보여 준다. 에마는 자기 자신을 "정말로 이 시가 묘사하는 진정한 여성 지배자"라고 생각하지만, 그녀의 감상적 해석은 표면에 모두 드러나 있는 의미를 숨길 뿐이다. 엘턴은 신분이 낮은 해리엇에게 전혀 매혹되지 않으며 에마가 속한 신분으로 올라가고자 한다. 이 아둔한 남자가 쓴 시에서 성적 욕망은 사랑이 될 수 있을 만큼 충분히 권력에서 분리되지 못했으며, 에마가 어떤 해석의 재주를 부린다 해도 그렇게 만들지 못한다.

그러나 엘턴의 시에 대한 에마의 감상적 오독은 이중 오류의 한 짝을 이루는데, 다른 한 짝은 에마가 로버트 마틴(Robert Martin)의 편지에 드러난 진실한 감정을 이해하지 못한다는 것이다. 그러므로 에마가 로버트 마틴의 소박한 문체에 담긴 뛰어난 자부심을 알아보지 못하거나, 해리엇에게 분명하게 감정을 전달하는 그 문체의 힘이 마틴이야말로 헤리엇이 결혼하기에 제격인 남자라는 것을 알려 준다는 사실을 모르는 것은 독자로서 에마의 무지를 드러낸다. 왜냐하면 이런 글은, 마틴이 높이 평가하는 것은 다름 아닌 해리엇 자신 ―어떤 사회적 정체성과도 분리된 별개의 존재로서 그녀 자신 ―이라는 것을 제시하기 때문이다. 글쓰기의 전통적인 범주들은 사람들을 오도한다는 것이 다시 한번 입증된다. 사람들이 남을 설득하기 위해 거창하고 허황된 표현을 쓰듯, 전통은 논리적 주장을 위해 평이한 문체를 쓴다고 주장하기 때문이다. 따라서 로버트의 편지가 "좋은 편지니? 아니면 너무 짧은 것이니?"라고 해리엇이 물어올 때 에마는 "다소 천천히" 대답한다.

—해리엇, 너무 좋은 편지라서, 모든 것들을 고려해 보건대, 그의 누이 한 사람이 그를 도와주었음에 틀림없어. 만일 전적으로 자력으로 했다면, 며칠 전 내가 너와 이야기를 나누는 것을 본 그 청년이 자신의 생각을 이렇게 잘 표현할 수 있을 거라곤 상상이 안 돼. 그런데 이건 여성의 문체는 아니야. 분명코 아니야. 너무 힘차고 간결해. 여성의 문체라고 할 만큼 산만하지 않아. 틀림없이 그는 양식 있는 남자일 거야. 타고난 재주—힘차고 간결하게 생각하는 재주—가 있어서 펜을 손에 잡으면 생각이 자연스럽게 어울리는 말을 찾게 되는 걸 거야. (33)

지금 나는 오스틴의 소설 속에 들어 있는 문체 분석을 자세하게 논의하고 있다. 왜냐하면 문체 분석은, 오스틴이 글쓰기와 고상한 문체를 구성하는 것은 과연 무엇인가라는 문제를 전체적으로 제기하는 수단이기 때문이다.

존 워드(John Ward)의 수사학 강의와 관련한 논의에서, 윌버 하월(Wilbur Howell)은 18세기의 많은 수사학 논문에서 발견되는, 고전적 범주들에 대한 흥미로운 개악에 주의를 환기시킨다. 하월은 평이한 문체, 중급 문체, 고급 문체를 다루는 워드의 강의에 대해 이런 주장을 한다. "이 논문들은 서로 다른 주제엔 서로 다른 논법을 요구하며, 웅변술에서 진정으로 뛰어난 기량은 평이한 문체를 희생시키고 웅장한 문체를 계발하는 것이 아니라 다루는 주제가 요구하는 바에 따라 세 가지 문체를 자유자재로 구사할 수 있는 능력에 있다는 점을 말하기 위해 이런 구분을 의도했다." 하지만 워드의 논문과 같은 수사학 논문들이 ―이런 논문들은 18세기 후반 여성용 품행지침서와 함께 그 수가 급격히 늘어났다―키케로식 범주들을 차용할 때, "암암리에 평이한 문체의 수사적 역할을 불신할 정도로 비유와 비유적 용법을 지속적으로 강조하는 라틴 수사학"을 변형시켰다.[56] 이렇게 분명하게 말하지 않고도, 하월의 분석은 어떻게 웅변술의 문체가 암시적으로 라틴 텍스트와 가까운 정도에 따라 글쓰기에 순위를 매겼는지 보여 준다. 다시 말해, 18세기 수사학 이론이 키케로의 『웅변가』(*Orator*)에서 수사적 원칙을 끌어올 때, 수사학을 문어적으로 사용하는 것은 고전 수사학의 원칙과 상충하는 정치적 위계질서를 유지했다. 워드에 따르면,

> 그런데 웅변가의 영역을 구성하는 이 부분들 하나하나는 서로 다른 문체를 요구한다[sic]. 저급한 문체는 증거와 정보를 제시하는 데 가장 적합하다. 왜냐하면 여기서 웅변가는 가장 소박한 정신을 가진 사람에게 윤색을 하거나 장식을 덧붙이지 않고 사물을 있는 그대로 표현하는 것 외에는 다른 어떤 목적도 없기 때문이다. 중급 문체는 즐거움과 오락을 주는 데 가장 잘 어울린다. 왜냐하면 이 문체는 화려하고 멋진 비유적 표현들과 함께, 매끄럽게 잘 넘어가는 구두점과 조화로운 단수·복수의 수로 구성되어 있기 때문이다. 그러나 열정을 지배하고

56 Wilbur Samuel Howell, *Eighteenth-Century British Logic and Rhetoric*, Princeton: Princeton University Press, 1971, p. 115.

열정에 영향을 미치기 위해서는 숭고함이 꼭 필요하다.[57]

따라서 리처드슨이 하듯이, 오스틴이 가장 뛰어난 문체를 여성의 손에 쥐여 주기보다는 "자작농"—에마는 로버트 마틴을 이렇게 부른다—남성의 손에 쥐여 준다는 것은 매우 의미심장하다. 엘턴의 셔레이드를 통해 오스틴은 고급 문체를 "상업 말고는 어떤 제휴관계도 맺지 않는" 남자의 것으로 여기면서 그것이 허식에 지나지 않는다고 선언한다(93). 그러나 고급 문체에 대한 오스틴의 섬세한 비판 중에서 가장 뚜렷한 비판은 고급 문체의 글이 말(speech)로 효과적으로 옮겨지지 않는다는 데 있다. "왜냐하면 유쾌하고 훌륭한 성격에도 불구하고, 그의 말에는 그녀의 웃음을 자아내는 과시적 요소가 다분히 있기 때문이다."(56)

다른 한편으로, 프랭크 처칠의 편지를 두고 오스틴은 에마의 옛 가정교사가 "자신이 지금껏 본 신사의 최고 기량 중 하나"라고 생각하는 것을 소개한다(202). 하지만 여기서 나이틀리 씨가 신랄한 비평가임이 드러난다. 나이틀리 씨는 엘리트 교육의 산물인 말의 장식을 의혹의 눈으로 바라본다. 왜냐하면 이런 말을 하는 남자는 자신이 한 말을 다른 행동에서는 지키지 않기 때문이다. 나이틀리는 이렇게 주장한다. "자기 아버지에게 이런 관심을 기울이는 것이 프랭크 처칠의 의무입니다. 자신이 한 말이나 약속으로 보자면 처칠도 그렇다는 것을 잘 알고 있습니다. 처칠이 그럴 마음만 있다면 할 수도 있을 겁니다."(99)

57 *Ibid.*, p. 115.

또 다른 경우에 나이틀리는 그 신사의 솜씨를 "여성의 글쓰기"에 비유한다. 처칠의 편지가 도착하여 자신이 페어팩스와 얼마나 깊은 관계인지 고백하고 나서야 비로소 나이틀리의 의심은 조건부 찬성으로 바뀐다. 이제 나이틀리는 적어도 이 젊은 남자가 자신의 글에서 문체보다 진실을 중시하기 시작했다고 느낀다. "신비, 교묘한 재주 — 이런 것들이 얼마나 서로의 이해를 그르치는지 아시오! 에마, 우리의 온갖 교제관계에서 모든 것이 진실과 진정성의 아름다움을 점점 더 드러내는 데 도움이 되는 것은 아니지 않겠소?"(307) 나이틀리의 비판에서 글이 진리 가치를 갖게 되는 순간은 글이 개인의 출신 계급이나 되고자 갈망하는 계급과 일치하는 것이 아니라 개인의 다른 행동양태 — 특히 말 — 와 일치하는 것으로 드러날 때이다. 오스틴은 이 모든 글들을 사회적 분열의 행위주체로 『에마』 속에 넣어 놓았기 때문에, 우리는 이런 비판적 논평이 소설의 전략적 의도의 중심에 자리 잡고 있다고 생각해야 할 것이다. 내가 지금 제시하는 것은, 소설이 소설을 글쓰기의 새로운 기준으로 세우기 위해 허구 이외의 다른 글쓰기들을 포괄하고 있다는 것이다. 선호되고 있는 글쓰기 문체는 일반 영어에서 나오며, 저자의 감정을 부풀리거나 숨기지 않고 전달할 수 있는 능력에서 그 가치를 끌어낸다. 이런 문체는 안정된 통화의 이점을 모두 지니고 있다. 하지만 지배적 가치체계의 관점에서 보면, 마틴의 글은 엘턴의 문체와 처칠의 문체, 둘 모두보다 등급이 낮다. 남성의 글은 저자의 정치적 지위를 나타내는 표지를 지니고 있기 때문에 그런 것이며, 이는 또한 마틴이 사회에서 엘턴이나 처칠보다 낮은 신분이라는 사실을 가리킨다.

그러므로 로버트 마틴의 글쓰기 문체를 인가해 줄 언어적 혁신을 이루기 위해 오스틴이 글쓰기와 남성 교육의 자료를 외면하는 것은 전혀 놀랍지 않다. 오스틴이 개인의 진정한 자질을 드러내는 글쓰기 유형을 제안하고자 할 때, 여성과 동일시되는 언어 양식인 가십과 대화로 관심을 돌리는 것 역시 조금도 놀랍지 않다. 허구 만들기에 덧붙여, 에마가 여성 교육을 제한하는 규정들을 신중하게 따르지 않는다는 점을 언급하는 것은 중요하다. 소녀 시절에 에마는 "여러 번 주기적으로 통독하려고 생각한 책의 (…) 목록을 아주 많이" 작성했는데 — "그것들은 아주 좋았다". 나이틀리에 따르면, "그 목록들은 아주 잘 선정되었고 아주 깔끔하게 정리된 것이었다. 알파벳 순서로 정리될 때도 있었고 다른 기준으로 정리될 때도 있었다"(23). 에마가 초상화를 완성시키지 못한 것처럼 읽기에 실패하는 것은 처음에는 결함으로 보일지도 모르겠다. 하지만 오스틴이 문자문화에 보인 분명한 비판적 태도 때문에 에마의 성실성 부족은 이 점에서 미덕인 것으로, 즉 문화에 의해 씌어지기를 거부하는 것으로 밝혀진다.[58]

소설이 끝날 무렵이면 문해력은 더 이상 그런 (품행지침서의) 언어로 표현되지 않는다. 문해력은 글에서 습득되는 것이 아니라 고상한

58 Kim Sloan, "Drawing—A 'Polite Recreation' in Eighteenth-Century England", *Studies in Eighteenth-Century Culture*, 11, 1982. 킴 슬로언에 따르면, 귀족계급과 중산계급 상층부의 전문직 종사자들이 여가시간을 채우려고 그림을 스케치하고 채색하기 시작하면서 스케치와 채색의 기초를 익히는 것이 하나의 덕목으로 여겨졌다. 그렇지만, 이런 기초 지식들이 해군과 상인에게 실용적인 기술이 되자, 스케치와 채색은 여가용 활동으로 구별되어야 했다. 아마추어적인 표현의 특징을 표시하고, 여성의 예술 활동이 직업 때문에 그런 기량을 필요로 하는 사람들의 작업과 혼동되어서는 안 된다는 것을 제시하는 다른 기호들을 가리켜 알려 주는 것이 필요했던 것이다. 슬로언에 따르면, 18세기 말 무렵 "여성 아마추어들은 그림을 그리는 재능에 관심을 덜 쏟았고, 대신에 더 쉬운 예술적 소양에 관심을 쏟고 있었다"(p. 234)고 한다.

말의 규칙을 숙달함으로써 습득된다. 어떤 욕망도 있어선 안 되는 곳에서 지속적으로 욕망을 창출해 내는 허구의 비유를 포기하면서, 에마의 말은 아마도 지금까지 글이 도달할 수 있던 수준보다 더 정확하게 감정적 진실을 표현하는 고상함을 성취한다. 이런 말의 표본은 다름 아닌 소설의 첫 단언과 함께 펼쳐진다. "안락한 집과 행복한 기질을 지니고 있으면서 아름답고, 영리하고, 부유한 에마 우드하우스는 삶의 최고의 축복들 중 일부를 누리고 있는 것 같았으며, 거의 21년 동안 그녀를 괴롭히거나 성가시게 하는 것이라곤 거의 없는 세계에서 살아왔다." 이런 진술은 글에서 유래하기보다는 말에서 유래하는 글을 구성하는 것으로 보인다. 이런 말은 행동을 관찰하고 규제하는 거실에서 쓰이는 말이며, 이런 말에서 유래하는 글은 상황을 진단하는 도구적 힘과 정확성을 지닌 가십을 활용하는 글쓰기 형태이다. 소설에서 에마의 상황을 알려 주는 두 번째 주요 발언은 이런 언어의 사용법을 예증해 준다. "에마가 처한 상황의 진짜 해악들은 다소간 너무 많이 제멋대로 할 수 있는 힘과 자신을 다소 너무 좋게 생각하는 기질이었다. 이것들은 에마가 누리는 많은 즐거움을 망칠 불리한 요인들이었다."(1, 강조는 인용자) 그렇지 않다면 평탄했을 인생에 끼어드는 이 미세한 예외적 일탈은 파멜라가 봉착해야 했던, 육체와 영혼에 가해진 위험과는 얼마나 다른가!

만일 남성적 글의 문체들 사이에 존재하는 위계체계가 이 소설에서 글과 말의 간극을 만들어 낸다면, 여성적인 말들 사이에 존재하는 위계체계는 말과 글 사이에 존재하는 이런 차이를 지워 버린다. 말에 가장 근접한 글은 저자를 글의 위계체계에서 낮은 위치에 놓지만, 잘 교육받은 여성을 판별해 주는 것은 바로 말을 모델로 하여 만들어진 영어이다. 오스틴은 글과 말을 분리하기 위해서 글에 젠더를 첨부했다고 말할 수 있을지 모르겠다. 이런 말과 글의 분리는 오스틴의 허구적 공동체에 늘 심각한 위기를 초래한다. 이런 위기의 발생은 오스틴이 고상한 말에 기초한 새로운 종류의 글에 가치를 두도록 허용할 뿐만 아니라, 더 중요하게는 말을 글보다 논리적으로 우선하는 곳에 위치시키도록 해 준다. 이런 방식으로, 오스틴은 글과 달리 말의 기원은 개인에게 있다는 근거에서 자신이 좋아하는 글쓰기 문체에 권위를 부여하는 데 말을 활용한다. 오스틴은 말을 글의 진리 가치의 토대로 확립하면서 또한 여성들의 말하기 관행에 우선권을 부여한다. 여성들은 문학작품을 읽을 계획을 실행에 옮기지 않을지는 모르지만, 그럼에도 불구하고 공동체 내에서 예절 바른 관계를 유지하는 데 없어서는 안 된다.

하지만 여성들의 말은 마음에서 곧바로 나오는 언어의 권위를 갖기 위해 글의 흔적을 모두 깨끗이 지워야 한다. 따라서 소설의 초반부에서 오스틴은 에마가 소설가의 습관을 버리게 만든다.

> 두 사람을 맺어 주는 데 그렇게 적극적인 역할을 한 것은 어리석은 일이었고, 잘못된 일이었다. 그것은 너무 멀리까지 모험을 떠나는 것이었고, 너무 많은 것을 떠맡는 것이었으며, 진지해야 하는 것을 가볍게 여기고 단순해야 하는 것에 재주를 부리는 것이었다. 그녀[에마]는 너무나 걱정되고 부끄러워서 다시는 그런 일을 하지 않기로 마음먹었다. (83)

이 진술에는 특별히 아이러니의 요소가 있다. 왜냐하면 오스틴은 에마가 허구 만들기의 전략을 포기하도록 하는 바로 그 순간에도 자신의 여주인공이 몇 번이고 반복해서 상상적 이야기에 따라 사회적 관계를 생각한다고 비난하기 때문이다. 바로 이런 과정을 거치면서 에마는 자기 자신의 감정을 표현할 뿐만 아니라 이해할 수 있게 해줄 언어를 발전시킨다. 이런 지식은 타인의 감정을 잘못 표현할 때 수반되는 함정을 피하기 위한 전제 조건이다. 이렇게 이 소설은 여주인공이 자신의 감정을 알 때까지 반복적으로 성적 관계를 오독하게 하는, 흥미로울 만큼 퇴보적인 과정을 통해 신뢰할 수 있는 자아의 언어를 만들어 낸다. 이에 따라서 나이틀리 씨는 에마에게 두 개의 정신이 있음을 알아본다. 하나는 허구 만들기를 자극하는 "허영심 강한 정신"이고, 다른 하나는 진실이 왜곡될 때 그것을 이해하는 "진지한 정신"이다. "나는 전자가 당신을 잘못 이끈다면 후자가 당신에게 그 점을 말해 준다고 확신하오"라고 나이틀리는 설명한다(225). 허구 만들기와 맺는 이런 변증법적 관계에서 자아를 규제하는 목소리가 만들어진다. 역설적으로 들릴지 모르겠지만, 이 목소리는 소설이 끝날 무렵에는 소설가의 목소리와 사실상 구별되지 않는다.

젠더와 진실 사이에 이런 관계를 그릴 때, 나는 오스틴을 리처드슨과 구분하는 정치적 움직임을 분리해 내고 싶다. 오스틴이 리처드슨처럼 여러 표현 방식들 간의 투쟁을 남녀의 투쟁으로 재현하고 있긴 하지만, 그녀에게 여성은 적어도 남성만큼 ― 종종 남성보다 더 많은 ― 개혁이 필요하다. 이 투쟁이 전적으로 언어의 문제라는 점을 고려하여, 리처드슨이 B씨의 시골 저택의 관리를 파멜라에게 맡길 때 시도한 것처럼 오스틴이 문화적 권위를 장악하려고 시도하고 있는 것은 아니라는 결론을 내려도 무방할 것이다. 소설이 시작될 때 에마는 이미 가정을 너무 많이 관리하고 있다. 에마는 남아도는 여가시간이 너무 많아서 자연스럽게 중매 쪽으로 마음을 쏟는다. 엘턴 가족과 처칠 가족이 들어오고 베이츠 가족이 몰락하면서 성적 관계를 규제하는 권력은 강력해지는 만큼이나 복잡해진다. 이 권력은 리처드슨이 남녀의 대화를 통해 제공하는 것보다 훨씬 더 섬세한 표준화의 수단이 필요하다. 이야기가 제멋대로 방치되는 경우, 언어는 마구 뒤섞여 쓰이고, 집안의 여성으로서 에마가 물려받는 권력은 파괴적인 것으로 밝혀진다. 다른 한편으로, 욕망을 구성하는 말의 힘을 포기할 때마다 에마는 다른 형태의 권력을 얻는데, 이 권력은 심지어 나이틀리 씨에게까지 영향을 미친다. 에마가 해리엇과 로버트 마틴의 약혼을 오랫동안 말리다가 찬성하자 나이틀리는 이렇게 말한다. “우리가 전에 이 문제에 대해서 마지막으로 대화를 나눈 이후로 당신은 상당히 변했소.” 그러나 에마가 “나도 그러기를 바라고 있어요. 그때 나는 바보였으니까요”라고 시인하자마자, 나이틀리는 에마가 이전에 해리엇의 품성에 대해 내렸던 해석에 동의한다. “그리고 나 또한 변했소. 지금 나는 기꺼이 해리엇의 좋은 자질들을 모두 인정해 줄 수 있기 때문이오.”(327) 이렇게 『파멜라』에서처럼, 남성과 여성은 서로의 권위를 인정해 주는 관계에서 서로의 생각을 반향한다.

하지만 『에마』에서 이 변화는 이중적이다. 이 변화를 통해 나이틀리는 해리엇과 같은 평범한 여성의 가치를 인정하게 되고 에마는 평범한 남성이 지닌 비범한 가치를 이해하게 된다. 남성과 여성의 갈등은 결국 한쪽이 다른 쪽 가치체계로 바뀌는 것을 필요로 하지 않았다. 단지 두 사람 모두에게 이익이 되는 것을 표현해 줄 가장 적절한 통화를 찾는 것이 필요했다. 나이틀리의 말은 관습적인 사랑의 언어에 대한 포기이다.

> "에마, 나는 말로 표현할 수가 없소." 나이틀리는 상당히 설득력 있는 만큼이나 진지하고, 단호하고, 분명한 부드러운 어조로 곧 다시 말을 이어 갔다. "내가 당신을 덜 사랑한다면, 그것에 대해 더 많은 말을 할 수 있을지 모르겠소. 그러나 당신은 내가 어떤 사람인지 알고 있소. 당신은 내게서 오직 진실만을 듣고 있소." (296)

오스틴이 나이틀리로 하여금 에마에 대한 진실한 감정을 고백하게 만드는 말들을 아무리 더듬거린다 해도, 에마가 대답할 차례가 되었을 때 훨씬 더 머뭇거린다는 게 드러난다. 여기서 소설가의 목소리는 연인의 목소리를 완전히 대체한다. "이런 간청을 받자 그녀는 말했다.—그녀가 무슨 말을 했느냐고?—물론, 당연히 해야 할 말을 했다. 숙녀는 언제나 그렇게 한다. 그녀는 절망할 필요는 없다는 것을 보여 주기에 충분하게, 또 그가 말을 더 많이 할 수 있도록 그를 매료시키기에 충분하게 말했다."(297) 소설에서 말이 부재하는 것처럼 보이는 이 순간, 우리는 언어가 차용되는 것이 아니라 다시 태어났다는 느낌을 받는다. 언어가 재탄생하는 때는 말 하나하나가 곧바로 당사자 개인에게서 나와 그 각각에 진정한 의미를 담는 때이다. 하나하나의 말은 개인이 말과 그 말을 할 기회를 찾기 전에 이미 존재하는 어떤 느낌에 고정되어 있기 때문이다. 이런 언어는 욕망 그 자체 이외엔 다른 어떤 가치형태에 의해서도 윤색되지 않는 순수 욕망의 언어이다. 이것은 개인의 핵심(core) — 적어도 이런 핵심을 지니고 있는 개인들의 핵심 — 과 소설의 핵심 — 소리 없이 줄곧 행동을 형상화해 온 동기 — 을 동시에 드러낸다.

오스틴은 말이란 자아에서 직접 연원하기 때문에 글이 말을 모방해야 한다고 제시하지만, 소설 자체는 완전히 다른 원칙에 따라 움직인다. 욕망을 언어에 선행하는 자아에 위치시키기 위해, 오스틴은 아직 말로 표현되지 않은 자아의 내면 영역을 보여 주어야 한다. 욕망은 말로 표현되기 이전에 존재하려면 개인의 내면에 각인되어 있어야 한다. 즉, 욕망은 글로 씌어져야 한다.

서술자가 말하듯이, 에마가 "다소간 너무 많이 제멋대로 할 수 있는 힘과 자신을 다소 너무 좋게 생각하는 기질"을 지니고 있다 하더라도, 독자가 맨 처음 에마와 마주칠 때 그녀는 자신이 전혀 부족하다고 느끼지 않는다(1). 나이틀리는 "에마 우드하우스에게서 결점을 알아볼 수 있는 소수의 인물 가운데 하나이고, 그 결점에 관해 그녀에게 말한 적이 있는 유일한 사람"이라는 근거를 들어, 소설가는 나이틀리에게 사람의 성품을 읽을 수 있는 권위 — 소설가 자신의 것과 거의 같은 수준의 권위 — 를 부여한다(5). 그러나 에마의 자족감(self-sufficiency)을 사회적 출신과는 별개로 존재하는 욕망을 부추기는 결함으로 바꿀 수 있는 사람은 소설가뿐이다. 처음에 에마가 자신을 지극히 완벽한 개인이라고 말한다면, 오스틴은 이 말을 결핍의 결핍으로, 즉 자신이 여성으로서 무언가를 놓치고 있다는 자각이 에마에게 없는 것으로 쓴다. 오스틴은 에마의 말이 말로 부인하는 진리를 글로 드러내게 만듦으로써 젠더의 사실을 말보다 우선하는 곳에 위치시킨다. 에마가 해리엇에게 고백하듯이,

> "대개 여자들을 결혼으로 끌어들이는 어떤 것도 내겐 없어. 만일 내가 사랑에 빠진다면 참으로 다른 게 될 거야! 하지만 나는 결코 사랑에 빠져 본 적이 없어. 사랑에 빠지는 건 나의 방식이, 아니 나의 본성이 아니야. 난 내가 언젠가 사랑에 빠질 것이라고 생각하지도 않아. 사랑 없이 내가 처한 것과 같은 상황을 바꾸겠다면 난 틀림없이 바보일 거라고 확신해. 나는 재산을 바라지 않아. 일을 원하지도 않아. 사회적 지위를 원하는 것도 아냐. 하트필드의 안주인인 나의 반만큼이라도 남편 집안의 안주인인 기혼 여성은 거의 없어. 내가 아버지의 눈에 비치는 것의 반만큼이라도 남자의 눈에 언제나 최우선이고 언제나 올바른 기혼 여성은 별로 없어. 난 그렇게 믿어."(58, 강조는 인용자)

여주인공이 예절 바른 사람이라면 부족할 수도 있는 온갖 물질과 사회적 특권을 소유하여 이런 완벽함을 갖추도록 함으로써, 오스틴은 또 다른 층위의 결함을 만들어 낸다. 이는 에마가 베이츠 양을 모욕하고, 그로 인해 나이틀리가 "어떻게 베이츠 양에게 그렇게 냉정할 수가 있소?"(258)라고 그녀를 호되게 질책하는 것과 같은 층위에서 일어나는 결함이다. 이와 유사한 방식으로, 오스틴은 사회적 예의범절에서 일어나는 가장 사소한 실수도 개인의 내면의 결함에서 기인하는 것으로 돌린다. 오스틴은 이 결함을 젠더의 결함으로 파악한다.

각각의 과실은 그 자체로 이해될 경우 여성에게 적합한 특정한 형식의 주체성을 낳는다. 에마는 사회적으로 가장 터무니없는 중매행위를 통해 해리엇과 나이틀리 씨를 연결시킴으로써 마침내 진정으로 일부일처제적 욕망으로 가득 채워진다. 또다시, 소설 그 자체처럼 부재를 만들어 냄으로써 에마의 허구는 젠더화된 욕망을 불러일으키는데, 젠더화되었다는 것은 참되다는 의미를 함축한다. "이제 잃어버릴 위험에 처하고 나서야 비로소 에마는 자신이 누리는 행복 중 얼마나 많은 것들이 무엇보다 나이틀리와 함께 있는 것에, 그의 관심과 애정을 받는 것에 달려 있는지 깨달았다."(285) 이 깨달음에서 에마와 나이틀리 사이에 어떤 관계, 즉 공동체를 마법적으로 안정시키는 결합관계를 만들어 내는 지극히 참된 감정의 기호들이 처음으로 생겨난다. 왜 이런 결합이 여성적 욕망의 산출에 달려 있는가는 이런 감정이 미치는 영향을 고찰해 보면 분명해진다. 나이틀리를 향한 에마의 욕망은 두 가지 방식으로 나타난다. 나이틀리 씨의 행동기준에 자신을 맞출 때 에마는 자기 자신을 단련시키는 훈육가—다소 부드러운 반어적 소설가보다는 훨씬 덜 방만한 훈육가—가 된다. "그녀는 너무나 슬플 정도로 분개했으며, 자신에게 드러난 감정—나이틀리 씨를 향한 애정—을 뺀 나머지 모든 감정들이 창피했다. 나이틀리를 향한 애정 이외에 그녀의 마음을 사로잡는 것은 모두 역겨웠다."(284) 하지만 이 기준에 부응할 정도로 자존감이 높아지면서 에마는 또한—소설가가 그렇듯—타인의 결함에 훨씬 더 관대해진다.

에마가 예의 바름의 표상이 되는 것은 그녀가 타인의 감정을 통제하려고 할 때가 아니라 바로 자기 자신을 향해 비판적 시선을 던질 때이다. 신흥 귀족의 본질적 자질로서 예의 바름 — 한편으로는 자비심과 다른 한편으로는 겸손과 아주 닮았지만 그것이 생겨나는 감정의 복합성에서는 이 두 감정과 완전히 다르다 — 은 에마가 저지르는 가장 큰 범죄, 즉 따분한 베이츠 양에게 보인 거의 감지할 수 없을 정도의 무례한 행동에서 중대한 국면에 처한다. 나이틀리 씨가 에마에게 이 범죄의 성격을 설명할 때 예의 바름은 감정과 말, 사회적 행동의 모범으로 출현한다.

> 그녀가 처한 상황은 당신의 동정을 받아 마땅하오. 그것은 참으로 잘못된 행동이었소. 베이츠 양은 당신이 갓난아이였을 때부터 당신을 알아 왔고, 그녀의 주목을 받는 것이 당신의 자랑거리였던 시절부터 당신이 자라는 것을 지켜봐 왔소, 그런데 그런 당신이 경솔한 기분으로 순간적인 교만에 빠져 베이츠 양을 비웃고 비천하게 여겼던 것이오. 그것도 베이츠 양의 조카딸과 여러 사람들이 보는 면전에서 말이오. 이 사람들 중 많은 사람들은 (확실히 일부는) 당신이 베이츠 양을 대하는 태도에 전적으로 영향을 받을 거요. (257)

나이틀리 씨가 그려 주는 모델에 부응하기 위해 에마는 자신이 욕망한다는 사실을 배워야 할 뿐만 아니라 자신이 어떤 여성에게 느끼는, 도무지 제어할 길 없는 화를 억눌러야 한다는 사실에 주목하는 것은 상당히 흥미롭다. 소설이 전개되는 과정에서 에마가 이렇게 변모한다는 사실은 이런 형태의 문해력을 습득하는 것이 19세기적 개인의 형성과 동일하다는 것을 암시한다. 이 19세기적 개인은 본성상 미숙하고 완벽함이 결여되어 있다.

리처드슨적 모델에 이런 수정을 가하는 것은 표본의 위력에 이중적 측면을 부여하는 것이다. 진짜가 되는 것이 전형에서 벗어나는 것이라면, 자신을 완성하는 것은 전형을 실현하고자 열망하면서 전형을 수정하는 것이다. 왜냐하면 우리는 오스틴의 강조점이, 여성이 표본(example)으로 보여 주는 자질로서의 선천적 덕성으로부터 주체성과 주체성을 형성하는 데 표본이 기여하는 지점을 보다 복합적으로 이해하는 쪽으로 옮겨 가고 있음을 목격할 수 있기 때문이다. 소설의 두 번째 진술에서 서술자가 언급하듯이, 에마의 문제는 어머니의 부재에서 비롯된다. 에마의 "어머니는 에마가 어머니의 애무를 희미하게 기억하는 것 이상을 기억하기에는 너무 오래전에 돌아가셨기" 때문에 다른 여성이 에마를 길렀다. 이 다른 여성은 "사랑에 있어서는 어머니에 비해 별반 떨어지지 않지만" 에마가 "다소간 너무 많이 제멋대로" 하고 "자기 자신을 다소 너무 좋게 생각하도록" 방치했다(1). 에마의 세계는 양육하는 인물은 전혀 부족하지 않지만(오히려 너무 많다), 중요한 것은 어머니와 함께 없어져 버린 자기통제기능이다. 자신이 나이틀리 씨를 사랑하고 있다는 사실을 알게 될 때 에마가 얻는 것이 바로 이 자기통제능력이다. 자기통제라는 이 특유의 젠더적 특성을 취할 때 에마의 표본은 또한 공동체에서 무례를 범하거나 변덕을 부리기보다는 예의 바른 관계를 유지할 것이다.

오스틴의 소설은 사회적 동기를 지닌 일련의 행동들, 예를 들어 에마가 베이츠 양을 무시하는 행동뿐만 아니라 에마가 마틴을, 나이틀리가 해리엇을, 그리고 엘턴이 해리엇을 무시하는 행동들을 비판한다.

오스틴의 소설은 갓 등장한 엘턴 부인의 행실을 지배하는 동기를 벼락부자 특유의 특성과 상류사회의 행실을 지탱하는 그릇된 토대로 만든다. 하지만 관계의 언어적 국면이 반복해서 오독되도록 함으로써, 이 소설은 전통적인 지위의 기호들을 가정의 틀 안에 써넣는다. 여기서 이 기호들은 새로운 정치경제의 원칙을 따른다. 즉 남성과 여성 모두 언어적 행실 ―이들이 기호를 사용하는 방식 ―이 최고로 중요한 품행의 경제 안에서 지위를 획득한다. 이들이 언어를 풍요롭게 쓰면 쓸수록 이들의 감정은 덜 은폐되고 잘못 해석되는 빈도도 줄어든다. 이는 자아의 진정한 본질이 더 잘 드러난다는 말이다. 이것은 해리엇 스미스와 베이츠 양에게 해당되는 만큼이나 오거스타 엘턴에게도 해당된다. ―해리엇 스미스와 베이츠 양이 오거스타 엘턴보다 더 친절하고 온화한 자아를 드러내긴 하지만. 그렇지만 베이츠 양의 장황한 수다가 주는 순진하다는 느낌에도 불구하고, 베이츠 양은 완전히 표면에 드러나 있고 그녀의 의미는 너무도 쉽고 분명하게 해독된다. 베이츠 양이 어떤 해석의 여지도 남기지 않는다는 사실은 어떤 판본이든『에마』를 한번 훑어보기만 해도 쉽게 확인된다. 베이츠 양의 말로 매끈하게 채워진 페이지는 건너뛰면서 빨리 훑어볼 수 있는 페이지로 확인된다. 기표에 대한 기의의 상대적 가치는 제인 페어팩스의 경우에는 정확히 그 반대이다. 제인 페어팩스의 자기봉쇄는 정교한 읽기 전략을 요구한다. 예를 들어 나이틀리는 프랭크 처칠과 관련된 제인 페어팩스의 행동을 곰곰이 생각한다.

그는 그것을 이해할 수가 없었다. 그러나 두 사람 사이에는 서로를 알고 있음을 보여 주는 징후들이 있었다. 그는 적어도 그렇게 생각했다. 이 징후들은 프랭크 처칠이 제인 페어팩스를 찬미하고 있음을 보여 주는 것들이었다. 일단 보고 나니까 그는, 아무리 자신이 에마가 저지른 상상력의 오류를 벗어나고 싶어 한다고 해도, 이 징후들이 아무런 의미도 없다고 자신을 납득시킬 수는 없었다. (234)

하지만 감정의 억제를 동반하는 것처럼 보이는 그 모든 미적 가치에도 불구하고, 제인의 행동방식은 베이츠 양의 행동방식과 마찬가지로 하나의 이상을 표현하지는 않는다. 나이틀리는 "'제인 페어팩스에겐 감정이 있소'라고 말했다. '나는 그녀가 감정을 가지고 있지 않다고 비난하는 것은 아니오. 그녀의 감수성은 강렬하오. 하지만 그녀의 기질은 (…) 자기통제능력에서는 탁월하지만 솔직함은 부족하다는 것이 내 생각이오.'"(195) 그녀의 진정한 감정은 거의 알아챌 수 없기 때문에 제인도 해리엇처럼 무례한 허구적 이야기를 낳는다. 실제로 이런 서사적 가능성이 소설에 끼어들어 사회관계 자체를 구성하는 정보의 교환을 불안정하게 만든다. 예의 바른 말은 단순히 심리적 기능 —솔직함이 분별력과 만나는 지점 —이 아니라 단독으로 안정된 공동체를 보장하는 교환의 매개체이자 통화의 한 형식이다.

나는 소설이 관습적인 문학적 분류 안에서는 성취할 수 없는 물질성을 소설의 자기봉쇄에 부여하려는 노력의 일환으로 이런 용어들을 사용한다. 나는 이 소설이 허구의 틀 밖에서 재생산하는 언어적 교환을 소설 읽기의 조건으로 극화하고 있다는 점을 제시하기 위해 경제적 교환이라는 개념을 쓴다. 오스틴은 전통적인 사회적 지위의 기호들이 개인을 규정하는 권력을 가지고 있다면 어떻게 자신이 만들어 낸 공동체의 구성원들 사이에 엄청난 파괴를 일으키는지 보여 주기 위해 이 기호들을 이용한다. 그러나 지위 기호들이 무시되는 순간 소통은 혼란스러워지고, 공동체는 확실히 붕괴된다. 이런 방식으로 오스틴은 지위 기호들이 전통적인 수사적 범주 안에서 혹은 지배적인 사회적 정체성의 문법 안에서 효과적으로 작동하지 않는다는 것을 드러낸다. 오스틴은 지위 기호들을 새로운 의미체계 속으로 밀어 넣고, 어법에 따라 이 기호들을 맥락에서 분리해 낸다. 한쪽(남성)과 다른 한쪽(여성)이 반복적으로 저지르는 실수로 구성되는 플롯을 통해, 오스틴은 자신의 어법에 기초해 있는 규칙을 만들어 낸다. 나이틀리와 에마 사이에 완벽하게 소통이 이루어지면서 이 문법은 그 자체로 자리를 잡아 간다.

> 그가 말을 하는 동안 에마의 마음은 무척 바빴다. 그녀의 마음은 감탄을 자아낼 정도로 민첩하게 생각하면서도 — 하지만 한 마디도 놓치지 않고 — 진리 전체를 정확히 파악하고 이해할 수 있었다. 즉 해리엇의 희망은 전혀 근거 없는 오류, 즉 자신이 지어낸 그 어떤 망상만큼이나 완벽한 망상이라는 것을 알 수 있었다. 또 해리엇은 아무것도 아니었고 그녀 자신이 전부였다는 것, 그리고 그녀가 해리엇에 대해 말해 왔던 모든 것들이 그녀 자신의 감정을 나타내는 언어로 받아들여졌다는 것을 알 수 있었다. (296)

따라서 우리는 오스틴이 새뮤얼 존슨보다는 제러미 벤담과 같은 부류에 속한다고 주장할 수 있을 것이다.

이렇게 말함으로써 나는 오스틴이 허구를 이용하여 전통적인 신분과 지위 개념을 정당화하려고 한 자그마한 열성 토리당원이었다는 견해를 반박할 생각이다. 그러나 이런 견해에 반대하면서도 나는 오스틴이 여성작가를 억지로 관습에 묶어 둔 제약들을 패퇴시킨 원조 페미니스트 반역자 중 한 사람이었다는 견해에는 동의하지 않는다. 오히려 나는 이것들이 문학 비평이 과거를 다시 쓸 때 활용하는 대안들이라고 주장할 것이다. 왜냐하면 이것들은 소설이 근대문화의 작업을 수행하도록 해 주면서 오스틴과 같은 작가들이 소설 속에 써넣은 대안들이기 때문이다. 오스틴의 정치성을 해석하기 위해 비평이 활용한, 개인적 욕망과 사회적 제약이라는 주제의 대립을 표현하기 위해 나는 문법과 어법의 구분에 기댔다. 나는 또 오스틴의 비평적 논의에서 잃어버리기 쉬운 물질성을 오스틴의 글에 부여하려는 노력의 일환으로 경제 개념을 이용했다. 이 장에서 나는 오스틴에게 글쓰기는 그 자체로 권력의 한 형식이었다는 것, 바로 이 점을 입증하고자 했다. 그런데 이 권력은 주체의 물질적 몸과 가정을 구성하는 사물들의 가치를 대체할 수 있었다. 다시 말해, 소설은 19세기 영국의 기호적 조직을 수립하는 데 일조하면서 벤담이 이론화한 조건들, 즉 대개 글로 씌어진 세계이자, 말과 사물의 차이마저 결국 담론의 기능이었던 세계를 창조하는 데 기여했다.

나의 『에마』 읽기는 오스틴이 어법을 좌우하는 문법이나 규칙을 수정하는 어법의 힘을 어느 정도 이해했는지 보여 준다. 이 점에서 오스틴의 사유는 새뮤얼 존슨의 사유뿐만 아니라 새뮤얼 리처드슨의 사유와도 비슷하다. (바로 이 원칙을 입증하는 것이 아니라면 『파멜라』의 마지막 대목은 달리 무엇이겠는가?) 그러나 18세기 지식인들과 달리, 오스틴은 또한 벤담의 기호이론의 근저에 있는 원칙, 즉 언어가 재현대상을 구성하는 정도도 이해했다. 허구의 분석과 분류에서 비롯되는 언어적 지향성과 더불어 '완전히 새로운 논리 체계'를 공표할 때, 벤담은 대상에 기초해 있는 소통의 경제를 주장한다.

> 물질(matter)의 한 부분이 저기 놓여 있다. 물질의 바로 그 부분에 의해 모종의 느낌이 당신의 마음속에서 생겨난다. 물질의 같은 부분에 의해 아주 똑같지는 않더라도 적어도 해당 목적과 관련해서는 같다고 말할 수 있을 정도로 아주 유사한 모종의 느낌이 내 마음속에도 동시에 생겨난다. 이제 여기에 소통의 통로가 존재한다. 이것이 유일한 통로이다. 언어는 바로 이 소통의 통로를 점유하고 이용한다.[59]

이와 거의 똑같은 소통의 모델이 에마가 해리엇의 초상화를 그리는 장면을 조직한다. 한편으로 이 초상화는, 벤담의 용어로 표현하자면, 에마의 의미를 아주 효과적으로 전달한다고 주장할 수 있을 것이다. 해리엇의 모습을 좀 더 보기 좋게 그리려는 시도는 에마가 그 모습에서 보는 우아함의 결핍을 말해 준다. 내 주장은 이렇다. 즉 오스틴은 어법의 규칙을 바꿀 수 있는 어법의 힘을 이해하고 있을 뿐만 아니라, 실제로 존재하는 실체들을 언어가 취할 때 그 실체들은 허구적 실체와

59 Jeremy Bentham, *Bentham's Theory of Fictions*, ed. C. K. Ogden, New York: Harcourt, Brace and Company, 1932, p. 64. 이 책의 인용은 이 판본을 따랐으며, 본문에 간략히 페이지만 표기했다.

어느 정도 동일한 기반 위에 존재한다는 것 또한 이해하고 있다는 것이다. 언어는 사물의 세계를 대체하면서 그 자체로 물질적 리얼리티를 구성한다. 벤담의 말로 표현하자면,

> 어떤 대상이 제시(exposition)의 주체, 혹은 제시를 위한 주체의 성격을 지니고 있다고 여겨질 때마다 그 대상은 낱말이 된다. 제시의 직접적 주체는 낱말이다. 다른 무엇이 시야에 들어올 수 있었건 간에, 낱말—문제가 되는 낱말—의 의미는 시야에 들어온다. 낱말은 주체일 뿐만 아니라 물리적으로 감지할 수 있는 유일한 주체이다. 바로 이 주체에 대해, 그리고 이 주체와 관련하여 제시라 불리는 작용이 일어난다. (77)

「원초적 계약의 허구」("The Fiction of an Original Contract")라는 제목의 장(章)에서, 벤담은 낱말의 힘을 너무나 잘 이해하여 "허구의 시절은 이제 끝났다"고 단언한다. "예전에 허구라는 이름하에 허용되고 용인되었을지 모르는 것들이 지금 시도된다면 침해 혹은 사기라는 더 가혹한 이름으로 비난받고 오명을 뒤집어쓰게 될 지경에 이르렀다."(122) 그렇지만 벤담이 군주제의 기초를 이루고 있다고 믿은 허구에 종지부를 찍으려면 새로운 리얼리즘의 시대와 새로운 진리의 언어가 필요했다. 하지만 새로운 진리의 언어는 비유적 힘을 그리 쉽사리 드러내지는 않았다. 벤담의 시도는 언어가 진리와 일치하도록 만들려는 위대한 19세기적 기획의 초기 시도로 생각될 수 있는데, 이는 사실상 새로운 기호의 제국을 창시했다.

내 생각으로는 오직 제러미 벤담만이 필적할 수 있는 모종의 자기 인식을 통해 오스틴은 사회적 관계를 유지하는 전통적인 사법적 수단들보다는 문해력을 통해 작용하는 권위형식 ―정치적 권위형식 ―을 제안한다. 만일 오스틴의 시대에 성적 관계가 전문화된 여성의 지식으로 여겨진다면, 그리고 다름 아닌 여성적 글쓰기에서 성적 관계의 언어들이 이해된다면, 소설은 남녀관계의 품행을 구체적 사례를 통해 보여 줌으로써 담론적 기능을 수행한다. 소설은 더 이상 정교한 자기 방어에 착수해야 할 필요가 없다. 왜냐하면 소설은 ―품행지침서 대신 ―독서를 규제하는 권위를 주장할 수 있을 정도로 품행지침서의 전략을 전유했기 때문이다. 특히 아동이나 상승하는 사회집단의 구성원들에게 지혜를 일깨워 주는 것을 목표로 하지 않는 품행지침서는 소설 장르에 비판적 시선을 던지며, 오직 여성용으로 기획된 교육 프로그램의 한계를 개탄한다. 나는 오스틴과 ―오스틴 이전의 버니가 아니라면 ―더불어 소설이 고상한 글쓰기의 대안적인 여성적 기준을 선언하는 글쓰기로서 품행지침서를 대체한다고 제안하는 바이다.

오스틴의 소설은 심리화 기능을 수행하기보다는 모든 사회적 행동, 심지어 공적이고 남성적인 ―즉, 정치적인 ―세계의 영역에 속하는 행동에도 잠재되어 있는 사적 리얼리티와 동일한 진리를 발견하는 일에 착수한다. 그런데 그 무렵 품행지침서는 심리화 기능을 여성 교육의 목표로 여겼다. 새로운 교육 교과과정의 설계자들 역시 결정을 내리는 과정에 있었기 때문에, 여성의 마음만 계발하는 것으로는 충분치 않았다. 그 당시는 어떻게 사회 제도를 바꿀 수 있을지 생각해야 하는 시기였다. 에지워스 부녀의 말을 빌리자면,

대학의 웅장함이나 확립된 체제의 가치를 떨어뜨리거나 파괴하지 않으면서도 대학제도를 개선할 수는 없을까? 대학의 화려한 강당들이 학파라는 이미 폭파된 형이상학 이외의 다른 소리로 울려 퍼지게 할 수는 없을까. 배움이 순수 라틴어 지식만큼 보상받고 존중받을 수는 없을까.[60]

여성을 재현하는 전투가 이미 승리를 거둔 허구의 전선에서도 우리는 상대적인 사회적 지위의 문제 전체 ―혹은 사람들을 지위에 따라 구분하는 것 ―가 언어적 특성으로 전환되는 것을 볼 수 있다. 귀족 교육이 과연 남성적 지식의 전체적 기반을 마련해 주었는지를 묻는 에지워스 부녀의 질문은 어떤 글쓰기 문체가 사람들의 상대적 가치를 가장 잘 표현했는지를 고려하는 것으로 고쳐 써진다. 이 점에 있어서 귀족적 학문 전통, 즉 '라틴어 지식'은 암암리에 더 이상 특권적 위치에 있지 않았다. 이렇게 말하는 것은 오스틴의 역사적 위치를 그녀의 봉쇄 전략의 형성과 일치시키는 주장과 배치되는 것처럼 보일 것이다.

『에마』를 읽기 위해 우리는 언어를 권력과 동일시해야 할 뿐만 아니라 권력의 언어를 중심에서 상당히 밀려난, 시골 신사계급 출신의 소수 엘리트집단의 말을 모방하는 산문과 동일시해야 한다. 첫 번째 동일시가 엘턴 가문과 처칠 가문에 권한을 부여하고 오스틴 소설의 계층화되어 있는 갇힌 세계에 유동성을 끌어들이기 때문에 위험해 보인

60 Maria Edgeworth and Robert L. Edgeworth, *Practical Education*, vol. II, London, 1801, pp. 383~384.

다면, 두 번째 동일시는 첫 번째 동일시가 일으키는 불안정화 효과를 제한하는 방책을 마련해 준다. 오스틴의 공동체가 보이는, 허용하면서도 동시에 제한하는 이 독특한 능력은 또한 세기 전환기의 영국 시골 신사계급의 특징이기도 했다. 『파멜라』에 관한 나의 논의에서 기술되고 있듯이, 이 공동체 구성원의 유동성이 어떻게 언어의 문제로 번역되었는가는 로런스 스톤과 잔 포티에 스톤의 『개방적 엘리트?: 1540년부터 1880년까지의 영국』에 설명되어 있다. 1세기 동안 신사계급은 서로 다른 사회집단에 속하는 사람들이 올라갈 수도 있고 또 그만큼 쉽게 떨어질 수도 있는 신분이었다는 점은 영국 시골 사람들의 마음속에 새겨져 있었다.

> 18세기에 돈으로 더 높은 신분으로 올라간 사람들은 그 이름이 자신들의 갈망에 어울릴 만큼 품위 있거나 당당하지 않다는 이유로 거주지의 옛 이름을 바꿀 수 있었다. 하트퍼드셔에서 프리켓츠는 그린힐 그로브가 되었고, 틸러즈 엔드는 콜스 파크가 되었으며, 코켄해치는 적어도 얼마 동안은 얼스베리 파크가 되었다. 이처럼 저택의 명칭을 바꾸는 것은 소유주와 그의 저택을 동일시하는 실질적인 정도를 나타낸다. 저택의 이름은 소유주의 신분을 끌어올리려는 의도로 지어졌다. 바로 이 때문에 18세기에 그 많은 저택들이 더 오래되었지만 웅장한 느낌은 덜한 '홀'(Hall) 대신 '파크'(Park)로 불리어졌다. 19세기에 이르면 벼락부자와 그의 작은 주택을 서로 밀접하게 동일시하는 것은 사회적 등급에서 더 아래쪽에 있는 사람들이 소유자 제국주의(proprietorial imperialism)라는 이 형식을 흉내 내는 것이었다. (71)

시골 저택의 이름을 바꾸는 것은 말 그대로 저택의 역사를 완전히 지워 버리면서 개인의 정체성의 기호들을 불안정하게 만들었다. 이것은 『맨스필드 파크』에 가장 명료하게 기록되어 있지만, 오스틴의 소설 전체를 관통하여 울려 퍼지는 하나의 역사적 과정이었다. 스톤 부부는 이렇게 말한다. "'저택'의 연속성은 — 부계의 가문 혈통을 뜻하는데 — 이 가문들이 동의하는 기본적인 조직 원리였기 때문에 가장 중요한 목적은 가문을 형성하는 구성 요소들을 (…) 계속 하나로 유지하는 것이었다." 이 구성 요소들 중에는 토지와 가문명과 직함 — 이것이 해당 가문에 있었다면 — 이 들어 있었을 뿐만 아니라, — 마찬가지로 중요한 것으로 — 가문의 역사를 보존하고 있는 가족의 유품, "귀족의 증서와 문장을 포함한 집안의 고문서, 조상의 초상화, 집안의 식기와 보석, 왕과 여왕으로부터 개인적으로 하사받은 선물같이 특별히 귀중한 유물들도 들어 있었다"(72). 위기에 처한 공동체를 그리는 오스틴의 재현에 활기를 불어넣는 것이 기본적으로 이런 가정용품들의 도상성에 대한 향수였다면, 우리는 오스틴을 당대의 자유주의 토리당원들과 같은 편에 놓아야 할 것이다. 그러나 이런 시각은 매체에 대한 오스틴의 이해를 너무 단순하게 바라보는 입장을 받아들이고 있다는 느낌이 든다. 오스틴은 매체에서 이상적 공동체가 움직이는 동력을 생각해 냈다. 나는 누구나 이해할 수 있었던 것과 마찬가지로 오스틴이 사물, 진리, 리얼리티를 구성하는 허구의 힘을 이해했다고 확신한다. 모든 사람들이 살기 좋은 최고의 삶이라고 오스틴이 장려한 것은 시골 신사계급과 그 계급에 속한 사람들의 특수한 이익이 아니었다. 마을과 도시의 삶의 방식, 그리고 그것들이 해외 교역과 맺는 관계는 늘 엘리트 공동체의 경계선을 맴돌면서 이 공동체의 한계를 상기시키고 재확인시킨다. 그러므로 오스틴이 이상화한 것은 사회의 이 특정한 부분이 아니라, 오히려 기호의 정치적 의미를 수정하기 위해 내부에서 생겨 나오는 것처럼 보이는 감정의 미세한 뉘앙스와 윤리적 세련됨을 구성하는 언어였다. 이 언어는 전체 사회 내부의 개인적 층위에서 이런 특권 공동체를 재생산할 수 있는 친족관계의 새로운 언어였다. 바로 이 점에서 오스틴의 글쓰기는 새로운 언어 공동체, 18세기가 알고 있었던 것과 같은 신사계급도 귀족계급도 아니지만 분명 유한계급이었으며 따라서 오직 중산계급의 귀족이라고 불릴 만한 역설적 형태를 취했던 계급의 존재를 암시한다.

4장

문화의 집의 역사

앞선 계급을 대체하고자 하는 모든 새로운 계급은 단지 그 목표를 이루기 위해 자기 계급의 이해를 전체 사회구성원의 공통의 이해로 표현한다. 다시 말해 새로운 계급은 자기 계급의 사상에 보편타당한 형태를 부여하기 위해 이상적 형식을 취한다.—칼 맑스, 『독일 이데올로기』

폭력으로 폭력을 없앨 수 없다는 것은 위대한 진리이다. 한동안 폭력을 없앨 수는 있을 것이다. 그러나 당신이 이겼다고 우쭐거리는 사이 폭력이 일곱 명의 악마를 데리고 예전보다 더 나쁜 모습으로 돌아오는 것은 아닌지 조심해라.—엘리자베스 개스켈, 『메리 바턴』

가정소설에 대한 대부분의 문학사적 설명은 실제로는 산발적으로 일어난 자료에서 연속적 서사를 만들어 내려고 한다. 이 장은 이런 연속적 서사에 존재하는 간극들이 중요하다고 주장할 것이다. 이런 간극들은, 가정소설이 놀랄 만큼 새로운 형식으로 재등장한 것은 그것이 특정 역사적 순간을 다루고 있다는 것을 말해 주는 것만큼이나 어느 때 당대의 주요 문제들을 다루지 못하는지 드러낼 것이다. 가정소설이 산발적으로 출판되었다는 것은 이런 불연속성 자체가 소설이 훨씬 광범한 의미생산 과정에서 차지하는 위치를 나타내는 기능이라는 것을 의미한다. 그런 역사는 또한 결혼과 구애를 다루는 소설들이 현실을 조직하고 해석하는 목표를 특히 잘 수행하지 못할 때 다른 상징적 형식을 통해 목표 수행을 위한 작업을 계속해 왔다는 것을 의미한다. 이 장은 왜 오스틴 소설에서 브론테 자매 소설 사이의 시기가 이들 각각의 소설의 역사적 위치를 이해하는 데 핵심적 간극인지 보여 줄 것이다.[1]

1 물론 이러한 관찰은 독특한 것이 아니다. 이런 관찰은 이미 여러 저명한 문학사 연구에서도 지적되었다. 이런 연구에는 다음 저작들이 포함된다. 어니스트 베이커(Ernest Baker)의 완벽한 열 권짜리 영국소설사 시리즈 *The History of the English Novel* (London L H. F. and G. Witherby, 1924-39. 특히 VI, VII, VIII을 볼 것); 월터 앨런(Walter Allen)의 *The English Novel: A Short Critical History* (New York: Dutton, 1954)의 "The Early Victorians"; 라이어널 스티븐슨(Lionel Stevenson)의 *The English Novel: A Panorama* (Boston: Houghton Mifflin, 1976); 그리고 T. B. 톰린슨(T. B. Tomlinson)의 *The English Middle Class Novel* (London: Macmillian, 1976). 비록 (현재의 관점에서) 다소 유명하지 않은 소설에 합당한 의미를 부여하는 경향이 있지만, 톰린슨은 다른 연구들이 의식적으로 의미하는 것을 반복한다. "좀 더 역사적 정확성을 가지고 말한다면, 내 생각에 제인 오스틴부터 작가들은 대체적으로 리처드슨이 발전시킨 길을 따른다. 리처드슨의 여주인공들은 자신을 둘러싼 개인적·사회적 요인들의 결합체를 무의식적이긴 하지만 아주 정확히 포착했다. 그런 다음 이 작가들은 리처드슨이 자신의 주요 관심사 중 하나로 뽑아낸 중산계급과 부르주아의 관심을 발전시키는 쪽으로 나아간다. 소설의 역사에서 오스틴이 사망한 1817년과 초기 디킨스 사이에 단절이 있다(스콧의 소설에 대한 관심사는 대체로 영국소설에 대한 것과 상당히 다르다). 하지만 리처드슨 이후 100년의 세월이 흐른 19세기 중반까지 영국소설의 지위와 기능에 관해서는 확실히 어떤 의심도 없었다. 영국소설은 무엇보다 중산계급의 기획이었다."(p. 12) 또한 *Cambridge Bibliography of English Literature 1800-1900* (ed. Geroge Watson, Cambridge: Cambridge University Press, 1969)의 3권을 볼 것. 이 책은 1818년부터 1847년 사이 주변적 소설장르들이 급격히 늘어났던 현상을 그린다. 주변 장르 중에는 노동계급 소설 전통이 시작되고 있을 뿐 아니라 월터 스콧식의 역사소설, 래드클리프(Ann Radcliffe)와 월폴(Robert Walpole)식의 로맨스, 소위 말하는 '은

그러나 1818년부터 1848년 사이 허구적 소설에 일어난 일을 고찰하면서 우리는 하나의 문제에 봉착한다. 당시 소설을 읽었던 대중들은 구애나 친족관계 같은 문제와는 별 상관이 없어 보이는 문제에 사로잡혀 있었기 때문이다. 역사가들의 작업을 통해 우리는 당시 토지소유계급과 노동자계급에 속하는 대부분의 사람들뿐 아니라 중산계급 내부의 많은 사람들도 산업이 확산되는 것을 막으려는 투쟁에 지적 에너지를 쏟고 있었음을 알게 된다.[2] 프랑스혁명의 여파로 여러 계층의 집단들은 영국을 괴롭히는 사실상 거의 모든 문제가 기계화 때문이라고 비판하고 나섰다. 빈곤, 식량부족, 인플레이션의 발생, 치명적 문맹률,

수저 소설'(silver fork novels)[귀족계급의 세련된 문화생활을 풍자적으로 그린 소설을 일컫는 말. 귀족들이 은 포크로 생선을 먹는다고 해서 이 이름이 붙여졌는데, 1820~45년 사이에 유행했다고 한다.—옮긴이], 특히 아일랜드와 스코틀랜드 지방을 다루는 지방색 소설, 만담, 일기, 유행의 최첨단을 달리는 부유층의 문학선집이 포함된다. 노동계급 소설 범주에 대해서는 마사 비시너스의 *The Industrial Muse: A Study of Nineteenth Century British Working-Class Literature* (New York: Barnes and Noble, 1974), pp. 113~135를 볼 것. 그러나 비시너스의 이 저서는 가정소설 특유의 행동을 보여 주는 소설의 부재가 두드러진다. 1818년부터 1847년 사이에 출판된 모든 소설들의 확인 대조표를 정리한 앤드루 블록(Andrew Block)의 *The English Novel, 1740-1850* (London: Grafton & Company, 1939)은 가정소설의 자리가 다른 제목 아래 묻혀 버렸다는 것을 전혀 알려 주지 않는다.

2 맥신 버그(Maxine Berg)의 주장에 따르면, 1815년부터 1848년 사이 "기계화는 당대 사람들에게 특히 모호한 얼굴을 그려 주었다. 기계화가 피할 수 없는 경제혁명의 전조인지 아니면 여러 발전과정 중 하나인지는 분명치 않았다. 기계화가 여러 발전과정 중 하나라면 국가의 목표와 우선순위에 따라 부분적으로 혹은 전체적으로 채택하거나 거부할 수 있었다." 극히 불안정했던 이 시기의 경제를 전체적으로 그리고자 했던 사람들은 반드시 이 문제를 다루었다. 그런데 이들 대부분은—적어도 처음에는—아무런 규제 없이 공장이 확산되는 것에 반대했다. 버그는 "기계의 문제는 실제로 새로운 생산관계를 신흥 부르주아와 노동자계급의 더 광범한 문화 및 의식과 연관시키는 데 있어서 관건이 된다"고 쓴다. 버그가 설득력 있게 주장하듯이, "당대의 다른 어떤 문제보다 기계의 문제는 부르주아계급과 노동자계급을 가르는 분할을 훨씬 더 명확하게 규정했다". M. Berg, *The Machinery Question and the Making of Political Economy 1815-1848*, Cambridge: Cambridge University Press, 1980, p. 2.

인구의 붕괴, 가난한 노동자계급에서 일어나고 있는 사회적 동요 등을 무시할 수 있는 사람들은, 설사 있다 해도, 극소수에 지나지 않았다. 이런 사회분열을 일으키는 원인으로 기계가 지목되면서 기계는 사람들 사이에서 너무도 인기를 잃은 나머지 기계에 가하는 폭력은 공개적으로 인정되지는 않았지만 사실상 용인되고 있었다. 기계화는 냉혹한 소수의 이해에만 봉사하는 것으로 비쳤던 반면 기계에 대한 공격은 전체 사회의 이익을 대변하는 것으로 보였다.

해럴드 퍼킨(Harold Perkin)에 따르면, "귀족적 이상은 지적 전투를 구성하는 모든 규칙을 동원하여 마음을 얻기 위한 싸움에서 이겨야 했다. 귀족계급은 이미 점령 군대였다. 그들은 준비된 포지션을 방어하고 있었으며, 가장 강력한 여론기관과 대다수의 교육기관을 통제하고 있었다".[3] 하지만 기계화에 저항했던 시도들은 종국에는 모두 산업주의자들의 입장을 강화시켰다. 산업주의자들은 문해력이 있는 공중들이 기계 자체에 대한 저항이 아니라 기계화에 맞서는 저항을 더 위험한 것으로 보기 시작하면서 지적 전투에서 승리했다. 이들이 치른 지적 전투는 문화에 대한 정의 자체를 결정짓는 전투였다. 신흥 중산계급의 승리는 조직화된 프롤레타리아의 존재에 달려 있었을 뿐 아니라 자신들을 대변할 새로운 글쓰기 양식의 출현에 달려 있기도 했다.[4]

3 Harold Perkin, *The Origins of Modern English Society 1780-1880*, London: Routledge and Kegan Paul, 1969, p. 290.

4 모리스 고들리에(Maurice Godelier)가 설명하듯이, 전(前)산업사회에서 "생산관계 혹은 경제조건은 동일한 위치를 점유하지 않으며, 그 결과 동일한 형식을 띠지도 않는다. 또 그 발전양식이 같은 것도 아니며 그에 따라 사회와 역사의 재생산에 동일한 효과를 미치지도 않는다". 고들리에는 "경제적 생산이 역사상 처음으로 인류로 하여금 경제적 조

점차 하나로 수렴되는 정치적 반대에 맞서 중산계급 지식인들은 노동자계급 문화를 문화가 결여된 것으로 그리기 시작했다. 예를 들어 중산계급 지식인들은 노동자계급이 술집에 모이는 것을 이들이 안정되고 지속 가능한 가정생활을 누리지 못한 탓으로 돌렸다. 이와 비슷한 방식으로 정치적 저항은 질서 자체를 위협하는 범죄행위까지는 아니라 해도 원초적이고 자기 파괴적인 행위로 묘사되었다. 이런 담론 틀 안에서는 어떤 형태의 저항도 중산계급 지식인과 개혁가들의 수사적 입장을 강화시켰다. 그것은 공장과 학교가 필요로 하는 것을 증명했다. 기계를 논란의 원인으로 만들었던 역사적 환경은 산업화가 야기한 문제들을 이런 식으로 표현했던 이 시기 이전에 이미 존재했고 그 이후에도 한동안 계속되었다는 점을 기억하는 것은 중요하다. 그러나 오랫동안 기계의 혜택을 주장해 왔던 사람들이 반기계화의 지원부대를 등에 업은 것은 급작스럽게 일어났다. 따라서 산업화의 폐해는 19세기에 더 컸지만 1840년 무렵 기계가 존재해야 하는가 아닌가를 둘러싼

건과 물질적 생산조건이 사회의 진화에 미치는 효과를 보다 명료하게 인식하도록 한 시기가 존재했다"고 주장한다. Godelier, "The Ideal in the Real", *Culture, Ideology and Politics*, eds. Raphael Samuel and Gareth Stedman Jones, London: Routledge and Kegan Paul, 1982, p. 31. 버그는 이런 경제도약 이론과 1850년 무렵 농업과 가내서비스가 여전히 가장 중요한 직업이라는 점을 보여 주는 인구조사통계를 대립시킴으로써, 경제라는 단일원인이 1820년대와 1830년대의 급격한 경제적·기술적 변화를 설명해 준다는 생각에 이의를 제기한다(Berg, *The Machinery Question and the Making of Political Economy 1815-1848*, p. 3). 버그는 이때가 되어서야 비로소 사람들이 신학과 친족관계 둘 모두와 구분되는 경제의 작용에 따라 역사를 이해하게 되었다고 주장한다. 그녀의 논지의 타당성을 조금이라도 인정한다면, 우리는 산업혁명 — 후일 이 이름으로 불리게 되는데 — 은 산업의 성장을 재현하는 새로운 방식의 승리라고 여겨야 한다. 산업혁명은 돈과 재화의 문제인 것만큼이나 재현의 문제이기도 하다. 왜냐하면 재현은 시장에 자율성을 인정하면서 역사적 변화를 설명할 때 시장의 작용에 특권을 부여했기 때문이다.

논란은 더 이상 벌어지지 않았다. 대신 기계화의 부정적 효과를 줄이고 긍정적 혜택을 얻을 수 있는 최선의 방안을 바라보는 시각에 따라 새로운 정치적 동맹이 형성되었다.

1820년대와 1830년대 산업화를 둘러싸고 벌어진 논쟁에서 주요 가정소설들이 어느 한쪽 편을 드는 것처럼 보이는 경우는 — 설령 있었다 해도 — 극히 드물었다는 사실은 중요하다. 우리는 가정세계와 가정세계가 둥지를 틀고 있는 세계 사이의 관계에 중대한 변화가 일어나고 있었다고 추정할 따름이다. 그런데 이 관계에는 제인 오스틴은 다룰 필요가 없었던 새로운 갈등이 발생했다. 장원의 저택을 개혁하려는 18세기의 전략이 더 이상 작동하지 않았던 것은 확실하다. 지적 전투가 종결되는 1840년대에 이르러서야 주목할 만한 가정소설들이 재등장했다. 소설은 문화적 무대에서 주연의 위치를 되찾고 성관계와 사회관계 사이의 오랜 등가관계를 유지했다. 하지만 확실히 개혁이 붕괴시키고자 하는 원천과 과녁은 바뀌었다. 결혼은 자의적이고 제약적인 사회적 신분의 구별을 누그러뜨리는 해독제 역할을 더 이상 하지 못했고, 그 결과 지배문화를 구속하는 경계를 완화시킬 수도 없었다. 대신 결혼은 시장의 경쟁에 맞서 문화를 유지하기 위해 문화를 중심으로 경계를 설정하는 방안으로 빈번하게 활용되었다. 다시 말해 1840년대 소설에서 관건이 되었던 것은 결혼이 해결해 줄 것으로 여겨지는 문제의 성격이었다.

이런 소설들은 기계의 문제를 직접 다루지는 않았지만 이전의 가정소설을 조직했던 성적 욕망의 개념 전체를 수정했다. 성적 욕망은 저항의 형태를 구성하는 대신 기계가 제기한 문제, 즉 정치적 저항의 문제를 다루는 전략이 되었다. 가정소설은 특히 개스켈과 디킨스의 손에서 정치적 저항을 억압하여 그것을 대중문학 영역 안으로 가두는 역할을 수행했는데, 가정소설은 대중문화에서 가정화가 필요한 새로운 일탈 영역을 그려 냈다. 나는 1840년대에 등장한 소설들의 정치적 행태를 논하면서 특정한 수사 전략들이 어떻게 사회통제 기술이 되는지 강조하고 싶다. 리처드슨은 사회적 지위와 별 관련이 없어 보이는 주체적 자질에 입각하여 개인을 재분류할 수 있는 힘으로 글쓰기를 상상했다. 그는 가정을 여성 감독자의 관리공간으로 그려 냈다. 그러나 리처드슨은 또한 여성의 글쓰기(파멜라의 편지)에 가정을 넘어 여성이 타인을 자신이 소유한 지식에 따라 변화시킬 수 있는 힘을 부여했다. 오스틴이 타인을 변화시키려는 리처드슨적 충동을 거부함으로써 인간 정체성을 가리키는 정치적 기호를 더 몰아냈다고 말하는 것은 합당하다. 이를테면 『에마』에서 오스틴은 훨씬 정교한 자기발견 절차를 끌어내기 위해 자아 안에 자아에 대한 힘겨운 해석을 포함시켰다. 작중 여주인공이 심리적인 동시에 사회적인 진리를 구성하기 위해 이런 허구를 교정할 때 욕망과 자기완성은 실현된다. 하지만 오스틴이 작품에서 이런 진리를 구성하기 위해 정치적 현실 그 자체를 바꾸어야 했던 것은 아니다. 리처드슨이 가정을 개인의 권리가 실현되는 장소로 규정하고 있다면, 오스틴은 개인 속에 자기규율의 기제를 써넣는다. 예의에 대한 오스틴의 생각은 여기에 달려 있다. 에마는 자기통제에 기초한 표본이라는 더 우월한 힘을 얻기 위해 파멜라가 타인을 변화시켰던 힘을 거부한다. 에마는 자신의 실수를 인정함으로써 자신을 프랭크 처칠의 가슴 속으로 던져 넣은 부주의한 문화적 설득을 포기하고 온전히 자신의 욕망의 소리를 듣는 법을 배운다.

나는 오스틴 이후의 시대에는 공간의 재현, 개인화, 자기심문(self-interrogation)과 같은 전략들이 개인을 위해 특정 권력을 요구했던 계몽의 기획과 다른 행로를 취한다고 주장할 것이다. 이런 전략들은 개인이 자기 자신에게 구체적 지식의 대상이 되는 기술을 제공했으며, 이런 작업은 거대한 대중적 기반 위에서 이루어졌다.[5] 품행지침서와 나란히 가정소설은 자아의 토대가 특정 사회적 정체성에 선행하여 존재한다고 설정하는 여성 주체성 형식을 표현했다. 가정소설은 주체성의 뿌리를 성적 욕망과 그 욕망을 사회화된 목표 쪽으로 유도할 수 있는 힘에서 찾았다. 가정소설은 사회 집단의 복리(福利)가 다른 무엇보다 개인의 욕망을 규제하는 데 달려 있도록 만들었다. 19세기의 특성을 보여 주는 다른 글쓰기 형식과 함께 가정소설은 이런 자아생산의 환상을 산업화된 사회제도에 적합한 남성과 여성을 만들기 위해 고안된 절차로 변형시켰다.

이런 시각에서 보면 기계의 문제는 소설의 역사와 온전히 관련되어 있다. 기계는 소설을 빅토리아적으로 만든 변화에 상당한 책임이 있을 뿐 아니라, 이런 변화를 보여 준 소설에 부여한 명성에도 책임이 있다. 나는 가정소설이 빅토리아 전성기에 재탄생한 것을 설명해 줄 우회적 길을 찾을 필요가 있다고 보았다. 나는 문제의 소설을 간략히 다룰 것이다. 나는 소설의 역사를 쓰면서 소설 바깥의 자료들을 다

5 이러한 전략의 활용에 관해서는 Michel de Certeau, *The Practice of Everyday Life*, trans. Steven D. Rendall, Berkeley: University of California Press, 1984를 볼 것.

루게 될 텐데, 이것이 일탈이라고 생각하지는 않는다. 나는 우연한 사건이 역사 속으로 들어오는 지식의 영역, 담론이 문화의 다차원적 관행들을 만나는 영역, 무엇이 사회적 현실을 규정하는지 규정하기 위해 한 진리양식이 다른 진리양식과 경쟁하는 영역을 검토할 것이다. 이 지식의 영역을 검토함으로써 우리는 어떻게 새로운 지식형식이 등장하고, 왜 다른 형식은 물러나게 되는지 이해할 수 있을 것이다. 나는 왜 소설가들이 광기의 여자가 그 한가운데 놓여 있는 폭력과 환영과 혼란의 이야기에 창작 에너지를 쏟아붓게 되었는가 하는 점뿐 아니라, 이런 소설로의 이행이 왜 가족을 감옥과 흡사한 공간으로 변형시키고 제한하게 되었는가 하는 점도 설명해 보고 싶다. 보다 구체적으로 이 장(章)은 왜 미친 여자들이 갑자기 1840년대 후반의 위대한 가정소설에서 인기를 끌게 되었는지 설명하고자 한다. 브론테, 개스켈, 디킨스, 새커리의 소설에 반복적으로 등장하듯이, 이런 새로운 빅토리아 소설의 생산은 텍스트에 악마적 여성들을 불러들인 후 그들을 처벌하고 추방하는 것에 달려 있었던 것 같다. 이 작가들이 이런 악마적 여성들을 보여 주는 방식은 이들로부터 모든 사회적 정체성을 벗겨 내는 것이었다. 이 작가들은 이런 정체성의 상실을 젠더 구별의 상실로 표현했다.

니나 아우어바흐(Nina Auerbach)의 『여성과 악마』(*The Woman and the Demon*), 길버트와 구바의 『다락방의 미친 여자』 같은 유명한 저작들은 악마적 여성인물의 문학적 표현방식을 기술하고 있다. 이들은 이전 소설들에서는 이런 악마적 여성의 선례를 찾지 못했다고 주장하며 악마적 인물이 지닌 힘을 인정했다. 아우어바흐는 악마적 여성의 출현을 여성 악마들과 천사들로 빅토리아 시대를 가득 채웠던 신화 탓으로 돌렸고, 길버트와 구바는 자기표현을 제약하는 문화적 관습 때문에 상상력이 구속당했던 여성작가들에게서 광기의 여성의 기원을 발견했다.[6] 이와 비슷한 시각에서 빅토리아 시대의 젠더를 바라보는 여러 비평가들에 따르면, 이런 괴물여성들은 사회제도 바깥에 있는 여성의 모습을 재현한다. 이런 괴물적 모습은 사회제도가 규제하려고 하는 저항 형태를 이루고 있기 때문이다. 아우어바흐처럼 이런 비판들은 욕망의 괴물을 긍정적 인물로 본다. 한 가지 조건만 인정된다면 나의 입장은 기본적으로 이들의 입장과 양립 가능하다. 성은 그저 성일 뿐이라고 전제하면 우리는 여성의 본질적 측면들이 중산계급의 삶이라는 제약 속에서는 적극적 출구를 찾을 수 없다는 빅토리아적 시각에 굴복하게 된다. 중산계급의 정숙함(respectability)이 여성들을 사회에서 일종의 반쪽짜리 인생으로 만들었다는 전제가 19세기 리얼리즘 문학 수사의 기저에 놓여 있다. 정숙함은 근본적으로 여성의 성적 억압을 요구하기 때문이다. 문제의 해당 소설들에 접근하면서 나는 이런 인과 관념을 완전히 뒤집고 싶다. 나는 소설이야말로 사회적 관습이 그것에 선행하면서 그것을 필수적으로 만들었던 성의 형태를 체계적으로 억압한다는 우리의 근대적 믿음을 만들어 냈다고 주장하고 싶다. 앞서 설명했듯이, 나는 억압 이론 대신에 자아 속의 사회 외적 심층(extra-social depth) 자체가 빅토리아 문화의 산물이라고 가정할 것이다. 또

6 Nina Auerbach, *The Woman and the Demon: The Life of a Victorian Myth*, Cambridge: Harvard University Press, 1982; Sandra M. Gilbert and Susan Gubar, *The Madwoman in the Attic: The Woman Writer and the Nineteenth Century Liberty Imagination*, New Haven: Yale University Press, 1979.

한 나는 이런 사회 외적 심층이 주로 글쓰기에서 형성되었다고 가정할 것이다. 이런 이론적 근거에서 출발하여 우리는 일탈적 욕망형태가 실제로 나름의 역사를 지닌 문화적 자료들로 구성되었을 가능성을 살펴볼 것이다. 이 모든 것들이 인정된다면, 빅토리아 소설들은 이런 자료들을 성 심리적 언어로 번역하면서 자신들이 문화적 지식의 변화에 행사한 정치적 권력을 효과적으로 은폐했던 것으로 보인다. 나는 소설이 우리의 기억 속에 존재하는 괴물여성들을 생산하는 데 있어 근대적인 정치적 무의식을 창출할 수단을 제공했다고 주장할 것이다. 이 장은 괴물여성의 형상을 사회적 관행의 전 영역을 속박과 규율이 요구되는 붕괴와 일탈의 상태로 떨어뜨렸던 일련의 추방과정의 한 단계로 간주할 것이다.

폭력의 수사: 1819년

우리는 빅토리아조 괴물의 역사를 '결사'(combination)라는 말이 오랫동안 용인되어 온 노동자계급의 많은 관행들에 처음으로 규칙적으로 적용되었던 19세기 시작 시점부터 복원할 것이다. 조직화된 대중적 저항형태를 가리키는 경멸적 표현은, 비록 많이 쓰이진 않았지만 16세기 이래로 살아남았다. 18세기 내내 많은 폭동들은 대부분 특별히 위협적으로 보이지 않는 전통적 공식을 따랐다. 폭동은 대중의 봉기가 포괄적인 상징체계를 무너뜨리기보다는 봉기를 그 체제 안에 봉쇄시키는 제의화된 패턴을 따랐다.[7] E. P. 톰슨은 농본주의적 영국사회의 불문율에 따를 경우 토지소유자들은 자신들에게 영지 관리를 위해 필요한 노동을 요구할 권리가 있다고 느꼈고, 노동자들은 자신들이 제공한 노동의 보상으로 생계를 유지할 권리가 있다고 느꼈다고 설명한다. 가난한 노동자들은 생활이 일정 수준 이하로 떨어지면 드물지 않게 폭동을 무대에 올렸다. 폭동은 "정당한 경제관행과 그렇지 않은 관행에 대한 대중적 합의 안에서, 말하자면 "대중들의 도덕 경제를 이루고 있다고 말할 수 있는 합의" 안에서 일어났다.[8] 폭동은 시민적 질서를 자연발생적으로 붕괴시키는 것이라기보다는 토지소유자와 노동자가 잘 규정된 예측 가능한 역할을 수행하는 일종의 상징적 행위였다고 말할 수 있다. 에릭 홉스봄과 조지 루데의 말을 빌리면, 폭동은 "사회관계의 일상적 질서가 일시적으로 전복되는 제의적 사건"이었다.[9] 여성들이 폭동을 이끌거나 더 좋은 가격을 요구하기 위해 곡물 거래업자들을 공개적으로 수행했던 것도 드물지 않게 발견된다. 이런 식의 성적 위계질서의 위반은 확실히 권력관계가 전복되고 있음을 보여 주는 다른 방식을 제시해 주는 것 같다. 정치적 수사도 이와 비슷한 방식으로 동원될 수 있었다. 이를테면, 어느 마을의 신사들은 "조지 왕을 권좌에서 몰아내고 악당들의 집을 때려 부수고 입법자들의 집단을 무너뜨리는" "폭도나 내전을 대비하라는 경고를 들었다".[10] 상황을 개선하기 위해 토지소유자들에게 호소할 때 관련 당사자들은 합법적 권력을 이렇게 공들여 패러디하는 것이 보수적 목적에 봉사하고 있다는 사실을 잘 알고 있었

7 E. P. Thompson, "The Moral Economy of the English Crowd in the Eighteenth Century", *Past and Present*, 50, 1971, pp. 78~79.

8 Ibid., p. 79.

9 Eric Hobsbawm and George Rudé, *Captain Swing*, New York: W. W. Norton, 1968, p. 61.

다. 폭동에 대한 대응을 보면 폭동의 보수적 성격을 확인할 수 있다. 왜냐하면 18세기 토지소유계급은 일반적으로 군대를 동원하기보다는 노동자들의 요구를 수용하는 쪽을 선호했기 때문이다.[11]

19세기 초에 등장한 폭력의 특징은 우리가 역사의 새로운 영역으로 건너가고 있다는 것을 의심할 만한 어떤 의혹거리도 남기지 않는다. 특히 러다이트 반란은 폭력의 무대와 폭력의 목표를 함께 재규정했다. 직물 노동자들 중에서 엘리트층을 구성하고 있던 러다이트들은 전문화된 생산영역에 기계가 잠식해 들어오면서 자신들의 지위가 사라지고 있다고 생각했다. 기계에 대한 이들의 공격은 처음에는 18세기 군중들이 최소한의 붕괴의 틀 안에서 행하던 공격과 비슷해 보였다.[12] 제의적 폭력의 일부 특성들 ― 경고문의 통보, 대중반란의 위협, 여성복장의 착용 ― 은 남아 있었지만 기계에 대한 공격은 군사적 원칙에 따라 조직되었다. 때때로 러다이트들은 상징적 무기뿐만 아니라 실제 무기도 보유했다. 심지어 이들은 폭동 상태에 이르기 위해 병사들을 모집하기도 했다. 자신들만이 아는 정교한 암호를 사용하는 지하 조직망을 통해 소통하는 경우도 있었다. 보다 중요한 점은, 직공들과 소작인들이 러드 장군(General Ludd)의 전설적 지휘하에 영국의 여러 지

10 Thompson, "The Moral Economy of the English Crowd in the Eighteenth Century", p. 127. [톰슨이 인용한 "for a Mob or Sivel war"를 저자 암스트롱이 "for a Mob of a Sivel war"로 잘못 인용했다. 이 인용의 원출처는 1766년에 나온 한 에세이로 "Sivel war"는 현재 영어로는 "Civil war"이다.― 옮긴이]

11 Ibid., p. 127.

12 E. P. Thompson, *The Making of the English Working Class*, New York: Random House, 1966, pp. 543~552.

역을 행군하면서 러다이트 반란이 국지적 폭동 수준을 넘어섰다는 것이다. 기계를 파괴한 사건들이 여러 지역에 걸쳐 광범하게 나타났기 때문에 한 지역의 토지소유자들이 폭동을 제압할 수 있을 것이라고 기대할 수는 없었다.

톰슨이 주장하듯이, 러다이트들은 자신들이 상대적으로 유리한 위치를 점유할 수 있는 잘 위계화된 사회질서를 복구하고자 했을 따름이다. 심지어 토지소유자들과 치안행정관들조차 처음에는 이들의 봉기를 보수적 시각에서 바라보았다.[13] 그러나 프랑스혁명이 발발한 다음부터 폭력에 대한 관용은 사라졌다. 귀족계급의 편집증적 대응은 모든 형태의 정치활동을 억눌러야 한다고 바라보았다는 점에서는 산업계급의 경제적 이해관계와 만났던 것으로 보인다. 이런 시대적 분위기에서 결사금지 법안들(Combination Acts) 중 최초의 안이 법으로 제정되었다. "귀족계급은 민중의 자코뱅주의적 음모를 억압하는 데 관심이 있었고, 제조업자들은 임금을 인상하려는 민중의 음모를 격퇴하는 데 관심이 있었다."[14] 신설 법안의 새로움은 모든 형태의 결사, 심지어 기능공 계층이 18세기 초부터 관여해 왔던 정치조직까지 금지시키는 것이었다. 특히 소요를 일으킬 의도가 있다고 의심되는 사람들 중에는 노동조합원들뿐 아니라 생계를 찾아 시골을 떠돌아다니는 점점 증가하는 부랑자들, 직계 가족 너머로 확대되는 가구들, 술집에 모이는 민중들도 포함되었다. 톰슨의 말에 따르면 영국에는 두 개의 문화

13 *Ibid.*, pp. 543~552.
14 *Ibid.*, p. 198.

가 존재했다. 하나는 치안행정관, 고용주, 교구목사, 첩자들이 노동자 계급의 삶에 침투하는 것에 맞서기 위해 만들어진 문화이고, 다른 하나는 민중들의 파괴적 행동을 규제하고 감독할 목적으로 만들어진 문화이다.[15] 폭력에 대한 이 두 상반되는 해석 ―제의적 저항과 정치적 전복―사이의 갈등은 피털루 대학살에서 극명하게 나타났다.

1819년 맨체스터 행군에서 직장을 잃고 빈곤으로 떨어진 기능공 계층의 대표자들은 제의화된 저항의 근대적 재정의에 도전했다. 그러나 우리는 이들이 사용한 축제의 비유가 피털루 대학살로 이어졌기 때문에 제의화된 저항의 의미가 얼마나 극적으로 변모했는지 알 수 있다. 행군의 지도자 가운데 한 사람이었던 새뮤얼 뱀퍼드(Samuel Bamford)의 일기는 영국의 모든 큰 마을에서 노동자들을 끌어들인 집회의 본질적으로 보수적인 소집동기를 다음과 같이 기록하고 있다.

> 이 집회가 가급적이면 도덕적 효과를 발휘해야 하고, 과거 영국에서 한 번도 본 적 없는 광경을 보여 줘야 한다는 것은 적절하다고 생각되었다. 언론은 누추한 옷의 꾀죄죄한 용모, 진행상의 혼선, 집회에 모인 군중들의 폭도 같은 모습을 자주 조롱했다. 우리는 적어도 한 번은 이런 언론의 조롱이 쓸데없으며, 우리가 전에 한 번도 보여 준 적 없는 깨끗하고 술에 취하지 않고 예의 바른 모습을 보여 줌으로써 정적(政敵)들의 비웃음을 무장해제해야 한다고 결정했다.[16]

15 *Ibid*., p. 198.
16 Samuel Bamford, *Passages in the Life of a Radical*, vol. II, London: Frank Cass, 1967; rpt. 1839-41, pp. 176~177.

행군에 참가한 사람들은 옷을 잘 차려입고 맨 정신일 때는 한 문화적 명령을 따랐지만, 머리띠를 두르고 가짜 무기와 수놓은 깃발을 들고 무리의 대오를 이끌기 위해 "제일 멋진 여자들"로 구성된 파견대를 이용했을 때는 다른 문화적 명령을 따랐다. 당시 책임을 맡고 있던 정부 관리들은 제의화된 저항의 기호를 잘못 해석했다. 이들은 폭도들이 "위협적으로 쳐들어오고 있다"고 생각했다. "폭도들은 죽음의 깃발을 들고 쳐들어오고 있다. 저들에겐 정부 전복의 기도가 보인다."[17] 노동자들이 가정의 기호를 축제의 기호와 뒤섞어 버리는 실수를 범했다면 군대는 전통적 폭력의 수사를 보다 심각하게 무너뜨렸다.

이런 갈등은 폭력의 역사에 일대 전환을 가져왔다고 말할 수 있다. 맨체스터 행군은 제의적 저항의 관행을 정치적 장으로 옮겼다. 정치적 장에 등장한 제의적 관행들을 예전의 도덕 경제를 기준으로 해석하기는 매우 어렵다는 것이 밝혀졌다. 정부는 5백여 명의 비무장 노동자들이 부상당하고 11명은 사망한 한 전투에서 군사적으로는 승리했지만 정치적으로는 패배했다. 자유주의 언론은 군사력을 사용한 것이 결사의 관행이나 조직화된 항거보다 국가에 더 위협적이라고 그림으로써 급진주의 조직의 입장에 동조했다. 새뮤얼 뱀퍼드의 일기는 피털루 대학살이 일으킨 파장 속에서 정부의 힘을 인지하는 언어가 어떤 것이었는지 분명한 사례를 보여 준다.

17 Thompson, *The Making of the English Working Class*, p. 681.

> 십 분 만에 (…) 벌판은 폐허처럼 변한 공터가 되었다. 남아 있는 연단 주위에는 부러지고 잘려 나간 깃대 몇 개와 찢어지고 갈라지고 축 처진 한두 개의 깃발이 펄럭이고 있었으며, 캡과 보닛과 중절모와 숄과 신발과 남자와 여자의 옷들이 밟히고 찢기고 피가 묻은 채로 온 벌판에 흩어져 있었다.[18]

여기저기 흩어진 가정생활의 파편들은 강간당하고 도륙당한 사람들을 그린다. 이것은 질서를 회복시켜야 할 장면이 아니라 실제 사람들이다. 이렇게 그려진 전쟁터는 실제로 역사적 선례를 찾을 수 없는 딜레마를 선명하게 드러냈다. 정부는 매우 혹독한 비판에 처하게 되었으며 노동자들은 분노와 연민의 대상이 되었다. 노동자가 아니라 정부가 가족을 위협하는 세력으로 비쳤다.

무질서의 수사 : 1832년

이 지점에서 내가 그려 낸 결사의 역사는 톰슨, 홉스봄과 루데가 그린 역사와 갈라진다. 두 연구 모두 노동자계급의 형성시기부터 1848년 차티즘(Chartism)이 붕괴된 시기를 다루고 있다. 나의 연구는 정치적 사건 ― 우리가 일반적으로 정의하는 의미의 ― 의 극장에서 글쓰기와 인문학의 극장으로 방향전환을 시도할 것이다. 글쓰기와 인문학이 결사의 비유를 사용하기 시작한 것은 대규모 콜레라가 휩쓸고 간 1832

18 Bamford, *Passages in the Life of a Radical*, vol. II, p. 208.

년이었는데, 바로 이 해에 파괴적인 결사 반대법안이 무효 처리되었다. 새로운 글쓰기 형식은 무력 이외의 다른 방안을 상상할 수 있도록 계급갈등의 언어를 재규정해야 할 필요성에 부응하기 위해 출현한 것으로 보인다. 1830년대 후반 아일랜드 정부로부터 급속도로 산업화되고 있는 랭커셔 농촌지역을 시찰하고 현지 상황을 보고하라는 위임을 받은 W. 쿡 테일러(W. Cooke Taylor)는 대중들을 묘사하는 데 동원되는 비유를 갱신해야 할 필요성을 느낀 사람이었다. 테일러의 개괄적 보고서는 노동자계급의 상태를 기술하는 거대 프로젝트—이것이 인문학을 낳았다—를 중심으로 발달되었던 글쓰기에서 결사의 비유에 일어난 변모 양상을 간편하게 요약해 준다. 테일러는 우리가 군중을 더 이상 "급작스럽게 일어나는 경련적 발작, 비바람이 휘몰아치는 바다, 광분하는 폭풍 같은 비유를 통해서는 이해할 수 없으며, 오히려 가까운 미래에 사회의 모든 요소들을 자신의 넓은 가슴에 담아 띄우는—어느 방향으로 띄워야 할지는 하느님만이 알 것이다—거대한 바다의 느린 솟구침"으로 이해해야 한다고 주장한다.[19] 테일러가 군중을 자연의 비유로 번역할 때 그를 괴롭힌 것처럼 보이는 것은 군중이 폭동을 일으킬 수 있는 잠재력이 아니라 그들이 집단 정체성을 지니고 있다는 사실이다. 이제 군중을 다루는 18세기적 방식으로는 군중의 힘을 용인하거나 짓밟을 수 없었다. 그럼에도 권력은 지배문화와의 관계에서 여성의 위치에 처하는 것에 불길한 느낌을 갖고 있었던 것 같다.

19 W. Cooke Taylor, *Notes of a Tour in the Manufacturing Districts of Lancashire*, London: Frank Case, 1968; rpt. 1841, p. 6.

군중은 도처에 편재해 있고 삶에 필수적일 뿐 아니라 그것을 이해하려는 문화의 힘을 본질적으로 넘어선다. 군중을 이런 식으로 이해할 때 군중은 완전히 새로운 통제 수단이 요구된다.

테일러는 노동자들의 결사가 무력 사용을 쓸데없는 것으로 만들었다고 주장한다.

> 이 대중들 속에는 엄청난 에너지가 잠들어 있다. 우리 조상들이 유니언가(街)에서 떼 지어 몰려나오는 대중들을 보았다면 치안행정관들은 회의를 열었을 것이고, 특무경관들은 욕설을 퍼부었을 것이고, 사람들은 폭동법안을 읽었을 것이고, 군대가 소집되었을 것이며, 치명적 충돌이 발발했을 가능성도 매우 높다. 이제 군중들은 지나가는 경찰의 주의를 거의 끌지 못한 것이다. 그렇지만 군중은 여전히 군중이고, 따라서 다중들을 자극할 열정에 휘둘리기 쉽다.[20]

한때 다중들은 국가에 대한 직접적 위협으로 인식되었지만, 이런 재현들에서 다중은 덜 영악스럽고 자신들을 정치세력으로 인식하는 정도도 낮아졌다. 테일러는 군중들을 아무 생각 없는 정념적 존재나 여자나 하녀 혹은 어린아이 같은 존재로 보는 것이 최선임을 암시한다. 테일러는 군중의 문제에서 정치적 내용을 지워 버린 다음 공장을 시찰하는 동안 다음과 같은 해결책에 도달한다.

20 *Ibid.*, p. 7.

사실 공장 노동자들은 모두 공평한 공정성과 권위를 가지고 자신들을 중재하는 힘의 통제를 따른다. 증기엔진은 가장 공정한 중재자이다. 증기엔진은 뇌물에 무감각하며 아첨에 무신경하다. 증기엔진은 모든 사람들의 보편적 조수이고 친구이다.[21]

테일러는 기계를 합리적 힘으로 표현함으로써 그것을 이상적인 남성적 권위형태로 간주할 수 있었다. 그러므로 기계는 그것이 초래한다고 여겨지는 바로 그 문제, 즉 노동자들의 결속에 대해 해결책을 제시한다.

테일러가 결사의 문제를 사유하는 방식은 이 문제를 당시 도시사회학이 분석도구로 정교하게 발전시킨 젠더 차이로 은유적으로 번역하는 것이다. 1830년대 동안 많은 사람들이 정치적 저항을 낳은 사회 전체의 지형도를 파악하는 과제를 떠맡았다. 예를 들어 『맨체스터 면직공장에 고용된 노동자계급의 도덕적·육체적 조건』(*The Moral and Physical Condition of the Working Classes Employed in the Cotton Manufacture in Manchester*)이라는 제목의 책에서 제임스 케이 셔틀워스(James Kay Shuttleworth)는 계몽담론의 비유를, 특히 권력을 관찰(observation)과 연결시키는 비유를 사용하고 있다.[22] 셔틀워스는 다

21 *Ibid*., pp. 120~121.

22 이 장의 여러 곳에서 나는 미셸 푸코의 『감시와 처벌』(*Discipline and Punish: The Birth of Prison*, trans. Alan Sheridan, New York: vintage, 1979)의 논의를 살펴보고자 한다. 사회통제 수단으로서 담론전략이 물리적 힘의 사용을 대체한다는 생각이 특히 중요하다. 그러나 나 자신의 관찰과 통계를 조직하기 위해 문화적 변화에 대한 푸코의 서사를 빌릴 때, 나의 목적은 '메커니즘' —푸코가 종종 이 담론전략들을 가리킬 때 —이라는 개념

음과 같이 주장한다. "우리는 가난이 있는 곳으로 내려가야 한다. 우리는 빈곤과 질병이 큰 마을에서 사회적 불만과 정치적 무질서의 원천을 따라 모여드는 좁다란 골목, 번잡한 법정, 과도하게 밀집된 비참한 주거지로 내려가 사회 한가운데서 은밀하게 곪고 있는 질병을 충격적 심정으로 바라보아야 한다."[23] 셔틀워스의 관찰은 질병에 감염된 도시를 관련된 문제와 그 문제에 대한 해결책을 동시에 펼쳐 보이는 방식으로 조명한다. 이는 결사의 기호를 정치적 반대파 조직의 기호에서 타락한 문화의 기호로 변형시키는 것이다. 이런 민속지학적 태도는 결사와 관련된 관행들을 문화의 외부에 위치시키는 동시에, 이 관행들을 관찰하고 분석적으로 통제할 수 있는 사회 영역 내부에 위치시킨다.

셔틀워스는 우선 노동자계급 문화를 어떤 경계가 결여된 공간으로 그린다. 계몽의 정의에 의할 것 같으면, 이런 경계들은 문화가 존재하려면 반드시 있어야 하는 범주를 구성한다.[24] 그러나 이런 사유의 비유를 따를 경우 경계의 부재가 우리가 자연 속에 존재한다는 것을 의미하는 것은 아니다. 오히려 경계의 부재는 너무나 타락했기 때문에 경계가 용해되고 불결하다고 묘사할 수 있는 문화를 재현한다. 셔틀워

의 형성에서 관건이 되었던 것은 산업의 성장에 도덕적 정당성을 제공하는 것이었다는 점을 강조하는 것이다. 나는 또한 담론이 사회통제의 수단이 될 때 담론에 내재하는 권력에 의해 얼마만큼 이런 통제 역할을 하지 않게 되는지를 강조하고자 한다. 문화의 제도화에 저항하는 형식이 푸코의 모델에서 결정적 역할을 한다 하더라도, 이 저항 형식들이 그런 기능을 수행하는 것은 질서에 대해 이전의 관념을 유지하고 있기 때문이 아니며, 푸코가 극화하는 다른 문화형성체를 해체하는 과정에 있기 때문도 아니다. 그러므로 푸코의 권력이야기는 종종 질서의 냉혹한 전개과정처럼 보이는 것을 기술한다.

23 James Kay Shuttleworth, *The Moral and Physical Condition of the Working Classes Employed in the Cotton Manufacture in Manchester*, London: Frank Cass, 1970; rpt. 1832, p. 8. 이 책의 인용은 이 판본을 따랐으며, 본문에 간략히 페이지만 표기했다.

스는 맨체스터의 더 가난한 지역의 도로상태에 관한 통계정보를 요약해서 알려 준다. "조사된 438개의 거리 중 214개는 전혀 도로포장이 되어 있지 않았고, 32개는 부분 포장되어 있었으며, 63개는 환기가 잘 되지 않았다. 259개의 거리는 쓰레기더미, 깊게 파인 홈, 물이 고여 썩어 가는 웅덩이, 오물 등으로 뒤덮여 있었다." 그런데 셔틀워스가 "이것 못지않게 놀랄 만한 결과"라 부른 두 번째 사항이 덧붙여진다. 셔틀워스는 보수해야 할 집들을 종류별로 나누고, 흰색 칠을 해야 할 집의 숫자를 집계하고, 습기가 차거나 통풍이 잘 안 되거나 옥외변소가 필요한 집의 숫자도 파악한다(31). 모든 것을 도표화하는 저자의 시선은 외부공간에서 내부공간으로 옮겨 가서 이와 비슷한 경계의 해소가 실내공간의 특징을 이루고 있음을 발견한다. 내가 셔틀워스의 정보를 그대로 다시 보여 주면서 강조하고 싶은 것은 이런 정보가 취하는 설명의 논리이다. 우리는 일단 저자가 공간적 용어로 사유하기 시작하면 어떻게 모든 결사가 ―얼마만큼 전통적이냐에 상관없이 ―제한적이고, 흐릿하고, 원시적이고, 더러운 것처럼 보이는 동시에, 18세기 군중들은 결코 따르지 않았던 특정한 문화변동 양식을 따르는 것처럼 보

24 1650년에서 1750년 사이 여행작가와 원조 인류학자들을 묘사하면서 J. M. 쿳시(J. M. Coetzee)는 어떻게 이들이 문화에 대한 에덴적 이상을 포기했으며, 대신 문화를 일(work)의 관념에 고정시켰는지 설명한다. Coetzee, "Anthropology and the Hottentots", *Semiotica*, 54, 1985, p. 91. 쿳시에 의하면 의복, 식사, 의료, 주거, 법, 무역과 같은 특정 범주들은 다음을 따른다. "이러한 범주들은 어떤 일이 있어도 서로 떨어져 있어야 했다. 왜냐하면 이 범주들이 서로 무너지는 것은 체계적 담론을 여행자들이 처음에 시작했던 것으로, 즉 눈에 띄고 두드러진다는 그 이유만으로 감각자료에서 선별되었던 일련의 목격과 관찰로 붕괴시키는 것이기 때문이다. 다시 말해 이는 포괄적 기술(description)이 아니라 단순한 서사(narrative)로 떨어지는 것이다."(p. 89)

이는가 하는 점에 주목해야 한다.

셔틀워스가 산업도시의 심장이 처한 상태를 표현하기 위해 결사라는 말을 사용했을 때 이 비유에 무슨 일이 일어나는지 살펴보도록 하자. 이 초창기 사회학자에게 산업도시의 심장은 의미심장하게도 침실이다. 셔틀워스의 말을 빌리면 "이 심장에서 종종 온 가족이 침대 하나로 생활한다. 간혹 더러운 짚더미와 낡은 부대 덮개가 가족 구성원 전부를 서로 구분할 수 없는 한 덩어리로 가리는 장면을" "경악에 질려" 보게 된다(33, 강조는 인용자). 육체가 한 덩어리로 뒤섞여 있는 모습—결사를 사유하는 특징적 방식이 된 모습—을 보고 느끼는 공포는 정치적 함의를 띤 자료를 성적 추문으로 바꾼다. 두 가족 혹은 그 이상의 가족들이 조그만 오두막에 빽빽이 모여 있거나 종종 한 가족 전부가 지하방에 살고 있는 것을 보면 공포는 더욱 커진다. 셔틀워스가 주인과 돼지가 함께 살고 있는 지하방을 관음증적으로 들여다볼 때, 경계의 해소는 사회학이 원초적 장면을 무대에 올리는 중앙(침실)에서 집의 바깥으로 퍼져 나가 사람들이 "나이나 성의 구별 없이" 교대로 잠을 자는 하숙집과 2백 명이나 되는 사람들이 공동으로 사용하는 공개변소로 흘러 들어간다(33).

중산계급 지식인들은 산업도시의 한복판에서 난장판을 보았다. 여기서 가족은 더러운 오염물과 거의 구분할 수 없는 잡동사니 덩어리로 보인다. 이런 난장판을 일으킨 원인을 찾기 위해 셔틀워스는 가난한 동네의 집과 거리에서 발생하는 퇴폐를 술집 숫자와 연결하고, 술집 숫자는 재산을 침해하는 범죄 숫자와 연관시키려고 고심한다. 그는 술 마시고 도둑질을 하는 사람들이 폭동에 가장 쉽게 휩쓸리는 사람들이라고 결론짓는다. 하지만 이것이 사회변동의 정치적 원인을 말해 주지는 않는다. 육체의 타락이 특히 분명히 나타나는 동네에 범죄율도 가장 높고 술집 숫자도 제일 많다. 이런 지역에서는 "관능의 우위"를 발견할 수 있기 때문이다(62~63). 셔틀워스는 노동자계급의 육체적 조건을 젠더와 생식의 관점에서 바라보면서 성과 노동자의 도덕적 상태가 경제 상태를 일으킨 원인이라고 생각한다.

셔틀워스는 자신이 "보건당국의 지적인 관리들과 어울리면서 이런 자료들을 얻었다"고 말한다. "보건당국은 콜레라를 앓고 있는 사람들을 구제할 목적으로 기획, 운영하기 위해 맨체스터에 설립되었다."(3) 실제로 정부 관리들이 1830년대에 발발한 콜레라 대유행 때문에 빈곤층의 정보를 수집했는가는 문제의 핵심이 아니다. 나의 목적과 관련하여 중요한 사실은 이런 위생 절차를 통해 정부가 도시 대중들을 통제할 수 있는 모델을 얻었다는 사실이다. 푸코의 『감시와 처벌』은 질병과 권력의 근대적 공생관계를 다음과 같이 기술하고 있다. "역병의 이미지는 모든 형태의 혼란과 무질서를 상징한다." 역병의 이미지는,

> 질서를 만난다. 질서의 기능은 가급적 모든 혼란을 분류하는 것이다. 이를테면 신체가 서로 뒤섞일 때 전염되는 질병의 혼란, 공포와 죽음이 금기를 넘어설 때 커지는 악의 혼란 등등. 질서는 전지전능한 권력을 통해 각 개인에게 자신의 위치, 신체, 질병, 죽음, 행복을 정해 준다. 그런데 권력은 규칙적이고 지속적으로 개인 혹은 개인의 특성을 구성하는 최종 결정요소에 이르기까지 자신을 작게 나눈다. 감시는 역병 — 그것은 뒤섞이는 것이다 — 에 맞서 권력을 가동한다. 감시의

권력은 분석의 권력이다.[25]

이 최초의 사회학자는 보건당국의 관찰을 글쓰기와 연결하고 계급관계와 국가통합의 문제를 거리, 가정, 침실로 구획되는 분리된 공간 안에 밀폐시켰다. 이런 글쓰기는 정치적 의혹을 성적 의혹으로 바꾸면서 그 자체로 정치적 권력을 행사하기 시작했다.

피터 개스켈(Peter Gaskell)은 『기능공과 기계』(*Artisans and Machinery*)를 집필하면서 셔틀워스의 결론에 이의를 제기한다. 개스켈은 영국에서 산업생산이 증대한 것은 산업사회 이전에는 상당히 윤택했던 기능공 계급의 희생을 대가로 치르고 있다고 보았다. 개스켈의 주장에 의하면, 기능공들은 결코 폭력적인 사람들이 아니었으며 공장제 때문에 자신의 의지에 반하여 아내와 자식들로부터 떨어져 나온 가정적인 남자들이었다. 개스켈은 책을 쓰기 시작하던 처음에는 비난의 화살을 산업화에 돌리는 방식으로 이 문제를 설명했다. 그는 사안의 원인을 놓고 셔틀워스와 논쟁을 벌일 생각이었지만 셔틀워스가 제공한 자료에 의존했다. 이 자료들은 개스켈로 하여금 어떤 정치적 원인도 고려하도록 허용치 않았으며, 그 대신 산업화에서 유래한 개인의 타락에서 그 원인을 찾도록 이끌었다. 개스켈은 기능공들이 처한 개탄할 만한 상태가 가족의 분리, 가구의 붕괴, 사람의 마음을 인간 본성의 더 높은 곳 — 인간의 본능과 사회적 애정 — 으로 연결하는 사회적

25 Foucault, *Discipline and Punish*, p. 197.

유대의 붕괴에서 비롯되었다는 주장으로 자신의 논지를 시작한다.[26] 애초에 개스켈은 공장제도가 기능공들의 전통적 생활방식을 파괴했다고 비판할 생각이었지만 논지가 한 바퀴 빙 돌아서 그런 삶의 방식을 문제의 원인으로 지목한다. 그는 기능공들의 가족에는 사생활을 조직해야 하는 분리가 결여되어 있다고 묘사한다. 개스켈의 지적처럼 "온 가족이 함께 나뒹구는 난잡한 생활방식은 세심한 주의가 필요한 모든 것들을 대낮의 환한 빛 속에 드러냄으로써 사생활을 불가능하게 만들었다. 이런 난잡한 생활방식은 시각적 관찰에 드러나서는 안 되는 모든 것들을 노출시킴으로써 성적 품위와 가정의 정숙을 파괴한다"(89). 하지만 애초의 의도에도 불구하고 개스켈은 질서를 가리키기 위해서는 분리의 비유를 쓰고 무질서를 가리키기 위해서는 결사의 비유를 쓴다.

개스켈의 연구에서 인용한 아래 구절은 그의 논지가 한 바퀴 돌아 기능공 가족의 붕괴 원인을 모조리 그 가족 탓으로 돌리고 있음을 보여 준다.

> 이렇게 구성된 가족은 ― 여기에선 가정생활의 모든 예의와 도덕적 준수가 끊임없이 무너진다 ― 구성원들을 야만의 상태보다 별로 나을 게 없는 상태로 몰아넣는다. 부주의, 무절제, 불필요한 가난, 기아, 불복종, 결혼할 권리의 무시, 모성애의 부재, 형제애와 자매애의 파괴

26 Peter Gaskell, *Artisans and Machinery: The Moral and Physical Condition of the Manufacturing Population Considered with Reference to Mechanical Substitutes for Human Labor*, London: Frank Cass, 1968; rpt. 1836, p. 6. 이 책의 인용은 이 판본을 따랐으며, 본문에 간략히 페이지만 표기했다.

> 등이 이 가족을 이루고 있으며, 이런 결사의 결과는 도덕적 타락, 가정적 기쁨의 황폐화, 사회적 비참이다. (89. 강조는 인용자)

나는 일단 원시주의의 언어가 등장하면 이런 문화적 논리가 가난한 사람들의 육체적 상태를 가리키는 언어(빈곤, 기아)와 도덕적 타락을 가리키는 언어(부주의, 무절제, 불복종) 사이를 왕복하다가 원인과 결과를 완전히 뒤집는 단계로까지 나아가는 것이 얼마나 쉽게 일어났는지 주목하고 싶다. 도덕적 타락, 가정적 기쁨의 황폐화, 사회적 비참은 모두 이런 결사의 결과이다. 이런 맥락에서 결코 중립적이지 않은 결사라는 말은 가족 구성원들이 뿔뿔이 흩어지는 상황을 가리킬 때마저 성적 부적절함, 불법적 혼숙이라는 함의를 담고 있다. 의도했건 아니건 개스켈은 전통적 가족의 붕괴에 모호한 성적 원인을 제시한다.

개스켈은 기능공을 비난하기보다는 가족을 구출하고 싶어 하면서 한 시대가 사라짐을 아쉬워한다. 그의 말처럼 그 시대에 가족은,

> 애정의 끈으로 단단히 묶여 있었고, 가족 구성원들은 베짜기를 할 수 있는 적당한 나이가 되면 자신의 노동을 공동의 수입과 합쳤다. 자신이 번 수입이 공동수입의 일부를 이루었고, 전체수입은 부모의 수중에서 관리되었다. 가족 구성원 한 사람 한 사람은 자신이 필요한 것을 적절히 공급받기 위해 부모에게 기댔다. (60)

하지만 공장제도가 가족과 마을과 계급에 미친 신랄한 효과를 개탄하는 것으로 시작한 개스켈의 프로젝트는 이 문제를 가정의 틀 안에

다시 설정한다. 이렇게 가정 속에 갇히게 되자 이 문제는 가장 기본적인 가족의 원칙을 위반하는 성적 행동양태를 취한다. 이 문제에 대한 해결방안이 가족의 재결합이라고 생각할 때 개스켈은 가족을 지워 버리는 언어로 가족을 표현한다.[27] 사회로 복귀한 사람은 개스켈이 이전에 묘사한 전통적 기능공과는 뚜렷한 대조를 이루고 있다. 사회로 복귀한 사람은,

> 여기저기 떠돌지 않고 한 곳에 정착했으며, 약탈적 습속을 잃었고, 자신을 사회적이며 도덕적인 존재로 여기게 되었다. 그는 점점 더 발전해 가는 모습을 보이면서 자신이 살고 있는 주거공간을 개량하고, 내구성이 있는 더 좋은 재료로 집을 지었다. 집은 서로 구획되는 공간으로 나누고 양 성은 분리한다. 아내는 더 이상 노동의 도구가 아니라 생계를 위해 남편에게 의존한다. 양성 간의 난잡한 성교는 비난받을 일이 되고 결혼의 계약에 손상을 주는 일로 금지된다. 이제 그는 서서히 문명의 최대치와 사회적 연합의 최고조를 향해 나아간다. (77)

처음에 개스켈은 전통적 가족을 비인간적이고 기계적인 공장제도에 맞서는 것으로 설정했다. 하지만 그의 연구가 진행되면서 가족의 성격은 변한다. 이제 가구는 공장의 공간을 조직했던 것과 같은 공간

27 기능공가족에 대해서는 『산업화 이전의 산업화』에 실린 한스 메딕(Hans Medick)의 "The Proto-Industrial Family Economy"를 보라. Peter Kriedte, Hans Medick, Jürgen Schlumbohm(eds.), *Industrialization before Industrialization*, trans. Beate Schempp, Cambridge: Cambridge University Press, 1981, pp. 21~29.

적 · 분할적 · 젠더화된 감각에 종속된다.

사회학이 정치적 저항을 개인의 사적 공간 안에서 질서가 결여된 것으로 재규정했다면, 다른 글쓰기 형식은 공장을 인간화하려고 했다. 이런 글쓰기는 새로운 사회학만큼 엄청난 다작은 아니었지만 우리의 관심을 끌기에 충분할 정도로 많이 씌어졌다. 이 글쓰기는 공장이 노동자계급 문화엔 결여된 경계를 갖고 있다고 묘사한다. 자칭 제조업의 철학은 지난 시기에 기계가 얻었던 불쾌한 특성들을 기계로부터 벗겨내는 것으로 시작한다. 윌리엄 블레이크(William Blake)의 "검은 사탄의 제재소", 토머스 칼라일(Thomas Carlyle)의 "거대한 악마적 기계", 로버트 사우디(Robert Southey)의 "국가에서 흘러나오는 곰팡내 나는 분비물", 정치만화와 노동자계급 민요에 나오는 트림하는 증기의 전제군주 등은 이런 새로운 글쓰기가 넘어야 할 괴물적 이미지의 감각을 제시한다.

기계를 합리적 시스템으로 표현하는 보다 영향력 있는 시도 중 하나인 찰스 배비지(Charles Babbage)의 『기계의 경제와 제조업자』(*On the Economy of Machinery and Manufacturers*)는 어떻게 기계가 사회질서의 수단이자 그 비유가 되었는지 구체적으로 보여 준다. 배비지는 기계의 운동이 폭발적인 힘의 분출에서 발생하지만 이 힘은 본질적으로 비생산적이라는 점을 보여 준다. 기계는 인간노동의 모든 불규칙함을 위태로울 만큼 더 극심한 형태로 드러낸다. 기계의 교정효과는 플라이휠(flywheel[기계나 엔진의 회전속도에 안정감을 주기 위한 무거운 바퀴])이 간간이 중단되는 격렬한 힘을 지속적으로 생산되는 힘으로 바꿀 때 가동된다. '관리장치' 혹은 자동온도조절기는 제품의 균일성과 생산의 지속성을 동시에 담보한다. 배비지의 묘사는 개인을 기능에 따라 구별하는 분리의 원칙과 균일성의 원칙을 결합한다. 컨베이어 벨트는 개개인의 생산성을 주의 깊게 감독할 수 있는 공간 안에 개인이 고정된 상태로 있을 수 있게 만든다.[28] 여기서 배비지가 공장을 설계하는 것 그 이상의 작업을 하고 있음은 분명하다. 그는 권력을 사유하는 새로운 방식을 발견했다.

배비지의 묘사에서 우리는 기계가 더 이상 자연과 대립하는 것이 아니라 자연의 확장이자 완성이라는 것을 보게 된다. 이 주제에 관해 배비지 못지않게 영향력 있는 저자인 앤드루 우어(Andrew Ure)는 이 개념을 기계에 대한 훨씬 더 이상화된 표현으로 발전시켰다. 우어의 설명에 따르면, 우리가 공장제를 "다양한 기계적, 지적 기관들로 이루어졌고, 하나의 공통된 물건을 생산하기 위해 중단 없이 협동하며, 모든 기관들이 자율적으로 규제되는 동력에 종속된 거대한 자동장치"로 바라볼 때 공장제의 강점은 분명히 드러난다.[29] 이 이미지는 기계적 대상과 자연적 대상에 모두 적합한 분석양식을 만들기 위해 기술의 언어와 의학의 언어를 결합하고 있다. 한편으로 이 이미지는 유기체의 생명에 기계의 속성을 부여한다. 자연적 대상은 이성적으로 이해할 수 있는 시스템으로 표현되고 있기 때문이다. 다른 한편으로 기계는 근대적 개인의 속성을 획득한다. 기계는 이성적 지능을 지닌 자율적 존재

28 Chares Babbage, *On the Economy of Machinery and Manufacturers*, London, 1835, pp. 38~73.

29 Andrew Ure, *The Philosophy of Manufacture: or, An Exposition of the Scientific, Moral, and Commercial Economy of Great Britain*, London, 1835, p. 13. 이 책의 인용은 이 판본을 따랐으며, 본문에 간략히 페이지만 표기했다.

가 되기 때문이다. 우어에 따르면 기계화의 시스템이 "조화를 이룰 때 그것은 자율적으로 관리되는 내부기관을 통해 다양한 기능을 감독할 수 있는 몸체를 구성한다"(55). 인간과 기계를 중재하는 이런 식의 작업은 우어가 자기 책의 한 장의 제목을 따 "공장시스템의 도덕경제"라 부른 것을 구성한다. 이런 공장시스템의 도덕경제는 톰슨이 정치관계의 조직 원리라고 말한 18세기 군중의 도덕경제를 대체한다. 자연의 힘이 배비지의 기계에 힘을 실어 주었듯이, 우어의 비유에서 자연과 기계화가 상호의존적 개념을 구성하고 있다는 것은 매우 시사적이다. 나는, 이성적 질서로서 공장의 재현이 이런 형태를 취한 것은 이 재현이 정치적 저항의 문제를 상상적으로 극복하고자 할 때 일어났다고 제안하고자 한다.

우어는 공장이 노동자들에게 문명화의 피난처를 마련해 준다고 주장한다. 우어가 보기에 노동자들이 기계를 남용하는 것은 그들이 원시적 상태에 있다는 것을 보여 주는 기호이다. "떠돌아다니는 야만인이 시민이 될 때 그는 위험한 쾌락을 포기하는 대가로 고요함과 보호를 얻는다."(278) 우어는 방금 전 자신이 기계와 자연 사이에 설정한 관계에 따라 공장 소유주와 노동자의 관계를 다시 성찰하면서 사회계약을 활용한다. 공장은 노동자들이 폭력을 포기한 대가로 안정적인 임금을 지급받는 더 가벼운 형태의 노동을 지속적으로 제공한다. 공장이 수행하는 사회화 효과는 여기서 끝나지 않는다. 공장은 여성도 여성화한다. 여성의 신체는 기계 방적기를 다룰 때 훨씬 더 날씬해지고 바르게 된다. 일반적으로 생각하는 것과 달리 공장생활은 다른 방식으로 여성들의 외모를 향상시킨다. 우어가 주목한 것처럼, "많은 여성들이 머리에 단정한 수건을 두르는 세련된 방식을 따른다. 그리스의 미와 비교해도 손색이 없다"(350). 게다가 처녀들의 도덕적 덕성은 공장에서 일어날 것으로 생각되는 양성의 혼합으로 훼손되지도 않는다. 우어가 기억하듯이, "뺨에 홍조를 띤 한 여공은 공장에서 일한 지 얼마나 되었느냐고 묻자 9년 동안 일했다고 말한다. 그 여공은 누군가 자신에게 그렇게 부드럽게 말을 걸어 주었다는 것이 부끄러워 얼굴이 붉어졌다"(351). 공장의 긍정적 효과는 아동들에게까지 확대된다. "아동들은 일이 끝나면 공장에 남아 성에 따라 나뉜 후 깨끗이 씻고 읽기와 쓰기와 산수 수업을 받았다."(351) 우어의 견해에 따르면, 가족생활은 한때는 공장의 위협을 받았지만 이제는 기계적 원리에 잘 맞춰 들어간다. 그에게 공장은 기능공의 가정에는 없지만 개인이 '정상적'으로 발달하기 위해 꼭 필요한 질서를 제공해 준다. 나의 주장을 뒷받침하기 위해 우어의 가정공간 활용방식이 셔틀워스의 활용방식과 일치한다는 점을 주목하는 것은 중요하다. 두 사람 모두 가정공간을 특권적 위치를 갖지 못한 권력 형태, 다시 말해 억압적인 것도 아니고 독단적인 것도 아닌 권력 형태를 표현하기 위해 활용하고 있다. 이 공간의 효율성은 모든 대상에 사적 공간을 제공할 수 있는 힘과 그 공간을 분류, 배분, 분석할 수 있는 힘에 놓여 있다.

가정소설의 정치성: 1848년

이렇게 비문학적 영역을 거쳐 왔으니 처음에 출발했던 문제, 즉 1848년에 출현한 가정소설의 문제로 돌아가도록 하자. 정치적으로 뜨거웠던 30년의 기간 동안 결사의 비유는 주로 사회적 무질서를 성적 의혹으로 재현하기 위해 사용되었다. 같은 시기 동안 가정소설은 거의 씌어지지 않았다. 가족의 경계, 지위, 역할에 도전하는 것으로 보였던 리처드슨과 버니와 오스틴의 여주인공들은 사라졌다. 후대 소설에서 사회적 지위를 변화시킨 결혼은 개인의 행복으로 이어지지 않았다. 빈번하게 결혼은 — 특히 여성에게는 — 개인의 파멸로 귀결되었다. 그 동안 가족은 사회적 야심을 지닌 욕망의 형식이 흐려 놓은 경계를 다시 복원하는 장소였다. 1848년 이후 쓰인 가정소설들도 1818년 이전에 쓰인 소설과 마찬가지로 잘못된 방향으로 쏠린 욕망의 문제를 다루면서 결혼을 통해 그것을 해소했지만 이제는 문제를 달리 이해해야 했다. 소설이 가정화하고 여성화해야 할 또 다른 정치적 과녁이 존재했기 때문이다.

1848년의 소설은 처벌과 배제의 폭력적 장면으로 시작한다. 『워더링 하이츠』에서 힌들리(Hindley)가 히스클리프에게 퍼붓는 잔인한 비방, 붉은 방에서 제인 에어가 보낸 고통의 밤들, 『허영의 시장』에서 조지프 세들리가 갑작스럽게 베키를 거부한 사건, 디킨스와 엘리자베스 개스켈의 소설에서 바운더비(Bunderby)와 카슨(Carson)의 휘하에서 노동자들이 겪는 무익한 고통 — 이런 부당한 처벌 장면들은 모두 힘없는 사람들에게 엄청난 분노를 일으킨다. 말하자면 폭력 그 자체에 외부의 원인이 있는 것처럼 보인다. 역사는 모종의 방식으로 가족 안으로 들어와 전통적 가족질서를 붕괴시켰다. 『허영의 시장』에서 나폴레옹전쟁은 행복을 갈구하는 아멜리아의 전통적 희망을 파괴하고 베키의 무모한 욕망을 조장한다. 이와 비슷하게 『제인 에어』에서 역사는 오래된 유산법과 영국 식민주의라는 형식으로 전통적 로맨스를 붕괴시킨다. 이 작품에서 로체스터의 저택에는 그가 수년 전 재산을 얻을 목적으로 결혼한 다음 동인도에서 데려온 아내를 숨겨 둔 여분의 방이 있다는 것이 밝혀진다. 이런 점은 브론테의 손필드 저택이 리처드슨과 오스틴의 장원 저택과는 대조적으로 역사적 소재를 포용해 들일 수 없을 때 드러난다. 에밀리 브론테는 제인과 로체스터가 결혼하기 전에 저택을 붕괴시켜야 한다고 느꼈다. 『워더링 하이츠』에서 히스클리프가 자신이 언쇼 가문의 합법적 상속자라고 주장하며 모든 전통적 관계를 전복할 때 그가 수행하는 가차 없는 자본주의적 운동은 작품 속 가족질서를 와해시킨다. 새로운 역사적 소재가 작품 속으로 들어오는 것은 『메리 바턴』에서 훨씬 더 뚜렷이 드러난다. 이 작품에서 가정 관계는 새로운 사회학적 소재로부터 구출되어야 한다.

이 문제를 개스켈 부인이 분명한 정치적 언어로 다음과 같이 표현하는 것은 흥미롭다.

> 이 나라에 깊은 사랑과 애정 어린 존경심을 가지고 있는 내가 맨체스터에 살면서 처음 생각한 것은 내 소설의 배경을 시골에서 찾아야 한다는 것이었다. 나는 이미 이야기를 어느 정도 전개시키고 있었다. 나는 내가 살고 있는 지역의 번잡한 거리에서 매일 내 곁을 지나가는 사람들의 삶에서 얼마나 깊은 로맨스가 있을 수 있는지 곰곰이 생각해 보면서 작품의 시대적 배경은 한 세기 전으로, 장소는 요크셔 국경지역으로 정했다. 나는 삶의 결핍과 노동 사이를 낯설게 오가면서 힘겹게 싸울 운명에 처해 있고, 다른 사람들보다 훨씬 더 많이 상황에 휘둘

리는 것 같아 보이는 수심에 가득 찬 사람들에게 마음 깊이 공감을 느꼈다.[30]

폭력의 분출에는 정치적 원인이 없는 것처럼 보인다. 『메리 바턴』은 점점 커지는 계급적 격차를 한탄하는 것으로 시작하지만, 곧이어 개스켈은 결사의 관행을 위반하는 것에 수사적 진정성을 바친다. 도시가 처한 상황에 관해 글을 쓴 셔틀워스를 비롯한 여타 필자들과 달리 개스켈은 소설가이자 여성으로서 글을 쓴다. 그녀는 정치경제나 무역 이론에 관해서는 아무것도 모른다고 주장한다. 하지만 역사적 연구를 진행하면서 개스켈의 소설이 셔틀워스를 비롯한 다른 저자들과 공유하는 전략은 그의 소설이 이들의 경험적 자료와 구별되는 차이보다 더 중요하다.

노동자의 조건이 어떻게 이해되고 있었는가를 결정함에 있어서 사회학적 관례는 감상적 관례만큼 중요하다. 두 글쓰기 형식은 나란히 정치적 균열을 비정치적인 틀 속으로 가두는 방향으로 작용한다. 개스켈 부인이 정치적 소재를 가장 선정적인 형식 속으로 밀어 넣고 있다 할지라도 계급 갈등을 성적 비행과 가정적 불명예의 문제로 표현할 때 역사는 사실상 그녀의 소설에서 사라진다.[31] 내가 검토하는 다른 소

30 Elizabeth Gaskell, *Mary Barton, A Tale of Manchester Life*, ed. Stephen Gill, Harmondsworth: Penguin, 1970, p. 37. 이 책의 인용은 이 판본을 따랐으며, 본문에 간략히 페이지만 표기했다.

31 빅토리아 중기 소설에서 사랑과 정치의 관계에 관한 논의를 위해서는 Ruth Yeazell, "Why Political Novels Have Heroines: Sybil, Mary Barton, and Felix Holt", *Novel*, 18, 1985, pp. 126~144를 보라.

설들도 이와 비슷하게 성적 추문을 가족의 분열을 야기하는 원인으로 그리고 있다. 캐서린과 히스클리프를 이어 주는 유대는 캐서린의 유령이 — 시공간을 건너뛰고 결혼법을 위반하면서 — 록우드의 잠을 흔들어 놓는 원인이 된다. 록우드는 캐서린의 유령을 통해 캐서린과 히스클리프의 유대를 소설에서 일어나는 모든 파괴적 사건들의 비밀스러운 원인으로 바라보는 성관계의 역사를 불러들인다. 이 비합법적 욕망은 『제인 에어』에서 찾을 수 있는 궁극적 진리이기도 하다. 제인은 동반자적 관계를 배척하고 오로지 돈과 욕정에 기초해 있는 결혼이라는 더 큰 치욕이 로체스터의 역사를 구성하는 성적 모험의 근저에 놓여 있음을 찾아낸다. 베키의 전복적인 성행위가 아니라면 『허영의 시장』에서 변화의 동인은 무엇인가. 작가 새커리가 워털루 전투에서 그를 전사시키기 오래전에 아멜리아로부터 사랑스러운 남편을 빼앗은 것은 다름 아닌 베키였다.

바로 이런 요소들이 우리를 다시 괴물여성의 문제로 돌아오게 만든다. 우리가 『허영의 시장』를 기억하는 것은 이 괴물여성 때문이다. 내가 기술한 역사적 과정에서 괴물여성은 어떤 역할을 했는가? 앞 장에서 설명했듯이 18세기는 양성 간의 합법적 연대의 재현에 관심이 있었다. 그러나 전성기 빅토리아 시대에 이르면 양성 간의 합법적 연대는 아주 다른 정치적 갈등으로 대체되고 해소되어야 했다. 『성의 역사』에서 푸코가 말하듯이, 19세기의 어느 시점에 이르면 합법적 커플은 규칙적인 성과 함께 절제를 보여 줄 권리를 갖는다. 이 절제의 권리는 하나의 규범으로 작용하는 경향을 보이는데, 그 규범은 예전의 성관념에 비해 더 엄격했지만 재현에 종속되는 정도는 덜했다.[32] 『파멜라』는 오늘날의 기준으로 보면 좋은 소설이 아니다. 리처드슨은 B씨가 아내로서 파멜라의 매력을 인정한 후에도 계속해서 이들의 완벽한 결혼생활을 묘사하고 있기 때문이다. 그러나 심지어 여기서도 리처드슨은 이들이 마침내 욕정을 즐기게 되었다고 주장하는 완벽한 결혼식 날 밤을 묘사하는 데까지는 가지 않는다. 하지만 푸코는 다음을 상기시켜 준다.

> 19세기 동안 면밀한 조사대상이 된 것은 아동과 광인과 범죄자의 성이었고, 이성을 좋아하지 않는 사람들의 관능이었으며, 망상과 강박증과 사소한 애호증과 엄청난 분노의 황홀경이었다. 이제 과거에는 별로 주목받지 못했던 이런 인물들이 전면으로 걸어 나와 말을 하고 자신이 누구인지 힘겹게 고백할 때가 되었다. (38~39)

이런 인물들은 1840년대 후기 소설에서 정상적 인물들을 압도한다. 그러나 브론테 자매의 소설만큼 이들을 분명히 드러내는 경우는 없다.

독자들은 로체스터의 "사악하고 광기에 사로잡힌 거친" 아내가 소설에서 아래와 같이 묘사될 때 그녀를 결코 잊을 수 없다.

> 방 한 구석 짙은 그늘 속에서 한 인물이 앞뒤로 뛰어다녔다. 처음 보면 그게 무엇인지, 짐승인지 인간인지도 구별할 수가 없었다. 그것은 네

32 Michel Foucault, *The History of Sexuality*. Vol. 1, An Introduction, trans. Robert Hurley, New York: Pantheon, 1978, p. 38. 이 책의 인용은 이 판본을 따랐으며, 본문에 간략히 페이지만 표기했다.

발로 기어 다니는 것 같았다. 그것은 마치 기이한 야생동물처럼 물건을 낚아채고 으르렁거렸다. 하지만 그것은 옷으로 덮여 있었고, 남자의 머리카락같이 거칠고 짙은 회색 머리카락이 머리와 얼굴을 감추고 있었다.[33]

혹은 『워더링 하이츠』에서 히스클리프로 하여금 가족에 맞서 범죄를 저지르게 만들었던 여성[캐서린]에 대해 우리가 갖게 된 최후의 견해를 생각해 보라. 그[히스클리프]는 다음과 같이 말한다. "나는 묘지기에게 그녀의 관 뚜껑 위에 덮인 흙을 치우게 한 다음 뚜껑을 열어 보았지. 그녀의 얼굴을 다시 보게 되면, 그곳에 그대로 묻히고 말겠다고 생각했던 적이 있었지 — 여전히 그 얼굴이더군. 날 비켜서도록 만드느라 묘지기가 애를 먹었어. 묘지기는 공기를 쐬면 얼굴이 변한다고 하더군."[34] 캐서린은 언쇼 집안 최후의 과거 세대를 대변하면서 전자본주의적 정체성을 구현하고 있다. 이제 그녀는 아이유령의 형태로 현재 속으로 살아서 들어온다. 그녀는 아이유령의 형태로 자신의 침실에 들어와 자신의 개인사의 흔적이 담긴 책들을 들여다보는 완전히 근대적인 개인의 잠 속으로 들어온다. 브론테가 의도적으로 주관적 경험과 객관적 경험의 구분을 무시하는 장면에서 이 여자유령은 "얼음처럼 차가운 자그마한 손"으로 주제넘게 끼어드는 화자 록우드를 움켜

33 Charlotte Brontë, *Jane Eyre*, ed. Richard J. Dunn, New York: W. W. Norton, 1971, pp. 257~258. 이 책의 인용은 이 판본을 따랐으며, 본문에 간략히 페이지만 표기했다.

34 Emily Brontë, *Wuthering Heights*, ed. William M. Sale, Jr., New York: W. W. Norton, 1972, p. 228. 이 책의 인용은 이 판본을 따랐으며, 본문에 간략히 페이지만 표기했다.

쥔다. 이렇게 여성이 남성의 의식 속으로 뚫고 들어오는 장면은 이 방을 강간과 흡사한 장면으로 변모시킨다. 이 장면에서 공격자와 희생자는 젠더의 특성에 따라 그로테스크하게 혼동된다. 화자가 묘사하듯이, "나는 그것의 손목을 깨어진 유리창으로 끌어당겨 침대보가 피로 흥건히 젖을 때까지 앞뒤로 박박 문질렀다. 하지만 그것은 여전히 통곡하며 울부짖었다. '날 들여보내 줘.' 그런 다음 그것은 내가 공포에 휩싸일 정도로 꽉 움켜쥔 내 손을 놓지 않았다."(30) 이전 소설에서 강간이나 간통의 형태를 취했던 욕망들과 달리 유령이라는 소재는 결혼을 통해서는 길들여질 수 없다. 그것은 확실히 문화 바깥에 있다.

새커리는 적어도 직설적이거나 사실적인 묘사로는 소설 속으로 들여올 수 없었던 인간의 욕망을 표현하기 위해 이와 비슷하게 경계를 해체하는 비유를 쓰고 있다. 베키의 남편은 그녀가 부정한 짓을 저질렀다는 사실을 발견한 후 집을 때려 부숴 "망가진 허영 덩어리"로 만들었고, 베키가 처음에 왔던 거리로 그녀를 돌려보냈다(강조는 인용자).[35] 일단 예의 바른 사회의 경계 바깥으로 떨어져 나가자 베키는 자신의 선명한 사회경제적 윤곽을 잃어버린다. 새커리는 이런 상태에 처한 여성이 어떻게 되는지 보여 주면서 고전신화에 등장하는 사이렌(Siren)이라는 문학적 인물을 불러들인다. 바위에 걸터앉아 당신들을 부를 때 사이렌들은 너무나 아름다워 보인다. 하지만 화자는 경고한다. "일단 그들이 원래 있던 곳 — 이 경우에는 도시 — 으로 다시 가라앉을 때

35 William Makepeace Thackeray, *Vanity Fair*, eds. Geoffrey and Kathleen Tillotson, Boston: Houghton Mifflin, 1963, p. 516. 이 책의 인용은 이 판본을 따랐으며, 본문에 간략히 페이지만 표기했다.

이 인어들은 결코 선량하지 않다. 이 바다 식인요정들이 술에 취한 제물을 맛있게 먹어 치울 때는 보지 않는 것이 상책이다."(617) 잘못 인도된 욕망을 가리키는 이 고전적 비유가 빅토리아 시대의 독자들에게 다시 쓰였을 때 그것은 미적 특성을 잃어버리고 야만적 속성을 띠게 된다. 베키가 예의 바른 사회에 살고 있는 사람들을 얼마나 닮았는가에 상관없이 그 닮음은 피상적이다. 그녀의 성적 행동은 이 예의 바른 사람들과는 다른 그녀의 계급적 기원을 드러낸다.

『런던의 노동과 런던의 가난』(*London Labour and London Poor*, 1862)에서 헨리 메이휴(Henry Mayhew)가 범죄행위를 구분하는 유명한 분류체계는 이 사회적 곤경을 성적 용어로 번역함으로써 빈곤상태로 떨어진 노동계급의 문제를 바꾸려는 중산계급 지식인의 시도로 이해할 수 있다.[36] 메이휴는 런던에 거주하는 모든 범죄자들의 유형을 체계적으로 정리하면서 정치경제에 대해 쓴 이전의 글들이 다른 사회적 관계에서 고립시킨 다음 정교하게 다듬었던 정치적 범주들 —경쟁적 경제체제에서 얻는 수입원과 사회적 지위에 기초한 구분법 —을 잘라 낸다. 메이휴에게 사람들을 사회적으로 나누는 가장 기본적이며 일차적인 분류방법은 일하는 사람과 일하지 않는 사람의 차이이다. 메이휴에 따르면 모든 범죄자 유형이 일하지 않는 사람들 중에 있다. 빅토리아 시대 영국사회의 특징인 수많은 미취업자들에 대한 이런 입장은 지속적으로 경제변동을 겪었음에도 자본주의가 19세기 중반에 이르

36 Henry Mayhew, *London Labour and London Poor*, vol. IV, New York: Dover, 1968; rpt. 1862, p. 35. 이 책의 인용은 이 판본을 따랐으며, 본문에 간략히 페이지만 표기했다.

면 어떻게 상대적으로 안정성을 얻게 되었는가를 설명하는 데 유용하다. 토머스 라쿼는 다음과 같이 상기시켜 준다.

> 19세기 초에 발생한 거대한 분리는 중산계급과 노동자계급의 분리가 아니라 나태한 계급과 그렇지 않은 계급, 조야한 계급과 점잖은 계급, 종교적 계급과 비종교적 계급의 분리이다. 이 모든 분리선들이 계급의 선을 가로지른다. 그러므로 청교도 윤리는 자본을 소유한 사람들만이 독점적으로 소유했던 것은 아니다. 그것은 일하는 사람이 일하지 않는 사람들에게 맞서는 이념이었다.[37]

1830년대와 1840년대의 사회학적 기술에서 이런 이분법적 대립이 만들어졌다면 19세기 후반에 이르면 이 범주들은 더 이상 비판적 심문에 흔들리지 않는다. 『런던의 노동과 런던의 가난』에서 메이휴는 런던 하층계급의 삶을 구성하는 여러 종류의 범죄를 묘사할 정도로 직설적으로 글을 시작한다. 그러나 그의 묘사는 갑자기 재산과 연관된 범죄를 벗어난다. 그의 묘사는 남성들의 일탈적 행동에서 벗어나 매춘을 사실상 다른 모든 유형의 범죄를 가리키는 비유로 선택한다.

> 축어적으로 해석하면 매춘은 만사를 사악한 용도에 쓰는 것이다. 위증은 언어능력을 쓸데없이 사용하는 것이라는 점에서 일종의 매춘이다.

37 Thomas W. Laqueur, *Religion and Respectability: Sunday Schools and Working Class Culture 1780-1850*, New Haven: Yale University Press, 1976, p. 239.

매수는 투표권의 매춘이다. 특별히 이 이름으로 불리는 매춘은 여성이 자신의 매력을 부도덕한 목적에 쓰는 것이다. (…) 하지만 매춘은 — 그게 무엇이든 — 만사의 원인이다. 이런 행동들은 전부 똑같다. 그것은 여성의 매력을 천박하게 왜곡하는 것이며, 여성의 덕성을 범죄적 방종에 굴복시키는 것이다. (35)

우리는 여성을 자신의 매춘의 행위자로 만드는 이런 반사적 움직임에 주목해야 한다("여성이 자신의 매력을 사용하는 것", "여성의 덕성을 굴복시키는 것"). 우리는 매춘을 자기원인적인 유일한 범죄로 바라보는 이런 흥미로운 속성을 잠시 생각해 볼 필요가 있다. 또 우리는 매춘이 메이휴의 전체 분류체계에서 담당하는 역할 역시 주목해 볼 필요가 있다. 메이휴의 기술에서 매춘은 애초에는 노동하지 않는 사람들이 저지르는 여러 범죄 유형 중 하나였다. 하지만 결국 이 범주는 메이휴의 책 전체의 토대를 이루는 정교한 서술로 확대되어 범죄 일반의 비유로 쓰이고 모든 범죄의 암묵적 원천이 된다. 성행위는 메이휴가 도시의 범죄 유형을 범주화할 때 그 토대가 된다. 뿐만 아니라 그에게 매춘의 문제는 근대문화와 근대 이전 문화를 비교할 수단이 된다. 간단히 말해, 런던을 그리는 메이휴의 기술은 일하는 가난한 사람들이 그 대상이지만 여타 다른 문화로 확장될 수 있는 일탈 개념을 발전시키고 있다. 메이휴의 도시사회학은 인류학적 절차의 일반적 기초를 제공해 준다.

시공간을 가로질러 매춘을 폭넓게 연구한 후 메이휴는 자신의 연구 프로젝트의 흥미로운 구조에 대한 유비로 '도둑과 사기꾼'이라는 제목의 장을 시작한다. "강의 지리를 추적하면서 강의 원천으로 거슬러 올라가는 것은 흥미롭다. (…) 우리는 이와 비슷한 방식으로 대도시의 도둑과 사기꾼을 다룰 것이다."(273) 메이휴는 도시 범죄문화의 기원에 여성이 있다고 본다. 이 여성은 가정여성이 아닌 여성이다. 메이휴는 매춘을 묘사하는 것과 동일한 어휘를 사용하여 이 여성을 묘사한다.

> 수천 명에 이르는 중범자들은 어린 시절부터 범죄의 가슴에서 양육되었다. (…) 이들 중 다수는 쓸데없이 만취한 어머니의 가슴에 안겨 맥줏집과 싸구려 술집을 전전했고, 나머지는 넝마를 뒤집어쓰고 이 어머니의 발꿈치 아래를 뛰어다니거나 속치마 자락에 매달렸다. (273)

나는 메이휴를 언급함으로써 19세기 정치사상에서 창녀의 중요성에 주목하고 싶다. 19세기의 정치사상은 경제적 상황이나 정치적 위치와는 하등 관련이 없는 언어로 사람들을 평가하기 위해 창녀의 비유를 사용하고 있다.[38] 그러나 성적 행동은 분명히 정치적 언어이다. 성적 행동은 개인과 문화를 합법적 일부일처제와 여타 모든 성적 행위를 변태적이며 위법적이라고 선언하는 도덕적 체제에 위치시킨다. 메이휴는 정상적 욕망을 가리키는 정교한 체계와 사적 삶의 행위 기준을 구체적으로 명시할 뿐만 아니라 역사적으로 특수한 성의 표본을 무시간적이며 보편적인 것으로 사용하고 있다.

38 빅토리아 시기 영국의 매춘부에 관한 논의에 대해서는 Judith Walkowitz, *Prostitution and Victorian Society: Women, Class, and the State*, Cambridge: Cambridge University Press, 1980을 보라.

매춘이 허구에서 사용되는 쪽으로 관심을 돌려 보면 우리는 창녀의 비유가 우리가 검토하는 괴물여성의 배면에 놓여 있음을 알게 된다. 『올리버 트위스트』는 초기 빅토리아 시대의 소설로서 디킨스가 돈과 사랑 — 빅토리아 세계를 구성하는 두 반쪽 — 의 관계를 원숙하게 다루기 이전에 쓴 작품이다. 이 작품은 소설에 거의 의무적으로 등장하는 창녀가 수행하는 수사적 목적을 가장 선명하게 보여 주는 예라 할 수 있다. 디킨스가 선량한 마음씨의 창녀 낸시를 그리는 방식은 과거의 소재에서 빅토리아 시대 특유의 논리가 만들어지는 양상을 잘 보여 준다. 낸시의 경우 창녀한테서 제거해야 할 위험요소들은 확실히 흩어지지 않고 그대로 남아 있다. 그러나 이후의 소설에서 이 위험요소들은 다소 덜 분명한 창녀의 분신(double)의 특성으로 흩어진다. 낸시는 불법적 성을 행하는 인물이다. 그녀의 행동은 돈과 성을 뒤섞는 것이다. 하지만 낸시가 매춘이라는 범죄를 저지르고 — 이보다 더 나쁜 짓으로 — 올리버를 페이긴에게 넘겨주긴 하지만 그녀가 자신의 남자 사익스에게 보여 주는 헌신은 소설에 등장하는 그 어떤 인간적 유대도 넘어선다. 낸시는 올리버 가족의 비밀을 누설함으로써 그를 예의 바른 사회로 복귀시키는 인물이다. 역설적이게도 낸시는 부재하는 어머니의 반대 명제이자 대안적 양육의 원천이며 모성적 역할을 대리하는 존재이다. 낸시의 육체를 성폭력의 장소로 만드는 것은 불법적인 성의 특성을 좋은 어머니의 특성과 뒤섞는 것이다. '리틀 넬' 장면을 포함하여 디킨스의 여러 소설에 나오는 다른 어떤 장면보다 바로 이 장면, 즉 사익스가 자신의 창녀 애인을 몽둥이로 때려죽이는 장면은 디킨스 소설의 구술 낭송회에 구름떼처럼 몰려들었던 청중들을 매혹시켰을 뿐 아니라 그들을 경악시켰다.[39] 이 장면이 뿜어 내는 파워는 낸시가 긍정적인 인물일 뿐 아니라 다른 계급의 성을 표현하고 있다는 사실과 확실히 관련된다. 비록 디킨스가 노동자계급을 구원해야 할 희생자로 그리고 있다 해도 낸시의 훼손된 육체는 노동자계급을 향해 강한 적대감을 표현하고 있다. 우리는 이 육체가 가족에 대한 신구 두 관념이 만나 구 관념이 신 관념에 길을 내주는 장을 마련해 주고 있다고 말할 수 있을 것이다.

우리는 지금까지 빅토리아 문화가 모든 결사를 성적으로 만드는 관습을, 다시 말해 모든 집단적 사회조직을 성적 위반으로 표현하는 관습을 살펴보았으므로 이제는 소설이 어떻게 이와 다른 모습을 보여

39 디킨스는 『피크윅 보고서』(*The Pickwick Papers*)가 연재 형식으로 처음 출판됐을 때 『올리버 트위스트』를 쓰기 시작했다. 전 생애에 걸쳐 디킨스는 '사익스와 낸시'라는 제목의 발췌문을 자신의 공개 낭송회에 포함시켰다. 낸시가 죽는 장면은 의사들이 디킨스에게 이 에피소드를 읽으면 과도하게 흥분하게 되어 생명이 위험해질 수 있다고 경고했지만, 그의 낭송 목록에서 빠지지 않았다. 이 소설에서 빈곤의 문화가 다뤄지는 것과 동일한 전략이 디킨스가 후일 썼던 다른 모든 소설들을 구성할 뿐만 아니라 존 포스터(John Foster)의 *The Life of Charles Dickens*(London: Champman and Hall, 1872)를 구성한다. 이 점에 대해서는 J. S. Schwarzbach, *Dickens and the City*, London: Athlone, 1979, p. 12를 보라. 하지만 『올리버 트위스트』가 독자들 사이에서 폭넓게 수용되었다는 것은 —처음에 이 소설의 수용이 아무리 혼종적인 것이었다 해도—, 이 소설이 도시를 작품 속으로 가져올 때 디킨스의 유년기 트라우마적 상처뿐만 아니라 새로운 독자 세대의 정치적 환상이 각인된 서사적 사유형식이라는 것을 암시한다. 1838년 겨울 클래런던 출판사(Clarendon) 판 『올리버 트위스트』에 대해 쓴 캐슬린 틸럿슨(Kathleen Tillotson)의 논평에서 눈에 띄는 몇 대목을 인용하면, 젊은 빅토리아 여왕은 이 소설이 엄청 재미있다고 생각한 반면, 빅토리아 여왕의 어머니와 멜버른 경으로 대표되는 구세대 독자층들은 빅토리아가 "가벼운 소설을 읽는다"고 책망하고, 디킨스의 "품격이 떨어지는 저속한 문체에 불쾌감을 보였다"고 한다. Dickens, *Oliver Twist*, ed. Kathleen Tillotson, Oxford: Clarendon, 1966, p. 600. 이 책의 인용은 이 판본을 따랐으며, 본문에 간략히 페이지만 표기했다.

주는지 질문해야 한다. 1840년대 후반에 이르러 가정소설이 극적으로 재등장한 것은 그것이 수행해야 할 고유한 역할이 있음을 말해 준다. 가정소설들은 무질서를 가족 안으로 봉쇄시켰을 뿐 아니라 무질서에 여성적 형식을 부여했다. 다시 말해, 셔틀워스가 글을 쓴 1830년대와 메이휴가 글을 쓴 1860년대 사이에 등장한 소설들은 결사를 여성성이 결여된 여성으로 바꾸면서 서로 경쟁하는 사회구성체들 사이의 갈등을 더 멀리 추방시켰다. 괴물여성들이 모두 중산계급 출신이 아니라는 사실은 결코 우연이 아니다. 이런 유형의 여성 육체는 몇 가지 점에서 바흐친의 그로테스크한 육체를 닮았다. 이 육체는 공개되어 있고, 관통당하기 쉬우며, 모호하게 젠더화되어 있다. 이 여성들에게 이와 다른 성적 행동은 원초적 형태로 남아 있는데, 이것은 무기력하면서 또한 끔찍하다. 이런 문화적 자료들이 실성한 여자의 육체 속으로 들어오면서 사회적 붕괴의 모든 위협은 갑자기 그 정치적 의미를 잃고 그에 못지않게 갑자기 진정된다.

『올리버 트위스트』에서 도시의 지하세계를 형성하는 집단 에토스는 낸시의 피살과 함께 탈도덕화되고 인물들은 사방으로 흩어진다. 창녀의 신체를 몽둥이로 맞아 죽은 시체로 변형시키는 것은 곧바로 아사 상태에 빠진 올리버를 구해 주는 유쾌한 도둑떼를 범죄 집단으로 만든다. 그러나 낸시의 살해는 이 대안적 사회조직을 결사의 비유 안에 봉쇄시키는 방식을 마련해 주면서 또한 이 결사의 비유를 중산계급의 권위에 종속될 수 있는 비유로 바꾸는 방식을 마련해 주기도 했다. 낸시는 소설에서 여러 모습으로 등장하는데 브론테 소설의 괴물여성을 제일 많이 닮은 것은 피 웅덩이에 떨어진 여성의 모습이 아니다. 물론 화자의 표현대로 "이것이 가장 끔찍한 모습이긴 하다"(323). 그러나 낸시가 진정으로 고딕적 형상을 취하는 순간은 그녀가 살해되고 난 후 피살자의 마음에 살아남았을 때다.[40] 낸시가 권력을 행사하는 것은 물질적 육체가 아니라 정신적 육체이다.

> 이제 그의 눈앞에 환영이 나타났다. 그 환영은 자신이 도망쳤을 때보다 더 끔찍하고 한결같은 모습이었다. 커다랗게 노려보는 눈이 어둠 속에서 나타났다. 그 눈은 그 자체 빛이면서도 아무것도 비추지 않았다. 그 눈은 광채 없이 번쩍거려 그것에 대해 생각하기보다는 쳐다보는 것을 견디는 편이 나을 지경이었다. 그 눈은 두 개밖에 없지만 사방에 존재했다. 눈을 감으면 익숙한 물건들이 제자리에 놓여 있는 방이 눈 속으로 들어왔다. 그가 이 물건들의 내용이 무엇인지 기억에서 떠올렸다면 아마도 일부는 잊어버렸을 것이다. (327~328)

우리는 죽은 창녀가 다시 돌아와 범인에게 출몰할 때 그녀가 합법적 권위의 편에서 작용한다는 점에 주목해야 한다. 그녀는 사람들의 마음 깊은 곳을 들여다보는 파놉티콘적 권력을 행사한다. 이 시선은 사방에 편재해 있는 까닭에 시선이 미치지 않는 곳으로 도망치기를 바랄 수는 없다. 이 시선의 권력은 그 자체가 일종의 사회통제이고, 사실상 소설이 성공적 결말에 이르도록 요구한다. 창녀의 형상은 사익스의

40 '신 고딕' 개념에 대하여, Robert B. Heilman, "Charlotte Brontë's 'New' Gothic"을 보라. Ian Watt(ed.), *The Victorian Novel: Modern Essays in Criticism*, New York: Oxford University Press, 1971, pp. 166~167을 볼 것.

주관성의 틀에 갇히면서 그의 육체가 자기 자신에 반(反)하게 만들고, 그가 가는 곳이면 어디든 눈에 띄게 만들고, 마침내 그가 자기 자신의 사형 집행자가 되도록 만든다.

> "또 저 눈!" 그는 괴성을 지르며 외쳤다.
> 그는 벼락을 맞은 듯 비틀거리다가 균형을 잃고선 난간 위로 기우뚱 쓰러졌다. 올가미가 그의 목에 걸렸다. 올가미는 활의 줄처럼 팽팽하고 화살처럼 재빨리 그의 체중을 싣고 솟구쳐 올랐다. (347)

소설에서 사형이 국가가 아니라 범죄자 자신에 의해 집행되는 장면이 그려지는 것은 확실히 의미심장하다. 국가의 힘이 이런 범죄를 알고 있다는 사실만으로 — 이런 앎 자체가 치유책인 것처럼 — 더 커진다는 것은 훨씬 더 의미심장하다. 사익스의 사형집행은 낸시가 살해되고 난 후 사익스 자신이 느끼는 양심의 가책 때문에 일어나는데, 이 장면은 독자의 관대한 공감은 조금도 요구하지 않는 방식으로 그려진다. 국가가 페이긴의 사형을 집행하는 것과는 대조적으로 사익스의 사형 장면은 독자들이 공인된 계급의 적이 소멸되는 것을 즐기도록 그려진다. 그의 죽음은 공적 집행일 뿐 아니라 자기 자신을 무대에 올리는 교수대 장면이다.

소설은 사회학과 마찬가지로 가정질서의 붕괴를 결사의 용어로 표현한다. 자연과 문화의 경계가 파괴되는 것은 젠더와 세대가 뒤섞이는 것에서 나타나는데, 이처럼 경계가 붕괴되는 장면은 오염이나 질병과 연관된다. 이런 특성은 『황폐한 집』(*Bleak House*), 『우리 둘 다 아는 친구』와 같이 조금 후에 쓰인 소설 속 도시에서는 훨씬 더 과장되게 표현된다. 하지만 1840년대 소설들도 이미 사회학적 기술의 비유적 논리를 따르고 있다. 이 소설들은 일탈적 욕망형태 때문에 붕괴된 가정을 복구하기 위해 훈육의 장면을 쓰고 있다. 각각의 소설은 가족을 고도로 이상화된 근대적 형태로 재현하는 그림을 일종의 치유책으로 제시한다. 우리는 언쇼 가문의 역사가 종말에 이를 때 워더링 하이츠의 창문을 통해 이런 장면을 흘낏 보게 된다. 여기서 가족은 새로운 세대의 연인들을 섹스와 역할에 의거하여 나누는 지극히 배타적인 공간 속으로 밀어 넣는다. 그러므로 우리는 캐서린 2세가 신사의 역할에 맞게 헤어턴을 교육시킬 때 의도적으로 이전 시대 감상소설의 여주인공에서 벗어나고 있음을 본다.

> 그는 점잖게 옷을 차려입은 젊은이로 테이블에 앉아 있었다. 그의 앞에는 책이 놓여 있었다. 잘생긴 그의 외모는 기쁨으로 빛났으며, 두 눈은 책에서 그의 어깨에 놓인 자그마한 하얀 손으로 불안하게 옮겨 다녔다. 이 손의 소유주는 이런 산만한 기호를 찾아낼 때마다 그의 뺨을 살짝 때리는 것으로 그가 정신을 차리게 만들었다. (243)

이와 유사한 사회복귀 장면은 제인 에어와 로체스터의 연애의 결말을 이루고 있다. 제인은 병든 남편과 함께 사회에서 떨어져 나온 후 우리가 디킨스의 낸시와 『워더링 하이츠』의 캐서린 2세에게서 발견할 수 있는 파놉티콘적 시선을 그녀 자신에게 부여해 주는 말로 두 사람의 관계를 그린다.

문자 그대로 나는 그의 두 눈에 사과 — 그는 종종 나를 이렇게 불렀다 — 였다. 그는 나를 통해 자연을 보았고 나를 통해 책을 보았다. 나는 단 한 번도 그를 위해 벌판, 나무, 마을, 강, 구름, 햇빛 등 우리 앞의 풍경과 주변의 기후를 보고 이를 언어로 옮기는 데 싫증을 내지 않았다. 나는 단 한 번도 빛이 그의 눈에 찍을 수 없는 것들을 소리를 통해 그의 귀에 심어 주는 데 싫증을 내지 않았다. (397)

새커리가 간이점포들이 칸막이를 치고 늘어선 지루한 시장이라고 상상하는 세계에 우리를 남겨 둘 때, 『허영의 시장』이 당대 다른 위대한 소설과 비슷한 것은 이 작품이 규율전략을 사용하기 때문이다. 베키 같은 여성들은 고도로 개인화된 이 세계에서는 위협세력이 되지 못한다. 이런 인물들은 모두 저마다 약간 뒤틀린 욕망을 드러내고 있기 때문에 서로 다르다기보다 모두 똑같아 보인다. 이들의 결혼은 감옥과 흡사하다.

나는 이런 소설들이 처벌의 장면을 질서의 장면으로 바꿀 때 역사를 만들고 있다고 주장한다. 여기서 질서의 장면은 공장, 감옥, 교실을 재현했던 것과 비슷한 방식으로 재현된다. 소설은 새로운 정치적 소재를 끌어들여 그것을 성적으로 만든다. 이런 소재들이 성애화되는 것은 오직 하나의 해결책, 즉 여성의 감독하에 구획되고 위계화된 공간만이 할 수 있는 해결책이다. 『올리버 트위스트』는 지금까지 내가 이 장에서 검토한 소설 가운데 가장 먼저 발표되었고 심리적 성격이 가장 덜 드러나는 작품이기 때문에 욕망의 가정화를 통한 사회적 구제를 가장 잘 보여 준다. 지하세계의 인물들을 여기저기 흩어 놓은 다음 이들을 소설에서 깨끗이 제거한 후, 디킨스는 올리버를 가정에 가두고 어머니도 누이도 연인도 아니지만 이 모든 역할을 대체하는 사촌 옆에 놓는다. 이런 식으로 재구축된 가족은 소설이 원래 복원하고자 했던 애초의 가족의 죽음을 상기시킨다. 소설은 이전 소설양식의 죽음을 가리키는 장면으로 끝난다. 아무리 현재가 과거를 고스란히 닮았다 하더라도, 올리버의 생모가 그 지시체를 찾을 수 없는 이름으로 다시 출현할 때 과거와 현재 사이에는 심연이 벌어진다. 이 심연은 창녀 낸시와 생모 아그네스(Agnes)가 육체를 잃어버린 여성이 될 때보다 더 크게 벌어진다.

> 오래된 마을 교회 제단 안에는 흰 대리석 판이 놓여 있는데, 거기엔 아직 '아그네스'란 한 마디밖에 쓰여 있지 않다. 이 무덤에는 관이 없다. 대리석 판 위에 또 다른 이름이 새겨지기까지는 여러 해가 걸릴 것이다. 하지만 죽은 이의 혼령이 지상으로 돌아와 그가 생전에 알고 지내던 사람들의 ― 무덤을 넘어선 ― 사랑으로 성스러워진 장소를 방문한다면, 나는 때때로 아그네스의 그림자가 이 엄숙한 구석을 맴돌고 있다고 믿는다. 비록 그곳이 교회 안에 있고 그녀가 나약했고 잘못을 저질렀다고 해도 나는 그것을 믿는다. (368)

에밀리 브론테처럼 디킨스는 과거 소설의 유령을 남겨 준다. 이 유령은 사회질서 안에 있을 자리는 없지만 바로 그렇기 때문에 가족을 구성하는 데 있어 더 중요한 역할을 해야 하는 욕망의 인물이다.[41]

욕망의 비유들 : 브론테 자매

1981년 리드대학에서 개최되는 연례 브론테 학술대회에 참석하러 가던 길에 나는 하나의 가설을 시험해 보기로 했다. 그해 학술대회의 주제는 브론테 자매가 당대 역사적 맥락과 맺는 관계였다. 학술회의에 발표할 논문을 쓰면서 나는 이미 토대와 상부구조라는 전통적 모델에 따라 텍스트와 콘텍스트의 문제를 제기하는 답변들에는 불만을 갖게 되었다. 브론테 자매가 다소간 자기 폐쇄적 신경증 환자이거나 선정적 이슈를 다루는 사회적으로 의식화된 작가라기보다는 영국 역사의 일부분이라는 점에 설득될 태세를 갖추고 있었기 때문에, 나는 하나의 실험을 해 보기로 했다. 나는 택시기사에게 1848년 일어난 일들 중에서 가장 중요한 사건이 무엇이라고 생각하는지 물어보았다.[42] 백퍼센트 확신에 찬 어조로 그는 "에밀리 브론테의 죽음"이라고 대답했다. 택

41 나는 이 점을 "Emily Brontë In and Out of Her Time"에서 논의했다. *Genre*, 15, 1982, pp. 243~264.

42 이 학술대회에서 내가 발표한 논문은 최종적으로 "Emily Brontë In and Out of Her Time"이라는 제목으로 출판되었다. 그러나 1848년의 중요성을 택시기사에게 물어보자는 발상은 1848년에 헌정한 에섹스 학술대회에서 패치 스토넘(Patsy Stoneham)이 발표한 논문으로부터 직접적 영감을 받았다는 사실을 인정해야겠다. 스토넘은 자신의 논문 "The Brontës and Death: Alternatives to Revolution"을 문학 전공자는 아니지만 고등교육을 받은 두 친구가 자신이 곧 에섹스 학술대회에 참석한다는 것을 어떻게 생각하는지 설명하는 것으로 시작한다. 두 친구 중 한 사람은 1848년에 대해 "그때 무슨 특별한 일이 있었느냐?"고 묻는다. 스토넘의 주장에 따르면, 두 친구 중 누구도 역사가들에게 1848년이 그렇게 중요하게 만든 사건을 기억하지 못하지만 1848년이 '브론테 가족과 죽음'과 관련되어 있다는 것은 완전히 알고 있었다(p. 79). 스토넘의 이 글은 *1848: The Sociology of Literature* (eds. Francis Barker et al., Colchester: University of Essex, 1989)에 실려 있다.

시기사는 한 점 망설임도 없이 이렇게 대답할 수 있었다. 하지만 한 세기 이상 계속되어 온 문학비평 이후, 우리에겐 왜 요크셔 후미진 지역 출신의 두 여성작가가 영국의 문화적 의식에서 그토록 우월한 위치를 점유하고 있는지 설명할 수 있는 방법이 우리에겐 없다. 나는 두 자매가 쓴 소설의 역사적 중요성과 우리가 이 소설을 역사화하는 데 겪는 어려움 사이에는 직접적 인과관계가 있다는 점에 설득력이 있다고 생각한다. 이들은 다른 어떤 소설가보다 보편적 주체성의 형태와 더 연관되어 있다. 만일 오늘날 브론테 자매의 글쓰기가 역사와 관련이 없어 보인다면, 그것은 이 두 자매 소설가가 소설을 역사에 구속된 글쓰기에서 구별해 내는 비유를 완성시켰기 때문이다. 이런 비유들은 모든 형태의 정치적 지식을 심리적 언어로 바꾸었다. 브론테 자매는 사회사의 사실들과 비유들을 추방시켰기 때문에 욕망하는 자아를 장소, 시간, 물질적 인과관계에서 분리해 내는 새로운 욕망의 비유를 만들어 내기 시작했다. 히스클리프가 리버풀 거리 출신이고 에밀리 브론테가 소설에서 그를 등장시키는 시점이 교외의 기아폭동이 발발했던 무렵(1766)이었다는 점에 대해서는 크게 신경 쓸 필요가 없다. 『워더링 하이츠』의 마지막 대목에 이르러 히스클리프는 실현되지 못한 성적 욕망의 환영이 되기 때문이다.

브론테 자매의 욕망의 우화가 거둔 성공을 증언이라도 하듯, 문학비평은 강박증적으로 두 자매의 소설을 이들이 공식화한 심리화하는 비유에 따라 해석해 왔다. 확실히 현대 비평은 브론테 자매의 소설을 금지된 욕망 ― 근친상간을 포함하여 ― 의 승화 전략으로 변모시켰다. 이 금지된 욕망이야말로 이들의 소설을 읽는 가장 그럴듯한 해석의 열쇠로 여겨졌다.[43] 비평가들은 『워더링 하이츠』와 『제인 에어』 두 작품이 결국 만족스러운 결혼으로 끝날 수 있도록 해 주는 일련의 정교한 대체물들을 만들어 낸 원동력이 금지된 욕망이 아니라면 무엇이겠느냐고 묻는 것 같다. 브론테 자매는 지금도 여전히 그들 작품의 심미적 과정을 확장시켜 모든 역사적 소재를 욕망의 비유에 새겨 넣도록 유혹하고 있다. 비평가들이 브론테 소설을 해석하기 위해 어쩔 수 없이 근대의 심리적 어휘를 사용할 때, 자아의 언어를 의미의 토대로 만드는 해석적 회로는 너무나 강력한 나머지 이런 함정에서 벗어나려는 가장 소중한 노력도 결국 다시 그 함정에 빠져 버린다. 전통적 해석은 브론테 자매가 가정의 관습을 비트는 것을 보고 이들의 소설이 중산계급 주체성의 관습을 고수해야 할 필요성을 극화하고 있다고 말한다.[44]

43 영국소설의 위대한 전통을 만들어 내면서 리비스(F. R. Leavis)는 브론테 자매를 위한 자리를 찾을 수 없어서 이들을 각주로 언급할 정도의 괴짜 위치로 격하시켰다. "Note: 'The Brontës'", *The Great Tradition*, New York: New York University Press, 1967, p. 27. 리비스는 브론테 자매가 영국소설의 위대한 전통에 포함될 수 없으며 이상심리를 보인 인물로 이해되어야 한다고 주장한 유일한 사람은 아니었다. 문학사가들의 일반적 관행은 브론테 자매가 자신들의 무의식적 — 대체로 해로운 — 소망을 드러내는 투명한 자아의 언어를 썼다고 가정하는 것이다. 이러한 관행은 Rosamond Langbridge, *Charlotte Brontë: A Psychological Study*, London: Victor Gollancz, 1973; Helene Moglen, *Charlotte Brontë: The Self Conceived*, New York: W. W. Norton, 1976; Barbara Hill Rigney, *Madness and Sexual Politics in the Feminist Novel: Studies in Brontë, Woolf, Lessing, and Atwood*, Madison: University of Wisconsin Press, 1978에서 볼 수 있다. 보다 최근에 존 메이너드(John Maynard)는 샬럿 브론테가 오늘날의 관점으로 보나 당시의 관점으로 보아도 병리적이지 않으며, 그녀의 소설은 사실상 정상적인 성 발달과정에서 일어나는 여러 문제들을 겪는 과정이었다고 주장함으로써 이런 비평 전통을 수정하려고 했다.

44 예를 들어, *Eros and Psyche: The Representation of Personality in Charlotte Brontë, Charles Dickens, George Eliot* (New York: Methuen, 1984), p. 63에서 캐런 체이스(Karen Chase)는 도로시 반 겐트가 『워더링 하이츠』에 했던 바를 『제인 에어』에서 수행했다.

이런 전통적 해석은 어떤 의미나 깊이를 상정한다. 하지만 실제로 의미나 깊이는 기표의 작동을 통해 표면에 존재할 뿐이다. 정신분석학적 성향의 비평들은 이 동어반복적 논리를 뒤집어 브론테 자매가 결국 사랑이라는 전통적 형식을 따름으로써 진정한 욕망을 추방하거나 거부한다고 주장한다. 다시 말해 브론테 자매의 소설은 결과적으로 승화와 억압의 과정을 기록하고 있다는 것이다.[45] 페미니스트 비평가들은 억압모델을 다시 한번 뒤집어 브론테 자매의 소설이 작가가 의식적으로

Van Ghent, *The English Novel: Form and Function*, New York: Harper and Row, 1961, pp. 154~170. 나는 이런 작업들이 브론테 자매의 소설에 대한 최고의 전통적인 (형식주의적) 분석이라고 생각한다. 왜냐하면 각각의 분석은 역사적으로 중요한 미적 패턴을 텍스트 안에 고립시키기 때문이다. 그러나 다른 소설가들의 경우에는 이런 해석 절차가 '특정 물화의 패턴이 어떻게, 그리고 왜 영국에서 19세기 중반에 일어났는가' 하는 문제로 나아가는 반면, 브론테 자매에 관한 논의에서는 이런 역사적 질문이 배제되는 경향이 있다. 그러므로 반 겐트는 왜 에밀리 브론테가 『워더링 하이츠』에 나오는 여러 장애를 극복하고 싶어 했는가에 대한 모호한 심리적 추정으로 결론짓는다. "외부의 원초적인 세계뿐 아니라 영혼 내부에 존재하는 어두운 힘이 의식의 언어를 취했거나, 혹은 의식이 용감하게 이런 어두운 힘과 동반자 관계 속으로 들어가 이 어두운 힘의 언어를 자신의 언어로 번역했을 것이다."(p. 170) 『제인 에어』의 공간 활용방식을 전문적으로 살펴본 후, 체이스 역시 이와 비슷하게 이 텍스트를 그 내부로 돌려 철저하게 반역사적인 진리 형식을 만들어 낸다. "하지만 이제 우리는 이러한 공간 이미지들이 제인의 불안정을 표현하는 것인지, 혹은 정서적 조화를 표현하도록 허용해 주는 것인지 물어볼 필요가 있다."(p. 85) 나는 형식주의적 연구가 진정한 대안이 될 수 없는 대안적 의미를 제시하는 경향이 있다는 점을 구체적으로 보여 주기 위해 이런 예들을 사용했다. 이 두 연구자 모두 결국 근대적 의식형태를 물화하기 때문에, 이들은 어떻게, 그리고 왜 이 소설이 역사적 자료를 변형시켜 이중구속 — 의식에게 의미는 양 조건 가운에 하나에 있다 — 을 만들어 냈는지 설명할 수 없다.

45 예를 들어 헬레네 모글렌(Helene Moglen)은 다른 전략을 사용하여 본질적으로는 동일한 심리적 진실을 생산한다. "더 큰 사회적·심리적 힘의 갈등을 극화하는 한에 있어서 이 작품은 또한 더 큰 신화적 진실을 제시한다. 그러나 이 소설에서 특별한 것은 억압과 좌절, 제한된 경험과 희박한 희망에서 태어난 이 작품이 성 심리적 관계에 대해 혜안을 지닌 통찰을 제시했다는 점이다. 이런 혜안은 당대에도 선견지명을 보여 주었고 오늘날에도 여전히 그렇다." Helene Moglen, *Charlotte Brontë: The Self Conceived*, p. 145.

인정할 수 없는 욕망을 숨기고 있다는 전제를 반박함으로써 이 주장을 한 번 더 비틀고 있다. 이 페미니스트 비평가들에게 욕망의 비유는 대개 해당 작가들이 여성이라는 것의 의미를 위반하지 않고서는 풀어놓을 수 없었던 감정양태를 가리킨다. 언어를 감정과 대립하는 것으로 설정하면서 페미니스트 비평가들은 브론테 자매가 가부장제 사회에서 여성이라는 사실에 대해 느꼈던 좌절감과 분노를 표현하기 위해 사랑의 관습을 비틀고 있다고 주장한다.[46]

하지만 아무리 이 분야가 논쟁적으로 보인다 해도 브론테 비평은 사실상 다소 사소한 문제, 다시 말해 어떻게 두 작가가 빅토리아 시대의 사랑의 관습에 저항하거나 굴복하는가 하는 문제에 동의하지 않는다는 점에는 동의해 왔다. 모든 브론테 비평들은 욕망과 언어가 대립된다는 사실에 선험적 진리를 부여했다. 브론테 자매가 그들의 글쓰기에서 획득한 미적 완성도와 우리가 그들의 작품에서 식별해 낼 수 있는 감정적 건강성의 정도는 모두 욕망과 언어의 대립이 갖는 성격과 매개체를 얻을 수 있는 작가의 능력에 달려 있다. 하지만 언어를 감정과 대립시키는 전통을 지속함으로써 브론테 비평은, (1) 의미는 두 작가의 감정적 삶에 정초해 있으며 (2) 이들의 언어는 너무나 자서전적이기 때문에 소설에서 재현되기 이전에 이미 존재하는 가족의 역학을 가리키고 있다는 두 가지 근본적 전제에 대해서는 반박하지 않기로 합의해 왔다. 확실히 비평은 종종 브론테 자매가 특정한 마음의 상태 —

46 이것은 길버트와 구바가 지극히 단순한 관점으로 『다락방의 미친 여자』에서 개진한 유명한 주장이다.

여전히 심리학적으로 타당한 상태 ―를 표현한 최초의 작가에 속한다는 점을 인정해 왔다. 하지만 브론테 비평은 또한 작가로 하여금 그들의 마음을 표현하도록 추동하는 것이 그들의 마음상태, 즉 작가가 실제로 경험했지만 근대적 분석 방법이 부족했기 때문에 그 의미를 왜곡하지 않을 수 없었던 마음의 상태라는 근대적 전제를 받아들인다. 이런 주장은 브론테 자매가 자기들이 억압하는 것을 표현할 수 없었기 때문에 심리적 통찰을 제공해 해석의 회로를 완성하는 것이 비평가의 임무라는 쪽으로 발전한다.

나는 왜 이런 욕망의 환상이 19세기 중반에 출현하여 식자층의 이해관계에 말을 걸게 되었는지 설명하는 과제를 떠맡고 있는 소수의 비평가들이 존재한다는 사실을 인정함으로써 이런 일반화를 서둘러 제한해야 할 것이다. 테리 이글턴의 주장처럼, 이 문제에 답하려는 시도는 대개 다음과 같은 전제에서 출발한다. 그것은 브론테 자매의 "이데올로기적 구조는 19세기 전반 서구에서 진행된 실제 역사에서 비롯되며, (…) 이들의 소설 생산에서 상상적으로 포착되고 변형된다".[47] 그러므로 사회학적 비평은 이데올로기를 소설의 바깥, 언어의 바깥에서 오는 것으로 이해하는 경향이 있다. 이데올로기는 경제와 정치라는 남성적 영역 ―이곳에서 역사가 일어난다―에서 발생한 후 개인의 의식이라는 사적 세계를 통해 가족으로 흘러 들어온다. 바로 이 가족에서부터 이데올로기는 소설의 소재가 된다. 가구, 가족, 주체의 물질적 신

47 Terry Eagleton, *Myths of Power: A Marxist Study of the Brontës*, New York: Barnes and Noble, 1975, p. 4. 이 책의 인용은 이 판본을 따랐으며, 본문에 간략히 페이지만 표기했다.

체는 정치적 지식이 개인의 마음을 통해 가족 속으로 흘러 들어왔다가 흘러 나간다는 사실에도 불구하고 변하지 않고 남아 있다. 브론테 자매의 소설은 여성 주체와 남성적 대상세계 사이를 잇는 매개체, 테리 이글턴의 용어를 빌리자면 "개인주의적 세계에서 모든 사람의 고립"(4)을 표현하는 매개체를 구성하고 있다. 이런 비평 방식은 허구적 텍스트를 역사적 맥락에서 분리시키면서 브론테 자매의 소설을 언어 바깥의, 그리고 특정한 역사의식 바깥의 물질세계에서 일어나는 "모호하지만 해독 가능한 기호"로 읽는다. 이런 사회학적 모델에서 여성 주체성의 소설들은 경제적 변화의 알레고리로 번역될 경우에만 역사적 의미를 얻는 것 같다. 이글턴이 말하듯, 이런 비평에 내재되어 있는 것은 "두 자매가 그들의 집 문간 층계에서 상당한 결핍을 보았겠지만 사실상 역사는 거기서 멈춘다"(13)는 결코 의문시되지 않는 전제이다. 여기서 역사는 정의상 집안으로 들어올 수 없는 것으로 보인다.[48]

하지만 브론테 자매가 이런 남성적 제도 양태를 강조한 것에 도전했던 것은 아니었다고 생각해 보자. 나는 브론테 자매가 이런 남성적 제도에만 권력이 존재한다고 느꼈을 것이라고는 생각하지 않는다. 그

48 샬럿 브론테는 『워더링 하이츠』 제2판에 에밀리에 대한 짧은 전기를 썼다. 이 전기에서 샬럿은 역사가 에밀리의 집 문턱을 넘지 못하게 가로막은 것처럼 신비롭게도 역사는 그녀의 집 문턱에서 멈추었다고 주장한다. 이런 주장을 할 때 샬럿은 자기 여동생의 소설을 정치적 논쟁에서 분리해 내기 위해 동일한 비유를 사용하고 있다. "인물의 묘사와 관련되는 곳에서 사정은 다르다. 나는, 가끔 수녀원 문 앞을 지나가는 시골 사람들을 수녀가 실제로 잘 알지 못하는 것보다도 훨씬 더 에밀리는 함께 살았던 농민들을 거의 알지 못했다고 말해야겠다. 내 여동생의 기질은 태생적으로 사교적이지 않았다. 환경은 그녀의 은둔 성향을 촉진하고 조장했다. 그녀는 교회에 가거나 언덕을 산책하는 일을 빼면 거의 집 밖으로 나가지 않았다." Charlotte Brontë, "Bibliographical Notice of Ellis and Acton Bell", *Wuthering Heights*, p. 10.

들은 사람들이 서로 더 잘 알고 지내던 시절과 접촉하고 있었던 것 같다. 우리는 샬럿이 역사의 진정한 동력은 대개 눈에 보이지 않으며, 식자 전통이 선호하는 작가들 — 당시 유행하던 작가들 — 은 역사적 지식을 소유하고 그것을 글로 옮기는 사람들이 아니라는 것을 알고 있었다고 상상할 수 있다. 인생의 어느 시점에서 샬럿은 어쩌면 언어 속에서 언어를 통해서만 세상사 많은 것들 — 브론테 집안에 흘러 들어왔던 글로 된 자료들 — 을 경험하면서 자신이 누린 혜택이 무엇인지 깨달았을 것이다. 누구보다 브론테 자매에게 이런 글쓰기는 단순히 경험을 기록한 것이 아니라 경험 그 자체나 마찬가지였다. 글쓰기는 브론테 자매에게 이미 독립적으로 존재하는 개인을 표현하는 것이었다기보다 자기 자신을 창조할 수단을 제공해 주는 것이었다. 브론테 자매의 전기적 증거를 살펴보면, 이들이 글쓰기를 억압적 기제로 생각했다는 가정을 확인해 줄 어떤 근거도 찾을 수 없다. 사실상 모든 전기적 증거들은 아주 어린 시절부터 이들이 글쓰기를 통해 개인의 만족을 생각하고 있었고, 당시 다른 여성들이 아내나 어머니가 될 준비를 했던 것처럼 소설가가 될 준비를 하고 있었음을 보여 준다.[49] 이렇게 말하는 것은 대부분의 브론테 비평이 기대고 있는 근본 전제, 즉 글쓰기와 욕망

49 나는 이들이 공동으로 앵그리아(Angria)와 곤달(Gondal)을 그린 허구적 작품들을 가리키고 있다. 이들은 이 공동 작품에서 친족관계에 대한 허구적 역사형식을 취하는 소설적 서사 속에 들어갈 수 있도록 자신들이 배운 모든 것들을 그야말로 재포장하고 있다. 이 공동 작품들 이외에, 나는 이들이 실제로 삽화로 가득 찬 소설을 쓰는 과정을 공들여 연습했던 것도 염두에 두고 있다. 예를 들어, 샬럿이 젊은 시절 쓴 『행복을 찾아서』의 표지에는 다음 구절이 적혀 있다. "샬럿 브론테가 쓴 이야기. 1829년 8월 17일 샬럿 브론테가 직접 증정했지만 아무에게도 판매하지 않았던 이야기."(*The Search After Hapiness*, New York: Simon and Schuster, 1969)

은 존재론적으로 다르고 이데올로기적으로 대립된다는 특이하게도 완고한 믿음에 이의를 제기하는 것이다.

하지만 상상력을 크게 발동하지 않더라도 우리는 브론테 자매가 주체성을 구성할 언어의 힘을 알고 있었으며, 여성들이 이 언어에 쉽게 접근할 수 있다는 것 또한 알고 있었을 것이라고 상상해 볼 수 있다. 1850년 판『워더링 하이츠』에 붙인 서문을 발표한 뒤 샬럿의 행적을 그리고 있는 전기에서, 우리는 샬럿이 자기 가족의 조야한 출신성분과 고립된 지적 상태를 혐오하고 있었다는 것을 보여 주는 어떤 단서도 찾을 수 없다. 이와 반대로 그녀가 자신의 상황에서 특별한 이점을 보고 있었다는 것을 알려 주는 단서들은 도처에서 찾을 수 있다. 샬럿은 세련성이나 자기통제가 부족하다는 이유로 에밀리의 소설을 거부하는 사람들에 대해 이렇게 쓰고 있다.

> 요람에서부터 가장 온건한 예의범절과 신중한 언어를 따르라는 훈련을 받아 온 사람들은 본성상 지극히 조용하고 별로 눈에 띄지 않는 온순한 감정을 지니고 있다. 이들은 거칠고 강인한 말, 난폭하게 표현된 열정, 억제되지 않은 혐오, 습지대의 교육받지 못한 시골 사람들과 거친 지방 유지들을 어떻게 대해야 좋을지에 관해서는 별로 아는 바가 없다. 이런 사람들은 자기네들만큼 거친 선생들 말고는 그 누구로부터도 배우거나 제지받지 못하면서 성장했다. (9)

브론테 집안이 정치권력이나 화려한 지적 생활의 중심에서 멀리 떨어져 있었다는 사실 때문에 에밀리가 무식하다고 말할 수는 없다.

물론 그녀가 아주 피상적인 문제에 대해서는 무지했을 수도 있다. 사실 샬럿은 자기 여동생이 처한 상황 때문에 에밀리가 보다 온전히 감정을 경험하고 감정이 움직이는 신비한 방식을 이해할 수 있었다고 말한다. 이와 대조적으로 전형적인 소설 독자들은 예의 바르게 말하고 행동하며, 그런 형태로 타인을 이해하도록 교육받아 왔다. 그러나 이런 식의 교육을 받게 되면 인간은 어쩔 수 없이 감정을 개인적 자아를 은폐하는 이상화되고 표준화된 피상적인 것으로밖에 이해하지 못한다. 북부의 거친 시골에서 자란 소설가는 실제로 세련된 남부 출신 소설가들이 갖지 못한 자신에 대한 지식을 소유하고 있다. 그러므로 『워더링 하이츠』의 작가와 독자 사이의 간극은 작가의 무식에서 비롯되는 것이 아니라 예의 바른 독자들의 무식 때문에 발생한다. 다시 말해 브론테 자매가 식자 전통과 맺고 있는 주변적 관계 때문에 이들은 본질적으로 거실의 삶을 붕괴시키는 완전히 다른 지식에 접근할 수 있었다. 샬럿과 에밀리 두 사람이 그들의 성공적인 소설에서 주변적 성격이 뚜렷한 화자를 사용했던 것은 이런 이유 때문이었을 것이다.

잠시 푸코의 주장이 옳았다고 생각해 보자. 그 경우 권력이 지식이 되어 담론을 통해 근대의 제도문화에 이상적으로 어울리는 주체를 생산해 왔던 역사적 순간이 정치사에 정말로 존재하게 된다. 중산계급의 기획 전체가 바로 이 주체를 주체 자신에게 분석, 평가, 발전, 향상시킬 수 있고, 타인과 —심지어 다른 시공간에 놓여 있는 사람들과도 — 비교하면서 자신이 행복한 것인지 혹은 성공한 것인지 판단할 수 있는 존재로 알도록 만드는 데 달려 있었다. 이런 의식 형태는 지식의 대상을 역사의 흐름에서 분리시키는 언어에 의존했을 것이다. 달리 말하면, 이런 의식은 역사를 오로지 남성적 제도의 역사 — 경제, 교회, 법, 기타 국가절차의 역사 — 로 규정하는 언어에 의존했을 것이다. 역사가 이렇게 제한되면 주체성의 역사 — 욕망, 쾌락, 육체의 배려, 정상적 행동, 여가시간의 활용, 성차, 가족관계의 역사 — 는 결코 드러날 수 없다. 주체성을 구성하는 이런 것들은 자연의 영역이나 역사 외부의 문화에 존재하는 것으로 가정된다. 심지어 레비스트로스조차 성은 남성적 제도가 형성되기 이전에 이미 존재한다고 가정하는 전통적 역사 기술에 동의하고 있다. 성이 모든 경제적 교환의 토대를 제공하기 때문이라는 것이다.[50] 하지만 이렇게 말함으로써 우리는 자동적으로 남성과 여성을 구별하고 남성을 역사의 동력으로 지시하는 역사적으로 특수한 주체성 형식을 만들어 낸다. 나는 이 특정한 의식 형태가 자본주의 사회를 안정시키는 데 너무도 중요했기 때문에 자아 그 자체를 지식의 대상으로 삼는 글쓰기가 주요 역사적 행위자가 되었다고 주장한다.

브론테 자매의 소설이 영국사의 중요한 일부를 형성해 왔던 것은 이들이 독자들로 하여금 인식 가능한 근대적 형태의 의식을 통해 소설의 의미를 찾도록 고무해 왔기 때문이다. 우리가 주체성의 역사 개념과 주체성을 지식의 대상으로 구성하는 데 있어서 글쓰기가 점유하는 우월한 위치에 대해 다소간 믿음을 보여 준다면, 브론테 자매를 역사

50 Claude Lévi-Strauss, *The Elementary Structures of Kinship*, trans. James Harle Bell and John Richard von Sturmer, ed. Rodney Needham, Boston: Beacon Press, 1969. 또한 Tony Tanner, *Adultery in the Novel: Contract and Transgression*, Baltimore: Johns Hopkins University Press, 1979, pp. 83~87을 보라.

의 행위자로 여기는 것은 비교적 아주 쉬운 일이다. 우리는 이들의 소설이 근대적 욕망의 비유를 생산했을 뿐 아니라 해석 행위를 할 때마다 계속해서 이 비유를 생산하고 있다고 가정할 수 있다. 이런 기술들은 자아 자체에 대한 지식과 더불어 정치적 정체성을 억압해 왔다. 나는 정치적 무의식의 생산이 성적 주체의 생산에 수반되었다고 믿는다. 이런 방식의 정치적 무의식의 생산은 예의 바른 글쓰기 전통이 실제로 수행해 온 억압적 권력을 구성한다.

브론테 자매는 그들의 작품이 제인 오스틴에게서 가장 구체적으로 나타난 가정소설의 전통에 반하는 것으로 생각했다. 샬럿의 편지를 읽어 보면 그녀가 오스틴의 소설을 표면의 미학으로 생각하고 있다는 것을 알 수 있다. 샬럿은 오스틴의 고상한 글쓰기가 "점잖은 영국 사람들의 삶의 표면을 흥미로울 정도로 잘 그려 냈다는 점"을 인정한다. 그러나 고상한 글쓰기에 대한 선배 작가의 관념이 특정한 지식 형태, 즉 진정한 감정에 대한 지식은 결여하고 있다는 이유를 들어 거부한다. 샬럿의 관점에서 예의 바른 행동에 기초해 있는 미학은 열정과 "언어를 통해 친숙해지는 것마저" 금지한다. 샬럿은 오스틴의 예의 바른 행동을 새로운 동기화의 언어와 대립시킨다. 이를 통해 그녀는 자신의 글쓰기에서 보여 주었듯이 서로 다른 두 글쓰기 형식 사이에 표층과 심층의 관계를 만들어 낸다. "예리하게 관찰하고, 적절하게 말하고, 유연하게 움직이는 것을 탐구하는 것이 그녀(오스틴)에겐 잘 어울린다. 하지만 오스틴 양은 비록 숨겨져 있을지라도 빠르고 충만하게 요동치는 것, 피가 솟구쳐 흐르는 것, 생의 보이지 않는 자리와 죽음의 섬세한 과녁, 이런 것들을 무시한다." 브론테가 표현하려고 했던 새로운 자아의 영역은 눈에 보이지 않는 여성의 욕망이다. 브론테 자매는 오스틴이 드러내지 못했다고 주장하는 열정을 표현하기 위해 민담에서 초자연적 비유를 빌려 오고 로맨스에서 열정의 비유를 가져온다. 이들은 이런 소재들이 눈에 보이지 않는 여성의 진정한 감정적 힘을 표현하도록 했다. 이들이 특정한 여성에게 나타나는 욕망의 형태를 문화 밖에 존재하는 것으로 그리고 있다면, 그것은 이런 욕망 형태들이 자아의 본성의 새로운 토대를, 새로운 인간 본성을 표현하도록 하기 위함이다. 샬럿의 오스틴 비판은 이런 형태의 성을 소설미학의 기초로 정립하는 유명한 문장으로 끝난다. "제인 오스틴은 완벽하고 가장 분별력 있는(sensible) 숙녀였지만 매우 불완전하며 다소 감수성 없는(insensible) (그러나 무감각한senseless 것은 아닌) 여성이었다."[51]

사회적 행동의 언어가 일상적 자아를 가장 깊숙하고 진실한 곳에서 드러내도록 하기 위해 브론테 자매는 바로 이 언어를 해체시켜야 했다. 오스틴은 소설의 결말에 이르면 인물의 행동과 동기 사이에 어떤 간극도 존재하지 않을 정도로 사회적 행동의 언어를 단련시켰다. 이런 자아의 언어는 한 개인이 타인과 맺는 관계를 정확하게 표현해 주는 진술을 통해 드러난다. 예를 들어 오스틴 소설에서 결혼은 완벽하게 개인적인 동시에 완벽하게 정치적인 진술이다. 『에마』의 마지막에 나오는 결혼식 장면은 이 두 가지 의미에서 관습적인 사회적 행동이 성취하는 정확성을 구체적으로 보여 준다. 그러므로 이 장면은 여

51 브론테가 오스틴의 소설에 대해 한 언급은 1859년 윌리엄스(W. A. Williams)에게 쓴 편지에 근거한다. *The Brontës: Their Lives, Friendships, and Correspondence*, vol. III, eds. T. J. Wise and J. A. Symington, London: Oxford university Press, 1932, p. 99.

성의 개인적 욕망과 사회적 행동 사이의 간극을 중재할 수 있는 언어의 능력을 증명한다.

> 결혼식은 다른 결혼식과 비슷했다. 파티에 섬세한 취향을 보여 주는 멋진 옷이나 퍼레이드는 없었다. 엘턴 부인은 남편이 상세하게 묘사한 이야기를 듣고 결혼식이 아주 초라했으며 자기 결혼식에는 훨씬 못 미친다고 생각했다. (…) 그러나 이런 결함이 있었지만 결혼식을 지켜봤던 소수의 진정한 친구들의 소망, 희망, 신뢰, 예언은 그 결합의 완벽한 행복을 통해 충분한 보상을 받았다.[52]

오스틴의 여주인공들은 자신들의 욕망이 대상을 제대로 찾아 정확히 전달되는 순간 곧바로 결혼한다. 하지만 브론테 자매는 여주인공들에게 소유할 수 없는 대상 — 히스클리프와 로체스터 — 을 향한 욕망을 부여함으로써 개인적 경험과 사회적 경험 사이의 일치를 무너뜨린다. 브론테의 여주인공들이 욕망했던 남성들은 역사적으로 시대에 뒤떨어진 인물들이다. 이렇게 전통적 소설의 (행복한) 결말을 좌절시키는 것은 글쓰기를 통해 비유적으로 표현되기 전에 이미 존재하는 욕망을 억압하는 것이 아니라 사적 욕망을 표현할 기호적 공간을 확장시킬 수 있는 전략을 마련해 준다. 나는, 문화사의 이 시점에 이르면 갑작스럽게 욕망은 원초적 욕망의 대상을 대체할 다른 적절한 대상들을 환

52 Jane Austen, *Emma*, ed. Stephen M. Parrish, New York: W. W. Norton, 1972, pp. 334~335.

유적으로 탐구하고 발견하게 되었다고 주장할 것이다. 이런 욕망의 대체물들은 확실히 오스틴 소설에서도 중요한 역할을 했다. 해리엇 스미스에 대한 3장의 논의에서 알 수 있듯이, 『에마』에서 욕망의 대체물들은 진정한 욕망 대상을 찾을 수 있는 길을 알려 준다. 따라서 오스틴 소설에서 등장인물이 자신의 원하는 바를 찾으면 이야기는 끝난다. 하지만 브론테 소설에서 인물이 원하는 것을 찾게 되면 이야기는 지하로 숨는다. 이들 소설의 여주인공들은 대개 사회가 결혼을 금지하는 남자를 욕망하는데, 여기서 사회적 관습은 개인의 욕망과 본질적으로 대립한다는 관념이 생겨난다. 이런 수사적 대립이 근대 억압이론에 필수적인 전제조건을 마련해 준다는 것은 샬럿 브론테가 『제인 에어』에서 전통적인 결혼식에 저지른 것을 자세히 검토해 보면 분명해진다. 어떻게 성적 억압이 사회적 억압을 모호하게 흐리는가 하는 점은 이 장에서 전개되는 내 주장의 전체 논지를 반복할 것이며 이 장의 결론이 될 것이다.

샬럿 브론테는 제인으로 하여금 로체스터가 거만한 블랑시 잉그램 양에게 구애하는 것을 지켜보도록 만든 그 유명한 거실 게임에서 『에마』에 나오는 것 같은 관습적 결혼식 장면을 처음으로 언급한다.

> 그때 하얀 옷을 입고 손에는 긴 베일을 감고 이마엔 장미화관을 두른 잉그램 양이 당당한 모습으로 등장했다. 잉그램 양 옆에 로체스터 씨가 따라 걸었다. 그들은 함께 테이블 가까이 다가왔다. 곧이어 무언극으로 진행되는 의식이 이어졌다. 이 의식이 무언 결혼극이라는 것을 눈치 채기는 쉬웠다. (160)

이 장면을 보고 있던 사람들은 이 가장놀이가 잉그램 양을 향한 로체스터의 진정한 감정을 보여 준다고 믿는다. 하지만 로체스터가 제인에게 그녀의 경쟁자가 지금 하고 있는 것처럼 보이는 역할을 욕망하도록 부추기기 위해 잉그램 양을 대체품으로 쓰고 있을 뿐이라고 말할 때, 로체스터는 이 게임의 가장 관습적인 의미를 완전히 쫓아내고 있다.

> 나는 잉그램 양과 결혼하지 않을 것이고 할 수도 없을 것입니다. 나는 당신, 이상하고 얼토당토 않은 당신을 내 육신처럼 사랑합니다. 나는 가난하고 비천하고 작고 못생긴 당신에게 나를 남편으로 받아 달라고 간청합니다. (283)

샬럿 브론테는 이런 감정 선언을 통해 무언 결혼식이 갖고 있던 가장 전통적인 의미를 추방한다. 이 감정 선언이야말로 블랑시를 제인의 대체품으로 만들고, 제인을 욕망의 진정한 대상으로 만든다. 이런 욕망의 삼각구도는 두 가지 목표를 동시에 이룬다. 그것은 사회적 관습이 은폐하고 왜곡하는 다른 수위의 사건을 구성하는 동시에, 그 사건이 소란과 균열을 통해서만 드러날 수 있다는 것을 결정한다.

제인이 전통적으로 매력적인 여성의 정반대로 표현되는 순간 그녀가 로체스터의 진정한 욕망대상이라는 것은 더 이상 의심할 여지가 없다. "이상하고 얼토당토 않은" "가난하고 비천하며" "작고 못생긴" 존재로서 제인은 고도로 개인화되어 있기 때문에 경험의 사회적 표면에 행사하는 힘을 통해서만 이해할 수 있는 욕망을 표현한다. 이 욕망은 이성적이고 세속적인 동기로 설명되는 것을 거부한다. 사실 로체스터의 감정 선언은 이 게임에 아주 감상적인 결론을 내리지만, 소설에서 결혼식 장면은 작가 브론테가 그것을 허용해 주기 전에 몇 개의 변형 과정을 더 거쳐야 한다. 결혼식이 있기 며칠 전 제인은 잠에서 깨어나 낯선 인물 — 또 다른 대체물 — 이 자신의 면사포를 쓰고 있는 것을 본다.

> 곧 그녀는 내 면사포를 원래 있던 자리에서 꺼냈다. 그녀는 면사포를 들고 물끄러미 쳐다본 다음 그것을 머리에 둘러쓰고 거울을 향해 돌아섰다. 그 순간 나는 어두컴컴한 장방형의 거울에 그녀의 얼굴 생김새와 몸매가 또렷하게 비치는 것을 보았다. (311)

극심한 자기 소외가 일어나는 이 순간 제인은 결혼식이 거행되기 직전에 거울에 비친 자신의 모습을 보고 그 모습이 이전에 침실에서 본 침입자의 모습과 같다고 묘사한다. "나는 옷을 입고 면사포를 쓴 형상을 보았는데, 그것은 평상시 내 모습과 너무나 달라서 마치 낯선 사람을 보는 것 같았다."(315) 다시 제인은 자기 자신을 대체물의 대체물로 바라본다. 제인은 전통적인 신부의 모습을 이렇게 왜곡함으로써 욕망의 사회적 형식과 개인적 내용 사이에 불길한 간극을 만들어 낸다. 결혼식에 대한 이런 상징적 수행들이 모여 관습적 의미에서 환상적이지도 현실적이지도 않은 재현 형식을 구성한다. 이런 상징적 실행들은 과거를 후일 프로이트가 순전히 심리적 경험을 표현하기 위해 '낮의 잔여물'(day-residue material)이라 부른 것과 흡사하게 만든다.

이런 자기 설명적 사회적 제스처를 전통적 내용에서 분리하는 것은 — 우리는 이를 『제인 에어』의 결혼식 장면에서 확인할 수 있는데 — 『제인 에어』와 『워더링 하이츠』 두 작품의 특징적 전략이다. 두 소설 모두 성관계를 표현하는 관습이 새로운 의미영역을 지시하도록 만든다. 그런데 오스틴의 작품에서 이 새로운 의미영역은 개인의 진정한 욕망을 표현하는 것처럼 보였던 관습들에 앞서며 그것들과 대립한다. 제인과 로체스터의 결혼은 로체스터의 저택의 천장 아래에서 시작했지만 로체스터의 "사악하고 잔인하며 미친" 아내가 등장하면서 무너진다. 이 결혼이 무너진 것은 독자들로 하여금 로체스터가 제인에게 한 구애를 블랑시에게 한 구애와 마찬가지로 완전히 다른 각도에서 이해하도록 만든다. 이제 제스처는 성관계의 은밀한 역사를 가리키는, 은폐되어 있지만 더 진정한 의미를 담고 있다. 미친 여자가 드러나면서 여주인공/화자 자신은 갑자기 보다 근대적 차원의 심리를 획득한다. 독자들은 제인이 붉은 방에 갇혀 수인으로 보낸 광기의 밤이 그녀를 미친 여자와 연관시킨다고 믿으면서 제인을 로체스터와는 다른 각도로 바라본다. 로체스터에게 제인은 그의 괴물 아내가 갖지 않은 온갖 미덕을 구현한 인물이다. 하지만 많은 독자들은 두 여성을 동일한 유형의 성적 욕망을 승화시킨 형태, 말하자면 작가 자신에게서 비롯되는, 전통적 남녀관계에 대한 강한 양가성(ambivalence)이라고 바라본다. 나는 역사적으로 이전 시대의 성의 형태가 가정관계에 침입해 들어오는 것이 어떻게 우리가 소설을 읽는 방식을 변화시켰는지를 설명하면서, 지금까지 주장해 온 것 이상으로 논의를 더 밀고 나가지는 않겠다. 물론 『빌레트』에서 유령 유모의 실체가 밝혀지고, 이것이 루시

스노우의 성격을 읽어 내는 우리의 독서 방식을 어떻게 바꾸는가에 관해서도 비슷한 주장을 펼 수 있을 것이다. 동일한 문제가 독자들이 플롯의 불길한 전환과 관련된 모종의 비밀스러운 가족관계망을 발견할 때 디킨스 소설 전체에도 적용된다. 나의 주장은 지극히 간단하다. 즉 미친 여성이 드러나면서 여성의 욕망을 읽어 낼 모든 가능성들이 글쓰기의 세계 안에서 펼쳐진다. 우리는 성관계를 다시는 액면 그대로 바라볼 수 없다. 이제 성관계는 억압된 개인사의 일부로 이해되어야 한다.

에밀리 브론테의 소설은 역사를 심리적 시각에서 읽을 수 있는 훨씬 더 분명한 사례를 보여 준다. 『워더링 하이츠』에서 화자 록우드는 히스클리프가 지배하는 집 안으로 들어갈 때 자신이 전혀 해독할 수 없는 사회적 표면을 만난다. 그러나 록우드는 인간관계가 어떻게 움직이는지 자기가 잘 안다고 믿는다. 록우드가 자신이 여성인물을 정확히 읽어 내는 독자라고 스스로를 상상하는 장면은, 작가 브론테가 그에게 근자의 어떤 경험을 기억하도록 만드는 순간이다.

> 해변가에서 한 달간 근사한 날씨를 즐기는 동안 나는 가장 매력적인 인물과 어울리게 되었다. 그녀가 나를 알지 못하는 한 내 눈에 그녀는 여신처럼 보였다. (…) 시선에도 언어가 있다면 가장 아둔한 멍청이도 내가 그녀에게 홀랑 빠져 있다는 것을 눈치 챘을 것이다. 그녀는 마침내 나를 알아보고 뒤를 돌아보았다. 그것은 내가 상상할 수 있는 가장 달콤한 눈길이었다. 그때 나는 무엇을 하고 있었던가? 부끄러운 마음으로 고백하노니, 나는 달팽이처럼 나 자신 속으로 차갑게 움츠러들었다. (19)

록우드는 여성을 욕망의 대상으로 가리키는 성 관념을 인간관계에 대한 자신의 이해 속으로 끌어들인다. 그 여성의 아름다움을 망가뜨리는 것은 그녀가 그를 욕망한다는 표시이다. 그 여성은 그녀 자신의 시선으로 바라보고 있다.

오직 표면만 바라보는 이런 앎의 방식은 록우드가 작품 속 인간관계를 이해하고자 할 때 끔찍할 정도로 부적절해진다. 록우드는 히스클리프가 점잖다는 눈에 띄는 외적 표시를 보여 준다는 오직 그 이유만으로 히스클리프를 캐서린 2세와 연결시킨다. 여기에 더해 그는 캐서린 2세와 헤어턴 언쇼 사이에 일어나고 있는 결합 가능성을 전혀 눈치 채지 못한다. 진짜 상속자는 하인의 위치에서 자라고 있었기 때문이다. 록우드는 이 여성의 어머니(캐서린 1세)를 히스클리프와 연결했던 열정적 힘을 알지 못했던 그 예의 바른 관습에 여전히 기대고 있다. 히스클리프와 캐서린 사이에 형성된 유대는 사회질서의 양 극단 사이로 확장시켜야 하는 것이기 때문이다. 하지만 브론테는 록우드가 예의 바른 세계가 허용하는 성관계에 대한 지식 때문에 준비가 되지 않았던 까닭에 비틀거리며 넘어지는 것을 독자들이 바라보도록 놔둘 뿐 아니라, 록우드가 예전에 매력적인 여성을 만났던 순간을 상기시키면서 그의 감각이 실패하는 한 장면에서 그가 성관계의 지식을 갖고 있지 않다는 것을 극적으로 노출시킨다. 아래 인용은 록우드가 캐서린 2세를 바라보면서 떠올리는 생각이다.

> 이제 나는 그녀의 몸매와 얼굴 생김새를 확실히 보았다. 그녀의 몸매는 날씬했고 겉보기에는 소녀 시절을 채 벗어나지 않은 것 같았다. 감

탄을 자아낼 만한 몸매와 지금껏 내가 시각적 즐거움을 누렸던 얼굴 중에서 가장 정교하게 다듬어진 조그만 얼굴이었다. 자그마한 이목구비는 매우 예뻤다. 섬세한 목선 위로는 아마빛깔, 아니 차라리 황금빛에 가까운 머리카락이 곱슬거리며 느슨하게 흘러내렸다. 그리고 두 눈. 만일 그 눈의 표정이 유쾌한 것이었다면 도저히 물리칠 수 없었을 것이다. (19)

우리는 다시 시선의 문제로 돌아왔다. 이 여성은 온순한 시선의 대상처럼 행동하지 않고 주체성의 존재를 드러내는 방식으로 —이 경우 달콤하지 않은 경멸과 절박함으로 —시선에 응답한다. 그녀의 눈은 여성의 능동적인 자아를 드러내는 기호가 되면서 욕망을 바라보는 록우드의 미적 관념을 위반한다.

록우드에게 일어나는 이런 혼란의 중심에는 조만간 언쇼 가문의 일원이 될 캐서린 린턴 히스클리프의 정체가 놓여 있다. 그녀와 그녀의 어머니는 록우드가 사회적 경험을 이해하기 위해 유일하게 기대고 있는 예의 바른 관습의 한계를 드러낸다. 이 두 캐서린은 이름이 같다는 사실 이외에도 사실상 소설에 등장하는 모든 성(family name)을 얻는다. 어떤 성은 여러 번 얻는 경우도 있다. 이들의 사회적 정체성이 어긋나는 것은 욕망의 변모 과정을 표시한다. 캐서린 1세는 히스클리프만을 사랑했고 "그를 오빠의 권력에서 빼내고" 싶었기 때문에 에드거 린턴과 결혼한다. 일부일처제적 욕망이 근친상간 및 시체 애호증과 연결되는 소설 속 장면을 닮은 한 장면에서, 캐서린 1세의 딸 캐서린 2세는 결혼식 날 밤을 히스클리프의 죽어 가는 아들 린턴과 갇혀서 보낸다. 이런 조건에서 결혼은 말 그대로 욕망의 실현이기를 멈춘다. 보다 정확히 말하면 결혼은 욕망을 억압하거나 봉쇄하려는 사회적 관습을 잔혹하게 무너뜨리는 정도까지만 욕망을 구현한다. 이런 식으로 소설은 욕망을 다른 곳에, 즉 사회 외적 인간경험의 차원에 놓는다.

록우드의 꿈에 캐서린의 유령이 침범하는 장면은 『제인 에어』에서 로체스터의 미친 아내가 드러나는 것과 동일한 목적에 봉사한다. 이런 파열은 젠더와 세대에 혼란을 일으킨다. 이 파열은 개인의 외부와 대립하는 것으로서 내부에 존재하는 것에 의문을 제기한다. 따라서 이런 혼란은 개인의 정체성을 구획하는 선을 다시 그린다. 하지만 새로운 차이의 원칙에 따라 이 선들을 규정한다. 브론테 자매는 사회관계의 질서를 바로 세우면서 개인을 특별한 지식의 영역으로 재구성한다. 그런데 이 지식의 영역에서 개인의 정체성은 사회적이거나 계보학적으로 결정되지 않는다. 왜냐하면 개인의 운명이나 '발전'을 추동하는 것은 여성의 욕망이기 때문이다. 이런 환경 아래에서 버사 메이슨(Bertha Mason)의 발견이 로체스터의 무뚝뚝한 성격을 설명해 주는 것과 비슷한 방식으로 캐서린 1세의 발견이 히스클리프의 잔혹한 성격을 상당 부분 설명해 줄 때, 여성 주체성의 가능성과 그것이 지닌 특권적 힘은 무한히 커지는 것 같다. 여성에게 이런 추동력을 넘겨주는 과정에서 소설이 일정한 역사적 역할을 담당했다는 사실에 주목하는 것은 중요하다. 『워더링 하이츠』와 『제인 에어』의 마지막 대목에서 일어나는 사회관계의 재배치를 이해하려면 더 이상 역사로 간주되지 않는 역사, 다른 질서의 역사가 필요하다. 이 다른 역사는 여성이 말하는 이야기이다. 그것은 성의 역사이다.

브론테 자매는 정치적 인간, 장소, 사건의 특성들을 모두 지워 버리고 감정이 관습을 압도하여 그 자체로 독자적 가치가 되는 문학적 언어를 창출한 작가로 유명세를 얻었다. 이들의 자아의 언어는 성스러운 인물을 그로테스크한 육체적 형상으로 고쳐 씀으로써 이 성스러운 ― 종종 밀턴적인 ― 인물을 최악의 고딕적 인물과 뒤섞는다. 이들의 소설은 집시와 구(舊)토지소유 집안의 딸 사이에, 혹은 매력 없는 가정교사와 주인 사이에 존재하는 사회적 간극을 가로지르며 솟구쳐 오르는 연대에 달려 있다. 브론테 자매는 자신들이 메우려는 사회적 역할이 본질적으로 부적합하다는 현실에 직면하여 그들의 소설 속 연인들에게 완전히 다른 존재론적 시각에 입각하여 절대적 정체성을 부여한다. 캐서린 언쇼가 선언하듯, "넬리, 나는 히스클리프야. 그는 언제나 내 마음속에 있어. 그는 내가 나 자신에게 기쁨이 아니듯 기쁨으로 존재하는 게 아니야. 그는 나 자신이야"(77). 히스클리프 역시 두 사람이 마치 한 몸 ― 확실히 물질적 몸은 아니라 해도 ― 을 이루고 있다고 말한다. 작가 브론테는 두 연인의 몸이 하나의 무덤 속에서 서로에게 섞여 들어갈 때까지 이들에게 반생(half-life)을 허용한다.

우리는 열정의 인물을 사실적으로 표현하는 방식에서 샬럿 브론테가 에밀리 브론테보다 급진성이 부족하다고 생각하지 않기 위해, 제인이 하느님에게 존 리버스 목사의 강압적 구혼을 물리치게 도와 달라고 애원하는 장면을 떠올려야 한다. 이 순간 제인은 자신이 "잘 알고 있고 사랑을 받았으며 똑똑히 기억하고 있는 목소리 ― 에드워드 페어팩스 로체스터의 목소리 ― 가 자신의 이름을 신비롭게 세 번 반복해서 부르는 것을 듣는다. 그 목소리는 고통스럽게 말했고, 거칠고 소름 끼치며 절박하게 애원했다"(369). 제인은 이 목소리에 응답하면서 로체스터의 오른쪽 눈과 손이 사라지고 없음을 본다. 두 연인이 재결합하면서 나누는 대화는 너무나 독특한 이 장면을 이렇게 그리고 있다.

> "이 팔에는 손도 없고 손톱도 없소." 잘려 나간 팔을 가슴에서 꺼내 보여 주며 그가 말했다. "이젠 뭉텅이뿐이오. 끔찍하지 않소, 제인?"
> "당신의 그 팔을 보게 되다니 참 안됐어요. 당신 눈도 안됐어요. 당신 이마에 남아 있는 화재 상처도 안됐어요. 그러나 제일 안된 건 이 모든 일 때문에 내가 당신을 너무나 사랑하게 되고, 당신을 대단하게 생각할 위험에 빠지는 일이에요." (384)

비록 마지막 구절의 아이러니가 없다 해도 이 장면은 사랑을 말하는 독창적인 진술이다. 브론테가 심리적 동기와 행동의 연속성을 파열시키고 이를 통해 단 두 사람의 욕망도 똑같지 않다는 것을 암시할 때, 사회적 관습은 완전히 새로운 심리적 내용을 제시하도록 재구성된다.

브론테 자매가 여주인공들에게 그들을 소유할 수 없는 한 남성을 욕망하도록 만들 때, 사회적 가능성의 장 안에 있는 사람들은 모두 진품의 대체품이 되며, 사회적으로 매개된 욕망의 형식은 다시는 완전한 만족 — 이것이야말로 로체스터가 잃어버린 부위이다 — 에 근접한 만족감을 주지 못한다. 이처럼 만족을 영원히 연기시키는 것은 욕망을 로맨스의 영역에 위치시키고, 영원히 현실과 어긋나는 것처럼 보이게 만든다. 그러나 실상은 다르다.[53] 브론테가 표현하듯, 욕망은 그 자체로 리얼리티를 획득한다. 이 리얼리티는 현실원칙과 종종 갈등을 일으키긴 하지만 현실원칙과 대등한 리얼리티이다. 브론테 자매의 소설이 사회경제적 영역을 구성하는 개별적 요소들을 인위적 통일성 — 서사적 의식의 통일성 — 안으로 재조직할 때, 욕망은 현실원칙에 승리를 거둔다. 사회적 기호뿐 아니라 해부학적 요소들, 생물학적 기능·행동·감각·쾌락들이 모두 남성의 욕망이나 여성의 욕망을 가리키는 기호가 된다. 이런 일들이 일어날 때 대상세계를 이런 젠더구성체 속으로 재구성하는 원리는 인과원칙과 보편적 의미의 조화가 발견되도록 한다.

한때 가정소설은 파멜라가 그랬던 것처럼 에로틱한 욕망의 얼룩을 지워 버림으로써 정숙함에 도달하고자 갈망했다. 하지만 브론테 자매와 더불어 소설의 역사는 반대 방향으로 움직인다. 이들의 손에서 가정소설은 욕망을 사회화하려는 격렬한 투쟁을 벌이기 시작했다. 바로 이 욕망의 기원과 변천이 인간의 성장 가능성뿐 아니라 진정한 정체성을 구성한다. 욕망의 글쓰기에 일어난 이 사건은 1860년대의 선정소설과 이 논쟁적 소설을 길들이기 위해 그 주변에서 성장한 성의 시학에서 가장 극단적인 모습을 취했다.[54] 1895년 발표된 「근대문학의 섹스」("Sex in Modern Literature")라는 제목의 글에서 블랑시 크라켄

53 이는 이 장에서 전개된 몇 가지 논점 가운데 하나인데, 이 점에 관해서는 존 쿠시치(John Kucich)에게 진 빚을 인정해야겠다. 그는 1987년 캘리포니아대학출판부에서 출판될 자신의 책 *Repression in Victorian Fiction*의 일부 원고를 참조하도록 해 주었다. 그의 관점은 나와는 다른 용어로 표현되어 있지만, 그럼에도 우리의 작업은 내가 여기서 논의하고 있는 논점, 즉 빅토리아 시대의 억압이 지닌 생산적 측면에 대해서는 만난다. 쿠시치는 샬럿 브론테에 대한 자신의 작업을 "일부 소설에 나타나는 두려움과 죄책감에 묶인 행동을 내면성을 고양시키기 위한 19세기적 전략으로 재규정하려는 시도"로 여긴다 (ms. p. 5.).

소프(Blanche A. Crackenthorpe)가 한 진술을 보면, 우리는 샬럿 브론테가 제인 오스틴을 수정하려는 시도가 당시 얼마나 확고하게 자리를 잡았는지 알 수 있다.

> 섹스의 신비는 그것이 얼마나 많이, 얼마나 자주 무시되고 오해되어 왔는가에 상관없이 예술의 전 영역에서 모든 창조적 작업의 가장 아름다운 모티프로 남아 있고 앞으로도 그러할 것이다. 섹스는 인생에서 가장 강력하고 그럴듯한 요소이다. 섹스는 가장 고귀한 행동과 가장 비천한 행동 모두를 이끄는 힘이다. 섹스는 생의 분위기 그 자체이다.[55]

나는 개인적 욕망을 위한 브론테 자매의 미학적 선언이 전통적 비평가의 수중에서 얼마나 급진적으로 보편화되었는지 말하고 싶다. 또 1895년에 이르면 성은 전통적 도덕의 저항세력이 아니라 그 수단이 되었다는 것도 주목할 만하다. 성이 이렇게 된 것은 필연적이었다. 왜냐하면 브론테 자매는 산업화되고 있는 세계의 정치적 범주들을 반박하면서 성적 욕망을 정치적 범주들과 구분하고 그것보다 더 근본적인 것으로 그리고 있기 때문이다.

나는 브론테 자매의 소설과 공존했던 다른 성의 언어를 보여 주는 한두 개의 예시를 제시하는 것으로 이 장을 마무리하고자 한다. 마사

54 Winifred Hughes, *The Maniac in the Cellar*, Princeton: Princeton University Press, 1980, pp. 38~72. 그리고 Elaine Showalter, *A Literature of Their Own*, Princeton: Princeton University Press, 1977, pp. 153~181.

55 Blanche A. Crackenthorpe, "Sex in Modern Literature", *Nineteenth Century*, 37, 1895, pp. 607~616.

비시너스의 『산업의 뮤즈』(*The Industrial Muse*)에는 문자로 기록된 구술전통이 보존되어 있다. 구술전통은 그 판본들이 현재까지 남아 있긴 하지만 문해력을 얻기 위한 싸움에서 패배했기 때문에 문학적 토론에 끼어들 방안을 거의 찾지 못했다. 여기 「짱짱한 새 배틀」(“The Bury New Loom”)에서 발췌한 운문 구절이 있다. 비시너스는 1804년 한 장짜리 인쇄물로 출판된 이 운문을 “가구쟁이의 인생을 찬양하는 가장 대중적인 시 중 하나”라고 말한다.[56]

나는 말했지: 내 사랑하는 아가씨, 날 믿어요, 난 괜찮은 가구쟁이예요.
내 앞에 있는 저 수많은 베틀과 북은 내가 제때에 만든 거예요.
난 당신의 짧은 램과 잭, 그리고 긴 램을 재빨리 맞출 수 있어요.
내 자는 벌떡 일어나 새 베틀과 맞출 수 있도록 잘 정리되어 있어요.

그녀는 날 데려가 자기 베틀을 보여 주었어요. 덮개 밑이 나타났어요.
램과 잭과 머리가 움직여요. 나는 그녀의 베틀을 머리에 맞추어요.
내 북은 그녀의 선반에서 잘 굴러가고, 내 발틀은 아래위로 움직여요.
그녀의 베틀을 돌릴 때 내 레벨은 그녀의 갈비뼈 근처에 있어요.

우리는 이런 시들이 앤드루 우어의 기계화된 조직과 대조적으로 기계와 일하는 사람 사이의 관계를 얼마나 달리 이해하고 있는지 알 수 있다. 이 시들은 확실히 1800년대 초에 이르면 중산계급 가구와 그

56 “The Bury New Loom”, in Vicinus, *The Industrial Muse*, p. 40.

중심에 있던 여성들에게는 근본적으로 적대적으로 보이게 된 기능공의 집을 찬양하고 있다. 셔틀워스가 기능공 계급의 빈곤화와 탈도덕화를 야기한 원인이자 그것들을 나타내는 형상으로 만들었던 것이 바로 이런 형태의 성이었다. 또한 공장이 노동자를 완전히 개인화된 기능적 공간 속에 고정시키면서 바꾸고자 했던 것도 바로 이런 형태의 성이었다.

그러나 사람들이 어떤 형태의 문해력을 갖게 할지 결정하는 투쟁을 그린 소설의 재현방식이 이런 형태를 띠었던 것은 아니었다. 나는 소설이 다른 정치적 관점을 표현하는 자료들의 확산을 막고 이 자료들을 대체하기 위해 젠더화된 육체를 어떻게 활용했는지 구체적으로 보여 주기 위해 『제인 에어』에 등장하는 짧지만 강력한 한 장면을 예시로 들겠다. 아래 장면은 브로클허스트 씨(Mr. Brocklehurst)가 제인에게 교리문답을 시키는 장면인데, 여기서 독자들은 정치적으로 억압받는 사람들이 들고 일어나 제인의 말을 고무시키고 있는 분노를 느껴야 한다.

"버릇장머리 없는 아이를 보는 것보다 더 슬픈 일은 없단다." 그가 말을 시작했다. "버르장머리 없는 여자애를 보는 건 더 그렇지. 넌 사악한 사람들이 죽어서 어디로 가는지 아느냐?"

"지옥으로 갑니다." 나의 즉각적이고 정통적인 대답이었다.

"그러면 지옥은 어떤 곳이냐? 내게 말해 줄 수 있겠느냐?"

"불구덩이입니다."

"그러면 너는 불구덩이에 빠져 영원히 불타고 싶으냐?"

"아닙니다, 선생님."

"그럼 불구덩이를 피하려면 어떻게 해야겠느냐?"

나는 잠시 생각했다. 마침내 내가 한 대답은 귀에 거슬리는 것이었다.

"건강을 잘 지켜 죽지 않아야 합니다." (927)

디킨스의 『어려운 시절』 서두에서 그래드그라인드 씨가 20번 여학생에게 질문을 던지는 장면처럼, 이 장면에서 제인이 감행하는 여학생다운 반란은 의미를 통제하기 위한 정치적 투쟁을 젠더와 세대 간의 투쟁으로 변모시킨다. 역사적으로 그들보다 앞선 여주인공들이 언어를 통해 귀족의 음탕한 포옹에서 벗어나야 했던 것과 달리, 이 빅토리아 시대의 여주인공들이 중산계급의 관료이자 부성적 인물의 언어적 지배에 맞서 투쟁을 벌이고 있다는 사실은 의미심장한 사건이다. 내가 5장에서 다룰 도라(Dora)가 프로이트와 이야기를 나누는 문화적 무대가 마련된 것이다. 하지만 이 장의 목적에서 보다 중요한 점은 젠더와 세대 간의 투쟁이 문해력을 위한 더 큰 정치적 투쟁을 길들이는 방식이라는 점이다. 브론테는 제도적 언어에 맞서는 제인의 언어적 공격이 정치적으로 만족스러운 것이라 할지라도 제인이 교리문답을 비틀 때 정치적 억압에 맞서는 저항을 제시하지는 않는다. 오늘날 잘 알려진 모든 소설가들처럼, 브론테는 계급갈등을 성관계로 치환하고 성관계를 근대의 제도화된 문화 속에 새겨 넣는다. 성관계는 이렇게 봉쇄되고 난 후에는 중산계급 담론과 그와 다른 정치적 진리를 말할 수 있는 문화적 목소리 사이의 헤게모니 투쟁을 재현하기보다는 중산계급 담론 내부의 두 축을 재현하게 된다. 1844년 석탄 광부 파업 때 등장한

「광부의 교리문답」("Miner's Catechism")은 어떻게 교리문답이 정치적 경쟁의 수단으로 쓰였는지 보여 준다.[57]

> 문1: 네 이름이 무엇이냐?
>
> 답: 피터 가난입니다.
>
> 문2: 누가 그 이름을 지어 주었느냐?
>
> 답: 세례 받을 때 대부와 대모께서 지어 주셨습니다. 세례에서 저는 검은 석탄구덩이의 일원, 노예제의 자손, 햇빛 하나 들지 않는 탄광의 상속자가 되었습니다.
>
> 문3: 그러면 대부와 대모는 네게 무엇을 해 주었느냐?
>
> 답: 대부와 대모는 제 이름을 걸고 세 가지를 약속하고 선언했습니다. 첫째, 저는 제 주인의 의지에 반대하는 행동은 모두 포기해야 한다. 둘째, 저는 저를 지켜보는 사람들의 말과 행동 하나하나가 모두 저의 이익을 위해 말해지고 행해졌다고 믿어야 한다. 셋째, 저는 매사에 저를 지켜보는 사람들에게 순종해야 하고, 그들의 이익을 위해서만 일해야 하고, 제 인생의 하루하루를 가난과 결핍 속에서 살아야 한다. 이 세 가지입니다.

빅토리아 소설이 가정이라는 공간을 사회집단을 분류하고 관찰 대상으로 유지하기 위해 활용되는 수단으로 변형시키는 것이 소설을 재현과 권력의 관계를 보여 주는 또 하나의 사례로 만드는 것은 아니

57 "Miner's Catechism", in Vicinus, *The Industrial Muse*, p. 75.

다. 정치적 지식을 근대적 자아의 언어로 변형시키는 소설들이 1840년대에 들어 갑자기 출현했던 것은 권력의 이론에 새로운 사실을 보태고 있다. 가정소설의 우세는 얼마만큼 권력이 공공연한 사법적·경제적 수단에 기대지 않고 문화적 헤게모니 — 가족, 성행위의 규범, 예의바른 언어 사용, 여가시간의 규제, 그리고 근대 주체를 구성하는 모든 미시적 기술들 — 에 기댔는지 보여 준다. 괴물여성은 정치적 저항이 젠더화되고 중성화되는 한 자리를 표시할 때 이런 주체의 역사 속에서 이해될 수 있다. 내가 주장해 온 바는, 이런 괴물여성에게서 결사는 성욕망의 형태로 나타나게 되었다는 것이다. 이런 대체 과정에서 어떤 소설들은 여성, 아동, 하녀의 정서적 안정에 더 이상 위험한 것으로 보이지 않게 된 것 같다. 확실히 어떤 소설들은 감수성이 예민한 정신을 훈육시킬 적절한 수단을 제공하는 한에서, 다시 말하면 개인이 정치적 현실과 맺는 관계를 상상할 수 있는 방법을 제한하는 수단을 제공하는 한에서 품위와 최종적인 문학적 지위를 얻었다.

하지만 정치적 차이를 타락한 성처럼 보이게 만드는 과정을 봉쇄시킨 소설은 여전히 잠재적 위험성을 안고 있다. 정치적 저항을 원시적이고 범죄적인 것으로 대체하기 위해 소설은 다른 문화적 자료, 다른 문화적 실천, 다른 계급의 성의 흔적을 봉쇄시켜야 했다. 확실히 이런 자료들은 성애화되고 가족과 대립적으로 배치되면서 타락했다. 하지만 이런 저항적 요소들이 소설에서 봉쇄되면서 다른 것으로 대체될 때 우리는 텍스트가 밋밋해진다고 느낀다. 가정소설은 이 자료들을 순수 이데올로기에 넘겨주면서 독자들을 더 빈곤한 사랑이야기, 더 협소한 성의 관념 속에 묶어 놓는다. 이를테면, 『워더링 하이츠』의 캐서린

2세, 로체스터의 아내가 되기 위해 손필드에 돌아온 제인 에어, 『허영의 시장』에서 로던 크롤리(Rawdon Crawley)가 베키 샤프 대신 얻은 두 번째 아내, 결혼을 간절히 원할 때 건강을 얻긴 하지만 관능을 되찾지는 못한 메리 바턴, 디킨스가 시시 주프를 루이자 그래드그라인드의 대체품으로 만들었던 것을 생각해 보라. 이 각각의 경우 소설이 젠더와 세대를 더 분명하게 구분하는 요소들만 포함하기 때문에 정상성의 범위는 협소해지는 것 같다. 따라서 결사를 야만적이고 병든 욕망으로 표현하는 것만으로는 충분치 않았다. 한 개인을 인간으로 만들어 주는 요건으로서 욕망을 개인 속에 심어 넣기 위해 근대적 욕망을 보편화하는 독서의 전통을 확립하는 것 또한 필요했다.

특히 브론테 자매는 이런 관계를 발견할 수 있는 성의 역사의 한 국면을 재현하고 있다. 『워더링 하이츠』는 독자들을 곤혹스럽게 만들었다. 애초에 이 작품은 젠더가 불확실했던 작가이면서 문화사의 이전 시기와 연결되었던 엘리스 벨(Ellis Bell)의 작품으로 받아들여졌다. 샬럿 브론테는 동생의 소설이 독자들 사이에서 더 잘 읽힐 수 있는 방법을 잘 알고 있었다. 샬럿은 1850년도 판 『워더링 하이츠』에 작가의 '전기적 노트'를 끼워 넣는데, 이를 통해 이 작품이 치명적 병을 앓고 있고, 정신적으로 혼란스러우며, 문화적으로 원시적인 한 여성에 의해 씌어진 것으로 읽히게 만들었다. '전기적 노트' 뒤에 붙인 서문에서 샬럿은 이런 특성들을 창조적 천재의 속성으로 바꾸었다. 이 천재는 양성애적이며 나이가 들었지만, 아이같이 천진난만한 면모를 지니고 있고 악마적 에너지에 사로잡혀 있으면서 치명적 결함을 지니고 있으며, 문학가로 살아갈 운명을 타고났다.[58] 『워더링 하이츠』가 흥미로울 만큼 사적인 의미체계를 가진 자기고립적 텍스트로 다가온다면, 그것은 저자의 소외 때문이 아니라 텍스트를 고립시키는 샬럿의 최초의 태도를 강박적으로 반복하는 해석 전통에서 비롯된다.

58 내 생각으로는 자신의 여동생이 천재였다는 샬럿의 증언은 그녀가 진짜로 느낀 것이라기보다는 계획된 것이다. 『워더링 하이츠』를 쓰던 시절 에밀리의 상태를 묘사하면서 샬럿은 빅토리아 시대 특유의 말들을 쓰고 있다. "남자보다 강하고, 아이보다 단순한 에밀리의 본성은 고독하다. 끔찍한 것은 에밀리가 다른 사람에겐 최대한의 연민을 보이지만 자기 자신에게는 일말의 동정심도 보이지 않는다는 것이다. 에밀리의 정신은 육체에 관해서는 냉혹하다." Charlotte Brontë, "Biographical Notice of Ellis and Acton Bell", *Wuthering Heights*, pp. 7~8. 여성의 창조력을 봉쇄하고 그것에 병리적 원인과 결과를 부여하는 이와 같은 문화적 논리는 오늘날 여성 예술가와 지식인을 묘사하는 데에도 여전히 남아 있다.

5장

유혹과 독서 장면

나는 어디인지 모르는 도시를 걸어 다니고 있었어요. 낯선 거리와 광장들을 보았어요. 그 다음 내가 살고 있는 집으로 들어가 내 방으로 갔는데, 어머니가 보낸 편지가 거기 놓여 있었어요. 어머니는 내가 부모님께 알리지도 않고 집을 나갔기 때문에 아버지가 편찮으시다는 소식을 전하러 편지를 쓰고 싶지는 않았었다고 쓰셨어요. "이제 네 아버지가 돌아가셨으니 원하면 돌아와도 좋다." —지그문트 프로이트, 『히스테리 환자 사례 분석의 단편』

어느 날 한 남자아이가 야생동물을 침입자로 한, 아주 '여성적인' 장면을 연출했다. 나는 그 장면을 보고 거북하다고 느꼈다. 내가 생각하기에 이 거북함은 종종 실험자의 가장 내밀한 기대를 무심결에 드러내는 것이다. 정말로, 그 남자아이는 자리를 떠나 벌써 문가에 가 있었다. 그는 "여기 잘못된 것이 있어요"라고 소리친 다음, 제자리로 돌아와서는 안도하는 기색으로 원형으로 배치된 가구의 접선을 따라 동물들을 가지런히 늘어놓았다. —에릭 H. 에릭슨, 『아동기와 사회』

『워더링 하이츠』에서 첫 세대 연인들이 죽어 사라질 때, 혹은 『제인 에어』에서 지극히 온순해진 로체스터가 한쪽 손과 눈을 잃고 미친 아내도 사라진 후 다시 등장할 때, 우리는 다소간 통한의 심정으로 열정이 사라지고 있다고 느낀다. 그러나 이 욕망의 인물들이 이제 한물갔다는 사실은 의심의 여지가 없다. 두 소설의 결말에서 이 인물들이 처한 상황을 보면, 우리는 이런 관능성의 표현을 향수에 젖어 바라볼 수는 있어도 이들이 다시 출현하기를 바라지는 않을 것이다. 왜냐하면 과거 문화의 친족관계를 지배했던 규칙들은 사회적 경험과 그 경험을 표현하는 언어와는 다른 층위에 있기 때문이다. 그러나 이 규칙들이 일부 사람들의 기억 속에 순전히 상징적 현상으로만 존재한다 할지라도, 연인들은 여전히 리얼하다. 연인들 한 사람 한 사람은 사실로 존재하면서 동시에 록우드의 꿈, 제인이 붉은 방에서 보낸 밤, 히스클리프가 죽을 때의 소름 끼치는 상황, 제인을 로체스터에게 다시 돌아가게 만든 초자연적 목소리처럼 다른 상황에서라면 존재할 수 없고 설명할 수도 없는 경험을 가리키는 비유이기도 하다. 각각의 경우에, 과거의 가족관계는 현재 다소 이해할 수 없는 요구를 해오는 기괴한 현상으로 재등장한다. 역사상 자신들이 존재했던 시대에서 떨어져 나온 이 인물들은 어느 한 개인 앞에 나타나 그의 욕망을 표현하는 것처럼 보인다. 이렇게 브론테 자매는 구애와 친족관계에 관한 당대의 관습에 반(反)하여 분출하는 것처럼 보이는 열정의 영역을 표현하기 위해 성의 역사의 유령들을 불러들인다. 과거의 성적 관행들은 예의 바른 독자들에게 내면화되고 안전해 보이기 위해 현재의 성관계의 품행들과 충돌하는 꿈, 환영, 충족되지 못한 소망 등에서 발견된다. 브론테 자매와 여타 선정소설가들의 수중에서 성의 역사는 개인의 신경증을 구성하는 소재가 된다.

나는 지금, 브론테 자매의 소설에서 억압은 역사적 소재를 의식의 재현, 특히 성의 역사로 전환하는 것을 가리키는 비유(trope)로 작용한다고 제안하고 있다. 이렇게 하여 소설은 과거의 성관계를 훨씬 더 포괄적이고 복잡한 주체성의 형태로 변형시킬 것이다. 소설이 그 내부에 성의 역사를 포함하고 있다면 — 내가 생각하기에 그러한데 —, 그 자체의 역사 — 소설의 역사 — 는 이 '다른' 역사로 대체되어 버린다. 내가 소설의 속성이라고 생각하는 잡식성 행동양식을 고려하면, 여성적 영역 내에 포함될 수 없는 문화적 요소는 사실상 거의 없다. 그러므로 심리적 지식으로 바뀔 수 없는 정치적 지식은 거의 없다. 이 장은 주체성 내부에 역사를 삽입하는 것이 갖는 의미를 논할 것이다. 이러한 삽입은 먼저 소설에서 이루어진 다음, 나중에 여성들이 소유하고 소설이 유포시키기로 되어 있었던 바로 그 주체성 개념을 물화시켜 버린 데 책임이 있는 근대 제도로 넘어갔다.

이 장은 어떻게 억압의 수사가 특정한 사회계약 형태를 유지하는 소통 조건을 창출해 내는지 제시할 것이다. 한 개인이 자기 '바깥에 있는 것'을 읽을 때, 그/그녀는 자기 '안에 있는 것'을 드러내면서 해방적이거나 치유적인 혜택을 얻는 것 같다. 이는 제인이 붉은 방에서 겪는 경험에도 적용된다. 이 경험은 제인이 숙모에게 분노를 터뜨리고 이후에 학교로 보내지는 원인이 되었다고 생각할 수 있다. 이 사건에서 소통은 자아와 타자의 만남이라기보다는 자기대면(self-confrontation)이다. 나는 브론테 자매의 소설에서 상상되는 독서 장면을 지배하는 정치관계들은 유혹 장면을 지배하는 정치적 관계와 같다고 주장할 것이다. 그런데 이 유혹 장면은, 리처드슨이 정의했고 정치적 관계들이 성적 계약으로 이해될 수 있는 곳이라면 어디든지 재생산된다.

유혹이 만들어 낸 소통 상황은 여성 주체가 타자가 그녀 자신에게 되기를 바라는 모습대로 되고 싶어 하는 상황이다. 『파멜라』가 보여 주듯, 자기정의(self-definition)의 힘을 포기하는 것이 유혹의 전체 목적이다. 하지만 여성이 사회가 그녀의 진정한 자아로 여긴다고 믿는 것을 찾는 힘을 포기한다면, 유혹과 교육의 구별은 수사적이다. 만일 유혹이 다시 한번 지배계급이 제도를 통해 작동시키는 전략이 된다면, 또 이 제도들이 정치적 권위뿐만 아니라 도덕적 권위를 가지고 말한다면, 파멜라의 저항은 더 이상 순결할 수가 없다. 이 저항이 신경증적으로 된다는 것은 자명하다. 이런 근거 위에서 나는 치료 계약(therapeutic contract)이 모든 근대적 제도들, 특히 문화를 길들이는 것에 가장 큰 책임이 있는 두 제도, 즉 심리치료제도와 문학제도의 근저를 이루고 있다고 주장할 것이다. 이 두 제도는 행동과 글쓰기라는 각각의 영역에서 젠더화된 자아의 해석학을 적극적으로 유지한다.

여성 박물관 : 『제인 에어』

나는 지식에 기반한 근대문화에 나타나는 젠더와 권력의 관계로 관심을 돌리기 전에, 『제인 에어』의 몇 장면을 잠깐 살펴보고자 한다. 이 장면들은 독자들에게 그들이 만나고 있는 텍스트가 어떤 종류의 것인지 확인시켜 준다. 이런 자기반영성(self-reflexivity)은 여성이 말과 사물의 의미를 결정하는 힘, 어떤 경우에는 말과 사물들 자체의 본성을 바꿀 수 있는 힘을 지닌 존재임을 확인시켜 준다. 제인은 처음으로 손필드 저택에 들어가는 장면에서, 리처드슨이 파멜라를 통해 수행하는 문화적 '침투'와 동일한 제스처를 반복한다. 파멜라는 귀족 영주 저택 —정확히 말하면 귀족 영주 저택을 중산계급에 맞게 변형시킨 저택 —으로 들어갈 때 다른 계급의 성의 비밀을 도덕적 시험에 노출시킨다. 그러나 한 세기 후 제인이 들어가는 저택은 명백히 다른 질서의 시골 저택이다. 제인이 처음 만나는 것은,

> 작고 아늑한 방이다. 쾌적한 난롯가에는 둥근 탁자가 놓여 있었고, 등이 높고 고풍스런 안락의자에는 상상할 수 있는 한 가장 깔끔한 키 작은 노부인이 앉아 있었다. 그녀는 미망인용 모자를 쓰고 검은 비단가운을 걸치고 눈처럼 하얀 모슬린 앞치마를 두르고 있었다. (…) 가정적 안락함의 극치를 완성하기에 전혀 부족함이 없었다. 새로 온 여자 가정교사에게 이보다 더 마음이 놓이는 첫 장면은 상상할 수 없었다. 위압감을 주는 웅장함도 없었고, 당혹스럽게 만드는 위엄도 없었다. 내가 들어가자 노부인은 자리에서 일어나 곧바로 친절하게 앞으로 걸어 나와 나를 맞아 주었다.[1]

이렇게 제인은 저택의 내부가 철저하게 소양 있게 관리되고 있음을 발견한다. 이 저택은 오스틴 작품과 같은 소설뿐만 아니라 품행지

1 Charlotte Brontë, *Jane Eyre*, ed. Richard J. Dunn, New York: W. W. Norton, 1971, p. 83. 이 책의 인용은 이 판본을 따랐으며, 본문에 간략히 페이지만 표기했다.

침서에 의해 이미 식민화된 장소이다. 사실 위 장면이 이런 소설 가운데 하나—밀폐되어 있고, 친숙하고, "마음이 놓이는", "부족함이 전혀 없는"—에서 뽑아낸 것이 아니라면 무엇이겠는가?

『노생거 사원』을 쓸 때, 오스틴은 과거를 과거 속에 안전하게 놓은 것처럼 보인다. 오스틴은 자신이 쓴 첫 소설의 여주인공에게 가부장적 문화의 잔혹한 행위를 사회적 현실이 아니라 허구의 특징이자 통제되지 않은 여성의 상상력이 지어낸 것으로 이해하도록 가르친다. 오스틴의 여주인공은 방탕한 영주가 여성의 육체를 지배할 수 있었던 영주의 저택이 영국의 사회적 현실에서는 더 이상 존재하지 않는다는 것을 깨닫고는 아주 당황해한다.

> 우리가 살고 있는 나라와 시대를 기억하세요. 우리는 영국인이고 기독교인이라는 점을 기억하세요. 당신 자신의 이해력, 일어날 법한 일을 분별해 내는 당신의 감각, 주변에 일어나고 있는 것을 당신이 직접 관찰한 것에서 조언을 구하세요. 우리가 받는 교육이 우리가 그런 잔혹한 행위에 대비할 수 있게 해 주나요? 사회적, 문학적 교류가 그러한 기반 위에 서 있고, 모든 사람이 자발적 염탐꾼들로 이루어진 이웃에게 둘러싸여 있으며, 길과 신문이 만사를 공개하는 이런 나라에서, 과연 그런 행위들이 알려지지 않고 저질러질 수 있을까요? 친애하는 몰랜드 양, 당신은 어떤 생각을 용인해 왔나요?[2]

2 Jane Austen, *Northanger Abbey*, ed. Anne Henry Ehrenpreis, Harmondsworth: Penguin, 1972, pp. 199~200.

오스틴이 감시, 혹은 그녀의 언어로 표현하면 "자발적 염탐꾼들"이 규제하는 사회를 표현할 때, 귀족권력에 대한 공포는 그보다 덜 끔찍하지만 보다 효과적인 공포에게 자리를 내주었다. 제인이 손필드에 도착한 후 이어지는 장면에서 브론테가 시도한 것은, 오스틴이 근대판 영국적 상식으로 막아 놓았던 과거 영주 저택 내부의 편집증적인 공간을 다시 열어젖힌 것이다. 그러나 브론테가 이런 요소를 사용하는 용도는 리처드슨의 용도와는 전혀 다르다. 브론테는 이 고풍스런 요소를 고풍스럽다는 바로 그 이유로 소설 속에 다시 살려 낸다. 이런 요소 자체는 브론테가 살았던 시대의 실제적인 공적·사회적인 조건을 표현할 수 없다. 그것은 사적이고 심리적인 현실만 표현할 수 있을 뿐이다. 로체스터의 저택에 있는 방들에는 리처드슨과 래드클리프가 귀족 문화에 속하는 것으로 여긴 악마적 권력이 스며들어 있다. 그러나 그 방들은 "상당히 크긴 하지만 웅대하지는 않으며, 귀족의 대저택이 아니라 신사의 영주 저택이다"(86). 그러므로 그 방들은 아주 개인적일 뿐 아니라 철저하게 평범한 드라마의 소재를 갖추고 있다.

한 세기 전에 여성용 품행지침서들은 집안의 물건과 사람들을 여성의 기호와 상징으로 바꾸었다. 여성은 집안의 물건과 사람들을 감독했으며, 물건과 사람들은 여성의 취향과 의무감을 전달하지 않을 수 없었다. 품행지침서는 또한 특정한 텍스트화 전략에 의해서만 모아진 텍스트들 — 영국의 고유한 문화적 과거의 부분들 — 로 구성된 교과과정을 만들어 냈다. 우리는 이런 골동품 애호가적인 텍스트 배치와 특정한 해석 절차에 의해 심리적 언어로 주조된 배치만이 여성적 감수성의 생산을 보증할 수 있었다는 점을 상기해야 한다. 그러나 18세기의 품행지침서들이 젠더화된 정상성의 이상형을 구성했던 반면, 브론테 자매의 소설은 표준화된 여성적 지식을 기묘하고 초자연적인 지식으로 대체한다. 이 지식은 이미 문자로 기록된 자아보다 더 심층적이며, 이 자아와 본질적으로 다른 자아를 내포한다. 손필드 저택의 방 하나하나는 소설 독자들에게는 친숙한 장소이고, 각기 다른 인용구이다. 모든 방들은 제인의 텍스트화하는 시선이라는 원칙에 따라 소설의 저택 안에 모아졌다. 이 저택에는 "참나무 재목으로 만들어진 반들반들한 계단"에서 끝나는 "길고 매트가 깔린 복도"가 있고, 소장되어 있는 "수많은 가벼운 문학과 시, 전기, 여행담, 몇 개의 로맨스들이" "풍요로운 오락과 지식의 수확을" 약속하는 것처럼 보이는 서재가 있다(90). 거기에는 "자주색 의자와 커튼이 있고, 터키 양탄자가 깔려 있으며, 벽은 호두나무 목재로 만들어져 있고, 착색유리로 된 크고 화려한 창문이 하나 있고, 천정이 높고 고상하게 만들어진" 식당이 있고, 제인에게 "요정들이 사는 곳"에나 나올 법한 인상을 주는 이국적 물건들을 갖추고 있는 응접실이 있다. 그것은 "아주 아름다운 응접실이었고, 내부에는 여성용 내실이 하나 있었는데, 두 곳 모두 하얀 양탄자가 깔려 있었다"고 제인은 말한다(91). 방들은 방 안의 방으로 계속 이어지는 것처럼 보이는데, 이것은 내부로 무한히 확장될 수 있음을 시사한다.

사실 우리는 브론테가 이런 일련의 방들로부터 제인의 자서전을 구성해 내고 있다고 말할 수 있다. 이렇게 브론테는 그 이전에는 결코 표현된 적이 없는 방식으로 가정적 공간을 그곳에 살고 있는 여성과 결부시킨다. 브론테 자매의 소설은 사실상 동일한 텍스트에 함께 속하지 않는 다양한 공간들 — 영주 저택의 방들 — 을 다룬다. 이것은 『맨스필드 파크』 같은 소설에 나오는 다양한 장소들처럼, 이 공간들이 사회경제적 관점에서 서로 양립할 수 없기 때문이 아니다. 반대로, 이 공간들은 역사적으로 불연속적인 가정을 나타낸다. 모든 스러시크로스 그레인지(Thrushcross Grange)에는 저마다의 워더링 하이츠가 있다. 폴 씨(Mousieur Paul)가 루시 스노우와 자신을 위해 철저히 가정화된 공간을 구입할 때 월러빈즈 부인(Madame Walravens)의 소름 끼치는 방들이 갑자기 눈에 들어온다[이들은 모두 샬럿 브론테의 『빌레트』*Villette*에 나오는 인물들임]. 와일드펠 홀의 세입자[앤 브론테의 『와일드펠 홀의 세입자』*The Tenant of Wildfell Hall*의 주인공인 헬렌Helen Lawrence Huntingdon을 지칭함]는 과거에는 섭정시대 풍의 영주 저택에서 살았으며, 미래에는 과거가 철저하게 제거된 저택에서 살게 된다. 오스틴 소설 속 응접실에 앉아 있는 듯 편안하게 앉아 있는 페어팩스 부인(Mrs. Fairfax)을 만날 때, 우리는 그녀가 여러 방들이 있는 저택의 방 하나에 앉아 있다는 것을 알아야 한다. 그런데 이 방들은 사적 세계 속으로 새로운 문화적 요소들을 짜 넣기 위해 서로의 내부로 열려 있다.

브론테 자매는 이 방들을 활용하여 이미 알려져 있고 소설적으로 표현된 것들보다 시기적으로 앞서는 자아 내부의 미발견된 영역을 표현한다. 제인은 로체스터의 첫 부인을 가둬 놓은 다락방을 발견하기 훨씬 전에, 이 저택에서 일상생활의 업무를 더 이상 수행하지 않는 공간을 발견한다. 제인은 "3층에 있는 방들 일부가, 비록 어둡고 천장이 낮기는 하지만, 고색창연한 분위기 때문에 흥미를 불러일으켰다"는 것을 깨닫는다. 이 모든 방에는 다른 글쓰기의 소재들이 있다. 오스틴은 이 소재들을 의도적으로 응접실의 세계로부터 배제시켰지만 브론테는 소설 속으로 다시 불러들여 새로운 목적을 부여한다.

> 한때는 아래층 방들에 있던 가구들이 유행이 변하면서 이따금씩 여기로 옮겨졌다. 좁은 여닫이 창문으로 들어오는 희미한 빛으로 족히 백 년은 된 침대틀이 보였고, 야자나무 가지들과 아름다운 아이들의 두상들이 이상하게 조각되어 있어서 헤브라이 인의 방주처럼 보이는, 참나무 재목이나 호두나무 재목으로 만들어진 궤짝들이 보였다. 여러 줄로 늘어서 있는 등이 높고 폭이 좁은 고색창연한 의자들과 그것들보다 훨씬 더 오래된 발판들도 보였는데, 쿠션이 대어져 있는 발판 윗부분에는 두 세대 전에 죽은 사람들이 수놓은, 반쯤은 지워진 자수의 흔적이 아직 또렷하게 남아 있었다. 이 모든 유품들 덕택에 손필드 저택의 3층은 과거 저택의 모습을 띠었다. 그곳은 기억의 전당이었다. (92)

이 "유품들"은 역사가 구식으로 만들어 버렸지만 여성과 소설가들이 마침내 새 용도를 찾는 일상생활의 — 그리고 소설의 — 잔재들을 이루고 있다. 예를 들어, 나는 이 장의 후반부에서 히스테리 여성의 억압된 의식을 표현하는 데 이 소재들이 어떻게 활용되는지 보여 줄 것이다. 이렇게 문화의 잔재를 포함하고 있기에 브론테가 표현하는 가정 문화는 모두 박물관의 특성을 띠고 있다.

나는 빅토리아 앤 앨버트 같은 박물관을 염두에 두고 있다. 이곳에서 물건들은 가장 이상한 범주의 혼합에 따라 배치된다. 그곳은 18세기 여성용 교과 과정의 특징이라 할 수 있는 시대, 장르, 양식, 동기, 소재, 주제의 잡탕과 다르지 않고, 유사한 원칙에 따라 정전을 분류하고 배열하는 근대 문학사와 다르지 않다. 이 독특한 박물관 안에서 영국 역사의 여러 시대에 수집한 가구들이 진열되어 있는 일련의 방들 — 주로 응접실과 침실 — 보다 역사의 진행을 더 가시적으로 보여 주는 곳은 없다. 디킨스 작품 속 고물상들이 겉으로 드러내는 무작위성이 그 속 물건들에 깃들어 있는 개인의 삶을 숨기는 것과 마찬가지로, 빅토리아 앤 앨버트 박물관은 취득 전략들에 따라 조직된 구조 내부에 제국의 인적 효과(human effects)를 효과적으로 감추고 있다. 프랜시스 셰퍼드(Francis Sheppard)가 지적하듯이, 영국에 이런 박물관이 건립된 것은 19세기 특유의 관행 때문이었다. "이 시기는 1824년에(1837년에 트라팔가 광장으로 이전될 때까지 펠멜 가에 있었던) 국립 미술관이 건립되었고, 1856년에는 국립 초상화미술관이 건립되었으며, 1857년에는 후일 과학박물관과 빅토리아 앤 앨버트 박물관으로 발전하게 된 사우스 켄싱턴 박물관이 건립된 때였다."[3] 레이먼드 윌리엄스의 설명에 의하면, 이 박물관들은 "대중문화의 상업적 조직화에서 결정적 단계를 나타내는" 수많은 시설들에 속했다.[4] 실제로 1800년대 중반에 얼마간의 제도적 발전이 이루어졌다. 1845년 공공박물관이 문을 열기 시작한 것에 더하여, 1850년에는 공공도서관과 공원 관련 특별 규정들이 마련되었다. 윌리엄스에 따르면, "우리 생각에 이 새로운 시설을 둘러싼 격렬한 논쟁은 (낭비라는 비난에서부터 노동자들을 '개화' 시켜야 한다는 우려 섞인 청원에 이르기까지) 뒤이어 나온 해석들에 따라

3 Francis Sheppard, *London 1808-1870: The Infernal Wen*, Berkeley: University of California Press, 1971, p. 361.

4 Raymond Williams, *The Long Revolution*, London: Chatto and Windus, 1961, p. 57.

사라지는 경향이 있다". 이 망각 행위의 근저에 자리 잡고 있는 원인은 윌리엄스가 "선택적 전통"이라고 부르는 것이다. 선택적 전통은 "비록 대단히 복잡하고 갈등이 많은 이야기일지라도 하나의 이야기를 서로 다른 인과성의 원칙을 지닌 별개의 역사로" 분할함으로써 과거가 기억되는 방식을 바꾼다.[5]

만일 윌리엄스의 주장대로, 공식적인 문화제도를 옹호하는 가장 설득력 있는 주장 가운데 하나가 문화란 노동계급을 개화시키는 효과적인 수단이라는 점을 근거로 시작한다면, 셰퍼드가 언급하듯이, "이런 공간 중에서 일요일에도 문을 연 곳이 극소수였다는 점 — 그런 곳이 설령 있었다 하더라도 — 은 너무도 아이러니하다. 이를테면 대영박물관은 1896년까지 일요일에는 문을 열지 않았다". 셰퍼드는 "유한계급 사람들, 혹은 (1810년 대영박물관의 규정을 인용하면) '고상한 차림의 사람들'만이 이런 곳을 이용할 수 있었다"고 말한다.[6] 그러나 공공전시 목적으로 문화를 봉쇄하고 재조직한 것이 문화접근권에 따라 사람들을 계층화하는 효과를 얻기 위한 의도는 아니었을 것이다. 문화를 봉쇄한 이면에는 특정인을 배제하려는 것보다는 문화의 특정 영역을 재맥락화하려는 의도가 있었을 가능성이 더 크다. 오늘날에도 이 박물관들은 과거 역사의 유물들이 수많은 가정용품으로 된 곳이다. 그런데 이 가정용품들은 그 경제적 기원에서 떨어져 나와 가장 고상한 동반자가 되는 데에만 어울리게 되었다. 바로 이 점에서 나는 샬럿 브론테의

5 *Ibid.*, p. 57.
6 Sheppard, *London 1808-1870: The Infernal Wen*, p. 362.

문화의 집(house of culture)이 특히 흥미롭다고 생각한다.

손필드 저택의 3층에서 과거는 뚜렷한 가정적 실용성이 전혀 없기 때문에 불필요해 보이는 몇 개의 방들을 채우는 데 이용되고 있다. "하인들이 이 방에서 자나요?"라고 제인은 묻는다. 이 질문에 대해 친절한 페어팩스 부인은 "아뇨. 하인들은 뒤쪽에 있는 더 작은 방을 쓰고 있어요. 여기서는 아무도 자지 않아요"라고 대답한다(93). 이런 방들에서는 형이하학적 자연과도, 형이상학적 자연과도 마주치지 않으며, 육체나 영혼 어느 것과도 마주치지 않는다. 브론테에 따르면, 이 방들에서 발견하게 되는 것은—프로이트의 '낯선 두려움'(uncanny)처럼—과거에 머물러 있기를 거부하는 문화적 과거이다. 따라서 우리는 제인 에어가 "기억의 전당"에 대해 곰곰이 생각하는 것처럼 이 방들의 물건을 유심히 생각하고 있음을 알게 된다.

> 나는 낮에는 이 은거처의 조용하고 어둡고 기묘한 분위기를 좋아했다. 그러나 밤에는 결단코 그 넓고 무거운 침대 가운데 하나에서 자고 싶지 않았다. 그 방들 중 일부는 참나무 재목으로 만들어진 문으로 막혀 있었고, 어스레하여 이상한 꽃들과 이보다 더 이상한 새들, 그리고 가장 이상한 사람의 형상들이 나타났다. 창백한 달빛 아래에서 보면 이 모든 것들이 참으로 기이해 보였을 것이다. (92)

손필드 저택의 3층 방들은 『워더링 하이츠』에서 록우드가 우연히 캐서린 언쇼의 유령과 마주치게 되는 방을 닮았다. 이 방들은 의식적 경험의 낮과 밤을 서로 구별할 수 있는 장소를 제공한다. 이 방들에서 예술에서만 나올 수 있는, 퓨젤리[Henry Fuseli, 1741~1825. 초자연적인 색채가 두드러진 그림을 그린 스위스 태생의 영국 화가] 같은 형상들은 식물과 동물, 인간의 범주를 각각 낯설게 만듦으로써 이 범주들 사이의 구분을 문제 삼는다. 그러나 자연의 가장 기본적인 구분을 문제 삼을 때 이 한물간 기괴한 예술은 초자연적 존재를 가리키지 않는다. 페어팩스 부인이 "만일 손필드 저택에 유령이 있다면 사람들은 여기가 바로 유령이 출몰할 만한 곳이라고 말할 거예요"라고 설명하지만, 브론테는 초자연적 힘을 지워 버리기 위해서 이 힘이 들어올 가능성을 제기하는 것만 같다. "그럴 거라 생각해요. 그렇다면 유령은 전혀 없단 말이네요"라고 제인은 대답한다. 브론테가 이전 시대의 소재를 그렇게 활용하는 것을 지워 버릴 때 그녀는 이 소재의 역사 역시 지워 버리는 것 같다. 왜냐하면 페어팩스 부인이 문제의 방들에 유령은 살지 않는 것으로 알려져 있다고 확인할 때, 제인은 "유령에 대해 구전되는 이야기도 없나요? 전설이나 유령 이야기도 전혀 없어요?"라고 더 따져 묻기 때문이다. 그러자 페어팩스 부인은 역사의 부재를 환기시키는 말로 이렇게 대답한다. "내가 알기로는 없어요. 살아 있을 때 로체스터 집안 사람들은 조용한 성정이었다기보다는 오히려 격정적인 혈통이었다고 해요. 그런 까닭에 이제 그들은 무덤에서 조용히 쉬고 있겠지요."(93)

나는 손필드 저택의 여러 방들이 소설 자체의 모델을 제공할 뿐만 아니라 성의 역사와 문학의 역사의 연관관계를 표현하기 때문에 제인이 이 방들을 만나는 장면을 자세히 기술했다. 브론테는 특히 3층 방들을 활용하여 빅토리아 시대 소설을 창작하기 위해 정확히 과거에 무슨 일이 가해졌는지 독자에게 이야기한다. 이 방들에 관한 브론테의 묘사는 소설이 문학의 영역으로 들어가기 위해 무엇을 해야 했는지를 설명해 준다. 그리고 그 묘사는 '문학이란 무엇인가'에 관한 당대의 관념에 일어난 변화를 전해 주고 있다. 소설이 초래한 이 변화는 역으로 소설이 문학이라는 문화영역으로 들어갈 수 있게 해 주었다. 브론테의 소설은 글쓰기를 그 자체 하나의 리얼리티로 표현한다. 브론테는 의도적으로 가정의 틀 내에 이질적인 문화요소들을 가져다놓고는 그 요소들의 문화적 타자성을 파괴한다. 그렇게 함으로써 사람들이 이 요소들을 이용하여 다른 시대와 다른 정치적 리얼리티를 상상하는 것을 불가능하게 만든다. 이런 유물의 세계의 저자로서 브론테는 자신을 '브리콜뢰르'(bricoleur)의 위치에 놓는다. 브리콜뢰르는 일종의 폐품 수집인으로 문화적 과거를 완전히 새로운 관계를 구성하는 데 활용할 수 있는 요소로 해체하는 힘을 구현하고 있다. 이런 방식으로 손필드 저택의 '여분의' 방들은 다락방을 닮았다. 이 다락방의 탈맥락화된 물건들은 그것들에게 기적적으로 가치를 부여해 줄 용도를 기다리고 있다. 문화 속에 존재하는 이런 공간은 변화를 허용한다. 그 공간은 오래된 지식이 스스로 밀폐된 텍스트로 뚫고 들어가 새로운 지식이 되는 것을 허용한다. 중산계급 문화에서 그런 공간을 상징적으로 감독하는 인물은 여성이다. 가정용품을 감독하는 사람은 바로 여성이기 때문이다. 생각건대, 어떤 물건이 가치가 있는지 결정하는 사람 역시 여성일 것이다. 골동품은 먼지를 털어 낸 다음 가정으로 돌아올 때 그 가치를 획득한다. 가정에서 골동품은 발터 벤야민(Walter Benjamin)이 "제의적 가치"(cult value)라고 부르는 것을 일정 부분 소지하고 있다. 벤야민이 초창기 사진에 대해 말하듯이, "부재하거나 죽은, 사랑하는 사람들을 기억하는 의식이 회화의 제의적 가치에 마지막 도피처를 마련해 준다면", 옛 영주 저택을 기억하는 제의는 구 귀족계급의 제의에 그런 도피처를 준다. 구 귀족계급에 부여된 신비의 일정 부분은 손필드 저택의 방에서 발견되는 문화적 잔해들에 달라붙어 있으면서 과거의 물건들을 더 신비롭게 보이게 만든다. 왜냐하면 이 물건들은 중산계급의 세계에서는 복제될 수 없기 때문이다.[7]

제인은 문화적 물품을 변형시키고 그것에 새로운 생명을 부여하는 이 힘을 작품이 시작된 이후 계속해서 지니고 있었다. 작품의 첫 장에서 이런 문화적 변형은 제인이 『비윅의 영국 조류의 역사』(*Bewick's History of British Birds*)를 읽을 때 시작된다. 그 변형 과정을 자각하면서, 제인은 북극 지방의 새들이 그려진 도판을 이렇게 묘사한다. "나는 이 지독하게 흰 영역에 대해 나 자신의 생각을 만들어 냈는데, 이 생각들은 아이들 머릿속을 떠다니는 절반쯤 이해된 온갖 관념들처럼 흐릿했지만 이상하게도 인상적이었다."(6) 다른 도판에 대해서 제인은 "나는 어떤 감정이 외로운 교회 묘지에 출몰했는지 말할 수 없다"고 말한다. 또 다른 도판을 보면서 제인은 "미동도 없는 바다 위에 멈춰선 두 척의 배"를 "바다의 환영"이라고 표현한다. 지시적 세계를 훨씬 더 불안정하게 만들려는 것처럼, 제인은 "각각의 그림은 나의 미발달된 이해력과 불완전한 정서에 신비로운 이야기를 하나씩 들려주었다"라고 말한다(6). 몇 장 뒤에 제인이 내면화한 요소는 "내가 로우드에서 보

7 Walter Benjamin, "The Work of Art in the Age of Mechanical Reproduction", *Illuminations*, ed. Hannah Arendt, New York: Schocken, 1969, p. 226.

낸 마지막 두 방학 기간 동안 달리 할 일이 전혀 없었을 때" 그렸던 그림 속에 다시 등장한다(109). 제인의 그림이 에마가 해리엇 스미스를 그린 그림과는 너무도 다르다는 것을 언급할 필요가 있겠다. 왜냐하면 제인의 그림은 사물의 세계에 있는 무언가를 재현하는 양 가장하지 않기 때문이다. 로체스터가 "당신의 그림을 어디서 얻었소?"라고 물을 때, 제인은 망설임 없이 "내 머릿속에서 나왔어요"라고 대답한다(109). 제인의 이야기가 계속해서 만들어 내는 변형의 본질을 강화하려는 듯, 브론테는 로체스터로 하여금 이 "머리"에 대해 더 묻게 만든다. "그 머릿속에는 똑같은 종류의 다른 내용도 들어 있소?"(110) 이리하여 제인은 마음에서 그림으로 옮겨 놓은 것을 다시 말로 옮기기 시작한다.

> 이 그림들은 수채화 물감으로 그려졌다. 첫 번째 그림은 넘실대는 바다 위를 떠다니는 낮고 검푸른 구름을 그렸다. 원경은 모두 가려졌고 전경도 가려져 있었다. 더 정확히 말하자면, 가장 가까이에서 굽이치는 큰 파도만 그리고 있었다. 육지라곤 전혀 없었다. 한 줄기 희미한 빛이 반쯤 수면 아래로 가라앉은 돛대를 부각시켜 주었다. 돛대 위에는 커다란 검은색 가마우지가 앉아 있었는데, 양쪽 날개는 파도의 거품으로 얼룩졌고, 부리에는 보석이 박힌 금팔찌가 물려 있었다. (110)

우리는 『비윅의 영국 조류의 역사』에 나오는 이미지들이 자연의 모방이라기보다는 상상력의 산물로서 되살아날 때 제인이 "내 마음에 생생하게 떠올랐다"고 말하는 "주제들"을 알게 될 것이다. 명료하게 관찰되고, 그 다음 문자로 기록되고, 마침내 읽혀지게 되는 자연사는 제인의 심리 속으로 들어와 그녀의 캔버스 위에 표현된다. 이 캔버스 위에서 자연사는 그렇지 않으면 표현할 수 없는 욕망을 표현한다.

그러나 이 이미지들은 여러 변형을 겪고 난 후에는 감정적 삶의 관습적 범주들을 따르지 않는다. 새로운 문화적 원천에서 그 내용을 빌려 오면서 브론테는 내용이 — 그림에서처럼 — 형식 속으로 들어와 형식을 수정하도록 한다. 제인은 그림을 그리는 행위 자체를 "내가 지금까지 경험한 가장 강렬한 기쁨 중 하나"라고 말한다. 이와 동시에 제인은 "내 생각과 그림이 서로 달라서 괴로웠다"고 말한다. "매번 나는 생생하게 묘사하기에는 내 자질이 너무도 부족한 어떤 것을 상상했다."(111) 브론테는 자신의 소설 속 여주인공이 이런 말을 하게 만들면서 그녀가 낭만적 시인의 불안을 주장하게끔 만든다. 작가 샬럿 브론테 자신을 이 역할에 의거하여 이해해야 한다는 것을 밝히기 위해 수많은 비평적 잉크가 소모되었다. 나는 샬럿 브론테가 이 언어적 그림(verbal paintings)을 제인의 이야기에 끼워 넣었던 것은 그렇지 않았더라면 볼품 없었을 가정교사를 로체스터와 같은 남자에게 그토록 매력적으로 보이게 만드는 힘을 지닌 정신적 자질을 보여 주기 위해서였다고 생각하고 싶다. 고통과 쾌락이 뒤섞인 고양된 정신상태는 전문 시인의 정신상태가 아니다. 그것은 자신에게 "달리 해야 할 일이라곤 아무것도 없음"을 깨달은 여학생의 정신상태다(111). 제인은 "먼저 나는 그것들이 전혀 경탄할 만한 것이 아니라는 점을 전제해야 한다"고 말함으로써 자신의 작품에 대한 메타비평을 시작한다(110). 그림과 책, 꿈에 등장하는 이미지의 형태로 제인의 서사에 침입하는 낯설어진 문화적 요소들은 이 이미지들을 세상의 지시체에서 떼어 낸 다음 그것들에 다른 의미를 부여한다. 이 다른 의미는 아직 미발달된 정신의 운동을 부분적으로 실현한다. 따라서 브론테의 소설에서 문화가 말하는 유일한 역사는 마음에서 시각적 형상으로, 그리고 다시 말로 옮겨지는 문화적 변형의 역사이다. 그것은 자아의 역사이면서 자아의 언어의 역사이다. 리처드슨과 오스틴처럼, 브론테는 공식적인 삶의 의식들(ceremonies) 사이의 틈새에 관심이 있고, 여가시간 동안 자기 자신에게 집착하는 여성의 정신활동을 표현하는 데 관심이 있다.

그런데 이것은 에마의 정신과는 얼마나 다른가! 다른 일에 사로잡혀 있지 않을 때 그 정신이 움직이는 방식은 얼마나 다른가! 에마의 그림들 또한 부분적으로만 실현된다. 그러나 그 이유는 에마가 적절한 표현 매체를 찾을 수 없는 감정을 경험하기 때문이 아니라 말을 하느라 너무 바쁜 나머지 그림을 완성할 수가 없기 때문이다. 반대로 브론테의 소설에서는 말이 시각적 이미지를 불러들이는데, 이 이미지들은 언어적 표현영역 너머에 있는 자아 내부의 영역을 가리킨다. 이 이미지들이 다른 모든 등장인물과 독자에 대한 제인의 가차 없는 도덕적 우위를 통해 유지되는 텍스트의 표면 속으로 뚫고 들어가는 것 같다. 이 이미지들은 제인에게 통제력이 결핍되어 있음을 나타내는데, 이 결핍은 성적으로 전복적인 해석을 불러들인다.

근대 남성 : 『셜리』와 푸에고 원주민

그러나 이 이미지들은 문화로 구성되어 있으며, 결국 제인이 일탈적 욕망을 억제하고 통제하도록 허용해 주는 방식으로 이 일탈적 욕망을 표현하는 데 봉사한다. 그 결과, 이 이미지들은 궁극적으로 브론테가 독자까지 통제할 수 있는 수단을 제공한다. 사실 이것이 브론테 자매에게서 빅토리아 시대의 다른 작가들에게로 전해지는 전략이다. 빅토리아 시대 작가들의 서사 역시 실재적(hypostatic) 이미지들을 형성하면서 그림으로 바뀌는 경향이 있다. 이 실재 이미지들 속에서 서사의 소재는 —빅토리아 시대의 문화적 특징이기도 한 풍속화와 기념비에서처럼 —이미 해석되어 있다. 즉, 이 시각적 이미지들은 그 소재를 다양한 감정을 표현하는 관습적 인물로 형상화함으로써 내부 소재에 대한 반응을 통제한다. 관습적 인물로는 걱정에 빠진 여자 가정교사, 아버지의 집에서 쫓겨난 젊은 여성, 죽은 주인의 신발 옆에서 슬퍼하는 개, 물에 빠져 죽은 오필리아 등이 있다. 실생활이나 문학에서 뽑아낸 소재 중에서 빅토리아 시대 예술의 상징적 전략에 저항할 수 있는 것으로 밝혀진 것은 거의 없다. 내가 제안하는 것은 이런 예술이 '대중문화'라고 불리는 것을 생산할 때 영국의 문화적 능력의 설명적 논리를 — 오스틴의 상식 — 억압하는 방식을 발전시켰다는 것이다. 왜냐하면 보통 수준의 문해력을 가진 사람들이 이 예술을 말하고 썼기 때문이다. 이 예술은 하나의 텍스트에서 다른 텍스트로 옮겨지고 매체를 횡단하면서 확장될 수 있는 주체성의 도상학을 발전시켰다. 『제인 에어』에 등장하는 이미지들은 때때로 우리 정신의 일차과정 사고(primary process thinking)로 이해된다. 그러나 시각적인 것을 이렇게 활용한 것과 연관지어 생각해 보면, 이 이미지들은 일차과정 사고가 아니라 독서가 일어나는 틀 자체를 통제하는 메타언어나 텍스트성의 전략으로 나타난다. 이 이미지들은 놀랄 만큼 새로운 방식으로 독자가 자기 자신을 앎의 대상으로 만들게 함으로써 독자의 정체성을 통제한다.

『제인 에어』가 출판된 지 불과 2년 후에 씌어진 『셜리』(*Shirley*)는 샬럿 브론테의 가장 명백한 정치소설이자, 월터 스콧의 전통 속에서 역사소설을 쓰려는 후대 소설가들의 성공에 다소 못 미치는 시도 중 하나로 알려져 있다. 이야기는 러다이트 반란 시기 영국 북부의 산업화지역에서 일어난다. 소설은 구 토지소유 가문에서 신흥 관료층으로의 관력이동을 기록하고 있다. 신흥 관료층은 두 무어(Moore) 형제로 대표되는데, 한 사람은 공장 소유주이고 다른 한 사람은 곧 브라이어필드 교구 행정관이 될 가정교사이다. 소설은 또한 토지소유 문화와 이 문화의 상속법, 그리고 가족동맹에 뿌리내리고 있는 친족관계 유형에서 근대적 사랑 관념에 부응하고 핵가족을 생산하는 결혼 규칙으로의 이동을 기록하고 있다. 제도문화 — 여기에서 권력은 아버지가 아닌 공장과 자선단체와 학교에 있다 — 에 관한 이야기를 하기 위해, 『셜리』는 갈등과 정치권력의 작동방식을 내면화한다. 이 소설은 서로 경쟁하는 경제적 이해와 민족적 정체성, 종교 분파들을 대표하는 일군의 사람들 사이의 갈등에서 시작하여 단 두 종류의 개인 — 남자와 여자, 부모과 자식 — 으로만 이루어진 동질적 공동체를 창조한다. 그런데 이 개인들은 모두 젠더와 세대적 유대에 따라 짝이 맺어진다. 사회적 정체성을 개인적 정체성들로 분해하는 과정을 통해 핵가족이 만들어진다. 사회 텍스트가 분해되면서 사회 안에 내재된 갈등은 사라진다. 이 과정은 여성을 매개로 이루어진다. 이를 위해 권한을 쥐고 있는 여성, 즉 토지를 소유하고 있는 셜리 킬더(Shirley Keeldar)는 남성적 특성을 포기하고, 그 지방의 목사에게 입양된, 다소 매력이 떨어지는 고아인 평범한 캐럴라인 헬스톤(Caroline Helstone)을 닮아 가야 한다. 역사상 짝패를 이루는 여주인공들이 있다는 점을 포함하여 이 모든 측면에서, 이 소설은 브론테의 이전 소설을 닮았다.

그러나 『셜리』를 『제인 에어』보다 나중에 나온 소설로 만드는 것 — 그리고 내가 특히 강조하고 싶은 역사적 요소 — 은 이 소설이 역사적 변화를 일으킬 때 문학에 부여하는 역할이다. 『셜리』의 초반부에는 빅토리아 시대 문학의 특징인, 역사적 변화를 일으킬 뿐만 아니라 그런 변화가 일어나는 소통상황 모델을 표현하는 독서 장면이 하나 등장한다. 이 장면은 독서의 힘에 일종의 패러다임을 제공하는데, 이는 이 장의 목적에 특히 부합한다. 이 장면에는 독자에게 셰익스피어 작품 같은, 공개적으로 정치적인 텍스트뿐만 아니라 따라야 할 허구적 서사를 읽는 절차를 제공하려는 것처럼, 『코리올라누스』(*Coriolanus*)[셰익스피어의 비극 작품 중 하나로 로마의 전설적인 장군 코리올라누스의 삶을 다루고 있다]가 큰소리로 낭독되고 논평된다. 이렇게 함으로써 이 장면은 셰익스피어를 중산계급 문화에 맞게 전유하기 위해 실제로 활용할 수 있는 전략을 보여 준다. 이 장면은 또한 이렇게 문학을 읽는 방식이 봉사한 실제 정치적 이해관계를 드러낸다. 이 장면에 대한 나의 설명은, 18세기 교과 과정에서 여성용으로 개발한 독서 절차들과 근대 중등 및 대학 교과 과정이 미국과 영국에서 장려한 해석 절차 사이의 관련성을 확인해 줄 것이다. 그렇지만 나는 19세기 후반 이 절차들이 남성교육으로 확대될 때 제시된 정당성을 보여 주면서, 이 과정에 대한 샬럿 브론테의 이해와 우리의 이해 사이에 존재하는 중대한 차이에 주목하고 싶다. 나는 우리가 브론테만큼 문학적 해석의 정치성을 의식하고 있다고는 생각하지 않는다.

브론테가 셰익스피어를 대중극장이 아닌 문학작품으로 만나는 것이 갖는 정치성을 이해했던 것은 분명하다. 캐럴라인 헬스톤이, 그녀가 자기주장을 한 극히 드문 한 장면에서, 사촌 로버트 무어(Robert Moore)와 함께 여가시간을 보내는 방법으로 셰익스피어를 읽는 것은 놀랍지 않다. 그들은 체스와 체커, 주사위놀이 같은 오락거리를 생각해 보지만, 결국에는 그것들이 "손만 계속 놀리게 만드는 침묵의 오락거리"일 뿐이라고 거부한다.[8] 이보다 훨씬 더 흥미로운 것은 이들이 "남의 흠을 들춰내는 데 기쁨을 느낄 만큼 누군가에게 관심을 보이지" 않기 때문에 잡담도 거부한다는 사실이다(114). 캐럴라인은 이전 소설에서라면 한 쌍의 남녀가 즐겼을지 모르는 오락거리를 없애 버리고 난 다음에 아주 기묘한 제안을 한다.

> 지금 현재 세상에 대해 생각하고 싶지는 않지만, 과거로 돌아가 수세대 동안 무덤 속에 잠들어 있던 사람들이 우리에게 말을 걸어와 자신들의 생각을 말하고 의견을 전해 주는 걸 듣는 건 즐거울 거예요. 이들이 잠들어 있는 무덤은 이제 더 이상 무덤이 아니라 정원이나 들판으로 변해 있을 거예요. (113)

8 Charlotte Brontë, *Shirley*, ed. Andrew and Judith Hook, Harmondsworth: Penguin, 1974, p. 114. 이 책의 인용은 이 판본을 따랐으며, 본문에 간략히 페이지만 표기했다.

다른 형태의 여가 활동은 모두 독서를 위해 제외되는데, 결과적으로 이를 통해 글쓰기가 남성과 여성의 관계를 매개할 수 있게 된다. 우리는 이 장면이 소설의 결말에서 캐럴라인이 병상에 누워 있는 로버트를 방문하고, 그렇게 함으로써 두 사람의 관계를 굳게 다질 때까지 두 사람 사이에 친밀성이 만들어지는 유일한 순간이라는 점을 기억해야 한다. 따라서 『제인 에어』와 『워더링 하이츠』가 끝나는 지점에서 『셜리』가 시작된다고 말할 수 있겠다. 책을 가진 여성인물이 성 계약을 표현하게 되었다. "그는 책을 두 사람 사이에 놓은 다음 캐럴라인이 앉아 있는 의자 등받이에 팔을 얹고 책을 읽기 시작했다."(116)

이전 시대 이와 유사한 교환보다 훨씬 더 상세하게 묘사된 이 독서 장면은 문해력이 지닌 힘을 예리하게 인식하고 있음을 보여 준다. 브론테는 이 힘을 이전 소설에 등장하는 여성들이 문자화된 언어를 수단으로 귀족남성들을 모호하게 교화시켰던 힘보다 훨씬 더 명확하게 표현하고 있다. 로버트 무어는 반은 벨기에인이고 반은 영국인이다. 캐럴라인에 따르면, 영국 문학작품을 읽음으로써 "그는 완전한 영국인이 되어야 한다"(114). 로버트는 문학이라는 전문화된 언어를 습득하면서 사회화된다. 왜냐하면 캐럴라인이 설명하듯이, "로버트, 당신의 프랑스 선조들은 영국 선조들만큼 상냥하게도, 진지하게도, 인상 깊게도 말하지 않기 때문이에요"(114). 영국인이라는 것은 ―셰익스피어가 그렇게 이해했을 것처럼 ―정치적 정체성이 아니라 인간 본성의 가장 기본적인 자질을 말하는 것이다. 캐럴라인은 로버트에게 한 구절을 큰소리로 읽어 주는 쪽을 택하는데, 이 구절은 그녀의 말로 표현하자면,

당신 안에 있는 무언가와 잘 어울려요. 이 구절은 당신의 본성을 일깨우고, 당신의 마음을 음악으로 가득 채우고, 솜씨 있는 장인처럼 당신의 심금을 울릴 거예요. (…) 영광스러운 윌리엄[윌리엄 셰익스피어]이 다가와 연주하도록 놔두세요. 당신은 그가 어떻게 그 화음으로부터 영국적 힘과 선율을 뽑아내는지 보게 될 거예요. (114)

로버트가 셰익스피어의 작품을 읽음으로써 영국인이 되듯이, 셰익스피어는 자신의 작품이 읽히는 가정환경에 의해 변형된다. 이 르네상스 텍스트는 낯설어져 있고 문화적으로 다르다기보다는 오히려 로버트의 조상의 목소리로 받아들여진다(비록 로버트는 벨기에인으로 태어나 양육되었지만!). 다시 살아난 이 친척은 시대와 문화적 경계를 가로질러 로버트에게 말을 걸 수 있는 것으로 밝혀진다. 그러므로 이런 환경에서 읽히면서 다시 살아날 때 문자로 씌어진 셰익스피어는 벨기에에서 자란 19세기 초반의 공장 소유주의 주체성을 취한다. 셰익스피어의 텍스트에 이 특성을 부여하는 것은 셰익스피어를 근대적 의미의 문학작품으로 변형시키는 것이다. 셰익스피어가 19세기 남성이 되는 것을 지켜보면서 우리가 우리 자신의 문학교육의 초기 형태를 보고 있다고 말한다면, 이는 아주 정확하다. 왜냐하면 여기에는 역사적 요소를 근대의 심리적 용어로 옮기는 해석 절차가 있기 때문이다. 이 절차는 여성을 통해 남성에게 확대되고 남성을 통해 보편적으로 적용된다.

그러나 우리가 살펴본 성적 교환의 다른 모든 표현에서처럼, 한쪽을 구성하는 것은 다른 쪽을 구성하는 것이기도 하다. 그러므로 셰익스피어 드라마를 문자 텍스트로 구성할 때조차, 이 독서 장면은 글쓰기를 말의 기록이자 그 토대로 바꾼다. 문자화된 셰익스피어는 잡담을 대체한다. 이보다 더 중요한 것은 문자화된 언어가 발화될 때는 모든 발화 행위에 앞서 존재하고, 그래서 자아 내부의 전(前)언어적 근원에서 생기는 것처럼 보이는 감정들을 직접 표현하게 된다는 점이다. 근대적 주체성의 한 형태로 되살아난 셰익스피어는 독자의 내면에 이와 동일한 주체성을 재생산하는 수단이 된다. 캐럴라인은 『코리올라누스』 같은 텍스트를 읽는 것이 "당신을 각성시키는 것이고", "당신에게 새로운 감각을 주는 것"이라고 설명한다. "그것은 당신이 당신의 삶을, 당신의 미덕뿐만 아니라 나쁘고 비뚤어진 점까지도 강렬하게 느끼도록 만드는 것이에요. 독서가 당신에게 주는 느낌을 통해서 당신이 참으로 고귀한 동시에 참으로 저급하다는 것을 깨달으세요."(115) 만일 셰익스피어가 자신이 속한 역사적 순간의 변별적 특성을 모두 잃어버린다면 로버트도 이와 유사한 특성을 잃는다. 한 마디로 말해서, 셰익스피어 읽기는 자기 공장을 기계화하는 데 전념하는 공장주의 특징이라 할 수 있는 극히 논쟁적인 태도를 취하고, 이 태도를 이론상으로는 모든 남성이 느낄 수 있는 감정의 위계질서 내에 그를 위치시키는 용어로 옮긴다. 간단히 말해, 독서를 통해 이루어지는 교환 덕분에 로버트가 획득하는 '영국적 힘'은 근대적 용어로 자신을 아는 힘이다. 왜냐하면 이것이 브론테가 캐럴라인의 애정 어린 보호감독 아래에서 로버트가 셰익스피어를 읽을 때 경험하는 변화를 묘사하는 방식이기 때문이다. "그는 개인적 편견의 좁은 궤도에서 빠져나와 인간 본성의 큰 그림을 즐기고, 자기 앞에 놓인 책의 페이지로부터 말을 하는 인물들에게 새겨진 리얼리티를 느끼기 시작했다."(116)

실제로 캐럴라인은 로버트에게 (그녀가 코리올라누스의 고압적으로 가부장적인 성향과 연결시키는) 하나의 권력양식을 버리고 (그녀가 자비로운 유형의 온정주의라고 확인하는) 다른 양식을 받아들이라고 요구한다. 캐럴라인은 르네상스 시대의 한 텍스트가 새로운 정치적 권위 형태를 표현하도록 만들기 위해 『코리올라누스』의 정치적 내용을 효과적으로 억압한다. 이 새로운 권위형태는 가족관계에서 그 모델을 취하고 주체성 안에서 주체성을 통해 작동하기 때문에 전혀 권위가 아닌 것처럼 보인다. 여성에 의해 읽히고 성적 교환을 중재하는 데 활용됨에 따라 『코리올라누스』는 역사적 변화를 초래하는 수단, 즉 권위가 내면화되고 주체성 자체가 자기 규제적 메커니즘이 되는 수단이 된다. 이처럼 캐럴라인은 로버트에게 "셰익스피어의 희곡에 덧붙일" 교훈을 제공한다. "당신은 공장 사람들에게 거만하게 굴어서는 안 돼요. 그 사람들을 달랠 기회를 무시해서도 안 되고, 명령하듯 엄하게 요청하는 완고한 성향을 지녀도 안 돼요."(114)

여주인공이 이런 말을 하게 만들 때 브론테는 전혀 반어적이지 않았다. 분명히 브론테는 문학 독서의 위력을 우리가 이해하는 것보다 훨씬 더 잘 이해했다. 확실히 이 에피소드 전체는 캐럴라인이 여성독자로서 잘 훈련되어 있기 때문에 로버트에게 훌륭한 아내가 될 것이라는 점을 보여 주기 위해 기획되었다. 만일 오늘날 우리가 사회화 과정은 어머니의 감독하에서 가정에서 시작된다고 가정할 수 있다면, 브론테의 소설은 그것이 그렇지 않았던 시대, 그렇게 재생산할 수 있는 가족단위가 주로 허구로 존재했던 시대를 기록하고 있다. 소설을 통해 이런 유형의 가정은 젠더에 뿌리박은 특정 유형의 사회관계를 재생산할 힘을 처음으로 얻은 것처럼 보인다. 이렇게 브론테 소설의 장면은 셰익스피어를 통해 매개되는 교환에서 남성의 역할과 여성의 역할을 구별 짓기 위해 상당한 노력을 기울인다. 남성적 감정들은 로버트에게 가는데, 이 감정들은 그에게 로마황제 같은 이의 정신에 참여하게 해 준다.

> 『코리올라누스』의 첫 장면은 그의 지적 기호에 강렬하게 다가왔다. 책을 읽어 가면서 그는 열을 올렸다. 그는 열정적인 어조로 가이우스 마르키우스[Gaius Marcius. 코리올라누스를 말함—옮긴이]가 굶주린 시민들에게 하는 거만한 연설을 낭독했다. 그는 그의 분별없는 교만이 옳다고 생각한다고 말하지는 않았지만, 그렇게 느끼는 것 같았다. (116)

하지만 또한 무어는 코리올라누스와 다르다. 왜냐하면 로버트는 이 희곡의 "호전적인 부분이 자신을 많이 자극하지는 않았다"고 단언했기 때문이다. "그는 시대에 뒤진, 혹은 시대에 뒤처졌음에 분명한 모든 것들을 말했다. 드러난 정신은 야만적이었다."(116) 고압적인 말은 여전히 로버트의 마음에 들었지만, 그는 물리적 힘을 난폭하게 드러내는 것에는 냉담했다. 그러나 이때가 캐럴라인의 길들이기 전략들이 가동하기 시작하는 순간이다. 브론테는 로버트가 셰익스피어의 공격적 요소에 보인 반응 덕분에 그의 기질을 남성적인 것으로 확립하고 나서, 그 기질이 어떻게 여성을 통해 개선될 수 있는지 —근대 영국에 알맞게 개선될 수 있는지 —보여 준다. 브론테는 캐럴라인이 "묘한 미소를 지으며 바라보면서" 그의 품성을 비판하도록 만든다. 로버트의 품성은 독서행위를 통해 드러나고 교정받는다. "'이미 영향을 받은 나쁜 점이 있어요'라고 그녀는 말했다. '당신은 굶주린 동포를 동정하지 않고 모욕을 주는 교만한 귀족에게 공감하고 있어요.'"(116) 그 다음 셰익스피어의 희곡에는 희극적 장면으로서 여성독자들에게 더 맞기 때문에 로버트가 여성들만큼 잘 읽을 수 없는 장면들이 이어진다. 마치 자연의 원리에 따라 한 쌍의 남녀가 독서노동을 분업하듯이, "캐럴라인은 그의 손에서 책을 빼앗은 다음 이 대목을 읽어 준다"(116). 이 전략을 비롯한 여러 다른 전략을 통해 브론테의 독서 장면은 그것이 묘사하고 있는 바를 얻는다. 이 독서 장면은 역사적 텍스트를 새로운 문화논리에 따라 남성적 성향을 여성적 성향과 구별하는 방식으로 주관적 진실을 말하는 텍스트로 변형시킨다. 그러나 셰익스피어가 독자들의 의식 속에 받아들여져 포함되듯이, 독서를 할 때 독자 스스로가 텍스트에 의해 젠더화된다. "압축된 진실과 힘을 지닌 모든 장면들이 연이어 등장하여 빠르고 강렬하게 진행되면서 독자와 청중의 마음과 영혼을 사로잡았다."(117)

이외에 다른 것이 전혀 없다면, 이 장면은 어떻게 역사적 요소들이 근대 인문주의적 담론으로 전유되는지 보여 준다. 이 계약에서 독자, 즉 로버트는 문자화된 텍스트를 수행하라는 요구를 받는데, 이는 그의 벨기에인적 특성들을 모두 여성화하고 영국에 동화하는 독서를 하라는 요구이다. 독서가 로버트에게서 이국적 악령(foreign devil)을 제거하는 과정을 그리는 브론테의 솜씨는 다소 섬세하지 못하다. 그러나 브론테는 셰익스피어 읽기가 신흥 중산계급의 에토스 속으로 로버트의 욕망을 새겨 넣을 때 그것이 정확히 어떤 정치적 목적을 달성하는

지 알고 있는 것 같다. 브론테는 또한 캐럴라인으로 하여금 셰익스피어 작품에 나오는 별로 중요하지 않은 구절들을 읽게 만들 때에도 캐럴라인이 이 변화를 감독하도록 한다. 그러나 브론테가 독서의 힘을 이해하고 있다는 점은 의심할 여지가 없지만, 이 관계에 선생[로버트의 독서를 지도하는 선생으로서의 캐럴라인]이 쏟아부은 투자금은 따져 묻지 않는다. 수줍고 여성적이며 너무도 인정 많은 캐럴라인의 힘은 거의 인정되지 않는다. 그렇지만 특정 텍스트를 읽는 것은 "당신을 각성시키고, 당신에게 새로운 감각을 주며, 당신이 당신의 삶을, 당신의 미덕뿐만 아니라 나쁘고 비뚤어진 점들까지도 강렬하게 느끼게 해 준다"고 언명하는 사람은 캐럴라인이다(115). 로버트가 책읽기를 끝낼 때, 그에게 "자, 당신은 셰익스피어를 느꼈나요?"라고 자세히 묻는 사람도 캐럴라인이다(117). 그녀는 인간적 감정의 웅장한 흐름을 전면에 부각시키려는 자신의 노력을 방해하는 수많은 소음이라 생각해서 『코리올라누스』에 나타나는 정치적인 요소들은 전부 의도적으로 억압한다. 그녀는 텍스트를 대항적으로 읽는 준거틀을 진정으로 영국적인 것과 그렇지 않은 것 사이의 차이로 확립한다. 이 틀은 영국적인 것이 아닌 다른 모든 것(이 경우에는 '프랑스적인 것')은 결핍으로, 즉 영국적 언어의 결핍으로 바꾸려고 기획되었는데, 그것은 또한 인간적 감정의 결핍이기도 하다. 따라서 캐럴라인이 미소와 충고로 로버트의 독서를 지도할 때, 그녀는 전문화된 언어를, 즉 모든 문화적 요소들을 심리적으로 정의할 수 있고 그렇게 함으로써 그것들을 고급문화의 산물로 변형시킬 수 있는 일련의 절차를 유포한다.

고급문화의 생산이 여성적이고 여성화하는 과정이 되면서 시적 전통에 어떤 일이 일어나는지 주목하는 것은 중요하다. 브론테가 자신의 작품 중 가장 명백하게 정치적인 소설에서 가장 명시적으로 시를 논의하고 있다는 사실은 주목할 만하다. 이 사실은 우리에게 이 소설에 나타나는 정치학과 시학의 관계를 탐구하도록 독려할 수 있다. 게다가 이 소설이 성계약의 관점에서 정치학과 시학의 관계를 입증하고 있다는 점을 주목하는 것도 중요하다. 로버트와 캐럴라인이 셰익스피어를 읽으면서 만들어 가는 관계 이외에, 문학이 매개하는 또 다른 관계는 셜리와 필립 넌넬리 경(Sir Philip Nunnely)의 관계이다. 필립 넌넬리 경은 월터 스콧의 역사소설 같은 작품에서 표현된 것과 아주 흡사한 구 지배계급을 가리키는 인물이다. 이 귀족남성은 가정소설에 흔히 나오는 난봉꾼과 유비관계를 형성하는데, 그는 난봉꾼과는 전혀 달리 구혼대상인 여성의 마음에 든다. "그녀는 그가 친절하고 겸손하다는 걸 알기에 그를 좋아했고, 그를 즐겁게 할 수 있는 힘이 자신에게 있다는 것을 알고선 기뻤다."(446, 강조는 인용자) 브론테는 남을 즐겁게 할 수 있는 능력을 여성적 힘이라고 여기고, 사회적 출신에서 엄청난 차이가 있지만 셜리와 캐럴라인 모두 여성이라는 사실 때문에 두 사람 모두에게 그런 힘이 있다고 생각한다. 비록 셜리는 캐럴라인의 외모와 품행에서 "사고방식과 학식의 측면에서 평범하지 않은" 것은 전혀 찾지 못하지만, 그녀의 온순한 친구가 "자력으로 습득한 지식을 발견하고선 더욱 놀랐다". 이보다 훨씬 더 중요한 것은 "캐럴라인의 본능적 취향 역시 셜리 자신의 취향과 비슷했다"는 점이다(231). 고아인 캐럴라인을 셜리와 대등한 인물로 만드는 "지식"을 보다 더 구체적으로 명기할 때, 브론테는 문학적 내용에 대한 셜리와 캐럴라인의 권위가 두 사람 모두를 신흥 지배계급의 여성으로 확인시켜 준다고 역설한다.

> 셜리는 시에서 올바른 취향, 즉 참된 것과 그릇된 것을 분간할 줄 아는 올바른 감각을 지니고 있는 사람은 여성이나 남성이나 극히 드물다고 생각했다. 그녀는 아주 영리한 사람들이 아주 훌륭한 여러 운문 작가들로부터 이런저런 구절들을 뽑아 낭송하는 것을 반복해서 들어왔다. 하지만 직접 읽어 보았을 때, 그녀의 마음 깊은 곳에서 은어와 미사여구, 장식어구, 아니면 기껏해야 정교한 수사 등으로 판단해 보건대 그런 구절들이 괜찮다고 인정할 수 없었다. (231)

이 구절 하나만 보더라도 우리는 소박한 문체의 시학이 『에마』에서 로버트 마틴이 해리엇 스미스에게 보낸 청혼 편지에 등장한 이후 역사적으로 얼마나 멀리까지 왔는지 알 수 있다. 내가 『셜리』에서 발췌한 다른 구절들과 관련해 볼 때 이 구절은 여성 주체성의 역사에 일어난 다차원적 변화를 완곡하게 표현한다. 여성들은 여전히 감정적 삶의 해석자이자 평가자이지만, 그들이 수행하는 비평적 활동은 이제 취향에 대한 이 소설적 기준에 시인의 권위보다 더 우월한 문화적 권위를 부여한다.

엘리트 남성교육의 특징을 과시하는 것은 이 소설이 규정하는 문화적 환경 속에서 이루어지는 남성교육을 약화시킨다. 셜리가 필립 경의 배려에 아무리 만족한다고 해도, 그녀는 필립 경이 여가시간을 감독하는 여성의 특권을 무례하게 빼앗았다는 이유로 그가 마음에 들지 않는 배필임을 깨닫는다.

사소한 결함이 하나 있었다. — 결함 없는 우정이 어디 있는가? — 필립 경에게는 문학적 재능이 있었다. 그는 시와 소네트, 시구, 담시를 썼다. 아마도 킬더 양은 그가 자신이 지은 작품을 읽고 낭송하는 것을 너무 좋아한다고 생각했을지 모른다. 어쩌면 그녀는 압운이 더 정확했더라면 — 박자가 더 음악적이었더라면 — 수사가 더 참신했더라면 — 영감이 더 강렬했더라면 — 좋았을 것으로 생각했을지도 모른다. 어쨌든, 그가 자신이 쓴 시의 주제로 돌아갈 때마다 그녀는 항상 주춤했고, 대개는 대화를 다른 방향으로 돌리려고 최선을 다했다. (446, 강조는 인용자)

따라서 우리는 필립 경이 — 틀림없이 간접적으로는 필립 시드니 경을 불경하게 암시하는 이름일 것이다 — 부적절한 언어를 사용하기 때문에 성관계를 달성하는 데는 확실히 무능하다는 점을 깨닫게 된다. 브론테의 설명에 따르면, "그가 그녀를 독점하고 있고, 그들 앞에는 바다가 있고, 주변에는 향기를 머금은 정원 그늘이 펼쳐져 있으며, 뒤쪽으로는 절벽으로 이루어진 높은 피난처가 솟아 있을 때, 그는 자신이 쓴 최신 소네트 한 묶음을 꺼내서는 감격에 떨리는 목소리로 낭독하곤 했다"(446~447).

브론테에 따르면, 산문과 운문 모두 수사가 가장 적을 때가 가장 좋다. 브론테는 고상한 문학의 영역에 셰익스피어를 포함시키는 반면, 귀족적 시 전통은 제외한다. 그 대신 브론테는 셰니에(André Chénier)의 「젊은 여자 포로」("La Jeune Captive")에서 발췌한 감상적인 운문을 소개한다. 캐럴라인은 그날 저녁 로버트 무어와 나누는 의견 교환에서 자신이 내놓은 교환품으로 프랑스어로 된 이 시를 낭송한다. 마치 시는 — 정도가 알맞으면 — 여성적 느낌을 꽤 잘 표현한다고 말하려는 것처럼 말이다. 셰익스피어 희곡의 몇 구절을 읽고 캐럴라인의 교정을 받는 것이 로버트를 남성의 영역을 관리하도록 준비시키는 것이라면, 시 읽기는 캐럴라인을 공장 소유주의 아내가 되도록 정서적으로 준비시킨다. 왜냐하면 프랑스어로 된 시를 낭송할 때 대개 생기 없는 이 여성의 얼굴은 보다 "생기에 넘치고, 관심이 있고, 감동받은 — 어쩌면 아름답다고까지 할 수 있는" — 표정을 짓기 때문이다. 브론테는 "그런 얼굴은 차분한 존경의 감정, 멀리 있는 것에 대한 찬미의 감정뿐만 아니라 더 부드럽고 다정하고 친밀한 어떤 감정, 즉 우정, 어쩌면 애정과 관심까지도 불러일으키기에 적합했다"고 말한다(119). 만일 과거의 문학이 개인이 받는 교육과 함께 자신의 지위를 전시하기 위한 것이었다면, 브론테 소설에 포함된 시는 다른 형태의 자기전시의 기회를 제공한다. 소설처럼 시는 개인의 심리적 특성을 전시하는 극장이 된다. 브론테는 로버트 무어가 자신의 감정을 직접 글로 쓰려고 하지 않고 그 감정을 다른 사람이 글로 표현하게 해 준다는 이유를 들어, 무어를 필립 넌넬리 경보다 더 매력적인 결혼상대자로 그린다. 캐럴라인이 그를 호감 있는 결혼상대자로 바꿀 수 있도록, 로버트는 다른 상황이라면 표현하지 못할 자신의 열정을 독서를 통해 드러낸다. 필립 경이 이 점에서는 이미 호감을 주고 있지만, 로버트는 길들일 필요가 있는 남성적인 무언가를 내면에 지니고 있기 때문에 더 매력적인 결혼상대자이다. 여성이 있을 자리가 있고 해야 할 역할이 있는 세계를 만드는 것은 분명 로버트이기 때문이다. 만일 벨기에인 산업자본가에게 귀족시인보다 더 우월한 특성을 부여하는 이 근거가 근대 독자들에게 그럴듯해 보이지 않는다면, 또 다른 빅토리아 시대의 텍스트인 『인간의 유래 및 성에 관한 자연선택』(*The Descent of Man, and Natural Selection in Relation to Sex*)에서 찰스 다윈이 양성 관계를 얼마나 이와 유사하게 표현했는지 상기할 필요가 있다.

> 성의 투쟁에는 두 종류가 있다. 한 종류의 투쟁에서 성적 투쟁은 경쟁자를 내치거나 죽이기 위해 같은 성의 개체들(대개 수컷들) 사이에 일어난다. 이 경우 암컷은 수동적으로 남아 있다. 다른 종류의 투쟁에서 성적 투쟁은 다른 성의 개체를 자극하거나 유혹하기 위해 같은 성의 개체들(대개 암컷들) 사이에서 일어난다. 이 경우 암컷들은 더 이상 수동적이지 않고 자신에게 더 적합한 상대를 선택한다.[9]

그러나 다윈이 젠더 차이를 진화이론 속으로 끌어들인다고 해서 사회화의 임무를 여성에게 맡기는 것은 분명 아니다. 여성이 자연사에 미치는, 길들이는 영향력을 기술할 때 다윈의 서사가 역사 자체를 길들인다고 말하는 것이 보다 적절하다. 근대인이 자신의 공격 충동을 길들이면서 자연적 우위를 점하게 됨에 따라 다른 종들 사이의 경쟁적 투쟁은 나중에 출판된 이 저작에서는 약화된다. 『종의 기원』(*Origin of*

9 Charles Darwin, *The Descent of Man, and Natural Selection in Relation to Sex*, vol. II, eds. John Tyler Bonner and Robert M. May, Princeton: Princeton University Press, 1981(rpt. 1871), p. 398. 이 책의 인용은 이 판본을 따랐으며, 본문에 간략히 페이지만 표기했다.

the Species)에 대한 일종의 재고라 할 수 있는 이 저작은 문화를 인간이 자신의 욕망에 대해 거둔 승리로 표현하면서, 자연사를 억압을 정당화하고 승화를 찬양하는 서사로 변형시키고 있다.

이런 역사에서 예술이 수행하는 역할은 특히 의미심장하다. 『성에 관한 자연선택』을 완결할 때, 다윈은 심리미학적(psychoaesthetic) 원칙을 활용하여 자연적 특징("체력과 크기", "색깔과 줄무늬, 점, 장식용 부속물" 같은)뿐만 아니라 모든 정신적 자질들(이를테면 "용기"와 "인내")의 발달, 문화적 성취("무기"에서 "소리와 악기를 포함하는 음악기관"에 이르기까지)를 설명한다. 다윈은 이 모든 자질들이 —이 밖에 또 무엇이 있는가? —"사랑과 질투의 영향, 소리·색·형태의 아름다움에 대한 음미, 그리고 선택권의 행사를 통해 암컷과 수컷이 간접적으로 얻게 되었다"고 주장한다. "또 이런 정신적 능력들은 뇌 시스템의 발달에 명백하게 의존하고 있다."(402) 원시문화에 관한 다윈의 비교연구는 다른 종의 욕망처럼 인간의 욕망이 얼마나 특정 형태와 형상에 의해 촉발되는 것처럼 보이는가를 인정한다. 이 중에서 주요 형태는 젠더를 나타내는 특징들이다. 다윈은 이 젠더적 특징들이 문화에 따라 극히 다양하다고 덧붙인다. 다윈의 이론은 양성의 역할을 구별하는 생물학적 원칙을 설정하고 난 다음 다시 제자리로 돌아와 성을 전적으로 문화에 뿌리내리게 한다.

다윈의 길들이기 개념에 무슨 일이 벌어졌는지 고려해 보면, 정치학과 시학을 결합하는 성선택 논리가 분명해진다. 내 논의의 목적에 비춰 보면, 길들이기 개념은 여성화, 즉 내가 논의해 온 모든 소설에서 정치권력이 취하는 형태를 가리키는 다른 이름일 뿐이다. '더 어울리는 배우자'를 고를 때, 종의 암컷은 자신이 욕망하는 형상대로 수컷을 아주 문자 그대로의 의미로 '창조'한다. 그러나 친족관계의 규칙들은 거의 무의식적인 미학적 원칙에서 생겨난다. 다윈의 설명처럼, 성선택의 원칙은 "남성이 어떤 의도도 없지만 효과적으로 자신이 기르는 가축(his domesticated productions)에게 적용하는 원칙과 매우 흡사하다. 이는 그가 오랫동안 가축의 혈통을 바꾸려고 하지 않으면서 가장 유쾌하거나 쓸모 있는 개체들을 선택할 때 그렇다"(398). 사실 성선택을 언급할 때마다 다윈은 친족관계를 좌우하는 원칙을 자연적 과정과 가능한 한 긴밀하게 연결시켜야 한다는 이상한 필요성을 드러낸다. 이것이, 다윈이 성선택 기능을 여성에게 속하는 것으로 여기거나, 그렇지 않으면 남성의 뇌 시스템 중에서 이성적 기능이 가장 떨어지는 부분에 속하는 것으로 여기는 이유이다. 따라서 남성이 짝을 고를 때 따르는 원칙을 설명하기 위해 축산학의 우생학적 원칙을 바꾸어 말하면서, 다윈은 여성을 통해 작동하는 선택의 권력을 설명하는 자신의 과거진술을 반박한다. "남성은 자신이 소유하고 있는 말과 소와 개를 짝짓기 전에 그 특성과 혈통을 신중하고 면밀히 살핀다. 하지만 정작 자신의 결혼 문제에 관해서는 거의 혹은 전혀 이런 주의를 기울이지 않는다."(402) 계속해서 다윈은 "하등 동물들이 자유롭게 선택하도록 내버려 두었을 때 이 동물들을 추동하는 것과 거의 동일한 동기가" 남성을 자극한다. 하지만 그럼에도 불구하고 남성은 하등동물보다 훨씬 뛰어나기에 "정신적 매력과 미덕을" 높이 "평가한다"고 주장한다(402-403). 남성에게는 미덕을 갖춘 여성에게 매혹되도록 만드는 미적 능력이 존재한다. 이 미적 능력은 남성이 자신의 이익을 채우는 방법을 계산할 때 가동하는 능력보다 본성에 더 가까울 뿐만 아니라 더 문명화된 것이다. 그러므로 이론상 남성은 품행지침서와 가정소설에서 전개된 성관계 모델을 준수하는 한 동물보다 우월하다. 왜냐하면 품행지침서와 가정소설에서 남성은 그가 가축을 길들일 때 적용하는 것과 동일한 미적 원칙을 적용하는 여성을 욕망하는 것으로 표현되고 있기 때문이다. 다윈은 "다른 한편으로 남성은 그저 부나 사회적 지위에 강하게 이끌린다"는 점도 인정한다(403).

이처럼 여러 겹으로 뒤틀린 결론에 도달할 때 성을 자연사의 이론으로 만들려는 다윈의 시도는, 문화 중에서도 성이 권력에서 분리되는 그 전문화된 영역으로 문화를 찬양하려는 자신의 노력에 지속적으로 모순을 일으킨다. 아름다움을 감상할 줄 아는 남성의 능력을 인간의 진화를 재는 척도로 쓸 때 다윈은 자신이 기묘한 역설에 빠져 있음을 발견한다. 이 역설에서 다윈의 인류학—아름다움이 지니는 힘에 기초해 있는 것처럼 보이는 인류학—은 생득적인 경쟁욕망에 의해 추동되는 자연사와 명백한 모순에 빠진다. 다윈의 연구는 자신의 과거 이론에 함축된 의미가 되돌아와 출몰하는 장면을 그리는 것으로 끝난다. 다윈은 문화사의 이 유령이 자신의 기억 속에서 되살아날 때 공포에 질린다.

> 나는 야생의 무너진 해안에서 푸에고 원주민들을 처음 보았을 때 느꼈던 놀라움을 결코 잊지 못할 것이다. 우리 조상이 바로 이런 사람들이었다는 생각이 곧바로 떠올랐기 때문이다. 이 사람들은 완전한 나체에 저속하게 칠로 치장하고 있었다. 긴 머리카락은 뒤엉켜 있었고, 입

은 흥분으로 거품이 일고 있었고, 얼굴 표정은 사납고 깜짝 놀라고 불신하는 기색을 보였다. 그들에게 예술이라곤 거의 없었으며, 야생동물처럼 손에 넣을 수 있는 것을 먹으며 살고 있었다. 통치기관도 전혀 없었고, 자기가 속한 작은 부족성원이 아닌 사람들에게는 한결같이 무자비했다. 자신이 태어난 땅에서 야만인을 본 적이 있는 사람은, 더 천한 존재의 피가 자신의 혈관 속에 흐르고 있다는 것을 시인하지 않을 수 없다 하더라도, 그렇게 많이 부끄럽지는 않을 것이다. 내 입장을 말하자면, 나는 차라리 자신을 지켜 준 보호자의 생명을 구하기 위해 끔찍한 적에게 용감히 맞선 그 영웅적인 작은 원숭이의 자손이거나, 아니면 산에서 내려와 깜짝 놀란 개떼로부터 어린 동료를 의기양양하게 구해 낸 늙은 비비의 자손이었으면 좋겠다. 기꺼이 적을 고문하고, 피투성이 제물을 바치고, 양심의 가책도 없이 습관적으로 영아 살해를 저지르고, 아내를 노예처럼 다루고, 품위라고는 도대체 모르고, 가장 저속한 미신에 사로잡혀 있는 미개인의 자손이기보다는 차라리 그쪽이 낫겠다. (404~405)

이런 변태적인 가족관계의 장면이 되돌아와 다윈을 사로잡을 때, 이 장면은 우리에게 19세기 초 도시문화의 어두운 뒷골목을 답사한 셔틀워스 같은 그런 사람들이 원시상태라 생각했던 모습을 상기시킨다. 이 점과 관련하여 우리는 ― 원시인과 '야생동물'의 유사성에도 불구하고 ― 다윈이 성선택을 자신의 이론 안으로 들여올 때 문화와 대치시키는 것은 자연이 아니라는 점에 주목해야 한다. 문화와 대립되는 것은 다른 문화이다. 여기서 미적 원칙은 여성을 무력하게 만드는 남성들 사이의 경쟁에 압도당한다.

다윈이 자신의 진화론을 불편한 기억의 내부에 가둠으로써 진화론 전체를 부정해야 했던 것은 기묘한 타당성을 지니고 있다. 자연을 서로 다른 종들 사이에서 지배권을 얻기 위한 경쟁이 아니라 성적 교환으로 표현할 때, 다윈의 후기 연구는 그가 한때 자연대상에서 보았던 역사적 투쟁의 흔적을 은폐하고 성적 차이에 대해서만 말하게 한다. 그렇지만 다윈은 이런 체계 안에서 중산계급 남성의 우위를 유지하려면 종 내에서 우위를 차지하기 위한 자연적 토대로서의 폭력을 지우지 않을 수 없다고 느낀다. 다윈은 브론테가 『셜리』에서 공식화하는 바로 그 교환논리에 기댄다. 브론테의 모델은 경쟁적 세계를 안정적으로 만들기 위해 욕망을 젠더에 따라 구분할 것을 요구한다. 여성들이 경쟁력 있는 남성을 욕망해야 하는 것과 마찬가지로, 남성들은 자신들을 길들일 수 있는 여성을 욕망해야 한다. 마침내 다윈이 자연계 전체를 이 원칙에 따라 구분하는 순간, 원시문화의 이미지가 뚫고 들어온다. 이제 다윈은 자신을 문화사의 산물로 보기보다는 인간이라는 종의 범주 바깥에 있는 야생 조상들과 뜻밖에 정서적 동일시를 한다.

나는 원시문화가 여성의 권위를 억압하기 때문에 다윈이 원시문화를 문화가 아닌 것으로 재현하고 있다는 사실에 특히 주의를 환기시키고 싶다. 야생상태에 있는 종의 본능과 뚜렷한 대조를 이루면서, 남성은 모든 사회적 결속을 파괴하는 욕망을 행동으로 옮긴다. 그러므로 다윈의 악몽은 남성의 경쟁적 용기가 아니라 남성을 길들일 수 있는 여성의 능력에 기대는 문화모델을 암시한다. 이렇게 다윈은 남성의 욕망을 불러일으킨 다음 그 욕망을 길들이는 데 완전히 헌신하는 여성에게 정치적 이해관계를 투자하도록 독자들을 격려하는 상황을 그린다. 이 상황에서 여성이 이와 다른 것을 욕망한다면 그것은 여성으로서 자신의 본질적인 본성과 충돌한다. 더 중요한 점은 여성이 남성을 욕망하는 데 실패한다면, 문명 자체가 규제되지 않는 남성의 경쟁본능들에 의해 휘둘릴 것이라는 암시이다. 자연선택설에 대한 다윈의 수정은 예이츠, 로런스, 조이스, 울프, 프로이트처럼 다양한 현대 저술가들의 마음을 사로잡게 될 문제를 제기한다. 그것은 바로 여성은 무엇을 욕망하는가라는 문제이다.

현대 여성들 : 도라와 브라운 부인

19세기에서 20세기로 건너오는 전환기에 무의식에 대해 보인 집착은 '여성이 원하는 것은 무엇인가'라는 문제에 대한 대응이었다는 주장에 설득력이 있다고 나는 믿는다. 히스테리의 발견은 이 문제를 훌륭한 중산계급 아버지의 딸들이 실제로 유혹당하는 것을 원했는가 그렇지 않은가의 문제로 전환함으로써 정교하게 가다듬었을 뿐이다. 모더니스트 작가들은 구애와 친족관계의 문화적 수호자로 임명된 여성들이 자신들이 허용되어선 안 된다고 선언했던 바로 그것을 욕망했다고 결정한다. 여성들은 금지된 것을 욕망했거나, 그렇지 않으면 부자연스럽고 변태적이었다. 여성들의 금지된 욕망은 이전의 문화에서는 용인되었던 성적 관행을 구성했는데, 새로이 부상하는 중산계급은 이런 관행에 맞서 한때 자신들의 도덕적 권위를 주장했다. 다시 말해, 중산계급 문화 안에서는 어떤 자리도 없었던 것처럼 보이는 관행들이 실은 중산계급의 권위를 유지하는 데 반드시 필요했다. 이런 관행들이 '타자성'의 특권화된 형태들, 즉 계몽을 요구하는 어둠, 치료를 요구하는 결핍, 교화를 요구하는 도착(perversion)이었다. 오늘날 우리에게 가장 중요한 작품으로 남아 있는 모더니스트 소설은 메이휴나 다윈을 비롯한 여러 사람들이 정식화한 지배계급의 성에 도전하는 것 같은 여성 주체성의 영역을 열어젖힘으로써 소설 — 고급문화의 소설 — 에 새로운 권위를 주장했다. 하지만 나는 모종의 방식으로 여성의 욕망을 쓰고자 했던 이런 시도들이 모두 특정한 문화적 자료들의 맥락을 지우고 그것들을 역사에서 제거하는 의식의 구조 안에 그 자료들을 다시 가두어 버리는 더 광범한 시도에 협력했다고 주장할 것이다. 작가들은 성적 구분의 우선권을 받아들이면서 전통적 일부일처제에 관해 쓰건 혹은 성적 위반에 관해 쓰건 상관없이 인간 정체성에 관해서는 동일한 기반을 지지했다. 작가들이 이렇게 했다는 것은 정치적 관점에서는 대안이 될 수 없는 일련의 대안들을 규범으로 제시했다는 것을 의미한다.

여성 주체성의 역사를 20세기로 가져오면서 나는 소설이 19세기 자아의 언어를 교정하고 20세기 의식의 언어를 만들어 내기 위해 사용한 몇 가지 전략들을 분리해 내고 싶다. 히스테리에 대한 초창기 연구와 함께 확실히 우리는 '주체성'이라는 말을 사용하는 것이 더 이상 적절해 보이지 않는 역사의 영역 속으로 들어가고 있다. 왜냐하면 19세기 말 무렵이면 주체성이라는 말은 사람들이 그것이 인간 정체성의 토대인지 아닌지 더 이상 묻지 않을 정도로 뚜렷한 실감을 획득했기 때문이다. 사람들은 주체성이 그 본성상 근본적으로 성적이라는 사실에 도전하는 것 같아 보이지 않는다. 아니, 사람들은 여성이 남성만큼이나 내면에 많은 것들을 담을 수 있고 그 역도 마찬가지라는 사실을 발견하고서, 주체성이라는 구조 안에 담길 수 있는 내용을 두고 논쟁을 벌였다. 사람들은 이런 내용을 어떻게 분류할 것인지, 이를테면 전의식인지 무의식인지에 대해 논쟁을 벌였다. 사람들은 또한 이런 범주들 사이에서 가치가 배분되는 방식을 두고 논쟁을 하면서, 전통적 역할을 수행하는 개인의 능력에 따라 혹은 개인의 욕구 쪽으로 기울어진 건강과 정상이라는 관념에 따라 가치가 결정되어야 한다고 주장했다. 의식 담론이 발전하면서 내면의 공간을 구성하는 자료 속으로 역사적 내용들을 써넣는 전략들은 질적 도약을 겪었으며, 현대적 의미에서 '텍스트'로 기능하기 시작했다. 이 전략들은 역사적 내용들이 모두 중심적 의식에서 비롯되는 것처럼 작동했다. 후일 이 전략들은 이 중심적 의식의 변화를 극적으로 표현했다. 사회적 경험의 표층을 조직했던 가정과 시장이라는 젠더 구분은 남성의 욕망과 여성의 욕망으로 재연되었는데, 이 두 욕망은 내면 공간에 함께 거주하면서 개인의 환상생활을 지배하기 위해 경쟁했다. 이론상으로 보면 파멜라와 B씨 사이의 갈등은 하나의 의식 공간 안에서 일어났다. 이런 갈등의 결과는 누가 여성의 욕망을 정의할 권위를 쥐고 있는가를 결정하는 것이었다. 하지만 의식의 극장 안에서 여성이 얻은 역사적 근거는 남성이 감정을 쓸 권위를 되찾고 여성이 원하는 바를 결정하면서 상실되었다.

남성은 여전히 지배계급의 언어를 쓰고 있지만 그 언어는 리처드슨의 서사에서 유혹자가 대변했던 언어와는 완전히 다른 것이라는 점을 주목해야 한다. 19세기 말 무렵이면 권력의 언어는 구 귀족에 속하는 것이 아니라 의사, 교사, 변호사, 서비스직종에 종사하는 남성과 여성, 여러 형태의 관료집단 등 전문직에 속했다. 한 세기 전에 전문직들은 사회를 한편에선 경제적으로 경쟁하는 계급으로, 다른 한편에선 일련의 보편적인 가족관계로 재현할 책임을 떠맡아 왔던 계급이었다. 해럴드 퍼킨의 주장에 따르면, 지주는 산업주의자와 경쟁하고 산업주의자는 노동자와 경쟁하는 삼중모델에 지식인과 전문직이라는 또 하나의 범주를 추가해야 한다. 이 지식인들과 전문직들이 사회 현실을 이해하는 서사를 공식화했다. 바로 이들이 행위자를 선언하고 다른 집단이 반대하는 쟁점을 결정했다. 퍼킨에 따르면, 바로 이 사람들이 "망각된 중산계급"을 이루었다. "왜냐하면 바로 이들이 자신들을 망각했기 때문이다. 이들은 자신들의 이상화된 자아가 존재해야 할 곳이 다른 계급들의 이상사회라고 설정했던 것을 제외하면 사회 분석에서 대체로 자신들을 누락시켰다."[10] 하지만 숙련가들과 전문가들이 활용한 파놉티콘적 감시 전략의 배면에 놓인 생각은 자기네 스스로는 이 전략의 일부가 아닌 것처럼 지식의 분야를 구성하는 것이었다. 이렇게 함으로써 이들은 사심 없는 관찰자의 역할을 수행하기 위해 스스로를 자유롭게 풀어놓은 것처럼 행세했다. 이런 감시권력이 정치권력의 작동 형태인 곳에서 ―제도문화 안에서―, 가장 사심 없는 것처럼 보이는 사람들은 관찰되는 대상과 이런 관계를 취함으로써 사실상 가장 많은 이득을 얻는다.

19세기가 진행되는 동안 소설가의 위상이 이런 전문직 저자들과

10 Harold Perkin, *The Origin of Modern English Society 1780-1880*, London: Routledge and Kegan Paul, 1969, pp. 257~258.

의 관계에서 어떻게 문제적으로 되었는가를 상상하기란 어렵지 않다. 왜냐하면 소설은 — 적어도 영국에서는 — 여성의 언어로 씌어졌기 때문에 소설가는 전문직이나 지식인에 속한다고 볼 수 없었기 때문이다. 물론 여성들이 이런 전문직에 진입할 수는 있었지만 그럼에도 이 말은 사실이다. 왜냐하면 소설은 특정한 친족관계의 질서를 정상적이고 바람직한 것으로 만드는 데 책임이 있었던 감정적 진실을 표현했기 때문이다. 하지만 모더니스트 소설이 허구를 관료사회의 언어와 대립시켰을 때 정치적 목적에 따라 허구의 형식적 전략을 변화시키는 투쟁은 시작되었다. 소설이 자신과 지속적으로 변증법적 관계를 맺은 이 시기에 결과적으로 일어난 것은 허구가 더 이상 상식 — 여성의 지식 — 에 기대지 않고 전문적인 문학 언어의 참조를 얻으면서 권위를 획득하게 된다는 점이다. 어머니와 가정주부에게 속했던 지식들은 전문적 점검을 받으면서 거짓과 '이야기'의 직조물이라는 점이 밝혀졌다. 이에 따라 비교적 짧은 시간 안에 친족의 언어는 더 이상 여성의 영역이 아니게 되었다. 이제 친족의 언어는 상담사와 치료사의 영역이 되었다. 이와 동시에 민족성은 내가 수행하는 것과 같은 연구에 더 이상 '자연스러운' 프레임을 제공하지 못하게 되었다. 민족, 계급, 심지어 젠더와도 다른 새로운 원칙이 소통을 조직했으며, 그렇게 함으로써 글쓰기에 현대적 정체성을 부여했다. 울프에 따르면, 1910년 시작된 새로운 시대는 민족과 계급 모두로부터 소외된 작가들의 시대였다. 이 시대는 또한 양성적(androgynous)이며 성적으로 실험적인 작가들의 시대였다. 하지만 이런 글쓰기 영역에서 성을 민족 및 계급과 대립시키는 방식은 고도로 개인적인 글쓰기 스타일을 창조했다. 내가 보기에 이런 형태의 개인성은 여성의 주체성에 대한 훨씬 더 정교하고 새로운 재현을 통해 출현했다.

이런 주장이 합당해 보이는 배경의 윤곽을 그리기 위해 나는 내가 원형적인 모더니스트 텍스트라고 생각하는 프로이트의 『히스테리 사례분석의 단편』(*Fragment of an Analysis of a Case of Hysteria*)에서 시작해 보고자 한다. 도라의 이야기를 허구 안의 허구라는 리처드슨의 서사적 변증법으로 돌아가는 것으로 읽을 수는 있다. 프로이트는 역사적으로 획기적인 이 연구에서 여성을 남성의 욕망대상으로 쓰기보다는 지배계급의 성에 맞서고 있다. 프로이트가 도라로 하여금 허구의 층들을 하나씩 벗기도록 도와줄 때 그는 소설이 성을 추방시키는 것에 맞서고 있다. 그런데, 도라는 이 허구의 층들을 통해 자신의 욕망이 기대고 있는 남근적 근거를 부인한다. 이런 점에서 분석담론의 구성은 B씨의 복귀를 가리키며, 추방되지 않은 그의 성을 성적 방임이 아니라 성적 해방으로 재평가한다고 주장할 수 있을 것이다. 프로이트와 마찬가지로 우리는 B씨가 성적 욕망을 합법적 일부일처제에 가두기보다는 더 유연한 정상성의 관념을 만들어 내기 위해 한 세기 동안 지배해 왔던 성적 정숙에 맞서고 있다고 주장할 수 있다. 성적 도착을 중산계급의 규범과 대립하는 것이 아니라 정상적 발달과정에서 다소 미발달한 것으로 이해해야 한다는 것이 프로이트의 담대한 신념이었다.

> 우리들 각자는 성생활에서 모종의 방식으로 자신에게 정상성의 표준으로 부과되는 협소한 경계를 다소 위반한다. 도착은 이 말이 함축하는 정서적 의미에서 동물적인 것도 타락한 것도 아니다. 도착은 씨앗

이 발아한 것이다. 이 씨앗은 모두 성적으로 미분화된 과거의 기질 속에 들어 있었으며, 억압을 통하거나 아니면 더 고귀한 무성적 목적으로 전환되는 것을 통해 —승화를 통해 — 수많은 문화적 성취에 힘을 부여하게 되어 있다. 그러므로 어느 한 사람이 분명 조잡한 성도착자가 되었다면 그 사람은 그렇게 남아 있었다고 말하는 것이 보다 정확할 것이다. 왜냐하면 그는 억제된 발달과정의 특정 단계를 보여 주기 때문이다.[11]

그러므로 우리는 프로이트 저작의 핵심적 지점에서 '불법적 결사'라는 19세기적 비유가 사회적으로 용인되며 문화 속에 자신의 자리를 요구하며 나타났다고 말할 수 있다. 도착은 "이 말이 함축하는 정서적 의미에서 동물적인 것도 타락한 것도 아니다". 엄밀히 역사적 관점에서 내가 던지고 싶은 질문이 바로 이것이다. 즉, 성에 대한 이런 관념이 도착을 용인해 줄 때 그것은 제임스 케이 셔틀워스나 찰스 다윈이 보여 주는 정치성과는 다른 정치성을 보여 주는가?

히스테리 환자에 대한 이전의 사례연구와 더불어 프로이트의 '도라'가 성의 역사에서 새로운 단계임은 분명하다. 하지만 내 생각에 그것은 인간주체의 패러다임의 변화를 보여 주는 새로운 저작의 서장이라기보다는 성담론의 새로운 장이다. 위 인용 구절은 이 새 장이 셔

11 Sigmund Freud, *Fragment of an Analysis of a Case of Hysteria*, in *The Standard Edition of The Complete Psychological Works of Sigmund Freud*, vol. III, trans. James Strachey, London: The Hogarth Press, 1953, p. 50. 이 책의 인용은 이 판본을 따랐으며, 본문에 간략히 페이지만 표기했다.

틀워스, 메이휴, 다윈의 저술에 등장하는 것과 같은 문화적 비유의 지배를 받고 있다는 것을 보여 준다. 우리는 19세기의 내면화 전략이 프로이트의 초기 사례연구에서는 훨씬 더 진전되어 있음을 알 수 있다. 그런데 그의 초기 사례연구는 모두 여성 주체성의 역사이다. 여기에서 프로이트는 모든 의식발달의 기원이 성기기의 성이라고 설정함으로써 젠더를 의식의 본질적 구성요소로 만든다[프로이트는 성 심리적 발달 단계를 구강기, 항문기, 남근기, 잠복기, 성기기의 다섯 단계로 나누었다.—옮긴이]. 그는 여성의 몸 전체가 욕망의 대상이 되는 전통적인 교환을 뒤집는다. 그는 팔루스를 욕망의 토대라고 보고 다른 모든 욕망형태는 기만으로 규정한다. 이 기만은 팔루스를 향한 욕망을 가장 근본적인 단 하나의 인간적 실재로 인정하는 것에 저항하는 '방어'(defenses)로 작용한다. 이런 전략을 통해 프로이트는 이런 자아 관념에 맞서는 저항 전체를 억압과 부인의 증상이라고 규정할 수 있는 전문적인 자아의 언어를 발전시킨다. 프로이트는 이 문제를 이런 방식으로 규정하면서 루소의 개인처럼 한 개인이 더욱더 자기 자신이 되는 이야기, 다시 말해 건강하고 완전하며 기능적이 되는 여성 욕망의 이야기를 쓸 수 있었다. 여성들이 말하는 이야기가 성적 욕망의 진정한 본질을 숨기고 있다는 것을 찾아낼 때 프로이트는 먼저 이들의 성적 욕망을 자유롭게 풀어놓은 다음 그것을 치료하도록 하는 방식으로 이들의 이야기를 교정한다.

히스테리 환자에 대한 연구는 여성 주체성의 언어를 프로이트 자신이 '산부인과 의사'와 '고고학자'의 언어에 비유한 언어로 번역한다. 이 분야에서 프로이트가 자신이 하는 일을 '빛을 비춘다'는 계몽의 비유를 통해 표현하고 있다는 사실은 의미심장하다. 아래 예문은 그가 환자와의 관계에서 자신의 역할을 개념화할 때 이 점을 보여 주는 여러 예들 중 하나이다.

> 나의 분석결과가 불완전하다는 사실에 직면할 때면 나는 발견자들의 선례를 따르지 않을 수 없었다. 오랜 세월 땅 속에 묻혀 있던, 훼손된 귀중한 고대 유물을 빛 속으로 데려오는 것이 발견자들의 행운이었다. 나는 다른 분석에서 최상의 모델을 취하고 거기에서 누락된 것을 복구한다. 하지만 나는 양심적인 고고학자가 그러하듯, 개개의 사례에서 어디서 진짜가 끝나고 어디서 내가 만들어 낸 것이 시작되는지 말하지 않을 수 없다. (12)

우리는 위 인용문에서 "유물"이 반복적으로 등장하고 있다는 점에 주목해야 한다. 이 대목을 비롯한 여러 다른 대목에서 프로이트는 브론테 자매가 여성 주체성의 영역에서 처음 만들어 냈던 것과 같은 박물관적 구조에 따라 자신이 작업하는 자료를 이해한다. 브론테 자매는 근대문화에 작동하는 심리적 범주를 구성하기 위해 이전 시대의 자료를 붕괴시킨다. 이와 동일한 문화의 집이 초창기 히스테리 연구를 구조짓고 있지만, 프로이트는 유년기 성적 관행이라는 영역 전체를 여성의 내부에 가둔다. 빅토리아 시대의 선정소설과 대립되는 이런 사례 연구에서 문화사의 자료들은 가정적 범주의 소멸(즉, '아이의 미분화된 성적 성향')을 자아의 내부에 재현하고, 그렇게 함으로써 한 개인의 내부로 더 파고 들어가 개인의 전체적 지도를 그리고 개인을 통제할 무대를 마련한다.

그러나 "행운"이라는 프로이트의 생각은 자아 속에 존재하는 이런 과거의 "유물들"이 이미 "훼손"되어 있다는 사실로 인해 그 의미가 전혀 줄지 않는다는 점을 주목할 필요가 있다. 그의 분석 절차는 채워 넣어야 할 부재를 전제한다. 그 절차는 분석가의 역할을 잃어버린 부분을 채워 넣는 것으로 만든다. 이렇게 자아를 재현하는 경우를 만날 때면 영리한 독자는 주체의 진정한 목소리가 분석을 통해 보완될 것이라고 기대한다. 이제 진정한 주체의 목소리는 온갖 종류의 자기기만, 부인, 방어로 가득 찬 목소리가 된다.[12] 우리는 어느 정도 확신을 가지고 이를 예견할 수 있다. 왜냐하면 프로이트의 소통모델에서 주체의 말은 여성의 몸이 지닌 모든 특성을 담고 있기 때문이다. 이 특성들은 손상되고 훼손된 남성의 특성으로서 본질적으로 퇴행적이지만 남성의 담론에 권위를 부여하는 비밀을 품고 있다. 바로 이 여성의 몸이 프로이트 글쓰기에 증명과 실체를 함께 제공한다. 여성의 몸을 불완전한 것으로 바꿀 때조차도, 다시 말해 자신을 완전한 존재로 만들어 줄 상실된 부분을 욕망하는 불완전한 것으로 여성의 몸을 바꿀 때에도, 역설적이게도 프로이트는 남성에게 힘을 북돋아 줄 힘을 여성에게 부여한다.

프로이트의 고고학적 모델이 제시하듯이, 남성은 자신을 완전하게 만들어 줄 여성이 필요하다. 계약모델 그 자체는 여전히 존재한다.

12 토릴 모이(Toril Moi)는 프로이트가 유물의 비유를 활용하는 것에 대해 다음 글에서 다루었다. "Representations of Patriarchy: Sexuality and Epistemology in Freud's Dora", *In Dora's Case: Freud-Hysteria-Feminism*, eds. Charles Bernheimer and Claire Kahane, New York: Columbia University Press, 1985, pp. 186~187.

18세기와 19세기 동안 대체로 그런 것처럼, 남성성과 여성성이 각기 경제적 힘과 감정적 힘으로 이해되었을 때 이 계약의 기호작용은 상대적으로 분명하다. 이 계약은 돈을 사랑으로 옮기고 시장의 경쟁적 운동을 가족관계로 바꾼다. 하지만 프로이트에 오면 가족의 위상이 모든 권력관계의 최종 원인이 된다. 친아버지를 '지배자'로 여기는 청교도 결혼 관련 글들과는 대조적으로, 정신분석학의 사례연구는 모든 정치적 우두머리를 '부성적 인물'로 간주한다. 더욱이 아버지 자신은 국소적 비유로, 즉 페니스로 재현된다. 모든 젠더적 특성을 성기로 환원함으로써 프로이트는 성관계를 현존과 부재의 관계로 사유할 수 있었다. 하지만 그의 수사 전략은 여성을 통제하는 부분에서는 특히 효과적이지 못했다. 이 전략이 효과적이었다면 여성이 원하는 것을 재현하기 위해 그가 그렇게 정교한 작업을 진행할 필요는 없기 때문이다. 프로이트가 만들어 내고자 하는 부재, 그로 하여금 매사를 남성의 기준으로 측정하게 만드는 부재는 인정할 수 없는 현존을 함축한다. 팔루스의 통제를 받지 않는 욕망을 찾을 수 있는 곳은 구획되지 않은 여성의 몸, 바로 그것이다. 이 욕망은 (팔루스의 욕망보다) 더 오래되었으며, 브론테 자매의 여성주인공들에게 구현된 욕망처럼 부모와 자식, 남성의식과 여성의식을 가르는 경계를 해소할 수 있다. 프로이트는 오이디푸스적 경쟁이라는 문제에 몰두하기 전에 팔루스의 통제를 받지 않는 이 욕망을 잠재우지 않으면 안 된다고 느꼈다. 이를 위해 그는 이 욕망이 역사적 변화의 최종원인으로 작용하는 사유전통 전체를 무효화하려고 했다. 내가 지금 말하고 있는 것은 가정소설의 전통과 이 전통이 기록한 성의 역사이다.

가정소설의 전통을 전복하고자 하는 프로이트의 서사는, 여성은 자신의 아버지만을 욕망하며, 유혹당할지 모른다는 여성의 공포는 모두 자신의 금지된 욕망을 부인하기 위한 전략에 지나지 않는다는 사실을 여성이 직면할 때 성공적 결말에 이른다. 모든 대상은 결국 페니스를 가리킨다는 의미의 잘못된 짝짓기 게임을 통해 프로이트의 서사는 욕망과 공포의 대상으로 지목된 대상을 부성적 인물로 바꾼다. 하지만 여성 주체성을 구성하려는 작업에서 페니스는 어머니가 그것을 욕망하지 않거나, 혹은 어머니가 그것을 욕망할 때까지는 페니스에 불과하다. 오직 하나의 권력 원천, 즉 남성만 존재하는 것처럼 보이는 곳에 실제로는 남성과 여성, 두 개의 원천이 존재한다. 페니스는 또 다른 페니스로 옮겨 갈 뿐이지만 팔루스는 어머니로부터 나온다. 이 이론은 이런 의미론적 용어로 성의 계약을 다시 씀으로써 궁극적으로 중산계급의 권력을 신비화한다. 이 이론에서 두 젠더를 구별하고 두 젠더가 서로에게 권위를 부여해 주는 관계 속에 서로를 위치시키는 교환의 본질을 찾을 수는 없다. 더 이상 이런 교환을 찾을 수 없기 때문에 젠더는 남성의 생물학적 본성이라는 일면적 사실에 기대고 있는 것처럼 보인다.[13]

하지만 도라에 대한 분석을 시작하기 전에 프로이트는 그녀의 이야기에서 간극을 찾아야 한다. 왜냐하면 간극은 또 다른 진리, 숨겨진 맥락, 밝혀내야 할 상실된 구조를 가리키기 때문이다. 프로이트의 간극 찾기는 도라의 텍스트를, 그렇지 않으면 말할 수 없는 욕망을 나타내는 일련의 은유로 바꾼다. 프로이트는 이렇게 쓴다. "이야기를 하는 동안에도 환자들은 반복해서 세부사항이나 날짜를 수정할 것이다. 얼마 동안 이야기를 지어낸 다음에는 처음에 했던 이야기로 돌아갈지 모른다."(17) 분석가는 이야기꾼이 말하기 주저하거나 수정하는 곳을 찾으면 훼손된 부분을 교정한다. 그렇게 함으로써 그는 문자로 씌어졌을 뿐 아니라 고도로 전문화되고 과학적이며 남성적인 이야기에 권위를 부여한다.

> 자신의 삶이 병력(病歷)과 일치하는 한에서 환자가 그 삶에 잘 배열된 역사를 부여하지 못하는 것은 신경증 환자들에게만 나타나는 특성은 아니다. 거기엔 이론적 함의도 내포되어 있다. 환자가 그러지 못하는 것에는 다음과 같은 이유가 있다. 무엇보다 환자는 의식적으로 또 의도적으로 자신이 말해야 하는 것들 가운데 일부를, 다시 말해 자신이 완벽하게 알고 있는 것들을 감춰야 한다. 왜냐하면 환자는 공포와 수치의 감정(혹은 자신이 이야기하는 것이 다른 사람과 관련될 때는 조심스러운 신중함)을 극복하지 못했기 때문이다. 이것이 의식적 거짓이 담당하는 몫이다. (17)

13 이데올로기를 다루지 않는 지배적인 비평이론을 비판하면서, 웨인(Don E. Wayne)은 이데올로기를 다루는 논자들에게 내재된 문제를 분리해 낸다. 마슈레(Pierre Macherey)와 드 만(Paul de Man)에 대해 글을 쓰고, 토니 윌든(Tony Wilden), 알튀세르, 라캉을 거론하면서, 웨인은 이들 모두가 "부정을 부재로, 차이를 대립으로, 관계를 정체성으로 혼동하는 인식론"을 공유하고 있다고 주장한다. 이런 관찰은 왜 프로이트 담론이 문학비평적 절차를 통해 비교적 큰 흔들림 없이 유지되고 있었는지 이해하는 데 도움을 준다. 대부분의 문학비평은 남성성의 '부재'가 여성성의 '부정'과 혼동된 채 존재할 수 있도록 해주는 것 같다. 어머니의 몸을 성기화함으로써 프로이트는 어머니의 몸의 부재를 단순히 페니스의 부재와 혼동하게 된다. 하지만 이에 못지않게 아주 분명하게 팔루스의 신화는 어머니의 몸을 변형의 행위주체로, 혹은 "언표할 수 없기 때문에 숨겨져 있어야 하는 구성적 현존"으로 활용한다. Wayne, "Gnosis without Praxis: On the Dissemination of European Criticism and Theory in the United States", *Helios*, 7, 1979-80, p. 15.

간극을 만들어 내는 전략이 이야기하는 사람의 텍스트를 일련의 병리적 증상으로 재현하는 전략이기도 하다는 점을 주목하는 것은 중요하다. 이 전략은 분석이 개입할 수 있는 공간과 치료로서의 분석이 필요로 하는 병리를 동시에 만들어 낸다. 이야기에서 간극을 찾는 것은 여성에게 새로운 자아의 언어의 필요성을 만드는 일이다. 프로이트가 마주한 여러 저항 형태들은 모두 이 필요성을 말해 주고 있으며, 저항을 다룰 소통의 전략을 요구한다. 예를 들어, 프로이트가 찾으려는 지식을 방해하는 것들 중에는 표준적인 공손함, 개인적 충성심, 사적 정보를 서사형식으로 제시하는 방법에 대한 감각에서 생기는 것들이 있다. 프로이트는 '무의식적 거짓말'을 찾아낸다. 환자가 다른 때에는 기억할 수 있는 정보가 이야기를 하면 사라질 때 무의식적 거짓말을 하게 된다. 이때 환자가 이런 정보들을 의도적으로 유보하는 것은 아니다(17). 하지만 환자가 전혀 접근할 수 없는 정보들이 궁극적으로 이런 다층적 모델의 다른 서사적 변형을 채색하는 정보들이다. 이 기원의 지점은 언어 외부에 존재할 뿐 아니라, 프로이트가 표현하듯, 언어의 준거점을 이루는 자아의 부분이다. "변하지 않는 진정한 망각(amnesia)이 존재한다. 이 망각은 기억 속에 존재하는 간극이다. 바로 이 간극 속으로 오래된 기억뿐만 아니라 최근의 기억 또한 흘러 들어간다. 이와 달리 정상적 망각(paramnesia) 또한 존재한다. 이 망각은 기억 속에 존재하는 간극을 메우기 위해 부차적으로 형성된다."(17) 따라서 아주 역설적으로 간극 안에 간극이 존재하며, 어떤 간극도 없는 것처럼 보이는 간극 또한 존재한다. 왜냐하면 억압의 논리는 환자의 이야기에 일부 잘못된 것이 있으면 진정한 기억의 상실을 모호하게 흐리기 위해 "기억의 거짓"이 일어난다고 전제하기 때문이다(17).

그러므로 간극의 생산은 억압된 주체성의 자료를 드러내기 위해 역전(inversion)의 비유와 공모한다. "정신분석의 자료를 구성하는 사실들의 성격"으로부터 "우리의 사례사에서 장애의 신체적 자료 및 증상과 관련하여 환자의 인간적·사회적 환경에만 주목해야 한다"는 결론이 도출된다고 프로이트는 주장한다. 프로이트가 말하듯이, "우리의 관심이 향하는 곳은 환자의 가족환경이지만", 실상 사례사를 보면 환자를 둘러싼 가족환경과 모순되는 관계에서 심리적 진실이 확립되는 의미의 역전이 규칙적으로 일어난다(17). 그런데 이런 전략은 하나의 상호의존적이거나 독립된 진리형식으로서 자신을 맥락에서 분리하는 형식주의 텍스트의 전략이기도 하다. 형식주의 텍스트는 텍스트의 안과 밖 사이에 절대적 차이를 유지한다. 이 차이는 전(前)사회적인 성적인 수준에서 일어나기 때문에 정치적인 것처럼 보이지 않는 소외형태이다.

페미니스트 비평을 통해 우리는, "이전에 성경험을 한 적이 없는 건강한 소녀라면 그런 환경에서" 아버지의 친구이자 아버지의 연인의 남편이기도 한 K씨로부터 강제로 포옹을 당하고 키스를 당할 때 도라와 달리 틀림없이 성기에 흥분을 느꼈을 것이라고 프로이트가 전제할 때 그가 보여 주는 조잡한 무신경함을 잘 알고 있다. 도라가 확고한 믿음을 가지고 이런 생각에 저항했기 때문에 프로이트는 정상적인 여성이라면 성기의 흥분을 느낄 뿐 아니라 느끼고 싶어 한다고 고집스레 주장한다. 프로이트는 선언한다. "오로지 이 근거 위에서 나는 성적 흥분을 일으키는 사건이 의심할 여지 없이 압도적으로 불쾌한 감정을 일으키거나 불쾌한 감정만을 불러일으키는 사람들을 히스테리라고 생각한다."(44) 이런 선언을 의학적 진단으로 만듦으로써 프로이트는 파멜라로까지 거슬러 올라가는 재현의 전통에 도전하면서 주로 유혹에 저항하는 행위에 기대고 있는 권위형태에 의문을 제기하는 전문가주의의 전략을 생각해 낸다. 파멜라는 "No"를 말할 수 있는 한에서만 자신을 정의할 수 있는 힘을 얻었다. 하지만 역전의 전략이 의미를 지배하는 소통상황에서 도라의 "No"는 실제로는 "Yes"를 의미하며, 혐오의 기호는 쾌감을 위장한다. 이런 점에서 도라와 프로이트의 대화는 파멜라와 B씨 사이의 투쟁을 정교하게 재상연한 것이라고 볼 수 있다. 프로이트의 서사는 여성에게서 여성적인 것이 무엇인지 찾아내려는 투쟁을 다시 무대에 올리면서 여성에 대한 리처드슨의 이상화를 전복하고 추방한다.

임상적 환경에서 프로이트는 허구뿐 아니라 허구에 권위를 부여하는 여성적 지식과 변증법적 관계 속으로 들어간다. 그는 허구의 심층을 인간의 성의 진실을 숨기는 표층으로 여기면서 여성에게서 새로운 심층을 발견한다. 여성에 존재하는 심층은 모든 인간관계를 성기와 관계된 것으로 표현하고 남성 성기에 대한 여성 욕망의 결핍을 병리적인 것으로 만든다.

> 마음속에서 나는 그 장면을 다음과 같이 재구성했다. 그 남자가 열정적으로 포옹하는 동안 그녀는 그가 자기 입술에 키스해 오는 것을 느꼈을 뿐 아니라 곧추 세워진 그의 성기가 자신의 몸을 압박해 오는 것을 느꼈을 것이라고 나는 믿는다. 이 느낌은 그녀의 기분에 거슬렸다.

그 느낌은 그녀의 기억에서 추방되고 억압되어 목구멍의 압박이라는 감각으로 대체되었다. 목구멍에서 느끼는 무해한 압박감은 억압된 원천에서 나오는 과도한 격렬함이다. 그러므로 우리는 다시 한번 신체의 아래에서 위로 이동이 일어났음을 알게 된다. (29)

K씨와의 불쾌한 만남을 말하는 도라의 이야기에 가해지는 이 모든 변형은, 도라의 이야기를 쓰려는 프로이트의 다른 시도에 나타나는 것처럼 하나의 분명한 목표를 염두에 두고 있다. 도라의 사례사는 여성의 의식의 비밀을 밝히기 위해 여성의 덕성을 병리적 증상으로 바꾸는 가정소설 다시쓰기로 해석될 수 있다. 확실히 이 다시쓰기가 이전 시기의 이상적 관계에 역전을 일으키고 있다는 것은 분명하다. 여성에게 다른 사람의 감정을 읽어 낼 수 있는 힘을 부여하기보다는, 프로이트가 보기에 도라가 아버지의 모욕적인 행동뿐 아니라 K씨의 접근을 말하는 이야기는 모두 그녀가 인정하지 않은 가장 깊은 소망, 즉 아버지를 갖고자 하는 소망을 드러낸다. 도라가 다른 사람들이 친족관계를 위반한다고 비난하는 곳에서 프로이트는 도라 자신의 근친상간 욕망을 읽어 낸다.

프로이트는 도라의 사례를 부정적 전이관계를 해석하지 못하고 긍정적 전이를 수립하지 못한 사례로 이해한다. 그는 도라가 자신에게 중요한 타인 —항상 자신의 아버지 —과 맺는 관계를 분석가와 맺는 관계에 의거해서 읽어 내지 못했다. 그는 모든 성공적인 분석이란 분석가와 피분석가 사이에 긍정적인 관계를 수립하는 데 달려 있다고 결론짓고 있다. 그러나 이런 긍정적 관계를 맺는 대신 도라는 프로이트를 박차고 나감으로써 — 프로이트의 주장에 따르면 일종의 '복수'로서 — 자신의 아버지와 K씨, 그리고 그녀의 이야기에 연루된 또 하나의 주요 인물이라 할 수 있는 아버지의 연인인 K부인을 향한 자신의 진짜 감정을 대면할 수 없었다. 후일 자신의 이야기에 붙인 후기에서 프로이트는 자신이 전이관계의 본질을 이해하는 데 실패했다는 결론을 내린다. 실제로 프로이트는 도라가 아버지를 향한 사랑보다는 K씨에게 복수를 실행하도록 허용해 주는 관계를 자신과 맺었다고 생각했다. 하지만 나중에 후기에 붙인 각주에서 프로이트는 자신이 "동성애적 감정의 흐름이 정신 신경증에서 갖는 중요성"(120)을 알지 못했기 때문에 이 사례를 성공적으로 해결하지 못했다고 말한다. 자기 자신과 도라 사이에 긍정적 전이가 부족했다는 해석 그 어디에도 논리적으로 가장 분명한 가능성, 즉 도라가 아버지를 욕망하지 않았을 가능성은 프로이트의 모델에 들어설 여지가 없다.

프로이트는 이 소통상황을 성기기의 욕망 관념이 만들어 낸 이중구속으로 구성하고자 고집한다. 이런 이중구속 논리에 따르면 여성은 아버지를 사랑하면서 정상이 되거나, 그렇지 않고 아버지를 사랑하지 않으면서 레즈비언이 된다. 나는 이런 양자택일적 대안이 제기하는 한계 안에서 생각하기보다는 잠시 도라가 자신의 선택을 달리 이해하는 것이 옳았다고 가정해 보고 싶다. 도라 뒤에는 유혹에 저항하는 것이 목표인 친족과 구애의 글쓰기 전통이 놓여 있다. 이런 글쓰기 전통은 도라의 아버지가 용인하는 유혹형태들조차 거부하게 만드는 경향이 있다. 도라는 아버지가 K부인과 공개적으로 불륜관계를 지속하는 대가로 K씨가 자신에게 접근해 오는 것을 독려했다고 느꼈다. 결혼에서 딸의 육체를 교환할 수 있는 아버지의 유구한 특권에 맞서 도라는 어떤 성관계는 금지되고 어떤 성관계는 인정되는지 말할 수 있는 문화적 힘을 소유한 포스트계몽주의 여성으로서 자신의 권위를 설정한다. 처음에는 프로이트조차 "그녀의 비난에 근거가 있다고 생각하기 쉽다"고 인정했다.

> 참담한 기분에 빠져들 때 그녀는 아버지와 K부인의 관계를 용인해 주는 대가로 자신이 K씨에게 건네졌다는 생각에 빠져들곤 했다. 아버지를 향한 사랑의 이면에는 아버지가 자기를 그렇게 이용했다는 데에 대한 분노가 놓여 있는 것 같았다. (34)

확실히 도라는 자신의 가족 이야기가 마치 예전의 성적 관행이 가정질서 안으로 들어와 젠더와 세대를 가르는 문화적 경계를 위반하는 선정소설에서 유래한 것처럼 묘사했다. 도라의 이야기가 분석담론 안에 갇히면서 선정성은 상당히 희석되지만 그럼에도 여전히 악몽 같은 효과를 얻는다. 하지만 프로이트는 심지어 자신의 이야기의 초반에서도 도라의 권위를 흔들어 놓을 필요가 있다고 생각했다. 프로이트는 도라가 참담한 기분에 빠졌고, 아버지가 파렴치한 부정을 저지르면서 부권을 남용한다는 생각에 사로잡혔다는 암시를 던지며 의미의 씨앗을 뿌린다. 그 씨앗은 도라 자신의 이야기 아래에 숨겨져 있고 그녀의 이야기보다 더 진실된 다른 이야기에서 발견될 것이다.

흥미로운 것은 프로이트가 이 추잡한 이야기를 재빨리 뒤집어 여성의 스토리텔링 전략을 무력화시키는 아버지에 대한 변호에 이용하고 있다는 사실이다. "물론 두 남자는 그녀를 교환대상으로 취급한다는 형식적 협약을 맺지는 않았다. 특히 그녀의 아버지는 그 생각만 떠올려도 끔찍했을 것이다."(35) 곧이어 프로이트는 도라가 아버지에게 가하는 비난을 도라 자신에게로 돌린다. "다른 사람들에게 가하는 일련의 비난에는 같은 내용의 자기비난이 들어 있는 것이 아닌가 의심이 든다. 우리가 해야 할 일은 이 모든 비난을 비난의 당사자에게 되돌려주는 것이다."(35) 프로이트는 도라의 비난에 들어 있는 사실적 의미와 준거점을 뒤집은 다음 도라 자신이 친족관계를 위반했다고 말한다.

> 그녀는 불륜의 공모자가 되었으며, 불륜의 진정한 성격을 가리키는 증거들을 모두 마음에서 지워 버렸다. 호수에서 그녀의 모험(K씨가 강제로 밀고 들어온 것)이 있고 난 후에야 비로소 그녀는 이런 가혹한 기준을 아버지에게 들이대기 시작했다. (36)

재빠른 비유의 흐름을 통해 도라는 자신이 아버지를 놓았던 곳에서 뚜쟁이 노릇을 하고 있는 자신을 발견한다. 이와 동일한 재빠른 비유의 흐름을 통해 K부인을 제외하고서 이 이야기에 등장하는 모든 여성들은 남성을 향한 욕망이 결여되어 있으며, 모종의 방식으로 아버지의 불륜관계에 공모하고 있음이 밝혀진다. K부인과 불륜에 빠진 매독 걸린 아버지의 죄를 변호하고 도라와 도라의 어머니와 가정교사를 병리적 시각에서 그리기 위해 왜 이런 교묘한 분석의 수사가 동원되었는지 의구심이 들지 않을 수 없다.

우리는 정신질환의 증상들이 가정여성의 깊이와 가치를 가리키는 특성과 동일하다는 점에 주목할 필요가 있다. 자신을 정의하는 파멜라의 힘은 "No"를 말할 수 있는 힘과 함께 시작된다. 이 힘을 통해 파멜라는 여성이 남성들 사이에서 일종의 통화로 작용하는 교환시스템에서 자신의 육체를 빼낸다. 하지만 이런 최초의 부정행위를 통해 그녀는 남성과 여성의 상호합의에 기초한 교환에 권위를 부여한다. 그녀는 이 교환에서 자신의 사회경제적 정체성을 포기하고 가정경제와 성관계를 감독할 힘을 얻는다. 그녀는 또한 자신을 가정의 대상이자 가정의 직원(personnel)으로 확산시키기 위해 육체를 포기한다. 두 세기 동안 여성의 욕망은 바로 이런 여성이 되는 것에 너무나 협소하게 맞춰져 있었다. 확실히 여성은 자신의 생존 자체를 이런 방식으로 배웠다. 이 모든 것들은 억압기제이고, 여성의 진정한 깊이는 모성애, 여자친구에 대한 우정, 가정의 의무, 약하고 가난한 사람들을 향한 배려에 있지 않다고 말한다면, 확실히 그것은 충격으로 다가올 것이다.

프로이트는 여성의 건강성과 해방이라는 이름으로 가정적 모성을 병든 증거로 보았으며, 모성이 있던 곳에 욕망하는 여성을 데려온다. 프로이트가 생각하는 이상적 여성은 자기 자신이 결핍되었다고 느끼면서 이 결핍을 메우기 위해 오직 남성의 성기만을 욕망하는 여성이다. 파멜라로 하여금 B씨의 접근에 "No"를 말할 수 있게 만든 권한이 도라에게는 주어지지 않는다. 도라의 "No"는 매번 "Yes"를 의미하는 것으로 받아들여지기 때문이다. 만일 이 "No"가 공정한 판단 — 환자는 공정한 판단을 할 수가 없긴 하지만 — 을 표현하는 것으로 여겨지지 않은 채 무시되면서 분석 작업이 진행된다면, 이 "No"는 자신이 원하는 "Yes"를 의미한다는 첫 증거가 곧 등장한다(58~59).[14] 단순히 이런 것을 넘어서서 프로이트에게 도라의 계속되는 "No"는 "Yes"를 말하지 못한다는 것을, 말하자면 그녀 자신의 성적 결함을 가리킨다. 프로이트는 도라가 K씨의 접근을 거부하는 것을 해석할 때 아래의 규칙을 따른다. "억압된 생각이 처음으로 의식의 지각에 드러난 후 환자가 말하는 'No'는 억압의 존재와 억압의 심각성을 신고하는 것에 지나지 않는다."(58) 도라는 자신이 얼마나 K씨를 욕망하는지 인정할 수 없거나 혹은 K씨를 아주 미워한다. 도라가 이 욕망을 인정하는 것은 아버지와 프로이트에 대한 욕망—프로이트가 궁극적으로 도달하는 결론—을 인정하는 것을 의미하기 때문이다.

도라의 사례사는 도라의 욕망에 결함이 있다는 것을 확인하는 것으로 끝나지 않고 도라의 세계에 등장하는 다른 여성들에 대한 분석으로 이어진다. 프로이트는 이 여성들이 자신들을 남성들로부터 분리시키기 때문에 도라와 마찬가지로 결함이 있다고 생각한다. 도라와 도라의 아버지에게서 들은 이야기를 이용해서 프로이트는 가정여성의 모습을 그린다. 이 가정여성의 모습에서 리처드슨이 파멜라에게 부여했던 권위는 떨어져 나갔다. 프로이트는 도라의 어머니에 대해 이렇게 쓰고 있다.

> 나는 그녀가 교양이 없고, 무엇보다 온통 집안문제에만 신경 쓰는 아둔한 여성이라고 상상하게 되었다. 이런 면모는 특히 남편이 병이 들

14 도라의 "No"와 관련된 논의를 보려면 Madledon Sprengnether, "Enforcing Oedipus: Freud and Dora", *In Dora's Case*, pp. 261~267을 볼 것,

고 그로 인해 관계가 소원해진 후에는 더욱 그랬다. 그녀는 사실상 '가정주부의 정신병'으로 불릴 만한 모습을 보여 주었다. (20)[15]

도라의 가정교사는 중요한 지점에서 도라의 어머니와는 정반대의 모습으로 비친다. 하지만 프로이트는 가정교사 역시 도라의 어머니와 마찬가지로 병리적이라고 진단했다. 가정교사에 대한 프로이트의 진단은 빅토리아 시대의 관습을 전복하지 않고 그 관습에 의존했을 뿐이다. 프로이트의 설명에 따르면, 가정교사는 "미혼여성으로서 더 이상 젊지 않으며, 책을 많이 읽고, 진보적 생각을 갖고 있었다"(36). 다시 말해, 이 여성은 에밀리 브론테 소설의 화자 넬리 딘이 지닌 면모를 갖고 있었다. 하지만 이런 면모는 모더니스트 텍스트에서는 다른 의미를 획득한다. 이 여성은 가족사를 이루고 있는 서로 갈등하는 욕망의 흐름들을 이해하는 데 필요한 지식을 갖고 있다기보다는 그 욕망들을 타락시켜 아버지와 딸 사이에 갈등을 불러일으킨다. 도라의 사례사에 등장하는 이 대목에서 프로이트는 가정교사를 도라가 성인의 성행위에 관한 비밀스러운 지식을 얻은 출처이자, 도라가 아버지와 K부인의 관계에 관심을 갖도록 만든 장본인이라고 생각한다. 그러나 프로이트는 가정교사를 이렇게 정형화된 모습으로 그리면서도 자신에게 가해질

15 어머니가 소위 '가정주부의 정신병'을 앓고 있다는 증거는 전적으로 중산계급적 코드에 대한 엄격한 집착에 놓여 있다. 역사상 이 시기 이전에는 그 누구도 지나치게 깨끗하다는 이유로 — 정신병이라는 것은 말할 것도 없고 — 아프다고 불리지 않았다. 그러므로 역사상 처음으로 매독에 걸린 남편은 집안에서 불륜을 저질렀지만 정상이라고 여겨지는 반면, 여성은 청결하다고 해서 병리적으로 간주되었던 시기는 중요한 역사적 순간으로 이해되어야 한다.

비판은 편리하게 비켜 간다. 프로이트는 독자들이 자신을 젊은 여성의 머리에 부적절한 생각을 불어넣을 수 있는 존재로 생각하지 않도록 만들기 위해 이렇게 설명한다.

> 경험이 없는 여성을 타락시킬 위험은 절대로 없다. 무의식에서라도 성적 과정에 대한 지식이 없다면 어떤 히스테리적 증상도 생기지 않을 것이다. 히스테리 환자를 발견할 수 있는 곳에서 부모와 교육자들이 사용하는 의미에서 '순진한 마음'은 존재할 수 없다. (49)

프로이트가 도라에게서 히스테리적 증상을 찾아냈다는 것은 그녀가 이미 타락했음을 의미한다. 프로이트는 소녀가 어른의 성에 대해 갖고 있는 지식을 공개적으로 친구의 아내와 애정행각을 벌이는 아버지 탓으로 돌리기보다는 소문난 이야기꾼이자 젊은이를 타락시키는 가정교사 탓으로 돌린다. 가정교사는 자기 자신은 성행위를 하지 않았지만 "성의 주제나 이와 비슷한 주제를 다루는 책들을 읽었고 자신이 읽은 것을 소녀에게 알려 주었다"(36).

프로이트와 도라의 관계를 매력적인 여성을 규정할 권력을 얻기 위한 두 재현양식 간의 투쟁으로 생각한다면, 우리가 도출해 낼 수 있는 결론은 하나밖에 없다. 그것은 여성의 욕망을 규정할 권위를 얻기 위한 남성적 재현양식과 여성적 재현양식의 투쟁이다. 하지만 이와 다른 측면에서도 정신분석 담론과 가정소설의 비교는 우리에게 알려 주는 바가 많다. 프로이트는 도라의 "No"가 "Yes"를 의미한다 —— 도라는 아버지를 욕망한다는 것을 의미한다 —— 고 주장하지만, 도라는 프로이트가 감행하는 의미의 역전에 권위를 인정해 주지 않는다. K부인을 교환하는 대가로 자신을 K씨에게 넘겨주려는 아버지의 시도에 저항하듯이, 도라는 전통적인 여성의 특권을 행사하여 자신의 욕망에 대한 프로이트의 해석을 발생시키는 교환을 거부한다. 그녀는 마지막까지 파멜라의 역할을 연기함으로써 프로이트가 자신의 사례사를 성공적으로 결론짓지 못하게 만든다.

프로이트와 리처드슨의 유비관계를 조금 더 확대해 본다면, 우리는 프로이트가 도라와 소통상황 — 여성의 욕망을 교정하는 상황 — 을 만들어 낼 때 유혹 장면을 재연하고 있음을 알 수 있다. 프로이트는 "전이란 무엇인가?"라고 물은 뒤 이렇게 대답한다. "전이란 분석이 진행되는 동안 환기되거나 의식되는 심적 성향과 환상의 새로운 판본이거나 복사본(facsimile)이다."(116) 여성의 경우 전이관계는 언제나 아버지에 대한 욕망의 재연이다. 프로이트에 따르면 분석이 성공하려면 이런 소통구조를 받아들이는 것이 필요하다. "왜냐하면 전이가 해소된 다음에야 비로소 환자는 분석이 진행되는 동안 구성된 연결의 타당성에 대한 확신에 이를 수 있기 때문이다."(116~117)[16] 그의 욕망이론

16 유혹의 장면은 전이 상황에 너무도 중요해서 후일 프로이트는 한 레즈비언 환자에게 여성분석가에게 치료를 받으라고 조언한다. Freud, "The Psychogenesis of a Case of Homosexuality in a Woman", *Standard Edition*, vol. XVIII, pp. 145~172. 다음 글도 참조할 것. Suzanne Gearhart, "The Scene of Psychoanalysis: The Unanswered Questions of Dora", *In Dora's Case*, pp. 116~119; Jacqueline Rose, "Dora: A Fragment of an Analysis", *In Dora's Case*, pp. 134~135. 「전이-사랑에 관한 관찰」(Observation of Transference-Love)에서 프로이트는 유혹당하기를 거부하거나 너무 쉽게 유혹당하는 여성의 유형도를 묘사하고 있다. *Standard Edition*, vol. XII, pp. 157~171.

은 도라가 아버지를 향한 자신의 욕망뿐 아니라 K씨를 향한 욕망과 궁극적으로는 프로이트 자신을 향한 욕망을 인정하도록 요구한다. 도라가 다른 여성들을 아버지의 사랑을 얻기 위한 경쟁상대로 여긴다는 것 역시 중요하다. 왜냐하면 프로이트 이론의 성기기의 논리는 여러 가족 구성원들을 남성욕망과 여성욕망의 차이에 의거하여 규정하는 '연결'에 기대고 있기 때문이다.

이런 점을 염두에 두고서 우리는 도라가 유혹의 프레임을 거부하면서 분석 현장을 박차고 나갔을 때 프로이트가 어떻게 자신의 이야기를 끝냈는지에 주목해 보면 흥미롭다. 모더니스트 소설과 어울리게, 의미를 종결 짓지 않은 채 형식적 끝맺음만 일어나는 몇 개의 끝은 어떤 결과를 낳는가?[17] 한편으로 프로이트는 자신이 사랑을 보여 주는 데 부족했을 수도 있다고 생각한다.

> 내 자신이 일부로 참여했더라면, 혹은 그녀가 내게 남아 있는 것이 중요하다고 과장해서 말했다면 그녀가 치료를 받도록 붙잡아 둘 수 있었을까? 만일 그녀에게 그 말을 했더라면, 그녀의 의사로서 나의 위치를 인정한 후에라도 그녀가 갈망했던 애정의 대체물을 주었을지 모른다. (109)

그러나 다른 한편으로 프로이트는 자신이 처한 곤경을 실패한 사

17 스티븐 마커스(Steven Marcus)는 이 사례가 모더니스트 소설과 공유하는 몇 가지 특성들을 논의했다. "Freud and Dora: Story, History, Case History", in *Representations*, New York: Random House, 1975, pp. 247~309.

랑을 말하듯 표현하면서, 도라가 "그런 희망을 부질없는 것으로 만들어 버렸다"고 비난한다. "이것은 틀림없이 그녀 쪽에서 감행한 복수행위이다."(109) 처음에 프로이트는 도라가 K씨를 거부하고 아버지에게 등을 돌렸던 바로 그 이유로 자신을 거부했다는 결론을 내렸다. 아버지와 K씨처럼 자신도 그녀가 욕망하는 사람이었기 때문이라는 것이다. 프로이트는 신경증 환자 일반에 대해 이렇게 말한다. "그들이 환상 속에서 가장 열렬하게 갈망하는 것들이 실제로 일어난다 해도 그들은 여전히 그로부터 도망친다."(110) 하지만 이런 간단한 뒤집기를 통해 프로이트가 서사에 요구하는 조건이 충족되지 못한다는 점은 분명하다. 프로이트는 계속해서 해결책을 찾고 있기 때문이다. 프로이트가 해결책을 찾았을 때 그 해결책은 자신을 괴롭히는, 자신의 이야기에 존재하는 두 개의 간극을 메우는 형태로 나타난다.

여기에는 도라가 성인의 성에 대해 갖고 있는 지식의 문제가 있다. 도라는 이 지식이 어디에서 나온 것인지는 잊어버렸지만 프로이트는 이를 가정교사 탓으로 돌린다. 이 문제는 마지막까지 성을 인간의 가장 본질적인 구성요소로 이해하는 이론에 도전으로 남아 있다. 욕망이 성기기의 성에 뿌리박고 있다고 가정된다면 욕망은 사회화되어야 할 충동으로서 개인의 내부에서 일어난다. 욕망이 개인의 외부 원천에서 일어날 가능성은 억압이론 전체를 전복할 뿐 아니라, 억압이론과 함께 가장 심층에 자리 잡고 있는 원초적인 의식의 영역을 환한 빛 속으로 데려오겠다고 제안하는 자아의 언어의 권위를 전복한다. 「낯선 두려움」("The Uncanny")이라는 제목의 글에서 프로이트는 이 문제를 정면으로 대적한다. 프로이트는 낯설고 두려운 것이 불러일으키는 공포를 억압된 것의 복귀로 간주하면서도 반드시 개인의 억압행위에서 발생하는 것은 아닌 낯선 두려움의 경험을 인정한다. 문화사가 과거에 머물지 않고 현재의 현실과 겹쳐질 때, 전능한 사유, 즉각적 소망 충족, 해를 끼치려는 은밀한 힘, 죽은 자들이 돌아오는 경험 등은 일어날 수 있다.

> 한때 우리는—혹은 우리의 원시 선조들은—이런 일들이 일어날 거라고 믿었으며, 실제로 이런 일들이 일어났다는 주장에 설득력이 있다고 받아들였다. 더 이상 이런 것들을 믿지 않게 된 오늘날 우리는 이런 사고방식을 극복했다. 하지만 우리는 새로운 믿음에 확신을 가질 수 없으며, 오래된 믿음은 여전히 우리들 안에 존재하면서 어떤 확증이라도 낚아챌 준비가 되어 있다. 이미 사라진 오래된 믿음을 지지해주는 것처럼 보이는 것들이 실제로 우리 삶에 나타나는 순간, 우리는 낯선 두려움의 느낌에 사로잡힌다.[18]

프로이트는 거세공포와 자궁환상 같은 유아기 콤플렉스—무의식 속에 자리 잡고 있는 개인사의 자료들—가 출현하여 성인의 현실 지각을 전복할 때에만 나타나는 다른 유형의 낯선 두려움을 이런 문화 현상과 구분한다. 프로이트에 따르면, "두 유형의 낯선 두려움을 구분하는 것은 이론적으로 매우 중요하다"(249). 하지만 이 두 유형을 구분하면 할수록 프로이트는 심리적인 것과 역사적인 것의 구분을 더욱더

18 Freud, "The Uncanny", *Standard Edition*, vol. XVII, pp. 247~248. 이 책의 인용은 이 판본을 따랐으며, 본문에 간략히 페이지만 표기했다.

무너뜨리게 된다. "심리적인 낯선 두려움에서 억압된 것이 특정 생각의 내용이라면 역사적인 낯선 두려움에서 억압된 것은 이 생각의 물리적 존재에 대한 믿음이라고 할 수 있다."(55) 그러므로 프로이트가 억압된 것의 복귀를 추론하는 방식은, 칭찬할 만하게도 그가 인정하듯이, 억압이라는 개념 전체에 의문을 제기하는 것으로 귀결된다. "하지만 이 개념을 이렇게 제시하는 이 마지막 방식은 억압이라는 용어 자체를 비틀어 정당한 의미 범위를 넘어서게 만든다."(55) 도라의 성적 지식이라는 문제는 낯선 두려움의 이중적 원천이 제기하는 것과 같은 문제이다. 이 문제들은 한 여성에게서 다른 여성에게로 전수되어 온 지식에서 발생하는 욕망과 한 개인의 내부에 존재하는 욕망을 구분하는 프로이트의 설명이 정당한지 의문을 제기한다.

도라가 이 남성들을 욕망하지 않는다면 그녀가 욕망하는 것은 무엇인가라는 또 다른 문제 ― 도라의 지식이라는 문제 못지않게 까다로운 ― 가 도라의 지식이라는 문제와 연관되어 있다. 도라와 이야기를 나눈 다음 이 문제에 대해 확실한 해답을 제시했을 때 프로이트는 자신의 이야기가 완벽하다고 느낀다. 하지만 아주 급작스럽게 프로이트는, 도라의 금지된 지식의 출처는 가정교사이고 도라가 남성을 거부한 것은 아버지를 향한 욕망을 거부하는 것이었다는 기본 전제를 포기하는 것처럼 보인다. 프로이트는 도라의 사례에 등장하는 모든 수수께끼에 대해 다음과 같은 해결책에 도달한다.

> 나는 환자가 K부인에게 느낀 동성애적 사랑이 그녀의 정신생활에서 가장 강력한 무의식적 흐름이라는 점을 제때 찾아서 알려 주지 못했

다. 성문제에 대한 그녀의 주된 지식의 원천이 K부인일 수 있다는 것을 짐작했어야 했다. K부인은 나중에 환자가 성문제에 관심을 보인다고 환자를 비난했던 사람이다. 환자는 이 모든 문제를 알고 있었지만, 자신의 지식이 어디서 나온 것인지에 대해 모르는 체했다는 것은 너무도 분명하다. (120)

따라서 프로이트는 여성의 지식이라는 문제에 봉착한다. 그는 여성들이 서로에게 전달하는 지식을 곧바로 의심한다. 왜냐하면 이런 지식은 도라의 욕망을 쓰고자 하는 자신의 노력을 방해하는 것처럼 보이기 때문이다. 프로이트는 이 지식을 병리적 욕망의 개체발생이라고 생각하고 그 원천을 여성에게서 찾는다.

매우 중대한 권력투쟁이 이 사례사에서 벌어지고 있다는 것은 프로이트가 유혹을 거부하는 도라를 그리는 방식이 바뀌고 있다는 점에서 분명히 드러난다. 처음에 프로이트는 도라를 "매력적"이라고 보았다. 그러나 시간이 조금 지난 뒤 도라는 "어쩔 수 없을 만큼 날카로워진다"(32). 이런 의미의 미끄러짐은 프로이트가 그녀를 "날카로운 눈매의" 도라라고 부르는 것과 동일한 궤적을 그리며 계속 이어진다. 곧이어 그녀는 "엄지손가락을 빠는 작은 아이"(94)가 되었다가 마지막에는 "복수심에 휩싸인"(119) 여성이 된다. 도라가 자신의 성지식을 프로이트의 지식과 대립시키고 자신에 대해 프로이트가 그린 것과 다른 대안적 재현을 고집하면서, 프로이트가 이 소녀를 호명하는 방식에 변화가 일어나는 것은 그녀를 향한 그의 적대심이 점점 커지고 있음을 노골적으로 보여 준다. 특히 눈에 띄는 것은 프로이트가 여성의 감시

권력('시각')을 모성적 자질에서 분리하고 있다는 점이다. 도라는 동정심 있고 부드럽고 상냥하다기보다는 "날카롭다"—"어쩔 수 없을 만큼 날카로우며", "날카로운 시선"—는 비여성적 단어와 결부된다. 상담분석이 유용하다는 믿음을 더 이상 갖지 못하게 된 후 도라는 자신의 이야기를 가지고 K씨와 K부인을 직설적으로 대적했는데, 나중에 이들은 도라의 비난이 사실이라고 인정한다. 하지만 프로이트는 도라가 자신의 감정을 밝히거나 집 안에서 벌어지고 있는 추잡한 사건들에 대해 심판을 내릴 권한을 도라에게 인정해 주지 않는다. 내 생각에 이렇게 된 까닭은 프로이트가 도라의 사례사를 쓰고 싶었기 때문이 아니라 자신에게 전문가적 지위를 안겨 줄 해석 절차를 포기하려고 하지 않았기 때문이다. 프로이트는 도라의 치료과정을 기록한 글쓰기 전반에 걸쳐서 마치 도라가 자신의 이론을 그의 경쟁자에게 누설하겠다고 위협하는 것처럼 자신의 해석 절차를 옹호하지 않을 수 없다고 느낀다.

도라의 이야기가 야기한 결과에 직면하여 프로이트가 도라의 동성애적 욕망을 주장해야 했던 것은 확실히 특이한 구석이 있다. "그녀가 나를 방문한 지 몇 년의 시간이 흘렀다. 그 사이 그녀는 결혼했다."(122) 그러나 도라의 개인사가 가정소설로 수렴되지 않는다고 상정할 경우에도—프로이트의 건강 개념을 따르자면 가정소설로 수렴되어야 마땅하지만—, 왜 프로이트가 도라 사례에서 자신을 가장 괴롭힌 모든 문제에 대한 해답을 레즈비언주의에서 찾았는지 물어보는 것은 여전히 필요하다. 프로이트가 남성동성애에 대해 보여 주었던 놀랄 만한 관용에 주목한 사람들은 곧바로 그가 여성들 사이의 유대, 여성의 자위, 여성이 남성에게 보이는 무관심에는 얼마나 너그럽지 못했던가를 기억하는 것이 좋을 것이다. 단도직입적으로 말하자면, 남성 동성애는 페니스가 욕망할 만한 것이라는 점을 확증해 주는 반면 여성 동성애는 그렇지 않기 때문일 것이다.

나는 이 모든 추론을 프로이트가 쓴 도라의 말에서 도출해 냈다. 나는 두 사람 사이의 계약에서 프로이트 쪽 입장만 검토했는데, 이 입장은 프로이트가 환자와 분석가 사이의 전이관계에 따라 분석을 하고 있는 입장이다. 그러므로 이 소통의 교환에서 도라 쪽 입장을 검토하는 것은 아주 공정하다. 왜냐하면 이들의 전이관계는 도라에게서 시작된 것 같기 때문이다. 분석가와 실재적·상상적 관계를 맺음으로써 이런 소통 프레임을 만들어 낸 것은 환자이며, 의사에게 환자에 대한 정보를 제공해 주는 것도 환자가 의사와 맺은 전이관계이다.[19] 프로이트가 선언하듯이, "정신분석의 치료는 전이를 형성하지 않으며 전이에 빛을 던질 뿐이다"(117). 분석과정 중에 일어난 이런 전이관계에서 도라 쪽의 입장은 두 개의 꿈을 낳는다. 두 꿈은 공개적으로 말할 수 없는 욕망을 드러낸다. 아래는 도라가 프로이트에게 이야기한 첫 번째 꿈이다.

19 전이의 성격과 중요성에 대한 프로이트의 생각은 시간이 흐르면서 변화했다. 전이의 역사와 분석과정에서 전이가 차지하는 위치에 관한 논의를 보려면 다음을 볼 것. Merton M. Gill, *Analysis of Transference*, Vol. I. *Theory and Technique*, New York: International University Press, 1982와 H. Muslin and Merton M. Gill, "Transference in Dora Case", *Journal of the American Psychoanalysis Association*, 26, 1978, pp. 311~328.

집이 불타고 있었어요. 아버지는 내 침대 옆에 서서 나를 깨웠어요. 나는 서둘러 옷을 입었어요. 어머니는 멈춰 서서 보석상자를 구하고 싶어 했지만 아버지가 말했어요. "당신의 보석상자 때문에 나와 두 아이들이 불타게 할 수는 없소." 우리는 서둘러 아래층으로 내려왔어요. 나는 밖으로 나오자마자 잠이 깼어요. (64)

두 번째 꿈은 이 장(章)의 모두에 쓴 제사(題詞)이다. 두 경우 모두 꿈작업은 소설 독자에게는 아주 친숙한 집의 비유를 통해 이루어지고 있다. 첫 번째 꿈에서 집은 어머니의 몸과 연관되고, 두 번째 꿈에서는 글쓰기, 즉 어머니의 문자("그 다음 내가 살고 있는 집으로 들어가 내 방으로 갔는데, 어머니가 보낸 편지가 거기 놓여 있었어요.")와 연관된다. 둘 모두 여성의 영역이다. 첫 번째 꿈에서 도라는 아버지에 대한 공포증 때문에 여성의 영역에서 밀려나고, 두 번째 꿈에서는 아버지가 죽은 후 평화롭게 그곳으로 다시 들어간다. ("어머니는 내가 부모님께 알리지도 않고 집을 나갔기 때문에 아버지가 편찮으시다는 소식을 전하러 편지를 쓰고 싶지는 않았었다고 쓰셨어요. '이제 네 아버지가 돌아가셨으니 원하면 돌아와도 좋다.'" 94)

프로이트가 자신의 작업을 고고학에 비유하고, K씨가 도라에게 접근하면서 "나는 아내에게서 아무것도 얻을 게 없기 때문에" 정당하다고 느낄 수 있다면, 그것은 이 남성들이 성에 대해 동일한 사고방식을 공유하고 있기 때문이다. 물론 이들이 한 개인으로서 현대세계에서 자신의 위치를 사유하기 위해 이 사고방식을 달리 이용할 수는 있다. 이들은 집의 비유를 자신들에게 필요한 것을 담고 있는 여성의 몸으로 불러들인다. K씨의 경우 여성은 자신의 남성성을 담는 터전이며, 이 비유를 보다 복잡하게 쓰고 있는 프로이트의 경우 여성은 지식을 담고 있다. 하지만 남성이 요구하는 바가 여성이 남성의 페니스에 대해 보이는 욕망이든 혹은 그런 욕망에 대한 지식이든, 남성에게 힘을 부여하는 것은 여성이다. 지식을 담고 있는 여성의 몸과 같은 집의 비유는 근대 초기에 문화 그 자체의 모델로 작용한 것 같다. 지금까지 나는 집의 비유가 어떻게 욕망에 대한 정신분석학적 우화의 토대를 형성하면서 이 우화에 권위를 부여했는가를 보여 주었다. 따라서 이제 나는 이 집의 비유가 갖는 정치적 의미를 탐색하기 위해 소설가들에게로 관심을 돌리고 싶다.

도라가 프로이트와 지속해 온 분석을 중단한 지 채 30년이 지나지 않아 버지니아 울프는 그 유명한 대영박물관 방문에서 여성이라는 주제하에 씌어진 책들을 보고선 "여성은 이 우주에서 아마도 가장 많이 논의된 동물일 것"이라는 사실을 발견한다.[20] 이 발견은 울프가 뉴엄예술협회에서 행한 유명한 연설로 이어졌고, 이 연설은 후일 확대 보강되어 『자기만의 방』(*A Room of One's Own*)이라는 암시적 제목을 단 에세이로 출판되었다. 이 에세이의 문화적 성찰을 자극했던 문제는 영국소설에 관한 모든 연구가 결국 끌어낼 수밖에 없는 문제이다. 대영박물관의 서지목록에서 여성이라는 주제 아래 열거된 제목들을 검토하다가 울프는 묻는다. "이 분류표로부터 판단해 볼 때, 왜 남성들

20 Virginia Woolf, *A Room of One's Own*, New York: Harcourt, Brace and World, 1975, p. 26. 이 책의 인용은 이 판본을 따랐으며, 본문에 간략히 페이지만 표기했다.

은 여성들이 남성들에게 보이는 관심보다 훨씬 더 많은 관심을 여성들에게 보이는가?" 울프는 "여성은 남성보다 몸에 털이 적다" 혹은 "남해 도서군도 사람들에게 사춘기는 아홉 살이다" 등등을 설명하는 박물관의 온갖 책들이 이 문제에 관해서는 답을 주지 않으며, "여성과 허구"(30)와 관련된 강연문을 쓰는 데도 도움이 못 된다고 불평한다. 이 책들은 하나같이 텅 비어 있다는 것이다.

나는 소설사에서 이 시기를 논의하는 데에는 울프가 특히 유용하다고 생각한다. 이는 울프가 본성상 여성이라는 사실 때문이 아니라 문화와 맺는 관계에서 여성이라는 것이 의미하는 바가 무엇인가를 바라보는 그녀의 이해방식과 더 관련되어 있다. 『자기만의 방』에서 울프는 처음으로 여성문학사를 그려 본다. 울프의 이야기는 하나의 질문으로 시작한다. "만약 셰익스피어에게 누이가 있다면, 그리고 그 누이가 셰익스피어만큼 재능이 있고 야망에 가득 찼다면 무엇을 창조했을까?" 아무것도 창조하지 못했을 것이라는 것이 울프의 결론이다. 상황이 허용해 주지 않았을 것이기 때문이다. 셰익스피어의 누이로 대변되는 범주는 대체로 18세기 말까지는 상상으로 남아 있었다. "18세기 말 무렵 어떤 변화가 일어났다. 만일 내가 역사를 다시 쓴다면 십자군전쟁이나 장미전쟁보다 이 변화를 더 충실하게 기술하고 더 중요하게 생각할 것이다. 그 변화란 중산층 여성들이 글을 쓰기 시작했다는 사실이다."(69) 여성은 남성과 다른 유형의 지식을 가지고 있다는 것이 울프의 주장이다. "여성들은 수백만 년 동안 집 안에 있었다. 18세기 말 무렵에 이르러 여성들의 창조력은 이 벽을 뚫었다. 여성의 창조력은 벽돌과 모르타르의 무게를 흘러넘쳐 펜과 붓과 사업과 정치로 흘러 들어가야 했다."(91) 그러므로 개개 여성들은 남성과 다른 형태의 힘을 지니고 있다. 울프는 여성이 지닌 이 힘을 그녀의 글 전체에 걸쳐 다시 등장하는 빈 방과 집과 밀폐의 이미지를 통해 표현한다.

나의 의도는 울프의 글에 등장하는 이 이미지를 성적 이미지로 해석하여 젠더를 근거로 해서 프로이트보다 울프에게 더 큰 권위를 부여하는 성적 신화에 도달하려는 것이 아니다. 내가 논의해 보고 싶은 것은 프로이트가 도라를 고정시켜 놓았던 프레임 바깥으로 울프가 걸어나갈 수 있는 힘을 얼마나 지녔는가 하는 점이다. 울프는 스스로에게 작가의 위치를 규정해 주는데, 이것이 그녀로 하여금 근대적 소통상황에 다소간 역사적 파장을 불어넣을 수 있도록 해 준다. 울프는 자신이 남성적 국가제도에서 배제되어 왔기 때문에 얻게 되는 한 가지 이점을 정확히 알고 있으며, 자신의 주변적 위치를 낭만화하려고 하지 않는다. 울프의 강점은 프로이트가 도라를 치료하면서 발견하지 못한 역전이(counter transference)의 힘이다. 프로이트의 이론이 발전하면서 역전이의 힘은 분석가의 전문적 훈련영역이 된다. 이 지식은 피분석가가 전이관계의 성격을 이해하게 되었을 경우에도 알지 못할 종류의 지식이다. 역전이는 단순히 분석가가 환자에게 보이는 전이인 것만이 아니라, 분석가가 자신에 대한 분석이 이루어지고 난 후에 그것을 인정하는 전이이다. 역전이는 단순히 분석가와 환자의 관계를 역전시킨다고 해서 얻어질 수 있는 것이 아니다. 역전이는 타자에게서 진정으로 다름을 이해하는 것이다. 이런 이해를 통해 언제, 어디에서 전이에 대한 분석에 저항이 일어나는지 알 수 있다. 이런 저항의 성격을 아는 것은 권력이 글쓰기에 존재하는 문화에서 매우 중요하다. 일단 알게 되면 그 저항을 전문적으로 따져 보고 재규정할 수 있기 때문이다. 이런 점에서 역전이는 최고의 제도적 권력이다.

울프의 제안에 의하면, 이 역전이의 힘이 '남성은 여성에게 무엇을 원하는가'라는 질문에 대한 답이다. 울프가 의도적으로 자신의 힘을 인식의 힘의 형식을 취하는 환상에서 찾았다는 것은 중요하다. 중산계급 문화는 이 인식의 힘이 여성들에게 위험하다고 생각하여 그것을 축소하기 위해 여성교육 프로그램을 개발했다. 울프가 제공한 답변은 부분적으로 분석적 상황을 환기시키면서 그 상황을 조롱하는 재현을 통해 이루어진다. 울프는 왜 남성들이 여성을 정의하는 데 그토록 많은 관심을 기울이는가를 생각하다가 머뭇거린다. 울프는 박물관의 목록에 나열된 그 쓸데없는 책들을 썼던 사람들의 모습을 머릿속에 그려 보고선 화를 내고 있는 한 교수를 공책에 그리고 있는 자신을 발견한다. 자신이 그린 그림을 곰곰이 살펴보면서 마침내 울프는 진실에 도달한다.

> 그러나 우리가 게으름을 피우거나 몽상에 빠져드는 순간 수면 아래 가라앉아 있던 진실이 수면 위로 떠오릅니다. 나는 공책을 가만히 들여다보면서 정신분석이라는 이름의 위엄을 갖출 것도 없이 아주 기초적인 심리학 연습만으로도 분노에 찬 남자 교수의 그림은 바로 나의 분노 속에서 그려졌다는 것을 알게 되었습니다. (32)

소통 상황의 전모를 파악하는 순간 울프는 두 가지를 이해했다. 울프는 남성이라는 타자를 이해했으며, 그 타자가 여성에 대해 글을 써야 할 필요성을 이해했다. 울프의 소설에서 타자에 대한 이런 이해가 일어나는 순간, 우리는 유동성과 밀폐의 이미지가 — 울프는 이런 이미지들을 쓴 것으로 유명하다 — 외부를 가리키기를 멈추고 텍스트가 자신의 메타언어를 제공하는 의미의 차원으로 옮겨 가고 있음을 발견한다. 울프는 남성이라는 타자와 그 타자가 여성에 대해 글을 써야 할 필요성을 알았을 뿐 아니라 그에 더해, 여성 내부에 존재하는 것이 글쓰기가 아니라면 아무것도 아니라는 사실 또한 보여 준다.

나는 이 말을 영리한 포스트모더니스트적 의미에서 쓰는 것이 아니라 지극히 축어적인 의미에서 쓰고 있다. 울프의 글쓰기에는 의식 그 자체가 얼마만큼 글로 씌어진 것이며, 이렇게 씌어진 의식 중에서 얼마나 많은 것들이 여성들에 의해 씌어졌는가를 정확히 인지하고 있다는 것을 보여 주는 문체상의 회선(involution [안으로 말려 들어가는 것])이 존재한다. 올랜도에 대한 울프의 과감한 환상적 전기는 패션의 역사일 뿐 아니라 성차의 역사와 성차가 낳은 주체성의 역사로 이해될 수 있다. 현대작가로서 울프는 소설이 우리가 우리 자신과 타인을 이해하는 방식을 어떻게 형성해 왔는지 충분히 알고 있는 상태에서 자의식을 갖고서 이런 역사를 소설화한다. 울프는 소설이 아주 실제적인 방식에서 개인과 같다고 제안하기까지 한다. 『올랜도』의 서문은 이런 효과를 어느 정도 인정하는 것으로 시작한다. "많은 친구들이 내가 이 책을 쓰는 데 도움을 주었다. 어떤 친구들은 죽었고 너무나 탁월한 사람들이라서 감히 나는 그들의 이름을 밝히지 못하겠다. 그러나 가장 먼저 머리에 떠오르는 사람들만 말하자면, 나는 디포, 토머스 브라운 경, 스턴, 월터 스콧 경, 매콜리 경, 에밀리 브론테, 드 퀸시, 월터 페이터에게 계속해서 빚지지 않고서는 글을 읽거나 쓸 수가 없다."[21]

『올랜도』가 허구와 의식의 관계는 역사적이라는 것을 보여 준다면, 울프의 유명한 에세이 「베넷 씨와 브라운 부인」("Mr. Bennett and Mrs. Brown")은 모더니스트 소설의 정치성을 설명한다. 울프에 따르면, 현대사회에 살려면 모든 사람들은 인물에 대한 구체적인 지식을 가져야 한다. "우리의 결혼, 우리의 우정은 이 지식에 기대고 있다. 우리의 사업도 대개 이 지식에 의존한다. 이 지식의 도움을 통해서만 해결할 수 있는 일상의 문제가 발생한다."[22] 하지만 다른 사람들과 달리 소설가들은 "실제적 목적에서 인물을 충분히 알게 된 후에도 인물에 대한 관심을 멈추지 않는다"(189). 한 사람 한 사람의 개인을 그리는 것이 소설가의 일이듯이, 소설은 인물에게 특별한 언어를 부여한다. 소설가는 어떻게 사람들이 다른 사람들을 읽고 있는지 결정할 권위를 쥐고 있다. 사실상 울프는 인물에 대한 메타언어적 위상 혹은 이론의 위상을 소설에 부여하라는 주장을 펼치고 있다. 그러나 울프는 전통적 소설이 급속히 시대착오적으로 변해 버렸다고 느낀다. H. G. 웰스, 골즈워디, 베넷 같은 에드워드 시대[1901~1910(1914)년] 소설가들에게 부족한 점을 설명하면서, 울프는 집이라는 익숙한 비유를 가져와—고도로 자의식적인 방식으로—이 비유에 모더니스트적 변형을 가한다. 울프가 여성을 재현하는 베넷의 전략과 자신의 전략을 비교하는

21 Woolf, *Orlando: A Biography*, New York: Signet, 1960, p. 5.

22 Woolf, "Mr. Bennet and Mrs. Brown", in Robert Scholes(ed.), *Approaches to the Novel*, Scranton, Pa.: Chandler, 1961, p. 188. 이 책의 인용은 이 판본을 따랐으며, 본문에 간략히 페이지만 표기했다.

목적은 이전 세기가 이해한 '인물'의 역사적 한계를 보여 주기 위해서이다. 울프는 베넷이 힐다 레스웨이스(Hilda Lessways)라는 여주인공을 형상화하면서 어떻게 당사자는 뺀 다른 모든 것들을 그리고 있는지 조롱하면서 이렇게 쓴다. "오! 찬양할지어다! 이제 드디어 우리는 힐다 자신에게 다가가고 있다. 그리 빠른 것은 아니다. 힐다는 이러저러했을 수 있다. 하지만 힐다는 집을 바라보고 집에 대해 생각했다. 그녀는 집에 살았다. 그런데 어떤 집에 살았다는 것이지? 계속해서 베넷 씨는 설명한다.(…)"(198) 울프는 확장된 의미에서 우리를 베넷 씨네 집으로 비평적 여행을 떠나게 만듦으로써 베넷이 집의 외면과 그녀의 이름이 소설 제목이 된 여성의 외면만 그리고 있다고 말한다. 울프의 베넷 비판은 그녀가 프로이트의 도라 분석을 가로막았던 지식형태를 예리하게 인지하고 있음을 보여 준다. 자신의 문체를 베넷의 문체와 대립시키면서 울프는 여성의 몸에 깃들어 있는 지식을 재현하기 위해 방의 비유 — 여기에서는 집 — 를 활용한다. 바로 이 방의 비유를 통해 울프는 에드워드 시대 소설에 결여된 것을 분석한다.

> 이 소설들(에드워드 시대 소설들)은 사물의 질감을 대단히 강조한다. 이 소설들은 우리가 집에 살고 있는 사람들을 유추할 수 있다는 희망을 품고서 우리에게 집을 제시한다. 이 소설들은 사람들에게 합당한 몫을 주기 위해 그 집을 살기에 훨씬 더 좋은 것으로 만든다. 그러나 당신이 소설이란 무엇보다 먼저 사람들을 다루고 그 다음에 그들이 살고 있는 집을 다룬다는 생각을 갖고 있다면, 이는 잘못된 방식이다. (201)

울프는 집에 담긴 비밀이 여성 안에 들어 있는 깊이와 같다는 점을 제시하기 위해 의도적으로 집의 비유를 활용한다. 울프의 주장에 의하면, 여성의 내면에 들어 있는 것은 여성에게 성 이론을 강요하는 작가들을 통해서는 재현될 수 없다. 이런 작가들은 소설이 개인을 규정할 힘을 활용할 때 개인을 완전히 잘못 재현한다. 소설이 성차를 창조하는 것은 가장 착취적인 전략이다.

> 만일 당신이 대중들에게 충분한 신념을 갖고 "여자들에게는 모두 꼬리가 있고 남자들에게는 모두 혹이 달려 있다"라고 말한다면, 대중들은 실제로 꼬리가 있는 여성과 혹이 달린 남성을 보는 법을 배우게 될 것이다. 만일 당신이 "말도 안돼. 원숭이에게는 꼬리가 있고 낙타에게는 혹이 달려 있다. 하지만 남자와 여자에게는 머리가 있고 가슴이 있다"라고 말하면, 대중들은 그 말이 지나치게 혁명적이며 부적절하다고 생각할 것이다. (201)

울프에 따르면, 최근 소설이 문화적 역할을 특별히 잘 수행하지 못하고 있다면 그 까닭은 사회관계의 성격이 변했으며, 소설의 인물이 제안하는 해석 전략이 이 세계를 이해시켜 줄 만큼 충분히 변하지 않았기 때문이라는 것이다. "모든 인간관계가, 이를테면 주인과 하인, 남편과 아내, 부모와 자식의 관계가 전부 변했다."(189) 소설의 영역은 확실히 집에서 시작되지만 집에 국한되지는 않는다. 왜냐하면 사적 경험의 영역에서 일어나는 변화는 집 바깥으로 퍼져 나가기 때문이다. 울프가 설명하듯이, "인간관계가 변하면 종교, 행동, 정치, 문학도 함께 변한다. 이런 광범한 변화들 가운데 하나가 1910년에 일어났다는 것에 합의하자"(189). 울프에 의하면, 이 시점에 이르러 사적 삶을 재현하는 전통적 전략이 낡았다는 것은 소설이 그 수명을 다해 제 역할을 잃었다는 것을 의미하지 않는다. 오히려 그 반대로 가정이 심대한 구조적 변화를 겪고 있는 시대에 가정의 전통적 위계관계를 유지하는 것은 사람들을 잘못 재현하고 그렇게 함으로써 사람들을 순응시킨다는 것을 의미할 따름이다. 울프는 인간관계를 이해할 대안적 방식을 요구한다.

이 에세이에서 울프는 리치먼드에서 워털루로 가는 기차 안에서 우연히 만난 한 여성을 묘사함으로써 어떻게 소설에서 표본적 개인이 나타나야 하는지에 대해 자신의 생각을 밝힌다. 울프는 이 여성을 브라운 부인이라 부른다. 프로이트가 자신이 그 정체를 곧 밝히게 될 한 사람을 보호하기 위해 도라라는 이름을 부여했다면, 울프는 작가로서 자신이 해당 여성을 진정으로 알지 못할 뿐 아니라 그녀에 대해 글을 쓰는 것은 결과적으로 모두 허구라는 점을 드러내기 위해 이 허구적 인물에게 가명을 부여한다. 가명은 이 여성에게 타자성을 인정해 주는 방식이다. 이 노골적 허구성은 또한 남성이 쓴 지식을 능가하는 여성적 지식의 힘을 다시 주장하고 이런 유형의 지식을 소설과 동일시하는 방식이다. 자신이 기차에서 만난 지극히 평범한 한 여성을 묘사하기 위해 울프는 아주 미묘한 인간관계의 윤곽을 공공연하게 그린다. 이 인간관계망 안에는 스미스 씨라는 사람이 들어 있는데, 이 사람은 함께 기차를 타고 가는 짧은 시간 동안 조지라 불리는 사람을 두고 브라운 부인을 괴롭히는 것 같다. 이처럼 인간관계를 적나라하게 드러내는 것은 갈등과 연대로 이루어진 과거와 이런 문제들이 모종의 해결책을 찾게 될 미래를 함께 암시한다. 하지만 여기서 울프는 플롯의 조각들을 끌어 모으거나 스미스 씨와 브라운 부인의 관계에서 일어나는 욕망과 공포를 이해하는 수준을 상회하는 일을 하고 있다. 울프는 관찰자이자 작가로서 자신이 소재와 맺는 관계를 설명한다. "기차가 멈추기 전에 내가 왜 그것이 다소간 비극적이고 영웅적이지만 변덕스럽고 환상적인 면모를 지녔다고 느꼈는지 설명할 힘이 나에게는 없었다. 나는 그녀가 가방을 들고 휘황찬란하게 번쩍이는 웅장한 기차역 안으로 사라지는 것을 바라보았다."(192) 에드워드 시대의 접근방식과 반대로 이런 접근은 울프가 인물을 재현하기 위해 소설이 마땅히 해야 한다고 느끼는 접근법이다. 관계를 이해하는 것 ― 실은 타인과 관계를 갖는 것 ― 은 실상 소설을 쓰는 것과 마찬가지다. 브라운 부인에 대한 울프의 재현은 여기서 한걸음 더 나아가 작가와 주제의 관계도 그리고 있다.

> 여기 타인에게 자신을 강요하는 인물이 있다. 또 여기 누군가 자신에 대해 소설을 쓰도록 만드는 브라운 부인이 있다. 나는 모든 소설은 길 건너 모퉁이에 서 있는 나이 든 귀부인과 함께 시작한다고 믿는다. 나는, 모든 소설은 인물을 다룬다고 믿고 있으며, 소설은 인물을 표현하는 것이지 원칙을 설교하고 노래를 부르며 대영제국의 영광을 찬미하는 것은 아니라고 믿는다. 나는 소설의 형식이 이렇게 거칠고, 수다스럽고, 드라마틱하지 않고, 풍부하고, 유연하고, 생생하게 진화해 왔다고 믿는다. (193)

소설에 대한 이런 정의는 소설이란 사람들을 연결시키는 동시에 고립시키는 의식의 변천을 재현한다는, 전통적인 여성적 근거에서 글을 쓸 권위를 주장한다. 그것이 갖는 함의는 이렇다. 즉, 개인들만이 가장 일상적이고 신비한 모습으로 — 브라운 부인의 사례가 보여 주듯 — 삶을 재현할 수 있는 아주 특별한 자아의 언어를 구성한다.

울프의 사고방식에 따르면, 역사가 일어나는 곳은 베넷이 역사의 공간이라고 설정하는 집 밖의 세계가 아니다. 오히려 역사는 "브라운 부인이 작은 손수건을 꺼내 눈을 닦을 때"(191)처럼 지극히 사소한 개인적 방식으로 인간경험에 표식을 남긴다. 궁극적으로 "종교, 품행, 정치, 문학"(189)에 일어날 변화는 바로 이런 사소한 인간관계망 안에서 일어난다. 바로 이런 까닭에 수많은 작가들은 여성에 대해 글을 쓰고 여성의 정체성을 확정짓고자 노력하는 일이 필요하다고 생각한다. 하지만 울프가 브라운 부인에 대해 글을 쓰면서 보여 주듯이, 여성에 대해 글을 쓸 때 작가들은 실제로 자기 자신에 대해, 글쓰기의 과제에 대한 자신의 이해에 대해, 그리고 진리란 어떠해야 한다고 스스로 생각하는 것에 대해 말한다. 작가들이 재현하는 진리는 여성에게 존재하는 진리가 아니라, 엄밀히 말해 자신들이 글을 쓰면서 만들어 가는 진리이다. 여성에 관해 글을 쓰는 남자들이 왜 그렇게 화를 내는지 설명하면서, 울프는 여성 내부의 공간을 채워 넣고자 할 때 어떤 진리가 쓰이고 있는가를 누구보다 잘 설명했던 것 같다. 『자기만의 방』에서 인용한 아래 구절은 성에 대한, 다소 변덕스럽지만 역사적이면서 정치적인 이론의 맹아를 담고 있다.

여성들은 이 모든 세기 동안 남성의 모습을 원래 크기보다 두 배로 확대 반사시켜 주는 신비롭고 매력적인 힘을 지닌 거울로 봉사해 왔습니다. 이 능력이 없다면 아마 지구는 여전히 늪과 정글 상태로 남아 있을 것입니다. 온갖 전쟁의 영광도 알려지지 않았을 것입니다. 우리는 여전히 양의 뼈다귀에 사슴의 윤곽을 새기고, 양가죽 또는 우리의 소박한 구미를 당기는 간단한 장신구와 부싯돌을 물물교환하고 있을지도 모릅니다. 초인이라든가 운명의 손길이라는 것은 결코 존재하지 않았을 것입니다. 차르 황제나 카이저 황제는 왕관을 써본 적도 그것을 잃은 적도 없겠지요. 문명화된 사회에서 그 쓸모가 무엇이든 간에 거울은 난폭하고 영웅적인 행위에 본질적으로 중요한 것입니다. 이것이 나폴레옹과 무솔리니가 그렇게 힘주어 여성의 열등함을 주장한 이유이지요. 여성들이 열등하지 않다면 자신들이 더 이상 커지지 않기 때문이지요. 이것이 그렇게 종종 여성이 남성에게 없어서는 안 되는 이유를 부분적으로 설명해 주지요. 그리고 이것이, 남성이 여성에게 비판을 받으면 얼마나 당황해하는가를 설명해 줍니다. 즉, 똑같은 비판을 가하는 남성보다 훨씬 더 큰 고통을 주거나 더 큰 분노를 일으키지 않으면서 여성이 남성들에게 이 책은 서툴고 이 그림은 힘이 없다고 평하는 것이 얼마나 불가능한 일인가를 설명해 줍니다. 왜냐하면 여성이 진실을 말하기 시작하면 확대경 속의 형체는 오그라들고 삶을 감당할 힘은 줄어들기 때문이지요. 아침과 저녁 식사시간 자신의 실제 모습보다 최소한 두 배로 큰 자신을 보지 않는다면, 그가 어떻게 계속해서 판결을 내리고, 원주민을 교화시키고, 법을 만들고, 책을 쓰고, 옷을 차려입고 연회에서 연설을 할 수 있겠습니까? (36)

이 구절은 성이란 대개 쓰여지는 것이며 전적으로 문화의 문제라는 것을 제시한다. 우리가 여성의 내부를 열어젖힐 때 실제로 밝혀지는 것은, 여성은 말이자 기표일 뿐이라는 점이다. 이런 표면적 진리가 인간 본성의 가장 깊고 가장 본질적인 진리로 재현되는 한—이 진리를 발견하는 사람이 시인이거나 과학자거나 정치가이거나 상관없이—, 여성의 본성은 이데올로기의 핵심을 이룬다. 말과 사물의 관계를 이해하고 사물에 대한 말의 우위를 인정하면서, 울프는 사건은 재현과 분리되어 있고 재현에 앞서 발생한다고 가정하는 전통적인 남성적 역사 개념에 도전할 수단으로 성을 활용할 수 있었다. 울프는 모든 경우에 있어서 여성들이 남성들에게 힘을 불어넣고 있다는 근거를 들어 원시인들의 관행, 20세기 파시즘의 정치적 지배, 관료적 인간의 사소해 보이는 언어활동 사이에 연관성을 찾아낸다.

이 모든 남성들을 움직이는 것은 그들이 어떻게 스스로에게 지식의 대상이 되고, 또 어떤 기준으로 타인과의 관계에서 자신을 측정하는지를 결정지어 줄 어떤 것이다. 울프는 여성을 "거울"로 묘사한다. 이 거울은 성을 개인의 내면에 존재하는 정치적 구성물로 재현한다.

> 거울 환영은 너무도 중요합니다. 이 환영은 활력을 충전시키고 신경조직을 자극하기 때문이지요. 그것을 빼앗으면 남자들은 마치 코카인을 빼앗긴 마약 중독자처럼 죽을지 모릅니다. 나는 창밖을 내다보며 거리를 활보하는 사람들의 절반이 이 환영의 마력에 빠져 일터를 향해 걸어가고 있다고 생각했습니다. (36)

나는 이 구절이 다윈 사상을 지배했던 성의 계약을 모더니스트적으로 갱신하고 있다고 본다. 울프는 남성성의 이미지를 여성과 대립시키고 여성과 다른 차이를 남성에게 부여하기 위해 경쟁본능 — 남성들이 원시조상들로부터 유전적으로 물려받고 여성들은 남성들을 가정생활에 적합하게 만들기 위해 길들이고 억눌렀던 본능 — 대신 거울 환영을 상정한다. 이 거울 환영은 순전히 문화적 충동이지만 그럼에도 여전히 충동이다.[23] 울프의 제안에 따르면, 하나의 신화로서 성은 자연적 힘의 효과를 개인관계를 지배할 뿐 아니라 경제생활을 추동하는 (거울 환영이라는) 마약의 중독적 힘과 결합한다.

도라가 프로이트를 박차고 나오고 울프 같은 작가가 다소 불경한

23 이 무렵 프로이트가 문화에 대한 그의 전체 이론의 근간을 이루는 욕망의 삼각 모델을 수정하고 있었다는 점을 주목하는 것은 흥미롭다. 그는 아버지와 아들이 갖기 위해 서로 경쟁하는 대상과 다른 존재로 어머니의 중요성을 설명하고자 했다. 자신의 심리모델을 수정할 때 프로이트는 심적 과정에 대한 개념을 바꾸었을 뿐 아니라 전(前)오이디푸스 발달단계와 양성(兩性)의 아이와 맺는 이자 관계에서 어머니의 결정적 중요성을 더 크게 강조한다. 프로이트의 심리모델 수정은 그가 도라 사례를 분석한 후 대략 15년이 지난 시절에 씌어진 「나르시시즘에 관하여」("On Narcissism")에서부터 시작되어 『자아와 이드』(*The Ego and the Id*, 1923)에 이르러 충분히 개진된 모델과 함께 계속된다. 이런 방식으로 프로이트는 문화 발달에 있어서 어머니에게 일정한 위치를 부여하게 되는데, 이런 점은 후일 정신분석 이론가들에 의해 더욱 정교하게 발전된다. 이 무렵 레너드 울프(Leonard Woolf)가 프로이트의 전체 저작의 번역본과 영국정신분석협회의 모든 저서들을 출판했다는 점 또한 주목해야 한다. 이에 더해 울프와 가까웠던 많은 사람들은 정신분석운동에 깊이 연루되었으며, 정신분석학에서 일어난 가장 섬세한 변화들을 세밀하게 따라갔다. 이 변화 속에는 멜라니 클라인(Melanie Klein)의 저작과 개인의 형성에서 전오이디푸스기 경험이 갖는 독특한 중요성에 대한 클라인의 주장도 포함된다. 나의 요점은 프로이트가 자신의 이론모델을 수정한 것과 울프가 거울반사(mirroring)를 강조한 것 사이에 인과관계를 주장하자는 것이 아니다. 하지만 나는 프로이트, 울프, 기타 모더니스트 작가들이 가정여성의 기능 중 하나로 거울반사의 중요성을 재발견하기 위해 노력을 기울였다는 것은 가정여성이 소유하고 있는 것으로 여겨지는 지식의 형태를 차지하기 위한 전투가 진행되고 있었다는 점을 가리켜 준다고 제안하고 싶다.

태도로 정신분석학을 다루었지만, 결국 프로이트의 성 모델이 이들의 모델에 승리를 거둔다. 프로이트의 성 모델은 주체적 경험에 대한 도라의 19세기적 서사에 승리를 거둔다. 또 그의 모델은 정신과 의사가 아니라 예술가가 의식의 내밀한 움직임을 알며, 이론이 주체성의 역사를 압도하게 될 때 어떤 결과가 일어날지 예술가가 이해한다는 울프의 주장에 대해서도 승리를 거둔다. 프로이트는 이다 바우어(Ida Bauer)의 익명성을 보호하려고 애썼다. 하지만 프로이트의 사례사가 얻은 명성 때문에 바우어는 프로이트가 지어 준 가명을 받아들이게 되었으며 프로이트의 도라로 알려지는 것을 용인했다.[24] 이와 비슷하게 울프 역시 프로이트에 의해 씌어졌다고 말하는 것이 억지스럽지 않다. 울프의 글쓰기가 의식의 언어를 다루는 매혹적인 방식과 함께 그녀의 보헤미안적 지적 생활과 멜로드라마적 죽음의 정황 때문에, 한 세대 이상의 독자들은 울프의 소설을 프로이트적 신화의 프레임으로 걸러 내서 읽으라는 권유를 받아 왔다.

나는 도라와 브라운 부인 모두 역사적 변화를 드러내는 표지라고 제안하고 싶다. 이들은 한 세기 이상 여성의 감정을 기록하는 일에 부여해 온 권위에 변화가 일어나던 시기에 글쓰기를 통해 존재했다.[25] 도

24 프로이트와의 만남을 중단한 지 20년 후에 이다 바우어는 펠릭스 도이치(Felix Deuch)에게 자신을 '프로이트의 도라'라고 소개한다. "A Footnote to Freud's 'Fragment of an Analysis of a Case of Hysteria'", *In Dora's Case*, pp. 35~43.

25 모더니즘의 부상과 함께 일어나는 작가적 전략의 전반적 수정의 관점에서 울프의 문체를 논의한 것으로는 다음 글을 참조할 것. Nancy Armstrong, "A Language of One's Own: Communication-Modeling Systems in Woolf's Mrs. Dalloway", *Language and Style*, 16, 1983, pp. 343~360.

라의 사례사에서 프로이트가 대체로 자신을 의사로 부르고 있다는 것은 의미심장하다. 왜냐하면 의사로서 말할 때 프로이트는 상식과 여성의 감정의 권위에 맞서 전문적인 남성제도의 권위를, 평범한 말과 소문에 맞서 진단의 권위를, 자기기만에 맞서 지식의 권위를 내세우고 있기 때문이다. 도라에 대한 프로이트의 재현에서 파멜라가 주장한 세속적 도덕의 언어는 건강과 질병이라는 새로운 주제에 맞추어 변형된다. 이 새로운 주제는 의사의 분석에 종속될 수 있는 욕망의 형태 — 그것들이 신체로 표현될 때 — 에 따라 여성적 지식의 전 영역을 재분류했다. 하지만 이런 분석은 여성 '내부의' 신비라는 생생한 대상을 만들었을 뿐인 것 같다. 실제로 이런 분석은 현대적 욕망에 생물학적 기원과 형식을 부여함으로써 성의 형이상학에 신화적 비유를 창조했다. 이 신화는 여성이 성 욕망에 대해 갖고 있던 권위를 — 그것이 도라의 19세기적 감수성에 나타난 것이든 울프의 자의식적 언어표현에 나타난 것이든 — 시대착오적인 것으로 표현했다. 장기적 관점에서 보았을 때 프로이트의 전문가적 목소리와 의학적 신화가 20세기에 성담론이 걸어간 길을 결정했다.

에필로그

나는 리처드슨이 파멜라를 위해 구상한 가정이 그의 시대에서 우리 시대로 넘어오는 동안에 더 강력해졌다고 확신한다. 이것이 사실인 까닭은 이렇다. 즉, 자기봉쇄적인 가족이 수많은 폐해를 빈번히 은폐했을 뿐만 아니라, 전문직에 종사하는 부부가 하나의 경제적 실체로 등장하면서 젠더 역할이 의미심장한 방식으로 변했기 때문이다. 가정성의 이상은 사실성은 떨어지고 허구성이 커지면서 더 강력해졌을 뿐이다. 왜냐하면 가정성이라는 허구는 그 자체 하나의 사실로 존재하기 때문이다. 우리가 정상적인 행동이란 어떤 것이어야 하는지를 배우는 바로 그 순간, 그 허구는 우리의 삶에 힘을 미치기 시작한다. 우리가 그것을 현실로 받아들이든 않든 간에, 이 허구만이 아주 상이한 개인들이 특별히 낯설다는 느낌 없이 완전히 생소한 장소에서 나란히 앉아 저녁을 먹을 수 있게 해 주고, 단 한 번도 만난 적이 없으며 서로 공유하는 것이라곤 거의 없는 사람들과 함께 교실 안으로 걸어 들어갈 수 있게 해 주고, 자신이 살고 있는 곳이 아닌 다른 지역이나 심지어 다른 나라에서 제작된 멜로드라마와 시트콤을 즐길 수 있게 해 준다. 이런 점에서 가장 강력한 가정은 우리가 머릿속에 담고 다니는 것이다.

나는 이 힘 — 가정에 관한 온갖 상투적인 생각의 힘 — 을 예리하게 느끼는데, 우리는 이런 상투적 생각을 신조로 삼고 사는 것을 반쯤은 부끄럽게 여기게 되었다. 그리고 나는 어떻게 이 권력이 여성들에게 주어졌으며 여성들을 통해서 행사되었는지 보여 주고자 했다. 이 목적을 이루기 위해 나는 몇 편의 소설을 이용하여 특별히 여성적 공간으로서의 가정이란 관념이 어떻게 근대 제도문화의 전제조건을 창출했는지 설명했다. 내 주장은 리처드슨과 같은 지식인의 수중에서 여성은 친족관계의 지배적 관념에 문제를 제기하기 위해 활용되었다는 것이다. 다른 모든 형태의 출판물들과 함께 소설은 남성이 여성에게서 무엇을 원하고 여성은 무엇이 되고 싶어 하는가를 재규정하는 데 도움을 주었다. 그렇지만 대략 18세기 말 쯤에, 소설은 이와 상당히 다른 방향으로 나아갔다. 버니와 오스틴의 손에서 소설은 여전히 가정여성을 작위와 부를 소유한 여성과 대립시키고 있다고 말할 수 있었다. 그러나 상인의 딸들에게, 그리고 나중에는 노동계급 소녀들에게도 있다고 여겨지는 욕망이 여성의 행동을 촉발하는 것 같을 때에는 비난받을 가능성이 훨씬 더 컸다. 우리가 오스틴의 『오만과 편견』에서 빙리 자매가 결코 매력적이지 않다는 인상을 받게 되는 것은 결국 이들의 금전적 욕심 때문이다. 이와 동일한 문제는 『제인 에어』에서 블랑시 잉그램이 로체스터에게 매혹되지만 로체스터는 그녀를 물리치게 만드는 물욕을 통해 훨씬 더 강력하게 제기된다.

게다가 버니와 오스틴의 소설과 더불어 품행지침서가 표현하는 여성다움의 이상은 규범적 이상을 제공했다. 이 이상에 맞서 소설의 여성 재현은 자신이 더 사실적이라고 주장했다. 실제로는 아무도 이 이상에 부합하지 않았다는 전제하에서, 빅토리아 시대 소설은 모든 개인은 각자 조금씩 다른 욕망을 가지고 있어서, 한 남성에게 어느 두 여성도 똑같이 알맞은 상대일 수 없으며, 한 여성에게 어느 두 남성도 똑같이 알맞은 상대일 수 없다는 것을 나타내기 위해 여성의 재현을 수정하는 과제를 떠맡았다. 그러므로 디킨스 소설에서 이상적 결혼은 허구 그 이상도 그 이하도 아닌 것으로 표현되고 있다. 특이할 정도로 규칙적으로 디킨스 소설에서 이루어지는 최상의 성적 관계는 친모 혹은 친부를 대체하기에는 열등한 것으로 밝혀진다. 이상화된 사랑의 허구가 인간의 욕망을 불건전하게 장악하고 있기나 한 것처럼 새커리는 여성적 이상을 따른다는 이유로 아멜리아 세들리를 가혹하게 다루고, 사랑을 복종과 혼동한다는 이유로 그녀의 남편인 도빈(William Dobbin)을 처벌한다. 디킨스와 새커리의 소설은 — 이 점에서는 빅토리아 시대의 소설 전체가 — 모종의 방식을 통해 리처드슨은 상상만 할 수 있었던 감상성의 힘을 입증해 보였다.

이상적 여성을 상상의 구성물로 이해한 독자들에게는 타락한 여성은 신분상의 변화도 겪었다. 여성은 누구나 루이자 그래드그라인드처럼 다소간 타락했다. 중요한 것은 루이자 그래드그라인드가 결코 자신의 욕망에 몸을 내맡기지 않았으며 욕망에 맞서 불굴의 전투를 치렀다는 점이다. 그리하여 19세기가 진행되면서 가정여성은 더 이상 정치적 저항의 형식을 구성하지 않게 되었다. 귀족여성보다는 오히려 가정여성이 더 지배적 입장을 대변했다. 이런 점에서 천사 같은 여성에 관해서는 논쟁의 여지가 거의 없다. 하지만 문화적 전형을 충족시키지 않는 여성들—빅토리아 시대 소설에 등장하는 미친 여자들과 매춘부들—은 저항의 형식을 구성했다고 말할 수 있을까? 여성을 괴물로 재현함으로써 행사되는 수사적 권력을 논하면서, 나는 문화적 변용에 저항하는 것으로 여겨지는 여성의 바로 그 측면들이 모든 정치적 저항의 형식을 개인적 병리로 재규정하는 담론에서 특히 강력한 역할을 하게 되었다고 주장했다. 이런 심리적 용어로 정치적 저항을 규정하는 것은 모든 개인들이 얽혀 들어가는 경쟁적인 사회경제적 이해관계의 분쟁에서 정치적 저항을 제거하는 것이었다. 빅토리아 시대 소설에 등장하는 괴물 같은 여성은 가정여성과 젠더 구분의 원칙을 떠받쳤다. 따라서 이런 여성들은 가정여성과 젠더 구분의 원칙에 맞서기보다는 오히려 개인화 과정의 행위주체이자 그 산물이었다. 개인화 과정은 사람들에게 타인의 동기와 행위가 어떻게 정치적 정체성을 표현하는가를 망각하도록 가르쳤다. 내 생각에는, 미쳐서 야수처럼 변해 버린 행실 나쁜 여성들이 어떻게 정치적 차이를 표현했는가라는 문제가 허구적인 여성성의 규범이 어떻게 여성들을 억압했는가라는 문제보다 더 흥미롭다. '여성적 이상을 열망하지 않은 여성들은 실제로 어떤 목적에 봉사했는가?'라는 문제는 우리가 소설의 역사를 어떻게 평가하는가, 소설의 과제를 무엇이라 보는가, 여성과 소설의 관계를 어떻게 이해하는가, 오늘날 여성들에 대해 무슨 말을 하려고 소설을 활용하는가, 등의 문제와 관련이 있다.

내가 강력하게 주장해 온 바는 천사와 괴물의 대립은 바로 이것, 즉 성담론 내부의 대립이었다는 것이다. 이 대립은 다른 대립을 억압하는 수단을 제공했다. 사실 내 논의의 주요 목적 가운데 하나는 어떻게 소설이 사람의 정체성을 표현하는 복잡하고 경쟁적인 방식들을 남성 대 여성으로 표현되는 단 하나의 이항대립으로 옮겨 놓는 대립관계들을 생산함으로써 막강한 권력을 행사했는가를 보여 주는 것이었다. 파멜라와 B씨의 갈등을 얼마든지 다른 방식으로 생각할 수도 있었다. 그러나 이 모든 방식들 — 필딩의 소설이 복원하려고 했지만 실패한 정치적 복잡성들 — 은 무엇보다도 남성과 여성의 갈등으로 축소되었는데, 이 갈등은 전혀 갈등이 아닌 것으로 드러났다. 19세기는 정치적 대립을 한층 더 단순하게 만들었다. 19세기는 사회적 관점에서 보면 결코 리처드슨의 연인들만큼 그렇게 멀리 떨어져 있지 않은 남녀들을 다루었다. 19세기는 여성인물 내부에서 일어나는 갈등들, 여성의 자연적 욕망과 여성이 맡아야 하는 운명적 역할 사이의 갈등에 집중했다. 가정여성과 악마 같은 '타자'는 개인이 속한 지역, 종파, 정치적 당파를 나타내는 기호들보다는 젠더가 우선권을 가지는 영역 안에 봉쇄되면서 심리적 대립관계를 형성했다. 하지만 정치적 관점에서 보면, 괴물과 천사는 담론상으로는 한 팀을 이루어 합법적 일부일처제의 이상을 고수하지 않는 다른 성 관념 — 즉 귀족계급과 노동계급에 속하는 것으로 간주되는 관념들 — 을 억압했다. 우리들 자신은 이런 대립적 방식으로 사유함으로써 인종, 계급, 심지어 젠더로 구성된 세계가 아니라 각양각색으로 개인적 신뢰와 애정을 얻거나 혹은 얻는 데 실패하는 개인들로 구성된 정치세계에 살게 되었다. 우리를 둘러싸고 있는 세계가 심리적 복잡성을 획득하면서 정치적 갈등은 더욱더 단순해 보이는 경향이 있다.

내가 제안하고자 하는 바는 시간이 흐르면서 소설은 개인의 행위를 이해하기 위해서 점점 더 심리적 복잡성을 띠는 언어를 만들어 냈다는 것이다. 나는 또 소설이 개인 정체성의 '심층'을 점차 밝혀내면서 복잡한 정치적 기호체계가 추방되었다고 제안하는 바이다. 부, 사회적 지위, 종교적 소속을 나타내는 기호들이 '표면'을 규정하기 시작했는데, 이 표면은 진정한 동기가 묻혀 있는 자아와 신뢰할 만한 관계를 맺지 못했다. 이런 방식으로 개인이 알려지게 되면서 이런 지식과 구별되지 않는 근대적 권력형태가 득세하게 되었다. 사람들, 적어도 문제가 되는 사람들은, 한편으로는 독특한 개인들로 구성되고 다른 한편으로는 모든 개인들 — 이질적이며 서로 스며들 수 있는 사람들이 아니라 추상적이고 표준화된 개인들 — 로 구성되는 정치적 리얼리티 속에 자신들이 살고 있다고 생각했다.

학생들에게 소설을 성장하는 인물의 이야기로, 언어 바깥의 어딘가에서 일어나는 역사적 사건의 전개로, 그렇지 않으면 언어로 된 인공적 구조물의 성장으로 읽으라고 가르칠 때, 우리들 자신이 바로 이런 형태의 권력을 행사한다. 각각의 경우에 우리는 소설작품을 투명하게 만든다. 각각의 경우에 우리는 학생들에게 글쓰기를 특정한 형태의 개인으로, 특정한 대상세계의 거울로, 자율적 상상력의 세계로 바꿔 놓는 방식으로 심층을 표면으로부터 분리하도록 가르친다. 좀처럼 우리는 글쓰기가 심층과 표면, 주체와 대상, 혹은 이런 것들과 문학적 재현형식들 사이를 구별하는 방식을 인정하려고 하지 않는다. 글쓰기의 사실성과 행위주체성을 억압할 때, 우리는 자아, 사회, 문화의 영역들이 구성되어 균형을 유지하게 되는 역사적 과정 또한 억압한다. 우리는 이 영역들 사이의 관계 ── 따라서 허구가 행사하는 정치권력 ── 를 이의를 제기할 수 있는 우리의 능력이 미치지 않는 영역에 놓는다.

페미니스트 비평은 소설의 정치적 차원을 은폐해 온 해석 전통 속으로 상당히 깊이 뚫고 들어갔다. 페미니스트 비평은 독자들에게 상층부의 관점만을 제시하는 문학사에 들어 있는 정치적 편견을 인정하라고 요구해 왔다. 언제나 이 상층부의 관점은 정치적 중립을 선언하기 때문에 자신이 지배적 관점이라고 말한다. 페미니즘이 소설비평에 개입해 들어갈 때까지 문학비평은 ── 심지어 가장 개혁적인 문학비평조차도 ── 다른 역사와 협력하여 여성들을 침묵시키고 주변화했다. 남성들은 여성들을 자신들이 바라는 모습대로 재현했거나, 그렇지 않으면 어떻게 여성들이 그런 자기네들의 소망을 충족시키지 못했는가를 보여 주었다. 그리고 여성들은 여성의 자기표현 욕망과 요구에 적대적인 전통에도 불구하고 글을 썼다. 이것이 문학 관련 학문분야에서 주류 페미니스트들이 제기해 온 주장이었다. 이 주장은 고용 관행뿐만 아니라, 『노튼 선집』(*Norton Anthology*), 문학 교과 과정, 전문적 정기간행물과 대학 출판물에 심대한 영향을 끼쳤다. 나의 목적이 이런 입장과 싸우는 것은 아니지만, 그럼에도 불구하고 나는 근대문화가 중산계급 여성들에게 권력을 부여해 온 방식을 강조했다. 이제 우리 여성들은 여성으로서 여성에 대한 글을 쓰는 것에 대해 말하고, 남성들이 써온 여성들에 대해 말할 수 있는 힘을 갖고 있다. 그러므로 나는 우리의 목소리가 결코 적지 않은 정치적 영향력을 행사해 왔다는 점을 인정해야 할 때가 왔다고 믿는다. 여성들은 글로 씌어져 왔기 때문에 그런 존재로 보였다. 여성으로서 글을 쓰는 것은 여성 특유의 목소리가

들리도록 만들어 주었다. 그러므로 지금 우리를 속박하는 것같이 보이는 것은 바로 우리가 보이는 방식과 우리 목소리가 들리는 조건 — 침묵이 아니라 — 이다. 비록 이런 제약들이 처음에는 여성들에게 글을 쓸 수 있는 힘을 부여했지만 말이다. 일단 젠더의 역사적인 제약들을 확인하고 나면, 우리는 그 제약들 속에서 살아야 하거나, 아니면 다른 입장을 뚜렷하게 밝히고 그 입장에서 말해야 한다.

나는 희생(victimization)의 수사가 문학비평 이론의 중심부로 이미 들어왔으며, 여기에 계속 존속하면서 앞으로 다가올 수년 동안 여성에 의해, 여성을 위해, 여성에 관해 씌어진 텍스트 다시 읽기를 양산해 낼 것이라고 확신한다. 학계에서 활동하는 유능한 여성들은 계속해서 여성에게는 권력이 없음을 역설할 것이며, 이들의 스승과 선배와 학장들은 필시 현재 하고 있듯이 계속해서 이들의 노력을 지지할 것이다. 분명히 이런 여성적 권위는 학계의 여성들이 힘겹게 얻어 낸 것으로 투쟁 없이 이 권위를 포기해서는 안 된다. 그러나 이것이 여성들이 이미 성취한 업적을 넘어서는 다른 기획들을 우리가 수행하지 못하도록 가로막아서는 안 된다. 왜냐하면 이 여성들은 하나의 전통을 창시하는 것 이상의 훨씬 더 많은 것들을 성취했기 때문이다. 이들은 여성들이 일하고 글을 쓰고 삶을 살아가는 틀을 이루는 종속형태들을 명확하게 표현하는 비평 시장을 형성했을 뿐만 아니라 새로운 연구 영역과 연구 방식을 찾기 위한 길도 열어 놓았다. 만일 누군가 중산계급 여성들이 노동현장에서 배제되고 가정에 봉쇄되면서 수반되는 종속형태보다 우리 문화가 중산계급 여성들에게 부여하는 특수한 권력을 강조한다면 — 나는 근대문화에 대한 이 두 관점이 똑같이 시의적절하지는 않지만 둘 모두 타당하다고 생각한다—우리가 수행해야 할 작업은 분명히 많다. 여성들의 권력을 명확하게 표현하기 위해서는 많은 참여자들이 필요한데, 이들 중 어느 누구도 그 자체로 옳거나 완벽할 수는 없다. 내 생각에는 남성이 여성의 피해를 이야기하는 것이 과연 타당한가에 대해 의문을 제기할 만한 이유가 있는 경우에, 남성과 여성이 여성을 욕망의 대상이자 글쓰기의 주체로서 사회역사 속에 위치시키는 작업을 수행하는 것은 정당하다.

1928년에 울프는 중산계급 여성들이 글을 쓰기 시작했을 때 역사적으로 중요한 사건이 일어났다고 말했다. 울프 자신이 분명히 알고 있었듯이, 이 주장을 뒷받침하려면 역사를 다시 써야 한다. 울프의 관점에서 보면, "중산계급 여성들이 글을 쓰기 시작한" 시기는 우리가 보통 역사적으로 중대하다고 생각하는 사건들보다는 근대 세계를 창조하는 것과 더 깊은 관련이 있다. 울프에게 그것은 "십자군전쟁이나 장미전쟁보다 훨씬 더 중요한" 사건이다(『자기만의 방』, 69). 재현으로서의 재현의 역사에 대한 최근의 관심에도 불구하고, 상대적으로 극소수의 문학연구자들과 비평가들만이 역사 속에서 재현이 담당해 온 역할을 연구해 왔다. 우리는 모두 문해력이 갖는 힘에 대해 입에 발린 찬사를 늘어놓았지만, 과연 문학이 정치사에서 제 역할을 수행해 왔는가를 상세하고 체계적으로 고찰하지는 않았다. 오히려, 실상은 우리가 문학이라고 가르치는 글쓰기를 역사 그 자체를 구성하는 다른 상징적 관행들로부터 분리시키는 것이 영국과 미국의 학문적 경향이다. 여성들의 글쓰기가 갖는 의의를 옹호하는 울프의 주장은 이런 경향이 여성들에게 직접적인 영향을 미친다고 시사한다. 만일 글쓰기가 정치사 속으로 포함되지 않는다면 정치권력은 계속해서 마치 주로 남성들이 지배하는 제도 속에만 존재하는 것처럼 보일 것이며, 여성들이 중산계급 헤게모니의 여러 단계에서 수행해 온 역할은, 그것이 과거에도 지녔고 현재도 여전히 지니고 있는 정치권력과 관련하여, 검토되지 못한 상태로 남게 될 것이다.

중산계급 여성들이 글을 쓰기 시작했을 때 정치경제에 관한 글쓰기가 전례 없는 설명력을 획득했다는 점은 상기할 만한 가치가 있다. 글쓰기 자체는 구혼 절차, 결혼관행, 가정의 조직화와 더불어 정치적 의의를 상실하는 것처럼 보였다. 이런 역사의 상속인으로서 우리는 중요한 사료를 남성들의 성과로 인정하는 경향이 있다. 내가 이 책을 완성하는 동안 특히 이 점이 생각났다. 당시 나는 우연히 스페인의 황금시대 연구에 전념하는 한 학회에 참석하게 되었다. 이 학회에서 여성들의 글쓰기를 연구하는 우리들 중 다수가 직면하게 되는 것과 아주 유사한 문제가 하나 발생했다. 한 역사가가 16세기 멕시코에서 기능공 시인들(artican poets)이 재현한 정치적 시각을 다루는 논문의 토론자로 초청받았다. 이 역사가는 이런 정보가 역사가들에게 주는 가치에 대해 회의적이라면서 당황한 기색을 보였다. 왜냐하면 이런 정보는 그가 '증거'로 활용할 수 있는 것의 기준으로 보면 거의 아무것도 산출하지 못하기 때문이다. 그가 진리라고 선언할 수 있는 유일한 진리는, 그의 말을 빌리면, "가축과 곡물자루의 수를 세는 것"에 기초해 있는 진리였다. 극히 협소한 이런 역사 개념이 존중받을 만하다고 믿기는 어렵다. 하지만 특정 유형의 지식만이 사료로 간주될 수 있다는 점을 근거로 이 역사가는, 그런 시가 역사에 대해 말해야만 했던 것이 무엇이었든 상관없이 그것을 하찮은 것으로 치부해 버리려고 했다. 이 역사가는 무비판적으로 생산노동을 강조하는 시각으로 인간문화를 이해했을 뿐 아니라, 근대세계가 남성에게 속한다고 생각한 생산물의 관점에서 노동을 이해했다. 더욱이, 그는 자신의 설명이 재현에 기초해 있음을 인정하지 않았다. 문제의 이 역사가는 단 한 마리의 가축이나 단 한 자루의 곡식도 실제로 세지 않았다. 그는 단지 다른 모든 재현에 우선하여 회계장부에 특권을 부여했을 뿐이다. 그의 편견은 깊었다.

확실히 정치적 의미가 글쓰기 바깥의 근원에서 유래한다는 견해는 너무도 확고해서 모든 형태의 출판물들은 학계의 학문분과 안에서 어떤 자리도 차지하지 못하고 있다. 이 책의 주장은 특히 18세기와 19세기의 여성용 품행지침서에 기대고 있다. 그러나 앞으로 우리가 읽고 분석해야 할 글쓰기 유형들은 아주, 아주, 많다. 이것들은 지금까지 인문학의 학문분과들이 연구대상에서 제외해 온 글쓰기들이다. 이런 글쓰기는 모두 그렇게 살았으리라 여겨지는 일상생활에 대한 기록을 제공해 준다. 이 기록들 중 많은 것들이 여성들을 위해, 여성들에 의해, 여성들에 대해 씌어졌다. 오늘날 여성과 소설의 관계에 관심을 기울이는 사람이면 누구나 이런 사료의 창고와 마주칠 수 있다.

내가 보기에 나의 포셋 박물관(Fawcett Museum) 방문은 대영박물관 방문 경험을 기록한 울프의 설명 —『자기만의 방』에 묘사되어 있는 — 과 대조를 이룬다. 대영박물관과 비교하면 확실히 변변찮고 런던의 변두리에 위치해 있는 이 박물관의 소장품들은 앞으로 수행되어야 할 모든 연구들, 앞으로 이야기되어야 하는 모든 역사들을 방문객이 직접 보고 느낄 수 있게 해 준다. 버니와 오스틴 같은 작가들이 등장인물, 가정, 사랑에 대한 생각과 느낌을 실생활의 자료에서 창조해 내지는 않았을 것이라는 확신이 나를 포셋 박물관으로 이끌었다. 그런데 글쓰기 이외의 여타 관행들은 종종 실생활이라고 조야하게 불리곤 한다. 나는 가축과 곡물자루에 상응하는 사회적, 심리적 등가물을 찾고 있지 않았다. 나는 이 여성들이 리처드슨이 선언했던 곳에서 미묘한 차이들을 밝히고, 리처드슨이 지역의 지도를 그렸던 곳에서 하나의 세부사항을 써넣기 위해 기교를 완성해야 했다고 생각했다. 이 여성들은 이미 그 자체로 존재하는 관행을 세련되게 다듬어야 했다. 이들은 글쓰기의 역사에 참여해야 했다. 여성용 품행지침서들은 포셋 박물관의 꽤 많은 선반들을 채우고 있다. 이 지침서들 중 많은 것들은 여성들이 쓴 것이다. 나의 계획은 가정소설이 시대와 보조를 맞추면서 재생산하고 수정하고자 열망하는 글쓰기 유형의 역사를 찾아 이 선반들을 샅샅이 뒤지는 것이었다. 만일 그 계획에 충실했더라면, 나는 프롤레타리아계급의 형성과 공장제도의 승리를 설명하는 정치사의 자매편으로서 여성적 감정과 가정적 의무의 역사를 생산해 냈을지 모르겠다. 그러나 나는 이 여성들의 역사를 정치에서 분리할 수는 없었다. 나는 젠더문제를 계급문제에서 떼어낼 수는 없었다. 이 별개의 영역들이 형성되는 과정을 추적하면서 나는 한 영역이 마치 다른 영역과 독립적으로 존재하는 양 기술할 수 없다는 것을 깨달았다. 포셋 박물관에 소장되어 있는 소설들과 소장품들에서 입수한 하찮은 가정사도 남성편의 역사, 즉 정치경제사의 전통보다 덜 중요하지 않을 것이다. 가축과 곡물을 세는 것보다 더 견고한 것이 포셋 박물관에 소장되어 있는 책들이다. 이 책들의 존재는 가축이나 곡물이 말할 수 있는 것보다 훨씬 더 분명한 진실을 말해 주었다. 그곳에서 보이는 역사적 변화가 이 책의 주장을 결정했다.

선반 위의 책들을 살펴보고 지난 두 세기에 걸쳐 책의 숫자가 어떻게 달라졌는지에 주목함으로써, 나는 영국문화사에서 상당한 무게감을 지니는 사건 하나를 알게 되었다. 확실히 18세기 이전에도 여성용 품행지침서는 존재했다. 그러나 18세기가 시작되고서 여성들에 대한 재현이 어떻게 변화했는지 결정하기 위해 책들을 검토하면서 나는 서적의 숫자가 불과 일이십 년 사이에 몇 배로 늘었다는 것을 발견했다. 나는 사람들에게 일상생활의 의식에서 어떻게 행동할 것인가를 알려 주는 데 전념하는 인쇄물들이 폭발적으로 증가했다는 사실과 마주했다. 나는 품행지침서의 생산이 갑자기 늘어나면서 남성들에게 출세 방법을 가르치기보다는 여성들을 매력적으로 만드는 데 골몰하는 품행지침서의 숫자에 결정적 변화가 있었다는 사실 또한 알게 되었다. 그러나 내가 이 관찰 때문에만 놀란 것은 아니다. 첫 번째 관찰 속으로 계산해 들여야 할 또 다른 기록이 뒤따라 나왔다. 여성들에게 골몰한 품행지침서의 숫자가 증가하면서 귀족여성의 덕성을 찬양하는 품행지침서들이 돌연히 인기를 잃었던 것이다.

새로운 유형의 여성이 출현했다는 것은 내게는 분명해 보였다. 나는 이 유형의 여성이 놀랄 만큼 빠른 속도로 그녀보다 더 고귀한 상대자[귀족계급 여성]와 덜 고귀한 상대자[노동계급 여성]보다 문화적으로 두각을 나타내고 있음을 알 수 있었다. 그리고 나는 그 과정에서 고귀함이 의미하는 관념 전체를 이 여성이 어떻게 변화시켰는지 알 수 있었다. 나는 가정소설들에서, 그리고 이 소설들과 동시대에 집필된 다른 종류의 글에서 이 여성의 역사를 추적했다. 나는 어떻게 특정 텍스트가 이 새로운 여성을, 미래세대로 하여금 근대가정을 강박적으로 — 마치 타고난 욕망에 이끌리기나 한 것처럼 — 재생산하게 만들 과정을 작동시킬 수 있도록 독특한 채비를 한 존재로 재현했는지 보여주고자 했다. 이런 방식으로 가정여성은 기능적인 개개인의 심리적 삶의 한 기능이 되었다. 어쩌면 우리가 알고 있는 모든 것에도 불구하고 가정여성은 중산계급의 응접실을 감독하러 책장에서 걸어 나오기 이전에 장장 한 세기 동안 재현물로 존재했었는지도 모른다. 가정은 마음속에 한 자리를 차지하면서 다양한 개인들의 무리가 근대문화 안에서 공존할 수 있도록 해 주었다.

역사는 가축과 곡물을 세는 데 있다고 믿는 사람들을 만족시킬 만큼 이런 가설을 입증하자면 여러 해가 걸릴 것이며, 훨씬 더 많은 연구자가 필요할 것이다. 보다 적절한 근대역사를 제공할 수 있는 많은 자료들이 아직 학문 분과 내에서 자리를 찾지 못하고 있다. 이 자료들은 오랫동안 대중문화라는 미분류 영역 안에 눈에 띄지 않게 보관되어 있었다. 여성용 품행지침서들은 소설이라는 직물 속으로 엮이어 들어가 망각된 수많은 종류의 지식들 가운데 하나일 뿐이다. 이런 자료들은 관습적 역사가 설명하지 못하는 것이기 때문에, 이 자료들 대부분이 쓸모없는 것으로 치부된다. 하지만 다락방에 처박혀 두는 물건들을 닮았다는 바로 그 이유 때문에 이 자료들은 지식의 대상들 사이에서 어떤 용도를 찾게 되면 급속도로 막강한 권력을 얻을 수 있다. 특정한 시기에 리얼리티를 결정하는 구조를 보완하는 것이 바로 이런 잔여 문화지식(residual cultural information)이다. 이런 유형의 지식은 리얼리티를 결정하는 구조를 보완함으로써 보다 적절한 역사모델을 요구할 것이다. 이 모델은 섹슈얼리티의 역사를 포함할 것이며 우리 자신을 젠더화된 자아로 설명할 것이다. 이런 역사에서 여성에 의한, 여성을 위한, 여성에 대한 글쓰기는 중심적 위치를 점유해야 한다.

옮긴이의 말
가정여성들은 근대소설을 어떻게 만들어 왔는가

사유의 전환점이 되는 연구는 종종 예기치 않은 순간 시작된다. 이 역서의 모태가 된 낸시 암스트롱(Nancy Armstrong)의 연구가 그렇다. 암스트롱은 근대를 거치면서 형성된 사적 영역/공적 영역, 감정적 여성/정치경제적 남성, 성/정치, 재현/실재 등의 분리를 당연시하던 사유방식과 그에 토대를 둔 기존 근대소설사에 일대 전환을 이룬 연구자로 유명하다. 그런데 이 획기적 연구는 우연한 사건에서 비롯되었다. 1980년대의 어느 날, 암스트롱은 근대소설과 글쓰기의 역사를 밝혀줄 자료를 찾아 포셋 박물관의 서가를 뒤지고 있었다. 관련 자료들을 읽어 내려가던 중 그는 불현듯 어떤 깨달음에 도달한다. 그 깨달음은 별개의 영역이라고 간주되었던 사적 영역(가정)과 공적 영역(정치경제)은 분리될 수 없으며, 젠더문제와 계급문제 역시 서로 떼어 낼 수 없다는 사실이다. 무엇보다 암스트롱은 여성들을 그린 재현의 변천사를 추적하다가 여성용 서적들이 단기간에 급증했다는 사실을 발견한다. 이 우연한 발견은 "왜?"라는 물음으로 이어진다. 왜 근대문화의 초창기 영국에서 여성들이 여성들을 위해 여성들에 대해 쓴 글들이 폭발적으로 늘어났으며, 많은 여성들이 그런 글들을 읽었는가? 왜 식자층들은 그런 글쓰기에 대한 취향을 발전시켰는가? 소설은 이런 글쓰기와 어떤 관계가 있는가? 이런 질문들에 대해 나름의 해답을 제시한 것이 암스트롱의 『소설의 정치사: 섹슈얼리티, 젠더, 소설』(원제목은 *Desire and Domestic Fiction: A Political History of the Novel*, 1987)이다.

대략적으로 영국에서 소설은 17세기 말과 18세기 초에 등장하여 18세기 말에 이르러 지배적인 글쓰기 형태로 자리를 잡았다는 것이 정설이다. 물론 논자에 따라 소설의 구체적인 등장 시기와 등장배경, 그리고 최초의 소설에 대한 설명은 조금씩 다르다. 이를테면, 영국소설의 발생을 본격적으로 이론화한 『소설의 발생』(*The Rise of the Novel*)의 저자로 유명한 이언 와트(Ian Watt)는 1719년 출판된 대니얼 디포의 『로빈슨 크루소』를 영국소설의 기원으로 본다. 반면 페미니스트 비평가들은 그보다 30여 년을 앞당겨 여성작가 애프라 벤(Aphra Behn)이 『오루노코』(*Oroonoko*)를 출판한 1688년을 영국소설의 시발점으로 본다.

그러나 이런 세부적인 차이에도 불구하고 소설의 발생에 관한 논의들은 예외 없이 소설 장르의 새로움에 주목한다. 애초 "history"(내력), "adventure"(모험담), "romance"(로맨스), "memoir"(회고록) 등으로 불리던 소설이 "the novel"("novel"은 "새로운"이란 뜻을 지닌 영어 단어로 "the novel"을 우리말로 옮기면 "새로운 것"이 된다)로 불리게 되었던 것은 당대인들에게 소설이 얼마나 참신한 글쓰기로 받아들여졌는지 말해 준다. 『소설의 발생』의 첫 대목에서 와트는 소설이 이전의 허구적 산문과 어떻게 다른지 묻고 '사실주의 형식'에서 그 답을 찾는다. 그런데 소설의 발생은 단순히 사실주의에 기초한 새로운 문학형식의 출현일 뿐 아니라 중산계급의 등장 및 문해력의 확장과 깊이 결부되어 있다. 와트에 따르면 18세기 초 영국에서 역사상 처음으로 소설이 상당한 규모로 쓰이기 시작했는데, 그것은 문해력을 지닌 중산계급 독서대중의 형성과 궤를 같이하고 있을 뿐 아니라 이후 소설의 발전은 이들 독서대중의 이해관계와 조응하면서 이루어져 왔다고 한다. 경제적 개인주의와 청교도 윤리는 신흥 중산계급의 이해를 대변하는 이데올로기였고 소설은 이 입장을 대변하거나 그것과 조율하는 방향으로 전개해 왔다는 것이 와트의 생각이다. 그러나 와트의 연구는 '디포와 리처드슨, 필딩에 관한 연구'라는 책의 부제가 말해 주듯이, 소설의 출현과 그 발전과정을 남성작가 중심으로 기술함으로써 왜 18세기에 많은 여성들이 소설을 쓰고 읽었는지 설명하지 못한다. 와트의 문제는 소설의 발전과정에서 여성작가와 여성독자의 기여를 배제했다는 것만이 아니다. 더 심각한 문제는 여성작가와 여성독자들이 생산하고 소비해 온 소설 속 여성인물들의 재현에 발생한 변화가 근대사회의 성격 자체를 결정적으로 바꾸어 온 과정 — 긍정적이든 부정적이든 — 을 읽어 내지 못한다는 것이다.

샌드라 길버트(Sandra Gilbert)와 수전 구바(Susan Gubar)가 교정하려는 것이 바로 이 젠더적 관점의 부재이다. 이들은 와트가 누락시킨 여성작가의 문제에 집중하여 소설의 발전과정 — 특히 19세기 소설 — 을 기술한다. 길버트와 구바는 『다락방의 미친 여자』(*Madwoman in the Attic*, 1979)에서 19세기 여성작가들과 그들이 활동한 시대의 사회적 조건에 초점을 맞추고 여성작가들이 가부장적 기준에 순응하면서 동시에 그것을 전복해 온 이중적 방식을 고찰한다. 천사와 괴물여성은 19세기 여성작가들이 가부장적 기준에 대응해 온 대립적 이미지였다. 19세기 여성작가들은 이런 이분법적 구도에 갇혀 겉으로는 천사 같은 여성인물을 중심으로 서사를 전개하면서도 심층적으로는 괴물 같은 인물을 통해 자신들의 억눌린 불안과 분노를 표출했다는 것이다. 가부장적 문학전통에서 주변화되었던 여성문학의 전통을 복원하여 근대소설사를 새롭게 쓰고자 했던 것이 페미니스트 문학연구자로서 길버트와 구바의 목표였다.

그러나 암스트롱은 존중할 만한 이들의 시도가 와트 못지않게 중대한 문제를 안고 있다고 본다. 첫째, 길버트와 구바 역시 사회가 젠더에 따라 분리되었다는 사실을 전제함으로써 이처럼 분리된 사회가 역사적으로 어떻게 형성되었으며, 이 과정에서 소설이 어떤 역할을 했는가는 설명하지 못한다. 둘째, 이들은 재현에 선행하여 성(섹슈얼리티)이 하나의 실체로 존재한다고 생각하기 때문에 재현을 통해 성이 생산되는 과정에 주목하지 못한다. 그러나 암스트롱은 욕망(성)과 글쓰기(재현)의 대립을 거부하고 글쓰기가 욕망을 생산하면서 현실을 만들어 온 과정에 주목한다. '재현의 생산성'(production of representation)으로 불리는 이런 새로운 관점은 푸코의 논의에 기대고 있다. 푸코의 『성의 역사』는 암스트롱의 근대소설사를 떠받치는 이론적 주춧돌이라 할 수 있다. 암스트롱은, 성적 욕망은 담론을 통해 생산된다는 푸코의 견해에 젠더 범주를 추가하여 근대 영국소설사를 바라보는 자신만의 독특한 시각을 제시한다. 섹슈얼리티와 젠더는 암스트롱이 근대소설사를 읽어 내는 두 키워드라 할 수 있다.

암스트롱이 근대 영국소설의 형성과 발전에 주도적 역할을 했다고 찾아낸 인물이 바로 '가정여성'(domestic woman)이다. 흔히 개인주의라 불리는 근대사회의 특징을 형성한 것은 남성이 아닌 여성의 형상, 보다 구체적으로 말하자면, 가정여성의 형상이라는 것이 암스트롱의 주장이다. 이 주장은 새롭고 담대하다. 그것은 흔히 역사를 움직이는 핵심영역이라고 간주되었던 정치와 경제에서 떨어져 나와 가정이라는 좁은 공간에 거주했던 여성들에게 근대주체의 성격을 주조해 낸 힘과 권력을 부여하는 것이기 때문이다. 가정여성의 부상은 일찍이 버지니아 울프(Virginia Woolf)가 만일 자신이 역사를 다시 쓴다면 십자군전쟁이나 장미전쟁보다 더 중요하게 다룰 거라고 말한 역사적 사건, 즉 중산층 여성들이 글을 쓰기 시작했다는 사실과 깊이 연동되어 있다. 암스트롱은 18세기 들어 영국사회에 등장한 이 글 쓰는 중산계급 여성들을 이전 시대의 귀족여성과 구분하여 '가정여성'이라 부르며, 이들이 영국사회에 불러일으킨 역사적 변화를 소설의 전개와 연결시켜 읽어 낸다. 암스트롱에 따르면, 18~19세기에 영국작가들은 개인의 가치를 사회적 지위와 신분에서 찾는 귀족계층의 관습적 방식이 아니라 한 개인의 심성의 자질로 재현하기 시작했다. 그런데, 이 심성의 자질은 무엇보다 '여성적' 특성으로 젠더화된다. 남성은 경제적이고 여성은 도덕적이라는 젠더 구분이 이 시기에 만들어진다. 품행지침서 및 여성용 교육논설들과 함께 소설은 이런 젠더 구분을 통해 가정여성이라는 새로운 여성적 이상을 만들어 낸 주요 재현장치였다. 이런 재현을 통해 가정여성은 사회적 신분과 육체적 매력을 내세웠던 귀족여성을 밀어내고 이상적인 여성상으로 자리 잡는다. 가정여성의 매력은 여성다움과 내면의 깊이, 심성의 자질, 도덕적 덕성, 타인의 행복에 대한 관심 등으로 구성되었다. 특히 육체와 성의 규율은 감정적 · 도덕적 주체로서 가정여성의 형성에 필수적이었다. 이처럼 난잡한 성적 존재가 아니라 도덕적 품성을 갖춘 가정여성은 가사와 여가시간을 중심으로 하는 사생활의 관행들뿐만 아니라 인간의 기본적인 자질의 형성도 관장하면서 새로운 형태의 권력을 획득했다. 이것을 암스트롱은 '가정적 감시의 권력'(the power of domestic surveillance)이라 부른다. 가정화한다는 것은 길들이는 과정이기도 하다. 이런 점에서 보면 가정여성은 흔히 생각하듯 권력과 무관한 존재가 아니라 성을 규율하는 나름의 권력을 행사하고 있으며, 이들이 행사하는 권력은 정치적이지 않아 보이지만 실상 강력한 정치적 힘을 발휘하고 있다.

가정여성을 모두가 욕망하는 매력적인 존재로 만드는 요소들은 근대역사에서 중산계급의 이데올로기를 대변하는 것들이며, 가정여성이 권력을 행사하는 가정이라는 공간은 중산계급의 이상을 구현하는 장소이다. 여성용 품행지침서와 교육논설과 함께 소설은 중산계급의 가치를 체화한 가정여성을 등장시켜 이들이 주도하는 가정생활을 모든 사람이 욕망할 만한 매력적인 것으로 그려 냈다. 이런 소설적 재현이 다수 대중들에게 힘을 얻으면서 중산계급은 가정이란 전선에서 가정여성에 기대어 처음에는 귀족계급과 벌인 이데올로기 투쟁에서 승리할 수 있었고, 나중에는 노동자계급의 도전을 막아 낼 수 있었다. 가정여성이 이 헤게모니 투쟁에서 승리를 거둘 수 있었던 것은 여성적 글쓰기, 특히 가정소설이 개인의 삶을 사회적 삶에서 떼어 내고, 성을 정치영역에서 분리해 내는 전략을 통해 가정을 정치적·경제적 공간과 구분되는 도덕적·감정적 공간으로 만들어 냈기 때문이다. 가정여성이 획득한 이런 문화적 권위는 비단 중산계급만이 아니라 모든 이해집단에게, 그리고 여성뿐 아니라 남성에게도 담론적 힘을 갖게 되면서 근대 영국사회의 공통적 이상으로 자리 잡는다. 이처럼 가정여성의 형상과 가정적 이상이 권력을 획득하는 과정은 허구적 담론에서 먼저 시작되고 이후 현실에 구현되면서 역사적 실재가 되었다. 담론이 실재를 반영하는 것이 아니라 실재를 생산하는 역동적 힘으로 작용했던 것이다. 소설은 근대사회를 형성한 이 담론의 구성에 주도적 역할을 담당했다. 이것이 암스트롱이 『소설의 정치사』에서 전개하는 주요 논지이다. 암스트롱은 이 논지를 17~18세기의 여성용 품행지침서들과 교육용 논설들, 18세기에 출판된 리처드슨(Samuel Richardson)과 필딩(Henry Fielding)의 소설들, 19세기 초·중반에 나온 오스틴과 브론테 자매의 소설들을 통해서 입증하고자 했다. 리처드슨 소설의 여주인공 파멜라와 오스틴 소설의 여주인공 에마는 가정여성의 등장과 발전에 분기점이 되는 여성인물들이다.

그러나 암스트롱은 가정담론이 실패하는 지점들에는 충분히 주목하지 못했다. 근대 초기의 가정소설은 암스트롱이 주장하는 것처럼 이상적 가정을 실현하기 위한 조건들을 확립했고, 중산계급의 이상을 따르는 모범적 가정들이 실제로 구현되는 데 핵심적인 역할을 했다. 그러나 이런 이상적 가정으로 수렴되지 않는 끔찍한 결혼과 붕괴된 가정, 흩어진 가족들이 존재했다. 암스트롱이 분석 대상에 포함시킨 오스틴과 브론테 자매의 소설에도 이런 요소들이 있으며, 19세기 초중반에 나온 찰스 디킨스의 소설과 19세기 후반에 나온 토머스 하디(Thomas Hardy)의 소설, 특히 브램 스토커(Bram Stoker)의 『드라큘라』(*Dracula*, 1897)와 로버트 루이스 스티븐슨(Robert Louis Stevenson)의 『지킬 박사와 하이드 씨』(*Strange Case of Dr Jekyll and Mr Hyde*, 1886) 같은 고딕 소설은 기형적인 근대가정의 모습을 드러내고 있다. 근대 영국사회를 전체적으로 조망할 때, 가정여성에 의해 주도되는 가정생활이 영국소설을 지배했고 그녀들을 통해 재현되는 가정적 이상이 영국사회를 조직했다고 해석하는 것은 일면적이다. 오히려 근대 영국소설, 특히 1840년대 이후 영국소설은 가정적 이상이 실패하는 수많은 사례들을 증언하고 있다. 암스트롱은 이런 실패의 사례와 그 이유를 충분히 고려하지 않았다. 이런 문제점에도 불구하고 『소설의 정치사』에서 암스트롱은 어떻게 가정소설이 젠더화된 가정을 상상했고, 가정을 통해 구성된 세계에 대한 환상을 유지하기 위해 가정적 이상과 규범을 보편적인 것으로 유포하는 데 성공했는지 설득력 있게 보여 준다. 또한 가정여성이 감독하고 감시하는 가정이 근대의 대표적인 훈육기관들인 공장과 군대, 감옥처럼 어떻게 개인을 훈육했는지를 놀라울 정도로 풍부한 자료를 통해 보여 준다.

1987년 『소설의 정치사』가 나올 때쯤 영국소설의 전통은 와트와 F. R. 리비스(F. R. Leavis)에 의해 이미 확립되어 있었고, 이 전통에 도전하는 여성주의적 연구도 일정 정도 이뤄지고 있었다. 『소설의 정치사』는 영국소설의 발생에 관한 와트의 정평 있는 이론뿐만 아니라 당시 페미니즘 비평의 주요 경향에도 문제를 제기하면서 소설을 읽는 새로운 방식을 제시했다. 원서가 출판된 지 30여 년이 흐른 후 한국어 번역본을 출간하면서 이 책에서 제시된 논점과 그것을 뒷받침하는 구체적 독법이 얼마만큼 시간을 버텨 낼 수 있을지에 대해서는 독자들의 판단에 맡기고자 한다. 푸코의 성담론에 기대고 있는 이 책의 이론적 토대 역시 논쟁에 열려 있다. 그러나 소설의 발생과 전개과정을 섹슈얼리티, 젠더와 결합해서 사유하고자 하는 이 책의 문제의식이 생산적 논쟁거리를 안겨 주는 것만은 분명하다.

이 책의 번역작업은 지난했다. 암스트롱이 포셋 박물관에서 찾아내어 활용한 문헌들 중에는 생소한 것들이 많고, 원문을 잘못 인용하고 있는 부분들도 없지 않다(잘못 인용한 것으로 확인된 부분들은 원문에 맞춰 우리말로 옮겼다). 조밀하게 얽힌 암스트롱의 깐깐한 문체도 언어적 경계를 넘기 어렵게 만들었다. 특히 서로 다른 의미를 동시에 담고 있어서 적절한 우리말을 찾기 위해 고심해야 하는 경우도 많았다. 이를테면, "domesticate"란 영어 동사는 "길들이다"는 의미와 "가정적이 되게 하다"의 의미를 모두 담고 있다. 이 동사의 형용사 형태인 "domesticating"은 "길들여 가정적이 되게 하다"는 의미를 내포하고 있지만, 우리말로 옮길 때는 맥락에 따라 하나의 단어를 선택할 수밖에 없었다. "domestic"의 경우에도 마찬가지다.

이 책의 원제는 *Desire and Domestic Fiction*으로, 직역하면 『욕망과 가정소설』로 옮길 수 있다. 제목에서 말하는 '욕망'이란 무엇보다 성 욕망과 젠더 욕망을 포괄하는데, 이 책에서 암스트롱은 섹슈얼리티(성)를 섹스의 문화적 차원으로 이해하면서 섹슈얼리티가 구성되는 과정에서 젠더의 역할에 주목한다. 가정소설은 젠더화된 주체들로 구성된 근대 가정서사 정도로 이해하면 된다. 이 책에서 암스트롱은 18세기에서 19세기 중반에 생산된 문헌에 집중하여 논지를 펼치고 있지만, 영국에서 가정소설의 전통은 리처드슨과 필딩에서 시작하여 디킨스와 브론테 자매, 하디, 스토커 등을 거쳐 현대 영국의 대표적인 소설가인 이언 매큐언(Ian McEwan)에 이르기까지 계속되고 있다. 하지만 한국문학에서는 역사적 실체를 지닌 문학적 범주로서 가정소설이라는 말을 사용하지 않는 듯하다. 가정소설이라고 하면 가족 구성원들 사이의 관계와 갈등을 그린 소설 — 흔히 말하는 가족소설 — 로 받아들일 소지도 없지 않다. 하지만 암스트롱이 말하는 가정소설은 그렇게 단순하지 않다. 이 책에서 가정소설은 가정을 매개로 정치 언어에서 성관계의 언어를 분리해 냄으로써 욕망이 정치사와는 별개로 작용한다는 환상을 만들어 내는 이데올로기적 기능을 수행하는 소설적 재현 일반을 가리킨다. 따라서 가정소설에 대한 비평은 욕망의 언어적 재현을 정치사의 일부로 다시 읽어 내는 것이어야 한다. 이 점을 부각시키기 위해 이 책의 부제인 "A Political History of the Novel", 즉 "소설의 정치사"를 번역본의 제목으로 선택했다.

번역은 서론, 1장, 4장은 이명호가, 2장, 3장, 에필로그는 오봉희가, 그리고 5장은 함께 번역했다. 초벌 번역 후 서로 돌려 보며 수정하는 작업을 거쳤다. 너무 오래 끌었던 관계로 무산될 뻔했던 번역작업이 최종적으로 출판될 수 있었던 것은 건국대학교 몸문화연구소의 번역 총서를 만났던 덕분이다. 죽어 가던 번역원고에 소생의 기회를 마련해 준 몸문화연구소의 김종갑 소장님과 서윤호 부소장님께 감사드린다.

읽기 어려운 난삽한 원고를 꼼꼼히 교열해 준 그린비 출판사 편집부에도 고마운 마음을 전한다.

2020년 4월

역자를 대표하여 오봉희 씀

찾아보기

【ㄱ】

【ㄴ】

【ㄷ】

【ㄹ】

【ㅁ】

【ㅅ】

【ㅇ】

【ㅈ】

【ㅊ】

【ㅋ】

【ㅌ】

【ㅍ】

【ㅎ】